学然后知不足，教然后知困，一片蓝天

丙申 小潜

小潜 系山东省教育科学研究院研究员、散文家 徐明祥

◇ 国家社会科学基金项目（编号BKA140033）成果

◇ 社区学习共同体研究丛书　主编　汪国新

*The Four Supports for the
Neighborhood-based Learning Community*

社区学习共同体的四大支柱

汪国新　余锦霞　/主编

ZHEJIANG UNIVERSITY PRESS
浙江大学出版社

序

　　国家社会科学基金项目"社区学习共同体生命价值与成长机理研究"取得了阶段性成果,能够在第一时间拜读这部新作,实感荣幸,在此谨向汪国新主任及其团队表示衷心的祝贺。

　　在党和政府提出"全面建成小康社会""建设学习型社会"的奋斗目标的今日,社区教育已经成为实现全民教育、终身教育,构建终身教育体系,形成学习型社会的重要基础;成为促进社会和谐、维护社会公平最有利、最有效的手段;成为满足居民多样化学习需求,促进人的全面发展、终身发展的重要途径。近些年来,我国的社区教育得到长足发展。目前,全国共有143个国家级实验区和121个示范区,并有更多的省级实验区和示范区。形成了以区(县)社区学院为龙头,街道(乡镇)社区分院为骨干,居(村)委会社区学习点为基础的三级教育学习网络;形成了一批以大中城市为龙头,沿海发达地区为主干,中、西部地区为重点的,梯度推进、滚动发展的总体格局。然而,我国社区教育开展得不平衡,各地的社区教育存在不少困难与问题,如尚未形成广泛开展的局面等,社区教育在推进学习型社会建设中尚不能担当起应有重任。这距离党和政府提出的奋斗目标以及《国家中长期教育改革和发展规划纲要(2010—2020年)》提出到2020年"基本形成学习型社会"的战略目标,差距仍不小。

　　为了推进社区教育东、中、西部的均衡发展,进一步发挥社区教育在建设学习型社会中的基础性作用,杭州市成人教育研究室主任汪国新同志,从成人学习方式的研究入手,提出社区学习共同体概念:"社区学习共同体是生活在社区里的居民因共同学习而结成的能实现人的生命成长和建立守望相助关系的群体。"他认为:其一,社区学习共同体是社区成员自发组成的学习组织,它所强调的是社区成员的自觉主动参与,个人是学习的积极参与者,而不是被动接受者,

1

如果一个人没有学习的需求,强迫他去学习就是一件错误的事情;其二,社区学习共同体能真正体现以人为本的原则,赋予社区成员根据个人的需要选择学习内容的权利,所以,社区学习是从每个成员的兴趣、需要出发,以满足社区成员的需求和发展,实现他们的生命价值;其三,社区学习共同体是一所开放的学校,他面对社区所有的成员,从儿童、青壮年到老年人,只要有学习需求,就可以在学习共同体中得到帮助;其四,社区学习共同体以特有的方式整合资源,社区内的所有单位和设施,包括社区内的政府部门、中小学校、图书馆、文化中心等机构,都是社区学习共同体可利用的资源,从而为社区居民的终身学习提供便捷、高效的服务;其五,社区学习共同体打破社区教育传统的办学模式,变培训班、讲座报告等"一对多"或"少对多"的教育模式,为社区居民提供了互动交流、互帮互助、互教互学的学习模式。上述观点和理念,是汪国新同志和他的团队十年来所潜心研究的成果,体现了"成人教育"的本质特征和优势所在,不仅在提高社区教育的参与率、提升居民学习活力等方面具有重要的现实意义,同时,在指导社区教育的发展和社区教育理论创新方面有新的突破。

作为国家社会科学基金"十二五"规划 2014 年度教育学一般课题"社区学习共同体生命价值与成长机理研究"的阶段性成果,《社区学习共同体的四大支柱》采用了质的研究方法,从不同侧面不同角度选择 18 个社区学习共同体作为典型案例跟踪研究。研究中发现了社区学习共同体色彩斑斓、形态各异、富于生命活力的共性,展现出社区学习共同体内部人际关系的形成、学习活动的开展、内部资源的运行、成员及共同体的成长等等各种看似简单实则复杂的社会现象。在综合分析和理论提炼的基础上,抽象概括出社区学习共同体的四大本质特征,即:本质意志、共同学习、守望相助、生命成长。四大特征的提炼,清晰地勾勒出社区学习共同体的基本框架,极大地丰富了当前的社区教育研究内涵。

这项研究成果的取得,是汪国新及其团队深入社区学习共同体,与学习者建立了良好的联系的结果,通过研究者与学习者的互动,让读者可以触摸共同体成员的心路历程,并与研究者产生共鸣。一般实证研究中研究者似乎永远都是冷静、理智、客观、超脱的旁观者,本书打破了这一刻板印象,发掘出了一般实证研究无法深入的细节,从而展现都市普通人鲜活的生活经历和丰富的思想世界,揭示社区学习共同体的深刻内涵。

社区学习共同体理论是原创性的中国社区教育理论的重要组成部分,希望汪国新同志及其带领的研究团队将社区学习共同体研究做成一个精品。整体研究的推进能够像案例研究一样,走"群众路线",深深扎根于普通居民,着眼于百姓生活实践,形成符合居民成长与发展需求、能切实凝聚居民积极主动参与的新的成人学习新格局。通过社区学习共同体,形成一种新的"自带动力"的成人学习模式,展现成人学习的力量,助推人的全面发展与幸福生活,推动整个国家学习型社会的建设。也希望有更多的同仁,锐意进取,不断创新成人教育的内容、方式、载体等,共同努力,走出中国社区教育的特色发展之路。

　　是为序。

中国成人教育协会常务副会长　谢国东

2016 年 5 月 4 日

目　录

第三部分　研究结论:社区学习共同体的四大支柱

第一部分

研究概述：背景与方法

本章概述的研究背景、研究问题、研究方法和研究过程，是本书的基础部分。读者可以通过本章的阅读知道支撑本书研究的深厚基础和由此基础开展质的研究的必要性及可行性。

方法本身没有好坏之分，而选择方法和运用方法却是研究成功的关键。本书研究采取了质的研究方法。人的"不确定性"决定着生命的丰富性和独特性，也决定着对人的研究要少一点"量的规定性"。

十年探索:打开走向学习型社会的一扇窗

城镇化是当今世界重要的社会、经济、空间现象,反映了农村变为城镇的一种复杂过程,它包括了人口结构的转型、经济结构的转型、地域空间的转型以及生活方式的转型(许学强、周一星、宁越敏,2009),其中人口转型是核心,经济转型是基础,空间转型是载体,社会转型是根本。改革开放30多年来,中国经济的快速发展与城镇化进程相辅相成,成为推动中国社会转型的重要动因。2011年,中国经济总量居世界的第二位,人均GDP达到35181元人民币,约合5500美元,而人口城镇化率首次超过50%,达到51.3%,标志着中国进入了以城市社会为主的新阶段。当代中国的城镇化是在全球化、工业化、市场化、信息化的背景下形成的。总体而言,未来中国的城镇化将逐步从以提高人口城镇化率为导向向节约集约、生态宜居、和谐发展的新型城镇化转变,速度将让位于质量,促进人的全面发展将成为新型城镇化的重点。随着城镇化进程的加快,城市人口增长迅速,生活在温饱线以上的人口数量增加,"有钱"和"有闲"的人口增多。城镇居民的学习需求呈现出多样化、个性化、品质化的特点,为适应这一特点,要求成人教育与社区教育的定位、内涵、载体、方式都要发生根本的变革,直面成人教育和社区教育中的突出问题,在提高全体民众的生活品质和生命质量上发挥无法替代的重要作用。

20世纪80年代左右兴起的社区教育,作为全民学习、终身学习的学习型社会建设的重要抓手,在满足社区居民学习需求、提高居民素质、建设和谐社区、提升城乡生活品质等方面做出了重要贡献。毋庸讳言,从总体上讲,社区教育的服务能力与居民学习需求之间还有相当大的差距。社区教育参与率不高、凝聚力不够、吸引力不强的问题逐渐凸显。受正规学校办学思想的影响,社区教育以课堂授课、短期培训等为主,学习内容欠丰富,学习方式单一,无法满足居民日益增长的学习需求;学习资源有限且配置不均衡;学员基本处于一种被动学习状态,学习积极性不高,参与率较低。我们迫切需要打破社区教育传统办学模式,更新办学理念,提升社区教育满足居民多样化学习需求的能力;我们迫切需要寻找一种适合社区居民的学习方式,能够促使居民愿学、乐学、享学。漫漫求索中,我们发现"散居"于普通居民中间、由居民自发形成的草根学习群体,始终凝聚着成员积极主动地持续参与,这些快乐学习着的草根群体,为我们打开了思维的一扇窗。

社区教育的主体是成年人。社区教育要目中有"人",要准确把握成人的学习特点和心理特点,寻找合适的办学模式和学习方式。2007 年年底,杭州市成人教育研究室开始追踪研究民间社团、草根学习群体,探寻其中能够凝聚成员持续参与和快乐学习的主要因素。汪国新实地调研了社区学习型团队后提出要研究和培育社区成人学习共同体。2008 年杭州市规划课题"社区成人学习共同体的培育研究"立项,社区学习共同体理论与实践研究进入实质阶段。在2009 年召开的全国社区教育青年创新论坛上,汪国新作主旨发言时,介绍了培育"社区成人学习共同体"的进展情况,当时他已对社区学习共同体有了较清晰的认识和明确的发展目标。2010 年在《中国成人教育》杂志上发表的《基于"社区学习共同体"的学习——一种新的成人学习方式》一文中,汪国新认为培育社区学习共同体将从根本上转变社区教育理念、内容和形式,从而突破社区教育发展瓶颈;当基于"社区学习共同体的学习"成为成人学习的一种主流学习方式时,将使学习型城市建设真正"接地气",使"时时能学、处处可学、人人皆学"的学习型社会建设有强有力的抓手和切实可行的载体。

十年来,围绕社区学习共同体,杭州市成人教育研究室开展了一系列理论研究与实践探索工作:全市范围内的两次社区学习共同体专题调研和实地调查;国家级(国家社会科学基金"十二五"规划 2014 年度教育学一般课题"社区学习共同体生命价值与成长机理研究",编号 BKA140033)、省级(2010 年浙江省教育科学规划课题"成人学习方式的革新:培育社区成人学习互助共同体",编号 SC96;2013 年浙江省教科规划重点课题"'两富'背景下的农村成人学习共同体的培育",省教课规划重点课题等)、市级社区学习共同体相关课题系列研究;联合多个区县(市),共同开展社区学习共同体系列专项实验项目(2010 年全国社区教育实验项目"基于社区学习共同体的学习";杭州市范围内指导区县(市)开展社区学习共体相关实验项目,包括市级重点实验项目 8 个,一般项目15 个);全国性、区域性以及杭州市范围内的社区学习共同体学术研讨;自 2011年起每年在全市范围开展示范社区学习共同体评选,举办现场推进会;指导部分区县(市)开展社区学习共同体的培育实践;2013 年编撰全市学习地图,汇总有一定影响力的学习共同体的基本信息和活动情况;在核心刊物发表一系列社区学习共同体研究成果的文章;中共浙江省委宣传部报送省委常委的新闻阅评简报,《中国青年报》《人民日报》《中国工商时报》《文汇报》《中国教育报》《浙江日报》《杭州日报》等多家媒体对杭州地区社区学习共同体培育情况进行过相关报道。2014 年 8 月 11 日,教育部等七部门《关于推进学习型城市建设的意见》中明确提出"鼓励发展民间学习共同体",社区学习共同体必将随着国家级文件的贯彻落实而成为建设学习型城市的重要载体。

质的研究:探寻社区学习共同体的本质特征

作为社区学习共同体系列研究的一部分,杭州市成人教育研究室从 2012年起至 2016 年,采用质的研究方法,选取了 20 多个典型社区学习共同体开展个案研究。为什么选择质的研究方法? 首先是着眼于已有相关研究的不足;其次是因为这种方法基本上可以满足我们所要研究的问题的要求。

"共同体"早已有之,最早见于德国著名社会学家和哲学家斐迪南·滕尼斯(Ferdinand Tönnies)1881 年的社会学名著《共同体与社会》(*Gemeinschaft und Gesellschaft*)(中文版,林荣远译,1999)。1995 年,博耶尔(Emest L. Boyer)在《基础学校:学习共同体》中明确提出"学习共同体"概念。事实上,杜威的实验学校、要素主义学校联盟、霍姆斯小组的基础学校共同体等教育实验都使用了共同体的概念来承载各自的教育理想。然而,诸多的有关学习共同体的描述,更多的是一种修辞性的语言信息,告诉我们学习共同体应该是怎样的形态;没有再现学习共同体里的成员的心理状态和意义建构方式;没有对学习共同体的具体情境和过程进行探讨;也没有人知道学习共同体里的成员真正经历了什么等等。并且,当我们试图在相关领域构建这种理想的社会单元时,很难找到适当的操作指南。更为重要的是,在当前对学习共同体的研究中还没有涉及内容更为丰富的成人自发组织起来的学习群体。相对于学校围墙内的学习共同体,成人自主学习形成的学习群体更具共同体的特征,在终身教育、学习型社会建设的背景下进行相关探索和研究具有更深远的价值。近十年来,中国社区学习共同体的研究主要成果体现在在三个方面:

一是概念研究。2010年汪国新发表了题为《基于"社区学习共同体"的学习——一种新的成人学习方式》的文章,首次提出了"社区学习共同体"这一概念(之前是在课题和演讲中提出)。他认为,社区学习共同体是"在社区内任何一个普通成员,基于共同的兴趣、爱好及学习需求,在平等、互助的原则下,通过社团形式进行学习的一种学习组织。它最根本的特点是将学习巧妙地镶嵌于社团组织中,同步进行,自主互助,合作分享。"[1]随着研究的深入,对社区学习共同体的概念不断进行丰富和完善,2012年,我们对"社区学习共同体"予以重新界定,即"社区内的居民,基于共同的兴趣、爱好及学习需求,在平等、互助的原则下,通过心灵契约的形式自发构成的非正式学习团体。"[2]这一概念较之前一概念注重突出社区学习共同体的自发性和内在凝聚力。2014年,汪国新在接受《中国成人教育》杂志主编徐明祥研究员专访时又再次深化了这一概念,提出社区学习共同体与"学习型社团"或"学习型团队"在内涵上有本质的区别,它是由城乡社区居民以实现自身生命价值为根本目的,以享受共同学习过程为出发点而自愿结成的相对稳定的学习群体。其特点是,学习者的学习是把学习本身作为目的,是一种真正体现人的"本质意志"的学习。[3] 这一概念的内涵更为丰富,它囊括了社区学习共同体的组建目的、组成方式以及根本属性等要素,高度强调了社区学习共同体在人的生命价值的成长上所起到的积极作用,从真正意义上触摸到了社区学习共同体这一概念的内核。到2015年,社区学习共同体的研究又有新的发展,《中国教育报》2015年12月31日题为《学习共同体中的生命成长》一文中提出:"社区学习共同体是生活在社区中的居民因共同学习而结成的能实现人的生命成长和建立守望相助关系的群体。"[4]

二是意义与价值的研究。社区学习共同体的意义和价值,目前的认识归纳起来有四个方面:一是社区学习共同体促成社区成员学习方式的革新。二是社区学习共同体实现了民众的共同学习,它的存在能在满足居民学习需求的同时也丰富居民的精神生活,是成人学习的有效方式之一,能有力推进学习型社区

---

① 汪国新:《基于社区学习共同体的学习——一种新的成人学习方式》,《中国成人教育》2010年第12期。

② 汪国新:《社区学习共同体的培育策略》,《职教论坛》2012年第3期。

③ 徐明祥:《社区学习共同体在中国的广阔前景》,《中国成人教育》2014年第14期。

④ 汪国新:《学习共同体中的生命成长》,《中国教育报》2015-12-31。

的构建、学习型城市的构建。三是社区学习共同体有助于形成社区居民之间信任、守望相助的人际关系，营造出温情的社区环境，增强民众对社区的认同感和归属感，这是对现代城市社区如何建立精神家园问题的直接回应。四是社区学习共同体为提升居民幸福感和归属感找到了一条极佳途径，是提升城市幸福指数的不可或缺的重要元素。

三是培育策略的研究。"处于成长期的社区学习共同体，需要利用现有资源，构建服务体系，促进社区教育四级网络与社区学习共同体间的协同发展，培育社区学习共同体成长生态，更好地养护社区学习共同体，使其自由成长。"①要孕育社区学习共同体的生成环境，营造终身学习氛围，开拓民众互动场所，丰富社区资源信息，促进共同体成员互动共生，挖掘社区共同体的文化内涵。构建社区学习共同体要注重"形成平民学习的共同愿景，挖掘共同体本身蕴含的文化，开展体验式的互动活动，在运行方式上对现有的群众性草根社团植入契约和行为规范。同时把数字化网络平台的运用与学习共同体进行衔接，产生更加丰富多样的社区学习共同体"。可以通过"评选和表彰示范性学习共同体，经常性地开展学习成果展示活动，进行核心成员培训"②，来营造自主学习的氛围。

对于社区学习共同体的本质特性和内生发展规律问题的探寻一直在进行，也有一些成果。如汪国新与孙艳雷提出："成员即资源，这是社区学习共同体持续发展的关键。"③首先，社区学习共同体的成员本身就是一种重要的学习资源，他们大多是已经积累了丰富的社会经验及各种专业知识的成年人，形成了独特而又富有实践价值的个人知识；其次，成员能带来资源，"社区学习共同体可以通过成员来获取自身发展所需的重要资源，特别是一些外在的场地、设施、设备、师资等资源"。再次，成员生成资源。它表现在"社区学习共同体活动过程中知识的生成上"。但总体上这方面的研究还不够深入，实践迫切要求理论上的成熟，直面根本问题，即：社区学习共同体到底是什么样的？社区学习共同体具有什么样的本质特征？社区学习共同体是如何形成、发展、运行的？社区学习共同体中的学习到底是怎样发生的？社区学习共同体中的成员又是如何互动的、相互关系是如何的？社区学习共同体对于身处其中的成员而言有什么样的意义？成员在社区学习共同体中的经历和感受对成员们有何影响？社区学习共同体是如何凝聚成员积极主动的持续参与的？

---

①　汪国新、余锦霞：《社区学习共同体发展策略研究——以杭州为例》，《当代继续教育》2015 年第 4 期。
②　汪国新：《社区学习共同体的培育策略》，《职教论坛》2012 年第 3 期。
③　汪国新、孙艳雷：《成员即资源：社区学习共同体内生发展规律探析》，《职教论坛》2013 年第 24 期。

"质的研究是以研究者本人作为研究工具,在自然情境下采用各种资料收集的方法对社会现象进行整体性探究,使用归纳法综合资料和形成理论,通过与研究对象互动对其行为和意义建构获得解释性理解的一种活动。"①质的研究方法,可以通过对大量的资料和现象进行整体性探究,运用归纳法,形成关于"社区学习共同体"特性的理论框架,满足当前对"社区学习共同体"的理论建构的需求。质的研究方法,对当事人看问题的视角十分重视,这可以帮助我们从社区学习共同体成员本人的角度了解他们在共同体中的经历和感受以及他们对自己行为的意义的解释。质的研究方法着重在微观层面对社会现象进行深入细致的描述和分析,这有利于我们对成员们在社区学习共同体中的具体行为、学习活动、所思所想进行深入探讨。质的研究还强调在自然情境下研究事物发展的动态过程,这有利于我们对社区学习共同体进行长期的追踪调查,了解社区学习共同体的成长发展过程以及身在其中的成员们的变化过程。质的研究允许选择较小数量的样本,这样我们可以选择能够为所研究的问题提供最大信息量的典型样本,集中精力深入研究,细致探究社区学习共同体的内部细节和其中纷繁变化的因素,成员们复杂的内心情感等等。

研究历程:研究者与研究对象一同成长

只有当研究者从书斋中走出来,走到丰富的成人生活世界,融入成人学习的事实情境中去,去发现、去探索、去感悟、去理解成人在生活中如何获取知识、如何掌握技能、如何改变自我、如何寻找幸福、如何实现自我发展、如何实现超越,我们才有可能揭开成人学习的层层神秘面纱。

在近四年时间里,研究小组成员都投入到了这项案例研究工作中。围绕所要研究的问题,在全市范围内寻找目标样本、开展研究工作:

首先,我们将社区学习共同体按照其学习和活动内容进行分类,分为文化与艺术、生活与休闲、健康与娱乐、公民与公益等四大类,每个类别选择 1 到 3 个典型案例;按照成员的年龄结构分类,主要由年轻人组成的社区学习共同体和主要由中老年人组成的社区学习共同体两种类型都要取样;不同发展阶段的社区学习共同体也要采样。

---

① 陈向明:《质的研究方法与社会科学研究》,教育科学出版社 2000 年版。

另一方面,围绕本项研究工作所要解决的核心问题即社区学习共同体"是什么",分析研究角度和研究切入点,从各个层面给定研究"关键词",如动机、态度、内容、方式、内驱力、内评价、共同学习、成员关系、目标愿景、成长发展历程、核心成员、体验、凝聚力等,依据"关键词"确立一个个研究的主要问题,围绕研究主题,筛选能为研究主题提供最大信息量的样本作为典型样本。

为了防止对"社区学习共同体"的分解研究导致之后对"碎片"进行"拼图"可能会出现"失真",我们选择了"清凉峰太极拳俱乐部""英语角""'宽居·悦读'读书会""彩霞花友会"进行综合性、整体性个案研究,全面探究社区学习共同体的样态和特质。

筛选出大致的目标样本之后,依据研究主题,锁定典型样本。选定之后,研究人员深入到共同体中以普通成员的身份参加其学习活动,对每个样本开展至少三个月以上的跟踪调研和深入访谈,按照质的研究方法搜集资料、分析信息,进而采用归纳法,归纳出社区学习共同体的核心特征,建构其基础理论框架。每周四上午,是全体研究人员固定的社区学习共同体案例研究的学习交流活动时间。在汪国新主任的带领下,活动日主题或是交流读书报告、分享读书心得,或是聘请专家指导质的研究方法和研讨研究思路,或是交流各自的研究进展、研究思考和研究中遇到的问题,或是开展头脑风暴、针对某一话题各抒己见,等等。研究成果报告的修改也是在这个固定学习日大家共同研讨、共同协商、共同拟定。全体研究人员在学习、实践、研究、思考中不断推进各自的案例研究工作。

本书汇编了来自杭州和上海的总计 18 个社区学习共同体质的研究报告。这些案例里面,读者都可以看到一个个鲜活的人、一个个鲜活的故事;有社区学习共同体的故事,有成员们自己的故事,有成员们对自身、对他人、对社会、对生活、对生命的深切感悟和反思;还有研究者本人的经验、感动、体会、疑惑、心得、收益亦贯穿在研究中,其心境随着成员们的故事起起伏伏,或悲伤或开怀,或担忧或欣慰,在互动中,感受着来自社区学习共同体成员们的温情。案例涉及各种类型的社区学习共同体,每个案例主要聚焦于一个研究问题;每个案例都会呈现案例筛选的条件和情况、案例追踪和研究的整个过程;研究者的感受、想法与反思也呈现在研究报告中。通过这些案例可以直观呈现我们社区学习共同体的研究历程,以及研究结论的形成过程,读者也可以借此对研究结论的可靠性做出自己的判断。每个案例我们邀请专家学者进行点评,既让研究者本人了解本次研究的优缺点,更好地改进自己的研究工作,也可以让读者看到比较完美的研究应该是什么样子。

18个案例从不同侧面和角度,勾勒社区学习共同体的现实构造和多个具象,就像是洋葱的一个个肉瓣,通过这些或着眼于局部、或着眼于整体的肉瓣,初步勾绘"社区学习共同体"的样态和特质。汇编这些质的研究案例,也让读者和研究者一起,感受不同类型的社区学习共同体,也感受从一个个肉瓣逐步归纳成整个洋葱的研究历程,从一个个活生生的面孔中体会成人教育的理想愿景。

社会的发展终究是为了人的自由全面的发展和生活幸福。社区学习共同体是生活在社区中的居民因共同学习而结成的能实现人的生命成长和建立守望相助关系的群体。在这里,学习者摒弃了学习的社会功利性目的,成员之间互为师生,学习内容和方式自主选择,学习收效自我评价,学习者关注的不是学习结果而是学习过程,在平等互助共享的学习过程中建立起强烈的归属感。基于"社区学习共同体"的学习,是真正的学习,它以实现的人的生命价值为目的,不仅增长知识、转变观念,更重要的是改变了人的行为和生活状态。这样的学习,因为契合人性又符合成人学习规律,因而是人道的学习,因而具有强大的生命力。基于"社区学习共同体"的学习是和谐社会的稳压器,居民对所在社区产生认同感和归属感,从而有效促进社会和谐稳定与个人美好生活的实现。

(文/余锦霞)

第二部分

案例研究报告与点评

本章共有长短不一的 18 篇质的研究报告,是本书的主干部分。

每篇研究报告一般涉及一个问题,但有 4 篇报告的研究问题涉及 4 个方面。

每篇研究报告后附有专家点评,专家的点评"画龙点睛",一方面为读者的阅读提供线索,另一方面为研究者进一步做好质的研究提供改进的建议。

"没有规矩"而自成方圆的英语角

文/余锦霞　　评/汪国新

综观全国各地的社区教育工作,不难发现,社区教育目前主要的参与对象还是中老年人群。如何拓宽社区教育的内容,拓展社区教育的参与对象,尤其是如何有效吸引年轻人群体主动参与一直是摆在社区教育工作者面前的一道难题。年轻人群体中是否有社区学习共同体? 年轻人群体中的社区学习共同体到底是怎样的? 是否与其他年龄结构的社区学习共同体有所区别呢? 是否也可以通过社区学习共同体吸引年轻人群体积极主动、持续参与社区教育呢? 针对这样的思考,杭州市成人教育研究室组织开展社区学习共同体系列研究以来,一直颇为关注由年轻人群体构成的社区学习共同体的研究。大家分工合作,一方面探索以什么样的途径和方式能够准确找到年轻人组成的社区学习共同体;另一方面探索从什么角度对这样的社区学习共同体开展研究。在这样的背景下,我通过多种途径,利用业余时间,参加了多个年轻人群体的活动,最后选择了其中一个学习群体,开展个案研究。本次个案研究的目的主要是了解年龄结构在 30 岁左右的成员组成的社区学习共同体到底是什么样的学习群体、有什么特质。

本次个案采用的是质的研究方法(qualitative research) :"以研究者本人作为研究工作,在自然情境下采用各种资料收集方法对社会现象进行整体性探究,使用归纳法综合资料和形成理论,通过与研究对象互动对其行为和意义建构获得解释性理解的一种活动。"(陈向明:《质的研究方法与社会科学研究》,2000)质的研究方法强调在自然环境下,使用实地体验、开放型访谈、参与型和非参与型观察、文献分析、个案调查等方法对社会现象进行深入细致和长期的研究。这种研究通常以归纳法为主要研究手段,在当时当地收集第一手资料,从当事人的视角理解他们行为的意义和他们对事物的看法,然后在这一基础上建立假设和理论,并通过各种渠道对研究结果进行相关验证。这种研究方法的特点是:重视研究者以及研究者和被研究者之间的关系对研究的影响;研究中可以看到研究者的身影以及他们对自己行为的反省,读者可以清晰判断出研究的可靠性;重视被研究者的声音,强调微观层面深入细致的描述和分析,关注被研究者的心理状态和意义建构方式。

报告使用第一人称是为了再现研究现场,让读者了解在什么样的情境下研究者搜集到了现有的材料,从而对研究结论的可靠性做出自己的判断。第一人称的叙事角度还使研究者有机会介绍自己对研究对象及采用的研究方法的反省,使读者更充分地了解研究过程。

一、问题的提出

杭州市成人教育研究室组织开展社区学习共同体系列研究以来,针对20多个社区学习共同体,从不同角度、不同侧面,以个案研究的方式,探索社区学习共同体的本质特征、形成机制、运行机制等,取得了一些成果。但这些社区学习共同体的学习内容主要涉及文化艺术、体育健身、休闲娱乐、手工技能等方面,大多社区学习共同体的成员以中老年人为主。那么以年轻人为主要成员的社区学习共同体又是怎样的呢?因此,本次案例研究主要聚焦于这种"年轻人的"社区学习共同体到底是怎样的、具有什么样的本质特征,重点关注四个关键词:目的,英语角成立的目的,成员们来参与学习的目的;关系,这里的成员之间是如何交往的,或者说具有什么样的关系;学习,这个学习共同体是如何开展学习的、学习方式是怎样的;评价,成员的学习体验和感受是怎样的。

二、研究方法

1.抽样

本次研究采用的是目的性抽样,即:根据研究的目的选择有可能为研究的问题提供最大信息量的样本。

为了寻找到适合的样本,一开始我们一直试图通过社区学院等社区教育机构,以及街道、社区的文教干部等途径,寻找主要由都市白领组成、年龄结构在30岁左右的社区学习共同体,作为典型个案进行研究。我主要负责在江干区和下城区两个区块范围内完成这项研究任务。但是,经过很长一段时间的调查了解,并没有相关的线索浮现出来。这一阶段的调查让我意识到,年轻人的社区学习共同体也许很少进入街道、社区或者是社区教育机构的视线。究其原因，年轻人的社会活动很少与街道、社区和社区教育机构的相关工作有比较具体的交集，可以说是某种程度上的"单位人"或者"工作人"。

　　基于这样的情况，我们一方面通过了解身边的年轻人的生活情况，试图了解他们是否参与类似社区学习共同体的学习群体；另一方面，利用网络，在网上寻找年轻人的社区学习共同体的相关信息。很快，各种各样的极其丰富的相关信息涌现出来。只要是你能想得到的学习活动，都有相关的社区学习共同体。于是，我根据网上的信息找到现实中的年轻人的社区学习共同体，选择了其中五个发展时间较长、发展规模适中、活动开展较为频繁、有固定活动时间、成员相对稳定的社区学习共同体，以普通成员的身份参与他们的活动。在与缤纷畅游亲子活动、双语演讲俱乐部、龙门客栈、时尚潮流美丽街、英语角这几个共同体的接触中，给我留下最深印象的是英语角，这个群体中的无限自由感和浓浓的学习氛围深深打动了我。最终，我选择了这个社区学习共同体作为本次个案研究的研究对象。

　　英语角，在杭州已经存在十年了，历经三次"搬迁"（发起人 David 用这个词来指变更学习活动场地），是杭州城西一带赫赫有名的、以英语学习为主题内容的社区学习共同体。有意思的是，这个英语角没有名字，也没有人提出要为这个英语角取一个正式的名字。而成员们在需要用到一个称呼指代这个英语角时，这个英语角就有了不同的名字。有的成员称之为英语角，有的成员称之为城西英语角，有的成员称之为书吧英语角（英语角现在的活动场所是教工路1013书吧），有的称之为"1013"，等等。为了叙述的方便，我将这个社区学习共同体简单称为英语角。每周五晚上7点半到10点半是英语角的固定活动时间。目前，英语角相对稳定的成员有大约有50个，其中元老级成员（指从一开始就参与英语角活动并坚持至今的成员）十多个。成员年龄主要在30岁左右，有1个成员超过40岁，有1个成员低于20岁。成员来自各行各业，有出租车司机、有从事外贸和进出口业务的、有从事金融行业和投资理财行业的、有从事软件程序相关行业的、有从事水电行业的、有教师和培训师、有个体小老板、有大学刚毕业还在准备就业的等等。还有少量的来自美国、俄罗斯、乌克兰等国家的人。

　　2.搜集材料

　　收集材料的方法采用的是开放式访谈、非正式交谈和现场观察。

　　2014年10月，我通过网络上网友推荐，获取了英语角发起人 David 的联系电话,电话里 David 告诉我他们活动的具体地址,而对于活动时间,他告诉我:"原则上是每周五晚上 7 点半到 10 点半,实际上,有些人很早就来,有些人很晚才走,所以你早点来晚点来或者早点走晚点走都没有关系,一切由你自己。"当我问及我想要报名参加他们的活动需要什么样的手续,或者说我第一次去需要向谁报到的时候,David 告诉我,"没有任何手续,不需要向任何人报到","我们这里一切自由"。当我问及 David 他是否是这个英语角的负责人时,他说他充其量只是召集人,召集大家一起来说说英语、聊聊天而已。我继续追问:"那么谁是负责人呢?"David 回答:"我们这里没有什么负责人。"第一次电话里和 David 的交流,让我很是疑惑,这到底是怎样的一个群体,如此松散,没有负责人、没有任何"规矩",似乎是爱来就来,爱走就走,甚至是随来随走。

两天后的周五晚上 7 点,我费了一番周折才找到了英语角位于教工路和文二路交叉口附近的活动地点 1013 书吧。这家书吧位于小区里面一个小弄堂里,店面很小也很不起眼,没有扎眼的招牌,所以不太容易被发现。推开书吧的门,感觉这个书吧和其他书吧也没有什么不同,墙角的装饰柜上摆满了书,凑近了看,各种书都有,五花八门。一楼大约三四十个平方米的面积,放着几张长方形桌子和几张木头凳子,只有两三个客人在喝茶看书。书吧给我的第一感觉是,店小并且生意似乎并不太好。于是我到前台付好账,上到二楼,第一眼看到的是满满的人,人气爆棚,估计总有四五十个人,分别围着 4 张大小不一的长方形桌子而坐,每张桌子里的人似乎在热烈地讨论什么,时不时有笑声传出。我扫了一眼,没有发现明显的空位,正想怎么办呢,人群中有好几个人冲我打招呼,并且朝我打手势,意思是邀请我到他们那里坐。这种来自完全陌生的人的很自然的热情招呼,让我感觉很温暖。于是我很高兴地朝着其中坐在大桌子边的一个向我示意的人走去,开始以一个普通参与者的身份参加他们的活动,就这样很自然地进入了我的研究现场。之后的每个周五晚上,我都会来到这里参与他们的活动,观察英语角的活动开展及成员们的表现。

在活动中和活动的间隙,我寻找合适的机会随机对身边的成员开展开放式访谈和非正式交谈。例如,在活动中,如果涉及和自己的生活或者感受相关的话题,我会主动表达自己的观点和看法,在此基础上,积极询问对方的观点和感受,试图寻求在平等的信息"暴露"的基础上,获取真实的研究资料。

在跟踪观察和参与英语角的活动一个半月(六次活动)之后,我以普通成员的身份在活动中结识了很多人,并与其中六七个人建立了朋友关系,于是,我在结识和熟识的人中选择了几个比较典型的人,和他们预约时间,开展了三次比较正式的访谈。并在访谈时,告知他们我的真实身份,以及我的研究目的、计划等相关信息,获取他们的同意。正式访谈一般约在书吧或者两岸咖啡进行,在比较宽松和愉快的气氛中开展。正式访谈的目的是为了辅助和补充非正式交谈获得的信息,另一方面,也确认和验证非正式交谈中获得的一些信息。

3. 成文

质的研究常用的五种成文形式:现实的故事,尽可能真实地再现当事人看问题的观点,从被访者的角度将研究情况进行描述和分析,尽可能使用他们的语言来描述研究结果;忏悔的故事,介绍研究者使用的方法和在研究过程中所做的反省和思考,再现访谈情境和对话片段;印象的故事,详细描写事件发生时的情境和当事人的反应和表情动态;规范的故事,证实或证伪研究者自己抽象出来的理论;批判的故事,从社会文化的大环境对研究情况进行更深入的探讨。本文综合选用了前面四种整理材料和成文的方式。

三、研究结果

在最初接触英语角的几周时间里,我始终对这个社区学习共同体感到深深的困惑:首先,似乎没有规矩也能成方圆,英语角没有任何成文或者不成文的规矩,至少没有任何的方式告知一个新成员他必须遵守什么样的规则,一切言行举止都由每个成员自觉和自由选择;其次,英语角对核心成员的依赖度似乎并不高,核心成员是否参与活动,对这个社区学习共同体的学习活动似乎没有什么影响,据 David(英语角的发起人和召集人,在我眼里,他是这个学共体的负责人,是核心成员)讲,他是否来参加活动对英语角的活动开展没有任何影响,他最长的一次是连续四周没有在英语角露面。

没有约定俗成的规矩,没有对核心成员的依赖,这个社区学习共同体生存发展了近十年,"挤占"年轻成员的有限的闲暇时间,吸引这么多的成员持续参与它的学习活动。这个"年轻的"社区学习共同体到底是一个怎样的学共体?三个月的参与式观察和访谈,我的困惑也逐渐得到解答。

(一)关于目的

所谓目的,一般而言,是指行为主体在作出行为之前心目中想要实现的行为目标或预期达到的行为结果。目的是行为的灵魂,规定着行为的价值和方向,并且贯穿于行为的全过程。那么,对于最开始发起成立英语角的成员而言,他们预期的行为目标或者希望达到的结果是什么呢? 同时,对于参加英语角活动的其他成员而言,他们的目的又是什么呢? 访谈发现,这两类成员对于自己

17

目的的诠释有很多相同和相似的地方,因此,我不再将他们的目的按照这两类成员分开阐述,而是将他们提到最多的、最具有代表性的观点加以归类,主要有:

1."没有其他目的"

大约有 35% 的成员在谈及目的的时候,通常会用一句总括句告诉我"我没有什么其他的目的",然后会接着阐述他们自己的除却"其他目的"之外的目的。这样的目的主要有:学英语、交流、休闲、交友等。

David 说起他当初发起成立英语角的目的时,"我当初没有其他的什么目的,就是想几个有兴趣的人聚在一起练练英语"。

年近 40 岁的快速公交车司机朱先生,技校毕业,从二十几岁起就来参加这个英语角的活动,自学英语十多年,"我参加过很多英语角,这里不太一样,比较轻松随意,可以喝喝茶聊聊英语,年轻人多,来这里,怎么说呢,也没什么,就是来聊聊英语,学英语可以说是我生活的乐趣"。

25 岁的小叶(男),国际经济与贸易专业,毕业两年,从事外贸工作,参加英语角活动半年多,"我没有什么目的,就是想找一个去处,能够有一些人交流交流,不然每天除了公司就是家,两点一线,没有交流,怕得抑郁症"。

小朱(女),90 后,浙江财经学院毕业,原先在一个培训机构做语文老师,现在在一个金融机构做金融教育方面的培训师,4 月份开始参加英语角活动,"我基本每个周末都来,其实也没有什么特别的目的,就是一种休闲方式。来学英语只是一个'由头'(意思是指自己给自己找的做某件事情的一个理由),我是来放松放松,休闲休闲的"。

小杨(男),30 岁,水电系统工作,参加英语角活动两年多,"没有太多的目的,就是来交朋友的,我喜欢交朋友"。

在这些没有"其他目的"的背后,实际每个成员都有自己的目的。可是很奇怪,为什么这些成员或多或少都会提及"其他的目的"? 这个问题在当时我并没有特别留意到。很意外的,在有一次和小杨的聊天中,小杨对我说起他之所以喜欢来这个英语角,是因为"这里环境还可以,空间不大也不小,太大了,觉得人和人之间比较疏远,距离太远,心理距离也比较远;空间太小,心理上就觉得比较压抑,也容易放不开。这里消费也不高,他们(指英语角的核心成员)跟老板说好,每次我们来都是五折,真的很优惠的,15 元钱,这个价钱无论在杭州哪里都是买不到一杯茶水的。真心便宜的。这里环境布置也觉得很舒适,很舒服。而且这里都是年轻人,很有活力的,外国朋友也会来。来这里的人,包括他们

(指英语角的核心成员)都一样,都是非商业性的,大家也都是自发的,没有什么商业目的的。虽然有些时候也有一些什么英语培训机构的人过来,想过来招募一些学员什么的,但是来了几次之后就不会再来的,当然也有招募成功的,拉走几个人去他们培训机构。不过又有什么关系呢!"当我再次读到访谈记录稿里小杨的这段话时,我突然意识到,这部分成员们所谓的没有其他的目的,这个其他,应该是指小杨所说的"商业目的"之类的。

2."正所谓英雄不问出处,我们这里不问目的"

参加英语角有七八年、算是元老级的成员小林,是一位个性比较豪爽的人。当我问起他当时是出于什么样的想法或者是目的来参加这里的活动,又是出于什么样的想法坚持参加活动这么长时间时,他笑着说:"目的? 为什么一定要有什么目的? 呵呵,我没有什么想法,反正想来就来了,觉得好玩就常来,已经习惯了。"我继续追问他,据他所认识的英语角里的成员,他们一般是基于什么样的目的来这里学英语的。他很奇怪地回答道:"你错了,正所谓英雄不问出处,我们这里不问目的。无论谁基于什么样的目的来到这里,没有人会在意。"他的话,其实和我参加英语角的经历和感受还是比较符合的。也许成员们有着这样或者那样的目的,但是在这个英语角里,没有人会在意。或者换句话说,这个英语角不会以目的的不同拒绝任何人的加入。正如我,从我第一次参加英语角的活动至今,似乎没有任何人问起我来到这里的目的,并且很自然地接受了我的加入。只有我会选择来或者不来这里,而这里是不会选择接受或者不接受我的到来,只会是无条件地接纳。

成员小李,在一家外资企业工作,参加活动半年多,"他们(指这个英语角)这里没有什么目的不目的的,喜欢来就来,想来就来,大家在一起交流交流,开心就好"。

成员小夏,在德资企业里做项目经理,来这里活动很多年,每个周五晚上只要有时间就会来参加活动,"也没有什么,就是住在这附近,没事就来这里晃晃,顺便说说英语,挺好"。

这部分成员,没有特定的目的,也并不关注目的,不关注其他成员的目的,在他们眼里,目的并不重要,也不是这个英语角关注的东西。

3."文化影响了我的目的"

特别有意思的是,关于目的的话题,还有一场哲学大讨论。

十几个人,围坐在一张长方形桌子边,略显朦胧的灯光下,来自美国的John和其他成员们展开了一场大争论,关于目的话题一抛出,John就指出,首先要问是什么目的,谁的目的;其次要分清什么是目的和目的是什么两个概念,前者是概念界定,是下定义,后者是陈述,陈述目的的具体内容。

争论的第一个焦点是:万事存在是否都有原因,万事去做是否都有目的。John认为一定要慎用 nothing 和 everything 这样的词语,不能太极端,像杯子、太阳、石头,它们都没有目的,它们的目的是"我"给的,"我"给它一个目的,它才有目的。成员小杨的观点是,万事指的只是生命有机体,不是无生命的物体,每个生命有机体行为处事都是有原因有目的的,除了神经病这样的人之外,不可能莫名其妙地做一件事情,"比如我,我不可能没有任何目的每个周五晚上的来这里(指英语角),我肯定是为了能多和大家交流交流"。

讨论的热点是:什么影响了目的。John认为文化影响了他的目的,目的还受立场的影响。他以蜘蛛为例,蜘蛛对人类是好的,因为它可以清除一些有害小昆虫,但是对苍蝇、蚊子是不好的,说明立场影响了目的。这些观点得到了很多成员的认可。话题逐渐延伸到,即便是好的目的,也会有不好的结果甚至悲剧产生这一点上。因此,比目的本身更重要的事情,是大家需要去思考造成悲剧的原因是什么。

整个讨论其实与我所要关注的目的相去甚远,但是我不由自主地被这种气氛热烈、畅所欲言的讨论、争论和辩论所吸引,他们的讨论也引发了我的思考,的确,关于目的,英语角的目的是自身的还是谁赋予的?英语角本身是否有目的?而成员们来这里的目的与他们的行为之间有什么样的关系,他们的目的受什么影响、在较长时间的参与活动的过程中,目的又是否发生变化呢?最后,成员的目的又是否达成呢?

(二)关于共同学习

根据我的观察,这里的学习始终处在一种开放、自由、轻松的氛围中,学习内容丰富多元,多元流动的成员,跨国家、跨地区、跨单位、跨学科,不同学历、不同职业的成员,带来了多元的交谈话题,学习方式以对话和交流为主。更为有意思的是,我观察到,这里的学习引领人遵循一种大雁法则,成员的学习行为遵循海狸法则,学习内容则以当下生成为主。

1.学习引领人:恰似大雁法则

英语角的几张大小不一的长桌子,通常组合成四个小组,成员围绕小组就座展开学习。每个小组讨论的话题是不一样的,而在每个小组里,不同的时间学习引领人是不一样的。例如,在一次活动中,原本大家在聊如何更好地训练听力,这时候,新来了一位成员小杨,他自带了一份资料,是美剧中出现频率最

20

高的 50 个经典词语,有复印件 10 份,分发给大家。于是,小杨就成了这一个内容下的学习引领人,他提出游戏规则,让每个人用其中 5 个词语造一个句子,这样循环一圈。活动开始,对于不认识的词语和造句子时说不上来的英文,小杨都会积极给出提示和帮助,还有的时候也会出现某种干扰,没有轮到的人会突然插话,小杨便担负起维持秩序的责任,同时也会适时提醒已经轮到的成员发言。当这个游戏进行了大约 30 分钟的时候,成员们似乎有点倦怠了,于是,其中有一位成员小邓提出一个话题:"If you have a baby, what qualities do you want to cultivate him?"得到了大家的响应,于是,小邓接替成为学习引领人,他提出轮流发表意见的要求(他要求大家要有条理,清晰地表达自己的观点),维持发言的秩序,并且还对每位发言人的观点进行评价和回应,鼓励遇到障碍和略显害羞的成员积极发言,表扬发言流畅的成员,等等。随着话题的不断变化,学习引领人交替担任,而且学习引领人并不是由大家推荐或者由某些人认定,而是在学习活动的过程中自然产生,在大家自觉不自觉的状态下,由想要担负这个角色的人交替担任。

人们从社会学的角度对大雁高空列队远飞进行研究发现,大雁有很强的团体意识,他们飞行中的这些规律人们称之为"大雁法则",其中有一个领头雁的领导规律就是:大雁的领导工作,是由群体共同分担的,虽然有一只比较大胆的大雁会出来整队,但是这只带头雁疲倦时,它便会自动后退到队伍之中,然后几乎是在难以察觉的情况下,另一只大雁马上替补领导的位置。大雁可以轮流当头雁,大雁们交替承担着全队的迁徙重任,直至全部到达目的地。① 但是,在人类社会中,这种行为是很难的。实际上,任何强壮的大雁,其体力总是有限的。同样,任何人的智力知识也是有限的。领头雁的这种交替引领,无疑是一种生存智慧。而英语角的学习引领人,正如大雁飞行中的领头雁一样,遵循着一种交替引领的大雁法则。需要指出的是,在这里,我把在讨论中主导话题并且承担主持人角色的人物定义为学习引领人。

2. 学习内容:自然生成

英语角的学习内容和话题是当下生成的。自然生成的主题,不是预先制定的(也有某成员希望在英语角中大家和他一起共同讨论某个话题,他会预先进行一些准备,比如准备相应的资料和材料带到英语角,但是所有这些英语角的其他成员都不会预先知道,只是在活动的当下,才知道这个内容),而是以现实

---

① 张万久:《大雁的法则》,《财富智慧》2014 年第 10 期。

为中介通过现场调查（询问其他成员是否对某个话题和内容感兴趣，是否愿意大家一起来探讨），在共同的交流对话中共同寻找到的。也就是说，学习内容是在调查过程中产生的，在询问成员们对现实世界某个事件或问题的认识和看法中自然生成。这样生成的话题，表达了一个有意义的主题，至少是被成员们接纳的主题。

在前文提到的那次学习活动中，成员小邓提出的一个话题："If you have a baby, what qualities do you want to cultivate him?"在这个话题进行了大半圈的时候，成员小刘突然向大家发问，问谁有 baby，结果这些人当中，只有我一个人有小孩，于是，立刻有成员说道，因为没有孩子，所以实际上还没有真正仔细地考虑过孩子培养的问题，紧接着好几个成员回应，说这个话题不好，换个话题吧，于是，这个关于孩子培养的话题便自然被下一个话题取代，那就是"你觉得什么素质对成功的人生最重要"。

另一次学习活动也鲜明地体现出这个学习内容自然生成的特点。一开始，讨论的主题是孔子对中国文化的影响和西方文化对中国文化的影响两者的对比，成员们的观点，集中表述孔子和西方文化对中国文化影响的方方面面，至于哪个影响更大的问题，热烈争论了很长时间，争论的双方（一方以中国成员为主，另一方以来自美国的 John 为主）没有谁能说服谁。争论的过程中，成员小李提到中国的教育，很多人开始回应，有的抱怨，有的将中国的教育与国外的对比，John 则告诉大家，在美国，实际上大学并不是大家的第一选择，仅仅靠高分还不能进入好的大学。教育是大家都喜欢谈论的一个话题，于是，成员们开始分享自己的受教育经历以及对中外教育的看法。John 表达了自己的观点，对于国家来说，最有利的武器不是枪，而是教育，因为教育解放人的思想。一提到国家与武器，很多成员开始热烈回应，话题便转成了政治与历史，邓小平、毛泽东、美国、马克思主义等，这些便成了新的讨论话题。

3. 学习行为：恰似海狸法则

我和"If you have a baby, what qualities do you want to cultivate him?"话题引领人成员小邓的一段谈话：

"在刚刚的孩子培养的话题里，我觉得你蛮不错的，像个正儿八经的主持人，带领大家讨论这个话题。"（我试图通过一个称赞，打开这个话题）

"没有没有，我不是主持人，我来这个英语角也不长时间，水平也一般，呵呵，只是这个话题是我提起来的，大家也很给面子，愿意来讨论我这个话题，所以我觉得我好像应该这样子。"

"什么样子？"

"就是适当时候要回应一下，毕竟大家很看得起我，然后也希望能让讨论深入一些，所以适当的时候说一些话。不过，我不是这个英语角的主持人。"原来成员小邓以为我说的主持人，是指整个英语角的主持人，所以并不认可自己的角色。

"在大家讨论这个话题的时候，你感觉自己是不是发挥了一点主持人的作用呢？"

"哦，那是的，毕竟这个话题是我提出的，呵呵。"

其他成员的访谈也印证着海狸法则。

"每次有人发起一个话题的时候，如果我有兴趣，我就会表示支持；如果我没有兴趣，我一般先看看其他人的反应，如果大多数人比较支持，我也会支持。每个人都可以发起话题，其实还是很平等的。讨论话题的时候，大家一般都比较自觉，轮到人家发言的时候，我就听，大家都一样。"

"活动的时候，我们这里好像也没有定什么规矩，大家都能比较自觉，比如一般大家都会轮流发言，尽量让每个人都会有机会发言，有话就多说一点，没有话就少说一点，但是他们自己都会自己控制的，会说的人尽量照顾一下不会说的人，比如提供一点支持和帮助之类的，就是感觉蛮好的。"

确实，这里没有任何组织纪律，依靠的就是海狸法则。大家互相尊重，互相信任，没有发号施令的人，每个人自己决定自己的行为和角色，自觉调节自己的行为，使得英语学习活动顺利开展。

海狸是喜欢群居的动物，他们总在不知疲倦地修筑堤坝。修筑堤坝是一项团队工程，但整个团队中并不是由一只海狸来发号施令，而是由每只海狸自己决定工作应如何进行，他们相互尊重，相互信任，并发挥自己的最佳判断能力来共同完成一项工作，这就是我们通常说的海狸法则。在英语角，成员们在学习活动中的角色和行为遵循着海狸法则。

英语角里，学习英语、练习口语、提高英语水平，就是要修筑的"堤坝"，在学习过程中，每个成员根据自己的自主判断，自主决定自己的角色和行为，进行积极的自我协调，使得自己和他人更好地提高英语水平。访谈中，成员们对自己在学习中进行的自我协调并不一定有明显的意识，他们认为这一过程是理所应当的。

（三）关于成员间的关系

在跟踪观察中，我还特别留意这里的成员之间的交往方式以及相互关系。

成员之间到底是什么样的关系,这种关系又是如何形成的,这些特点仅仅只是这个年轻的社区学习共同体的特质,还是具有一定的普适性?但无论如何,这里的成员们对于相互关系的观点和感受与别的社区学习共同体有些差异。

1.“开放”:关系的形成环境

很多研究表明,人与人之间的交往方式及关系的形成与所处环境有着密不可分的关系。在英语角这个小环境中,深入分析成员们对于这里人与人之间的关系的观点,似乎能够印证这种观点。

“在这里,你可以和很多人交流,有中国人,有外国人,有各种各样的人,有各种行业的人,(虽然此处逻辑上有点问题,但还是能够说明这里的成员的类型丰富多样,是关系的形成和建立的物理环境)非常开放。这里就像是一条小河,河水不断流动,总是有很多新鲜血液不断加入,因为有很多人从网上看到我们的信息,自己跑来的,还有各种各样的活动,在这里,你可以和各种各样的人分享、交朋友。你还可以不断结识新的人。”成员小李所指的“开放”,实际是指英语角的成员的多元化和良好的成员更新能力。这种多元化的成员构成,一方面可能是因为网络,从而不断有新的、各种各样的成员加入;另一方面,可能与英语角没有“入门”的要求,完全开放的成员加入方式有关。

“这里氛围很好,环境很好,空间宽敞,这里的人都很 open,很和善,很友好,都很喜欢分享,喜欢英语,有共同的兴趣爱好,”成员小范告诉我,“我参加过很多英语角,这里的英语角是很有特色的,流动性(在我的追问下,小范解释了他所说的‘流动性’,我总结了一下,他的‘流动性’实际包括两个方面,一是指英语角完全开放的表现,什么人都可以来,二是英语角完全开放的结果,经常有新人加入)很强,以 talk 为主,你可以接触各种人。”小范的开放,一方面是英语角对成员的开放,这种开放实际上促使英语角能够不断吸引新的成员加入;另一方面,实际包括人与人之间开放的交往方式,这种“很和善”和“很喜欢分享”的开放的交往方式,正是英语角成员之间交往发生和良好交往建立的土壤。

2.“自由”:关系的自我选择

实际上,“自由”和“开放”密切相关,正是因为非常开放的成员加入方式(包括网络的影响),导致了这里的成员在交往的时候存在一个选择问题。

“在这里,你可以选择真实,也可以选择隐藏。”成员 Allen 说:“你可以告诉别人你的真实姓名等个人信息,也可以选择不告诉别人。”Allen 的话,让我想到,是否存在两个互相不知道彼此“底细”的人,但他们自己都将对方视为朋友呢?Allen 说:“语言是交流彼此思想的工具,虽然对彼此的个人生活并不确切知晓,但是并不影响两个人成为思想上可以共鸣、互补或者互相认可的朋友。虽然可能并不一定能算作真正意义上的朋友。"

"尤其是从网上过来的那批人(指从网上获得相关信息,然后来参加英语角活动的成员),一下子还没有真正回到现实世界中,自然延伸下来的自我防护比如匿名什么的,一开始是会有这个适应过程。只有大家熟悉了之后,慢慢的大多数人就会互相透露真实信息。"

"这里感觉像现实中的网络,很自由。对你现实中的身份、地位、收入、待遇、背景什么的,你都可以选择让这些待在现实,也可以让它们待在网络(意指不透露这些信息),都不会影响你在这里的活动和交往。"

3."自然熟":关系的自然缔结

成员小徐在接受我的访谈时表述的观点,反映了多数英语角成员之间关系的形成过程。

"你来这里参加这里的活动多长时间了?"

"一年多吧。"

"这里的人你都认识吗?"

"认识一部分。"

"那关系如何?"

"关系? 怎么说呢,有的关系很好,有的一般,有的只是认识,就是点头之交,就是面熟啦。"

"这种关系是如何形成的?"

"如何形成?"

"我的意思是你和他们是如何交往的,比如说,关系比较好的人,你是如何同他们建立这种比较好的关系的呢?"

"其实,也没有刻意地说做什么,或者干什么之类的。大家到这里来,都是来练习英语的,促进自己的英语学习的。而且,语言是交流的工具,大家在交流自己的思想时,分享自己的经历和感受时,自然而然地结成了朋友关系。"

"自然而然?"

"所有来这里的人,都是自然熟的那种。一次生,两次熟嘛。这里又不排外的,你多来了几次,就很自然的,大家就熟悉了,自然就成为朋友。不是刻意的过程,也不需要刻意。"

"感觉挺好,自然熟而结成的朋友哦。"

"是的,我感觉,我平时生活是一个状态,来到这里又是一个状态,应该说,来到这里是一种特定的状态,这里,可以畅所欲言、无所顾忌。这里是年轻人共同学习、自然交往的好平台。"

一次次的活动,一次次的聊天,练习英语的过程,正是观点碰撞、思想交流的过程,在这种过程中,成员们自然交往,自然熟悉,自然结成朋友,成员们提出的这种所谓"自然熟"的交往,可能更多地是因为很多成员是从一开始的"虚拟与匿名"到逐渐透露个人信息,思想上逐渐互相认可而结成朋友。

4."热情":关系的外在表现

正如我第一次参加英语角活动时所感受到的那样,这里的成员都很热情。而事实上,根据我收集到的材料以及我的观察,我发现"热情"更多地是这里成员交往的一种外在表现。

"这里的人真的很热情,不管是对新来的,还是老的成员。没有位置,大家都会互相招呼着,挤一挤,让一让。看到别人没有茶水了,不管熟悉不熟悉,大家都会互相帮忙添加茶水。有的人英语水平差,听不懂或者不会说的词汇和句子,只要你说出来,都会有人热情地帮你解答。"

"大家不管认识不认识,或者认识到怎样的程度,你可以看到,大家交往都是很热情的,很友好,很和善的。"

"热情是会传染的,别人对你很热情,自己就会不自觉地也对别人很热情。可能这跟学习英语和欧美国家的文化也有关系的。"

"欧美人,表达情感的方式比较直接,所以,可能这个影响了我们的交往,你看,我们之间交往都很热情的。"

5."温暖":关系的内在感受

正如成员小程所说的,"'热情'只是一种外在的表现,你可以观察到,甚至也感受到,但是'温暖'确实一种真正到达心里的内心的感受"。小程补充说:"有的时候,你可以感受到别人的热情,但是别人的热情并不一定总是让你感觉到温暖,这还是有区别的。"

"这里跟我关系最好的一个老外,是来自乌克兰的 V. Richard,他很喜欢中国文化,跟我也很投缘,他现在不常来参加英语角的活动了,但是我们微信上还是一直保持联系的。他生活在一个单亲家庭,从小失去父亲,又由于动乱,基本上是一个人长大,没有人照顾他。可以说一直是颠沛流离,历经艰难险阻,好不容易来到中国,也是非常不顺利。遇到一些文化冲突,找工作也不顺利,文化上又不能融入,中文又不会,不适应中国文化,朋友很少。刚来中国的时候,真的是比较难的,唉(小范叹了一口气),真是艰难岁月啊!"成员小范在讲述 V. Richard 的故事时自然流露出的同情与关心,传递给我的正是一种内心的温暖,我可以想象,小范作为 V. Richard 来中国后这段艰难岁月里的一个异国朋友,V. Richard 也一定很珍惜。"他现在在一家英语机构教小朋友说英语。他跟我说,他觉得还是中国好,有更多的机会,相比较他的母国而言。我们现在有事没事经常会交流交流,有什么事情,大家微信里都会互相说一说、聊一聊,他是我在这里交往的最好的外国朋友了。"我想,身处异国他乡的 V. Richard 是否也会因时刻关心他的小范而感觉温暖呢?

(四)关于评价

这里的评价,主要聚焦于成员们在英语角的学习感受与体验,以及对英语角活动的评价。

1."感觉到自己在进步"

大部分成员提到这里的学习让自己或多或少英语水平上有些进步。

成员小范的观点最具有代表性:"这里是一个信息交流场,大家坦率地交流、自由地交流,在一个自由的环境里特别能让人打开思维,你可以感觉到自己在进步。"

"我学英语和我的工作并不相关,因为我工作中不需要用英语。每个人都有故事,分享别人的故事和经历,和不同的人交流获取不同的知识,对自己就是一种收获。"

"这里,大家很平等,也很自愿地学习,没有人强迫,很多人都是因为兴趣,也有人是因为工作需要提高英语水平,虽然记英语单词、背诵什么的,当然主要还是要靠自己,但是这里给了我练习和运用的机会,我觉得很不错。话说回来,也多少还是学到东西了,比如上次他们谈论哲学和宗教问题,我就学会了好几个生僻词,像'形而上''唯心主义''十字军东征'等,这些词自己平常接触还是蛮少的。"

2."异国文化之旅"

语言背后的文化,也是很多成员提到的学习感受。

"语言是文化的一部分。我学英语主要是因为我想跟外国人交流、想去国外旅行。我对国外的文化很感兴趣,喜欢美剧,在这里,我开始和外国人交流,感受异国文化。和外国人聊,就是一次异国文化之旅。"

"我蛮喜欢那个美国人 John 的,他是美国海军出身,在海军里从事医疗后勤工作,不信仰上帝,是个无神论者,退役后读大学,他学的是哲学专业。他会讲起某个事件,美国人一般是怎么看待的、采取怎样的行动,我们会跟他讲,一般中国人会怎样看、会采取怎样的做法,有很多事情跟他交流之后,你会有更多地看问题的视角,会更了解另一种文化下人们的思想和行为。我觉得这就是文化。英语角里给我们提供了这样一个平台,无所谓政治,无所谓信仰,大家畅所欲言,平等讨论,没有什么顾忌,我很喜欢这里。"

3."学习就是休闲"

有很多成员,每周五来到这里就是他们既定的休闲时间和休闲方式,因此,他们自己总结,这里的"学习就是休闲"。

"这里没有组织者,也没有什么组织纪律,很放松,没有人试图管控你,所以你可以很放松。而周五就是周末啊,就是放松休闲的时候啊,所以我觉得来这里就是一种休闲。"

"这里,你可以喝茶,可以找人聊天,可以和老外聊天,可以用英语和人聊天,也可以不用英语聊天,可以参加他们的游戏,也可以自己组织游戏,也可以什么也不说,什么也不做,这里就是一个你可以放下生活压力和思想包袱的地方。"

"我最大的感受就是,在这里学英语,你可以自然地寻求帮助,并且快乐地帮助别人,没有人会因为你水平低就歧视你,大家都会包容你,并且帮助你。我水平比较低,卡壳的时候,他们都会等着,我不会说某个词或表达某个意思时,他们都会给出他们的意见帮助我。学习的时候,你一点也不会觉得紧张,跟这里的氛围一样,很休闲。所以你可以很放松地学英语,又放松,又休闲,所以我觉得这里最大的特色就是休闲地学习英语。"

四、研究结论

英语角,一个年轻人的社区学习共同体,呈现在参与目的、成员关系、学习方式和收获评价背后的是一个开放的、生态的、有机的自在系统。

(一)感性的本质参与

这个社区学习共同体中,成员们隐藏在"没有其他目的"之后的学英语、交流、休闲、交友等各种目的,以及受文化影响的目的,首先都是非商业性、非功利性的;其次,成员们的这些目的,更多的是基于感性需要。

所谓功利性,指寻求直接的实际利益满足的特性,有着明确的实际利益指向或现实目的。商业性,与经济利益直接相关。实际上,商业性也是一种功利性的表现。人作为社会性的动物,在现实生活中,行为选择更多地考虑功利性目的。但在这个社区学习共同体中,成员的目的主要来自于自身的感性需求,成员主要的、首选的衡量标准和依据是以个人情感为基础的感性需求,而非其他以功利性为基础的理性需要。成员的参与更多的是一种基于感性需要的本质意志的选择,以此来决定自己持续参与英语角学习活动的行为。

与此同时,对于这个社区学习共同体本身而言,成员的这种基于感性的本质参与是获准的、被充分授权的,也是共同体所追求和希望实现的。在这种本质参与下,成员多元化、多样性、差异性、个体性的目的都可以共同存在,被共同体充分认可。并且,作为这个社区学习共同体的最初发起人和其中的资深成员,他们更是希望并促使这个共同体能够更好地满足成员的感性需要,让更多的成员获得愉悦的情绪体验,并且喜爱这里。

（二）共生的学习生态

学习的发生是学习主体与环境相互作用的结果,如同植物的生长需要土壤、阳光、水分、空气营养一样,学习的有效发生也需要相应环境的支持。

生物与环境因素的相互关系就是"生态",研究这些关系的学科被称为"生态学"。"生态学"是1866年由德国动物学家海克尔首次提出。1979年,美国教育家劳伦斯·克雷明在《公共教育》一书中首次提出"教育生态学"概念,认为应运用生态原理去研究教育的物质和精神环境中的发展规律,于是就有了"教育生态环境"的说法。

而没有名字、没有任何纪律约束的英语角,在杭州存在了这么多年,并且就像一条潺潺流动的小河,不仅始终凝聚着许多成员持续参与,而且能不断有新的水流汇入,这条小河造就了一个美好的学习生态。英语角这个社区学习共同体,以其自由、多元、开放、民主、平等、互助以及不靠外部纪律规范而靠自我协调运行,营造了一个能够很好地激发成员们学习的自主性、能动性的学习氛围,建构了成员们之间以及成员和共同体环境之间共生共荣、相互协调、彼此促进的学习生态。在这个社区学习共同体里,各种不同水平的学习者在其中进行学习,在信息交流、资源共享、人际交往、自主协商中,有意识或无意识地实现各主体的知识或者意义建构。

（三）本真的支持关系

所谓支持关系,就是创造一个满足学习者得到周围学习环境或者他人关爱、理解、支持,体验到归属感的学习环境与良好的学习人际关系网。因为个体需要来自周围环境或者其他人的关爱、理解、支持,并体验到归属感。而这种良好的支持关系可以满足学习者的关系需要、增强群体的内聚力与学习者的归属感,进而增强学习者的内在学习动机。

在英语角中,在一个自由开放的环境下,成员间在长期的互动中,自然缔结热情、温暖、相互支持的关系,这种支持关系多元、多向、交织,是在基于成员本真存在的基础上自然建立的支持关系。

海德格尔认为人"存在于世"(being-in-the-world)的方式可以有两种选择:一种是选择"是自己本身",他称之为"本真的存在"。他会开放自己,放松自己,让世界中的事物降临到自己身上,和自己融为一体,这种境界海德格尔称之为"与物同游"(in play within the matter itself),在这种境界里,个人是他真正的自己,他人也会如其所是地展现自身,人与人之间有一种互为主体性的了解。另一种是选择"不是自己本身",他称之为"非本真的存在"。在这种存在状态里,个人把自己想象成是和外在世界对立的"主体",并且企图用"技术性思考"(technical thinking)或"形而上学思考"(metaphysical thinking)来掌握或操纵外在世界中的客体。当他用这样的方式和他人互动的时候,他就选择了"不是自己本身"。

这个社区学习共同体中,成员们基于本真的存在,在一个自由的氛围中完全放松自己,畅所欲言,不需要隐藏,充分表达自己的真实观点,并充分尊重他人的真实想法,在互动交流中自然结成相互支持的友情和关系网络。这种充满本真的支持关系很好地满足了成员的关系需要。进而成为凝聚成员持续参与的动力之一。并且这种本真的支持关系,是英语角这个社区学习共同体独特的学习氛围和学习方式的不可分割的重要组成部分。

(四)主观性学习成功

借鉴 Seibert、Kraimer 以及 Judge 等人关于职业成功的定义和相关研究,这里所谓学习成功,是指成员们积极的学习积累以及从学习活动经历中得到的心理上的获得。学习成功是每个个体学习经历的结果,可以被看作是成员个体由于他们的学习经历而积累出的真实的或被感知到的成就。

成员心理上的获得和实际成就两个部分也就是将学习成功划分为主观性学习成功和客观性学习成功的主要依据:主观性学习成功可以被看作是成员对其在社区学习共同体中的整个学习经历的主观反应、理解、感受、体验和评价;客观性的学习成功,是指那些可以被证明的成就,如在英语角中,成员们通过学习获得的英语听、说、读、写能力的提升。

英语角让部分成员感受到自己在词汇、听力等方面的客观性学习成功的同时,带给成员们的主观性学习成功显得更加生动和具有生命力。无论是对其他成员的喜欢、对英语角学习活动的满意、对他人分享的人生经历的启示,还是与其他成员思维碰撞中获得的成功感,以及心境放松、休闲快乐的学习体验,都在彰显着成员们主观性学习成功的无限魅力。

在这种主观性学习成功中,成功不再是需要某种科学的、特定的手段加以测量和证明的成就,而是充满了个体差异的、来自每个成员的主观感受;成功的标准是非常多元的,个体在任何方面的心理感受、理解体验都可以成为自己成功的标准;主观性学习成功是非竞争性的,每个人的成功不能也不需要进行对比。从成员们的访谈中,我感受到,主观性学习成功与成员对英语角的学习满意度,以及成员持续参与学习的动力水平之间,存在某种相关性。

五、研究思考

(一)"主持人"的隐身、"无规矩"与学习共同体成熟度的关系

在英语角里,我认为成员 David 是这个英语角最重要的核心成员,是因为:他是一手发起创立英语角的核心人员;英语角的学习时间是他在征求当时其他几个成员意见的基础上决定的;英语角活动地点包括地点的变迁是他跟英语成员联系和确定的;茶水费的收费折扣是他和书吧的老板谈判定下来的;网上留下的英语角联系电话是他的;英语角是否应该订立一些规章制度或者游戏规则,是他在几经思虑之后,决定不确立任何规则,一切来去自由、行动自由;其他元老级成员,即一开始便参与英语角活动至今的成员,认为 David 是这里的负责人;在对 David 的访谈中,他谈到自己从开始创立英语角,到现在在促进英语角发展过程中的一些思路和策略的变化,例如开始也想每次活动前确立主题、制订一些规则,也这样运行了几个月时间,到后来认为完全自由和放松的环境和氛围才是最好的。

但与此同时,也许正如在对 David 的访谈中,他自己说的那样,他把自己定位为"召集人",而不是这个英语角的"负责人"或者说是"核心人物"。并且,他提到:"其实我并不重要,因为英语角里有我没我是一样的,不会有什么变化,我最长的一次,因为出差,连续一个月没有来参加活动,后来我出差回来,发现这里没有任何变化,只不过,几个熟识的朋友问起我最近去了哪里而已。"说明,英语角对 David 并没有特别强的依赖。而其他成员的访谈中也印证了这个问题,一部分成员,尤其是参与英语角活动时间不长的成员眼里,"这里没有组织者,也没有组织纪律"。于是,我在想,如果 David 就此退出英语角的话,情况会如何? 英语角是否依然存在?

一方面,很多信息让我将 David 认定为英语角的核心成员;另一方面,很多

信息让我对自己的判断产生质疑。由此,引发我的思考:核心成员如何确定?社区学习共同体是否可以不依赖核心成员而运行? 或者说,这是一个社区学习共同体成熟的标志,发展到一定程度,社区学习共同体可以不依赖于核心成员而存在和发展?

（二）学习效率与学习收益

在英语角里,不是有系统、有序地开展学习,而是休闲式地、没有较强组织性地开展学习,那么,在其他条件相同的基础上,这样的学习效率到底如何? 在访谈中,对于参加了多个英语角活动的成员,我也有意识地问这样类似的问题,成员们的观点大致相似,"不同的英语角,不同的组织方式和活动方式,各有所长、各有特色,当然还需要结合个人喜好",成员们自己也很难进行学习效率的对比,只是大家比较认可,"这里的互动比较多,交流性比较强"。那么,学习效率本身是否是影响成员选择某种类型社区学习共同体的因素呢?

然而,学习效率的高低与学习收益的多少是否存在关系? 事实上,成员们在英语角里的收益,并不局限于英语知识的掌握和英语水平的进步,还有在"非功利性"的环境中,自然而非刻意地收获了来自其他成员的友情;思考他人分享的经历、故事、观点的过程中,品味人生,激发自己的思维;在始终轻松、愉悦的学习过程中,体会内心的成功与成就,感受生活的乐趣和生命的意义。这样的学习对成员个体的发展的价值,远远超出了单纯高学习效率的学习活动所能够发挥的作用。这不得不让我们思考,学习到底是为了什么? 明确了这一点,才能让我们回答"什么样的学习适合自己"。

点评

本文作者比较深刻地把握了质的研究的精髓,以研究者自己为研究工具,对"英语角"进行了全景性和细致性的观察,对研究对象的行为进行富有洞见的意义诠释,并在此基础上进行观点的提炼和理论的建构,此文不失为一篇富有个性的关于社区学习共同体的质的研究报告。

质的研究的一大优势是可以清晰地呈现事物的全景及具体细节,使读者产生身临其境的感觉、产生情感上的共鸣,本文较好地体现了这一优势。质的研究报告不是重在告诉读者结论是什么,而是重在告诉读者此结论是怎样得出来的。作者在较长时间跟踪观察和参与活动后,有许多有意思的发现,这些发现,正是得出研究结论的依据:"没有太多的目的,就是来交朋友的,我喜欢交朋友。""我肯定是为了能多和大家交流交流。""我没有什么目的,就是想找一个去处,能够有一些人交流交流,不然每天除了公司就是家,两点一线,没有交流,怕得抑郁症。""我没有什么想法,反正想来就来了,觉得好玩就常来,已经习惯了。"……

　　本文作者重视对行为的诠释和观点的提炼,而且能够让读者看到对材料进行逐步抽象、自下而上建构理论的过程。如在学习目的维度上,作者提炼出"感性的本质参与",成员的参与更多的是一种基于感性需要的本质意志的选择,以此来决定自己持续参与英语角学习活动的行为;在学习方式的维度上,作者提炼出"共生的学习生态",成员之间以及成员和共同体环境之间共生共荣、相互协调、彼此促进的学习生态;在关系维度上,作者提炼出"本真的支持关系",成员们基于本真的存在,在一个自由的氛围中完全放松自己,畅所欲言,不需要隐藏,充分表达自己的真实观点,并充分尊重他人的真实想法,在互动交流中自然结成相互支持的友情;在评价维度上,作者提炼出"主观性学习成功",英语角让部分成员感受到自己在词汇、听力等方面的客观性学习成功的同时,带给成员们的主观性学习成功显得更加生动和具有生命力。

　　研究报告昭示了学共体在评价维度上的特征是"主观性学习成功",这一发现已经具有革命性意义,因为,在社区学习共同体之外的其他学习组织或形态里,学习主体不是评价主体而是被评价者,但是,"充满了个体差异的,非竞争性,非功利性"的自我评价对人的全面和谐发展又意味着什么呢? 作者如能再继续深挖一层,不难发现,这样的评价,对于改变成员的生命状态、提升个体生命性价值具有特殊意义。从这个意义上说,本研究还需要进一步丰富其思想内涵,探索社区学习共同体在人的精神层面和生命成长层面的独特价值。

太极拳俱乐部的巨大吸引力何在

文/孙艳雷　评/项秉德

一、研究的背景

群体是个社会学核心概念,在这个一级概念之下,可以进一步分为初级群体、次级群体等二级概念。但是,当我们认真审视初级群体与次级群体的中间地带的时候,发现还存在一种另类群体,他们不如次级群体那样依赖目的及规则,也不如初级群体那样依靠自然的熟悉和长期的交往。这种群体经常性地在一起、频繁而又紧密地活动,却并没有发展出完备的正式组织所必需的要素,在本文中,暂时将其称之为共同活动群体。

共同活动群体近年来在城市及乡村越发普遍,如广场舞队、书画协会、民间环保组织、各类志愿者松散群体等等,其中尤以广场舞日益成为一种被热议的社会现象。热议的原因更多是因为这种群体活动给社会带来了一定负面影响,但是,这种现象产生本身却并没有被深入挖掘和关注。

一种社会现象的产生并持续存在,一定折射着背后隐藏的社会发展规则。在中国城乡出现如此大规模而又颇为普遍的共同活动群体,究竟有什么社会学意义?再进一步引申,这种现象是否也隐含着一种心理学或者是教育学的意义?

（一）研究的问题

人们参与共同活动群体的原因到底是什么?他们在那里获得了什么,又是如何获得的?一连串的疑问其实只是代表了一个问题,就是在共同活动群体中到底发生了什么并且它如此让人着迷,人们愿意走出自家的防盗门融入一个陌生人的群体,与陌生人共同做一件事情。

就其本质来说,这个问题是人的需要与共同活动群体的关系问题,表明在共同活动群体中发生的事情能够满足人的一种特殊的需要,而这种需要往往不能通过其他途经获取。

(二)相关研究

对社区学习共同体的直接研究目前还较少,因此,对相关研究的梳理需要在更广泛的理论背景中寻找具有价值的观点。社会学对群体的研究可以看作是社区学习共同体的相关研究的重要部分。

1. 具有特殊结构与功能的共同体

结构功能主义的观点认为群体的形成能够帮助个体实现更大的社会功能,即完成单纯个体无法独立完成的任务。它认为社会是具有一定结构或组织化手段的系统,社会的各组成部分以有序的方式相互关联,并对社会整体发挥着必要的功能。整体是以平衡的状态存在着,任何部分的变化都会趋于新的平衡。

2. 为维护自身利益而结成的共同体

根据社会冲突理论,群体的产生是为了维护自己的利益,群体就是利益的共同体。当人们觉得个体的力量微小不足以保护自己利益的时候,就倾向于与那些命运相同者联系在一起,形成一个利益共同体,以应对利益冲突,保护自己的权益。社会结构中固有的这种不平等权威的分布,使社会分化为统治和被统治两大彼此对立的准群体。在一定条件下,准群体组织表现为明显的利益群体,并作为集体行动者投入公开的群体冲突,从而导致社会组织内部权威和权力的再分配,社会暂时趋于稳定与和谐。

3. 个体可以从中获取价值的共同体

社会交换理论将社会中的个体假设成为高度理性化的决策者,人们选择从事某种活动必然依靠背后的理性算计,正如列文和莫兰所说:"人们希望加入那些为之提供最大报酬、付出最小代价的群体。"社会交换理论认为,一个人对从他与另一个人的交往或友谊中所得到的报酬和所付出的代价是心中有数的。尽管人们并不特别去计算这些报酬和代价,但是人们主要关心的是某个关系的总结果,即总的来看,这种关系是使自己得到的多(报酬多于代价),还是使自己失去的多(代价多于报酬)。

4. 个体可以从中寻找意义的共同体

霍格说:"引导人们对不同群体的吸引力的另一重要因素,就是他们在何种程度上感知到自身与各个群体典型成员的相似性。"符号互动论认为事物对个体社会行为的影响,往往不在于事物本身所包含的世俗化的内容与功用,而是在于事物本身相对于个体的象征意义,而事物的象征意义源于个体与他人的互动(这种互动包括言语、文化、制度等等),在个体应付他所遇到的事物时,总是会通过自己的解释去运用和修改事物对他的意义。

从不同的社会学理论流派的观点出发,可以从不同的角度阐释一种社会现象产生的根源,从理论对现实解释的有效性来看,每一种理论都能够部分解释社会现象背后隐藏的规律。

社区学习共同体是否具有独特的结构以实现特殊的功能,或者仅仅是为了维护群体利益而产生的集合,亦或是人们可以从中谋取直接的利益,还是人们只是为了在共同体中得到意义认同,这些问题的答案可能都有肯定性的成分,然而,究竟是哪一种答案更为准确还需要进一步的研究予以确认。

三、研究方法与过程

(一)研究思路

1.关注社区学习共同体参与者的动机变化

人们为什么组织社区学习共同体?为什么参与社区学习共同体?为什么会持续参与社区学习共同体?回答这一系列问题就要去探索社区学习共同体中人的活动动机。

动机是社区学习共同体存在与发展的先导性因子,没有足够的动机就不存在社区学习共同体,没有特殊的动机也不存在社区学习共同体这种独特的学习活动形式。倘若仅仅认为人们在社区学习共同体中只是为了满足自己学习知识或技能的需要,那么,现代社会有大量的教育培训机构可以完全满足这种学习需求。倘若是为了人际交往,那为何在社区学习共同体中具有如此众多的学习元素?对动机的挖掘,是理解社区学习共同体产生的重要研究内容。

2.关注社区学习共同体活动中的角色扮演

对动机的探索并不是独立的研究领域,因为动机必然具有对象性,对象的特征会直接影响人动机的强弱和类型。因此,对社区学习共同体活动过程的关注,是对人们参与社区学习共同体动机研究的进一步展开。

关于社区学习共同体的猜想,只能从社区学习共同体中寻找答案。社区学习共同体如果被看作是一个学习的组织,那么,这个学习的组织除了与其他学习组织具有相似的学习内容之外,更为重要的是其组织文化具有独特性。这种组织文化就在其活动过程中发挥着潜移默化的作用,而且这种作用直接发生在所有参与者身上,并形成社区学习共同体的独特性,这种独特性就是在社区学习共同体中,人们所扮演的角色与在其他学习类组织中所扮演的角色之间存在的重大差异。

3.关注社区学习共同体知识与技能的流转

如果说活动过程是一种外在的形式,那么学习的过程则是要探索内在的机制。社区学习共同体终究是为了学习而存在,学习则意味着人的知识、技能及情感和价值观的变化。学习发生的机制如何,这也是理解社区学习共同体最为核心的部分。

教育学、心理学一直将教学过程作为研究的重点内容,在不断地追求更有效的教学方法,从夸美纽斯的《大教学论》,到赫尔巴特的《普通教育学》,再到杜威的《民主主义与教育》,直至认知结构主义、建构主义、后现代主义心理教育学说等等,人们对学习的认识不断深化,发现知识、技能的学习不再是单向的传递过程,而是双向或多向的建构过程,那么,在一个没有绝对权威的社区学习共同体中,学习的过程究竟如何展开,其与教育学、心理学的主流观点是否相衔接需要去探索。

4.关注社区学习共同体对自我发展的影响

参与一个群体并在这个群体中持续活动,毫无疑问会受到这个群体的影响。这种影响会进一步改变参与群体的动机以及在群体中活动的方式以及活动内容。社区学习共同体对参与者的影响不止于知识与技能,更会深入到人对自我的认识以及对他人的认识,这是一个值得关注的话题。

正如康德所言:"人,只有人,才必须接受教育","人只有通过教育才能成其为人。人完全是教育的产物"。教育对人的形成作用并不在于其能够影响人的生理结构而在于影响人的精神结构,精神结构的浅层包括知识与技能,深层则涉及人的价值观特别是对世界及对自我的认识。健全人格的形成首先需要具备正确而健康的自我认识,因此,社区学习共同体的落脚点最终也将回到人的自我认识与自我发展上。

(二)研究对象的选择

本研究选取了临安市清凉峰镇太极拳俱乐部作为研究的案例。太极拳是具有深厚历史文化传统的一种健身方式,包含着丰富的人文知识,学习者也需要系统地学习才能掌握太极拳的动作要领。太极拳作为完整的学习内容体系能够更有效地展现完整的学习过程。

该太极拳俱乐部成员以中老年人(40~70岁)为主,既有退休教师、工人、干部,又有地地道道的山区农民,还有一部分在职工作者。

该俱乐部发起于2012年,发起人为清凉峰成人文化技术学校原校长胡校长,参与人数一直有变动,最大规模的时候曾经达到60余人,最少的时候,来参加活动的仅有不到10个人。

研究者本人为了能够深入观察这个社区学习共同体,曾多次到清凉峰镇与俱乐部成员交流,并与核心成员建立了良好的关系。

(三)资料收集的方法

资料收集的方法包括访谈法和内容分析法。本研究对个案中的主要成员进行了访谈,其中有较为正式的访谈,但更多的是非正式访谈。访谈既是获取研究所需要资料的方法,又是拉近研究者与被研究者之间心理距离的重要方式。对胡校长的访谈次数较多,正式和非正式都有。而对其他成员则主要是非正式访谈。一般都在活动中途休息聊天的时候获取一些研究所需要的信息。

此外,由俱乐部提供的成员学习体会和各类活动总结也是本研究的重要资料来源,通过对这些资料的分析,也可以获取一些访谈中无法获取的信息,有助于弥补研究者个人提问所带来的主观限制,进一步扩大信息来源,让研究资料更为充实、可靠。

四、结果

(一)不是一个,而是一群热心的人们

社会学家鲍曼曾说过共同体是让人感到温暖的词。在汉语的词汇中,共同体并没有这种感情色彩,反倒是让人觉得有一种政治联合的意味。太极拳俱乐部的成员们也没有意识到自己是在共同体中,但他们每个人都能感受到俱乐部的温暖。他们不为名利而来,付出不求回报,也没有人迫使他们参加俱乐部,更没有人会给他们提出严苛的纪律要求,为什么俱乐部能够让人产生温暖的感情?为什么那么多人愿意参加俱乐部,并且无论刮风下雨都愿意走上几里山路赶来学习呢?

经过与多名俱乐部成员的访谈,我能够感受到在这个俱乐部中有一种特别的力量在维系着这一群人,这种力量很常见也很普通,但是,当这种力量能够坚持下来,并在一群人中扩散开来,那就会产生奇迹。

胡校长,清凉峰成人文化技术学校的老校长,今年已经五十多岁了,从事成教工作十多年,可以说对清凉峰成人教育的发展做出了重要的贡献,也备受当地农民的尊重。前两年一场大病让一向不停忙碌没有多少闲暇时间的他空了下来。病后恢复是一个漫长而又艰苦的过程,为了能让自己早日康复,他开始学习太极拳。刚开始的时候就是在网上学,看一些视频,在家里自己练习。这样学习太极拳效果并不明显,他就想能不能把周围的人组织起来一起学,这样大家可以相互交流,共同促进。一次在与镇里王一平聊天的时候,偶然提起此事,两个人一拍即合,组建清凉峰太极拳俱乐部的计划诞生了。

以下是胡校长个人自述:

> 我是一名教师,学习太极拳还有一个故事,可以说是"三起二落"。
>
> 我1979年参加工作,担任小学校长20年,2002年起负责全镇的成人教育工作,从事农民素质的培训工作,任成校校长10年中学校获得杭州市先进集体7次,临安市级8次。2009年在退休干部谈话中,了解到有的老同志想学习太极拳,由于当时没有合适的教师,此事就搁了下来。
>
> 2010年初临安市教育局倡导"三个一"活动,即唱好一支歌,跳好一支舞,练好一手拳。我们成校便牵头组织全镇三所小学教师进行太极拳培训,但好景不长,这个太极拳队伍也没有坚持下去。
>
> 2010年10月,由于长期超负荷工作,积劳成疾,我住进了浙一医院,经医院查出患有肿瘤,开刀切除了肝上的肿瘤,住了半个月后回家休养。当时体弱无力,思想负担较重,萎靡不振,在朋友的鼓励下,在妻子的精心照料下,自己慢慢地坚强起来了,于是暗暗下决心要坚强地生存下来,活好每一天。有一天在杂志上偶然看到一篇介绍太极拳的文章,说太极拳是我国传统文化的瑰宝,动则生阳,静则生阴,阴阳对立统一,互相依存,相互协调,相互转化,阴中有阳,阳中有阴,阳能生阳,阴能生阴。练太极拳是一项很好的健身运动,可以强身健体,可以防身自卫,也可以陶冶情操,是一种美的享受,还可以给人们的生活带来无限情趣和幸福,甚至可以延年益寿。于是我也下决心利用在家养病的时间,跟电脑自学二十四式太极拳,电脑上教一个动作我跟学一个动作,要学第二遍,就把电脑视频返回去,再放出来跟着做……有时候一个动作要学五六遍,这样学太费时费劲了,也太难学,枯燥无味,但我还是坚持了下来。

王一平,自己学习太极拳多年,而且他的夫人陈老师也是个太极拳爱好者。夫妻二人对胡校长的提议都非常赞同,练太极拳不仅可以强身健体,而且在城市里学习太极拳的人很多，就是现在农村还没有普及，农民找不到教太极拳的老师，也找不到太极拳的活动社团。而且在农村普及太极拳还有一个非常重要的好处，那就是能够帮助农民强身健体，这对于医疗条件、体育设施不足的农村地区来说具有重要的意义。

组建太极拳俱乐部应该能够受到农民的欢迎，可是太极拳老师怎么找呢？王一平就动员自己的夫人来给太极拳俱乐部做太极拳老师，给俱乐部上课。夫人见丈夫这么热心，觉得这也是为当地百姓做一件好事，便欣然答应了。

组建太极拳俱乐部还得到了很多人的支持，74 岁高龄的童寿生就是其中之一。他平时看电视最喜欢看有关养生的节目。他说："看电视上城市里那些退休的人去公园里练太极，一个个精神很好，很开心的。我们农村里，想学都没地方学。得知我家附近也有人要组织大家学习太极拳我就非常高兴，一定要报名参加。"

热心是一个非常生活化的词语，组织太极拳俱乐部可以说是热心的力量，那么热心的来源在哪里？如果非要寻找一种解释，恐怕就是对情感的追求。这种来自道德的力量往往会强大到驱使个体做出许多利他行为。

（二）一位退休老人，从一个成员说起

2002 年，从工作多年的岗位上退休下来，老王显得有点落寞，身体一下子也没有原来那么硬朗了，用他妻子的话说，"看起来像七十多了，背都挺不直"。

老王家在临安市清凉峰镇前坑村，依山傍水的小院中建有一座三层小楼，门前一棵百年树龄、枝繁叶茂的银杏。本该颐养天年过上几年舒心的日子，可是闲不住的老王却怎么也快活不起来。原来老王一直在外地工作，退休后一下子没事情做了，跟村里的人又不是特别熟悉，加之性格非常内向，一时生活过得怎么也舒畅不起来。退休后，老王就每天泡在山上干农活，回家也不怎么说话，日复一日地重复着单调的生活，人能不变老吗？

2012 年的那么一天，从山上回来的老王遇到村里的退休教师童老师。童老师跟他说，镇里成校胡校长搞了个太极拳俱乐部，如果有空可以去看看，打打太极拳对身体有好处。

老王想想反正去成校也不远，就去找胡校长报名，想看看这个太极拳俱乐部到底怎么样。

胡校长是个热心人，听说是童老师介绍来的，便热情欢迎老王加入他们俱乐部。并告诉他每周六下午俱乐部会在成校学习，会有老师专门指导，每周三和周六晚上在白果村练习，大家一起打几套拳算是巩固巩固，叫他到时一定过来参加活动。

转眼到了周六,老王赶到成校的时候,看到已经有十几个人在那做热身活动了,有压腿的,有活动手臂的。胡校长跟老王说,他第一次来,先看看大伙怎么学,然后再个别辅导。

一会儿,太极拳老师来了,看起来有四十多岁,打起拳来如行云流水一般,讲课也很细致耐心。一下子让老王很是兴奋,这下可以跟着俱乐部一起学太极拳了。

太极拳入门容易但要动作标准到位非常有难度,老王是个太极新兵,零基础学员受到了其他俱乐部成员的特别关照。每次去参加活动都有人专门指导他,哪怕是一个动作稍微有点不到位,总会有人给他指出来。

一年下来,老王现在已经学会了八式太极和十六式太极,明年还要再学二十四式。这些在一起练太极的拳友都成了老朋友,不仅在一起学拳练拳,而且彼此也非常关心。每次活动打三套拳,中间休息的时候,比打拳还忙,大家总要凑在一起聊聊天,心情特别舒畅,要是哪天有谁没来,总要打个电话过去问问是不是家里有啥事了。

身体好了,更重要的是精神好了。今年看到老王的时候他还特意拿出一起拍的照片来,说比较看看现在气色是不是比以前更好了。

以下是老王的自述:

今年3月中旬,我听本村童嫩云老师讲到清凉峰镇成校正在开办学习打太极拳课程,问我要不要参加。我自从2008年从供电所退休以来,一直闲在家里,身体也不怎么好,得了高血压、高血脂、高血糖。近两年来,腿膝盖关节炎越来越严重,今年春节期间病情发展到连上下楼梯都十分困难,在平地走路都一跷一拐的,我的心情也坏到了极点。在平时也经常听到人们说"体育运动,要数打太极拳最好"。当我得知这一信息后,即带着满怀期望的心情,来胡校长处报名,要求学习打太极拳。

初学阶段,尽管教练陈老师、胡校长教得非常认真仔细,甚至胡校长手把手耐心地教,一有空,其他学友都热情地帮教,但自己总是掌握不了要领,一度出现过畏难情绪,觉得学打太极拳实在是太难了,自己的头脑太笨了。不过到今天能坚持下来,学会了太极拳的8套和16套动作,虽然还不是很娴熟,但是自己也能够单独打下来,身体状况也改善了不少。得感谢胡校长、学友们的热心帮教,耐心帮教,真诚帮教,得感谢陈老师、王一平教练。

老王的故事不仅说明了学习太极拳可以强健身体,更重要的是一种"守望相助"的关系将人们联系在一起,人与人之间突破利益的纠葛,共同营造一种和谐的人际关系,从而使更多的人参与到共同体中来。

（三）大家眼中的俱乐部组织者

每次集中训练,胡校长为让俱乐部成员们能顺利开展活动,总是忙前忙后做很多事,联系场地,邀请老师,一个个给俱乐部成员打电话通知活动时间和地点,有时候还用自己家的车接送学员。俱乐部骨干王一平在自己夫人不在的时候,兼任了太极拳老师的角色,大多数的时候,他给其他成员做示范,并不断纠正大家的错误,指导大家做好每一个动作。一次活动下来,王一平流的汗是最多的,因为别人做一次的动作,他不知道要示范多少次,如果没有这种热心,恐怕俱乐部的成员们学习太极拳的进步就没有那么快了。

以下是俱乐部成员对俱乐部组织者的评价。

童汉奇:"胡校长本人热爱太极拳活动,他练了太极拳后感觉自己身体健康多了,就着手组建一个组织,带动更多的人从中受益。自从组织成立开始到现在,不管工作有多累有多烦,他都无怨无悔!他不怕麻烦、不计个人得失、以身作则的态度博得了我们每一个成员的爱戴。我们都很崇拜他,仰慕他!他是一个很有责任心、有决心的人,不光是对现在的太极拳活动,就是以前的教育事业上也是这样的,只要他想去做的事情,他都会努去做,而且也都会做成功的。没有胡校长这么坚持组织活动,我们进步没这么快的,恐怕也不能走到这一步。"

章跃莲:"胡校长平易近人,助人为乐,愿意把自己的快乐与大家分享,有领导风范,但从不摆架子,俯下身子为学员排忧解难。有些年纪大的退休老师,不会电脑,他会主动教他们,教会他们看视频,他们回去可以对着电脑自学了。因为集中学习完了不一定就都学会了,自己在家空的时候就可以对着电脑的视频学习和练习,这样学员进步就会快一些。还帮他们买播放器、光盘等等,不厌其烦地教他们如何使用。点点滴滴,数不胜数。其实我们健身是我们自己得利呀,胡校长有什么好处可得呢?他为我们付出那么多,给我们带来方便,他真的很伟大!从他身上我也学到了很多:办事有始有终、与人相处注重生活中的细节……看似举手之劳的小事,可是胡校长认真去做了。总之,胡校长为人正直,从不计个人得失。"

陈苏红:"他这个人就是热心,对任何人、任何事都很热心。一直以来对工作很负责,对家庭也很负责,两头顾得很好。以前对工作热心,我很支持的,一直奋斗在工作岗位上,现在年龄大了,退休了,我想他应该休息了,看看报纸,看看新闻,出门旅游,等等,做一个像个退休的人。可是他还不肯歇下来,又组织太极活动。总是忙来忙去,我还担心他忙坏了身子呢!"

柳兴旺:"胡校长对工作一丝不苟,决心很大,没有他办不成的事情的。从不轻视人,有事委托他办,那是最放心的。没有私心,不计个人得失。在这么偏僻的农村,要不是胡校长这个不怕麻烦不怕劳碌的带头人,太极协会这个组织坚持到今天,且有成效,是不可能的。我们都已经离不开这个组织了,更离不开胡校长了!"

王淑华:"胡校长不管对人还是对事都很认真,教育事业上对工作很负责任,与同事相处和睦,乐于助人,在我最困难的时候是他帮我渡过难关的。如今退休多年的我已古稀之年了,还能再享他之福——学太极拳呢!我还经常搭他车去练太极拳,不会电脑,他又教我学电脑,如今我能用了,看视频学太极,方便多了。这样,让我也能跟上时代的步伐,生活不再是那么枯燥乏味了。感谢有他!"

潘明芳:"胡校长是一个不折不扣的工作狂,而且认真负责。对每个人都那么热情周到。太极拳之所以能够达到目前的水平与他的执着、坚持付出是分不开的。他是我们学习的榜样,对任何事情、任何人都能处理得那么妥当。不怕苦、不怕烦,仿佛浑身有使不完的劲。"

王一平:"胡校长热心太极拳事业,组建队伍勤学苦练修拳道,不厌其烦教学员。请老师上课,请专家做讲座,带学员出去表演和比赛,还请大师来指导。无一不是为学员着想,给学员们搭建平台、创造条件,有利于学员进步。"

俱乐部的组织者在所有成员心目中的形象无疑是高度正面的,这种正面的形象既是太极拳俱乐部凝聚在一起的感召力,也是组织者个人的行为选择的结果。为了能让这么多人参加到俱乐部中来,只有营造这种积极的氛围才能让俱乐部更加具有吸引力。

(四)艰辛但快乐的学习过程

学习太极拳绝对不是一件轻松的事情,看似行云流水的动作,真的要做到位其实还是非常有难度的,特别是对年龄比较大的人来说,每一个招式都是一个挑战。很多人都是练了几次后就坚持不下来了,俱乐部成员也从最初的五十多人逐渐减少。

不过在俱乐部中学习还是非常快乐的,所以还是有二十几个人坚持了下来。新都村村民潘明芳曾经一度产生了动摇,到底是勇敢前行,还是就此终止?

徘徊在十字路口,思想斗争十分激烈。但是,在大家一起学习的氛围中,她没有放弃,她说:"和我一起参加培训班的那些学姐、学兄们的年龄都大出我一大截,大部分都在 70 岁以上,有的甚至都已 80 多岁的高龄了,他们都在一如既往地认真学习着,想想自己真的惭愧。"

经过一段时间的学习,潘明芳觉得:"我们这些来自不同村庄、不同年龄、不同工种、不同文化、不同性别的人融合为一个快乐的集体,这难道不是太极拳博大精深的魅力所在嘛! 所以,在我今后的人生旅途中将会与太极拳相伴。"

胡校长的夫人陈苏红也是太极拳俱乐部的积极分子,她说:"我老公组织了学太极的活动,夫唱妇随,我也积极参加了。我到现在学会了八式及十六式太极拳,几乎天天都练的,老公天天练,我也陪他练的。和大家在一起练太极很愉快。和老公一起学太极,夫妻感情更加深了。"

春去秋来,经过一年多的学习,太极拳俱乐部可以说已经结出了属于自己的硕果。成员们通过学习太极拳,身体越来越好了,而且精神面貌也为之一新。这对太极拳俱乐部来说,就是最大的成功。

下面是一些俱乐部成员的亲身体会。

童汉奇:"太极拳确实是健身的法宝,我有很多的慢性疾病,如高血压、下肢长骨刺发麻、脑动脉硬化、腰酸背胀,现在下肢发麻、背胀很明显地好转,一场拳练下来感到一身热汗,全身舒适、轻松,我坚信练拳的好处,我要认真刻苦地学习,要学好,不但自己学,还要动员我们村的村民来学,我要求参加临安市太极拳协会。"

童寿生:"我已经 74 岁了,家里农活又不得不做,心脏病也有几年了,还有高血压,一直在吃药。坚持练了近一年的太极,感觉脚有力了,腰能挺直了。连走路看起来都有精神多了。以前,穿裤子时不能一只脚独立站的,现在想怎么站就怎么站了,不怕摔倒了。还有晚上睡觉也好多了,很少失眠了。"

王水莲:"我也有 74 岁了。一直以来都很勤劳,农活又多。如今年纪大了,身体自然也有这或那个疾病了。有高血压和糖尿病等慢性病,吃药不断,经常服药,体质变得更差了。但是练了太极之后,身体变得比以前好多了。老伴也说:'你练了太极以来显年轻了。我们的农活没少,可你岁数增大了,你倒还是能挺住的。'我说:'现在我有的是精神,对生活充满信心。'我几乎每天都打太极,再忙也打,因为打了太极后全身就是舒服。"

李雪滨:"经过几个月的学习练习,两脚总算不会像怕踩到地雷一样发抖了,而且锻炼过后冲一个热水澡,一天神清气爽,不说精神抖擞,也不会看上去一点神气也没有,总之一天都有好心情。"

王金法:"首先我觉得自己的精神、心态有所变化,我原是个急性子的人,遇事急得很,特别是碰一些不顺心的事情,就显得十分烦燥,近段时间以来,心情上好似有轻快一些的感觉,其次是自己的身体现状,熟悉我的人都说:我的脸色比以前好像好一些。走路以前腰老是挺不起来,都是驼着背在走,现在好像也精神了一些,膝盖关节炎也好转了。上半年多走一点路,膝关节就受不了,近段时间,这一个多月来,上山干活时间比较多,包括打山核桃,都承受了下来,虽然腿脚不是那么灵活,但总好似轻快了些。由于自身得了高血压病,劳累一点头就晕,睡眠差,近段时间以来,不怎么明显了。10 月 11 日,我原工作单位组织我们退休人员作了一次体检,医生说我的血压控制得还是比较好的,除坚持服降压药外,我想和打太极拳是有关的。"

胡校长:"现在我的效果非常明显,脸色红润了,走路轻松了,上楼梯脚也不酸了,肚子也小了,手也不抖了(好多人都问我你吃的什么药? 现在你的手怎么不抖了?),我原来血液检查有 10 个指标不正常,现在除血小板计数稍低以外,其他指标在正常范围,现在精神状态很好,吃饭能吃,好像有使不完的劲,人也年轻了很多,浙一医院给我动手术的医生都感到惊奇,这要归功于我夫人,是她鼓励我、支持我,精心、细致地照顾我的结果,更要归功于太极拳,是太极拳给了我重生的希望和信心。"

这样的例子不胜枚举,每一个坚持下来的成员都觉得学习太极对他们的身体产生了非常大的帮助,参加俱乐部不仅让他们学会了太极拳而且还愉悦了身心。相信清凉峰太极拳俱乐部会一步步更好地发展下去,让更多的农民找到属于自己的健身方法,带动大家过上老有所学老有所乐的生活。

太极拳俱乐部之所以能够获得这样显著的学习效果,从学习过程中可以看出一些端倪,那就是不同类型的成员之间共同学习所发生的相互影响与相互促进作用。如果只是在家里对着电脑学习太极拳,恐怕需要花上更长的时间才能获得这样的效果,而且更为重要的是,一个人的学习不仅可能让人丧失学习的兴趣和坚持,更会让人迷失学习的方向,丢失评估学习进步的标准。

(五)不接受? 农民学太极是个新鲜事

在农村里学打太极拳还算是个新鲜事,虽然老百姓在电视里看过,但真在他们生活中去建立一个太极拳俱乐部,每天在他们眼皮底下打太极,还是有很多人投来疑惑的目光。这让很多有心来参加太极拳俱乐部的人望而却步了。要动员一个人来参加太极拳俱乐部还真不容易,婉英就是一个典型的代表,以下是婉英的自述。

> 我是一名来自农村的,干缝纫 20 多年的农村妇女。家庭负担较重,儿女双全,常年劳累,身体有些变差了。经常睡不着,颈椎病严重,总觉得不太舒服,常去看医生。可是医生开的药,我吃过后不久又要复发的,我也没什么信心,可自己有没办法。
>
> 从电视里也看到过那些老人家练太极,看他们个个都那么有精神。从电视里也了解到练练太极对身体有好处的。我也想要是我们这里有地方学就好了。去年我镇成校校长就是我们白果村的,组织了学习太极拳的活动。于是很想去试试,那几天还是有些忙,我没有去报名。一天又去看医生,常给我看病的童医生听我说哪里不舒服,他没给我开药吃,而是叫我去练太极。他说他也在成校练太极。我犹豫了,想去又怕学不会,打电话跟孩子们说了,他们都支持我的。没过几天,组织活动的胡校长的夫人见到我,聊起了天,她说她现在打太极,有好多人参加的,于是我就决定去学太极了,和她很熟,这样有伴了。刚开始学打时,有些吃力的,因为我迟些时间去学,有些赶不上他们的,但是我这个人记忆力较好。老师又耐心教,同伴们又要指导,加上胡校长认真组织,每次学习时都会电话通知我的。我也很珍惜学习的机会。万事开头难,我尽管动作不到位,但也学会了。奇怪的是,自从打了太极后,我感觉到身体真的有变化了。现在睡觉香,全身经脉通畅,整天干活有精神,颈椎也不怎么酸了。老公也说我现在脸色也好看多了。有这样的效果,真是感谢太极给我带来了福音。感谢胡校长组织这样的活动,而且我们是免费学习呢!

人们接受一个新事物是一个复杂的过程,既有内心的认同,也要与自己的外在形象相符合。很多时候,人们因为外在的束缚而放弃了内心的需要,幸好社区学习共同体为人们追求自己的兴趣提供了一个空间,在这里每个人都可以找到同伴,获得支持,有所归属。

五、结论

(一)情感主导,体现"本质意志"的诉求

"不拿证书,不得金钱!"恐怕每一个太极拳俱乐部成员都没有想太多参加太极拳俱乐部能获得什么实实在在的利益。他们凑在一起学习太极拳并坚持下来,并不是出于对利益的考量,当然这种利益是指具体的经济利益,但并不是

意味着参加太极拳俱乐部后他们一无所获。

社区学习共同体是不是基于兴趣的学习小组？从太极拳俱乐部的案例中可以发现兴趣确实具有一定的作用，然而，能够让这些人凝聚在一起，并持续参加集体活动的主要原因却并非因为兴趣。而且还有很多人并非因为对太极拳感兴趣才加入俱乐部，比如文中的老王，就是因为家人与朋友的劝说，才让他走出家门参加一点集体的活动。兴趣能够诱发一个人暂时的行为，也可能让人围绕某一个兴趣点持续地学习和活动，但是，兴趣更多地能够解释个体将精力长期集中在某一件事上的原因，而不能解释个体参加集体活动的原因。

既非利益，也非兴趣，通过对太极拳俱乐部的观察，一个隐没在社区学习共同体背后的因素呼之欲出，那就是——情感。情感是人内在状态的直接反映，并不需要过多的认知过程即可以让人深刻体验到它的真实存在。每个人每时每刻都有丰富的情感体验，但是，这种情感体验却很少被充分地重视，特别是在学习过程中的情感体验很少被纳入教学者的反思范畴，甚至，在学校班级中，教师以为通过惩罚学生可以获得良好的教学效果，而无论什么程度的惩罚，总是能给学生带来负面的情感体验。换句话说，也许很多教学者以为负面的情感体验可能更容易激发学生的学习动力。

太极拳俱乐部所组织的每一次活动是否都是愉悦的？似乎并非如此，但是，通过案例中大篇幅的俱乐部成员对组织者的评述，不难看出，作为组织者的胡校长一直在竭尽全力地让每一个参加太极拳俱乐部的人都有积极的情感体验。这种价值观来源于他迫切希望得到成员的支持，因为，俱乐部成员并没有受到严格的规则或契约限制，他们来去自由，倘若在俱乐部中不能愉快地学习，恐怕很多人都会选择离开。因此，为了让大家能够坚持来俱乐部活动，胡校长表现出了令人敬佩的精神，也赢得了俱乐部成员的肯定。

（二）形象为媒，营造"守望相助"的关系

在太极拳俱乐部中，人们或是来自一个村子，或是以前单位的同事，大部分人彼此之间相互认识，也就是说，太极拳俱乐部是根植于熟人社会而形成的社区学习共同体。当熟人构成社区学习共同体的时候，人们的关系还是发生了细微的变化。这种变化不同于自然村落中的熟人关系，也不同于正式组织中的人员关系，而是一种比熟人关系紧密、比组织关系疏松的中间关系。

人们在社区学习共同体中会表现出更多的利他主义行为，这是因为太极拳俱乐部提供了一种独特的机制，可以促进人们的利他行为。这种机制就是"多边互动"取代了"单边互动"，每个人在多边互动中都会努力形成"友好形象"，因为友好形象的形成,会为后续活动收获更多的收益,比如在平时的活动中,那些主动教其他成员太极拳动作的人,更容易形成个人权威,在组织活动中大家更愿意听从他的安排,因此,这些收益显然不是物质收益,可能是更多的尊重、认同、鼓励、帮助等等。

"多边互动"与"单边互动"最为显著的差别就是个人形象会成为重要的变量,在互动中良好的个人形象更加有利于取得预期的行为结果。所谓"单边互动"即主动方向被动方提出行动,被动方根据自己的需求与能力做出相应的回应,从而构成一个互动的单边循环。单边互动会导致权威方(一般为老师)成为弱势方(一般为学生)的形象引导者,弱势方会趋向于表现更多权威方期待的行为,而不顾及同是弱势方的其他群体成员的期待,从而形成一种竞争关系。

(三)桥梁共筑,把握"共同学习"的精髓

共同学习之所以行之有效,得益于参与者之间存在"经验错差",这种经验上的错差在交流互动中能够有效而又直接地作用于学习者已有知识与目标知识之间,构筑了"知识立交桥",从而克服学习中的认知困难。

"经验错差"是由个人经历所积累的经验之间的差别。根据建构主义心理学研究,已有知识在学习新的知识的过程中具有重要的作用,理解一种新知识,总需要一些固有的经验作为媒介才能将新知识融入个体的认知结构之中。当存在明显"经验错差"的不同个体共同学习的时候,不同的经验为理解新的知识提供了更多的可能性。参加太极拳俱乐部的成员身份不同、地位不同、职业不同、年龄与性别也不同,更重要的是,其中有一些成员以前已经学习过一定的太极拳知识和技能,虽然流派不同,但是核心思想共通,所以,多元化的人员结构带来了丰富的个体经验,形成庞大的经验错差,进而构成一个适合共同学习的集体。

"知识立交桥"是连接多个个体与新知识之间的纽带,能够帮助个体更好地理解新的知识。在共同学习的过程中,个体经验随着分享与互动逐步成为共同经验,从而搭建起了新知识与各个个体原有知识之间的立交桥,学习者可以通过分享与倾听获得更多的理解新知识的途径。在太极拳俱乐部中,集体统一的学习与练习是必不可少的,但是,当统一的学习和练习结束之后,个别成员之间的交流则更为直接地建立在交流者的个体经验基础之上,看似浪费时间的交流环节,实际通过差别化的个性教学,为更多的学习者弥补了经验空白。

共同学习毫无疑问是一种"他人在场"的学习,根据社会心理学的研究,"他人在场"具有"社会促进作用"和"社会阻抑作用"两种完全相反的影响力。经验错差与知识立交桥更多地是从认知层面解释了共同学习的机制,针对他人在场这种共同学习最外在的形式特征,有必要从动机维度分析共同学习的机制。美国学者罗伯特·查容克研究表明,他人在场实际提高了人的一般动机水平,当人从事简单任务的时候,高动机水平具有促进作用,当人从事复杂任务的时候,高动机水平则具有阻抑作用。对太极拳俱乐部来说,学习既有复杂任务,比如学习新的太极拳套路,也有简单任务,比如重复练习已经掌握的太极拳套路。由于他人在场更能够激发人们从事简单任务的动机,也就是说同样是打太极拳,当有别人在场的时候,个体会更加认真和努力,自然取得的效果也更好。

（四）完满自我,体验"内在成功"的满足

人们在太极拳俱乐部中能够强烈地体验到愉悦的"内在成功",这是因为在太极拳俱乐部的分享环节,人们从他人身上找到了自己的影子,感觉到自己的想法与信念不是孤独的个人的,而是有一群人具有共同的想法与信念,这就为学习者带来了"归属认同"。每个参加太极拳俱乐部的人内心可能都曾经面临过这样的挣扎:"怕大家笑话。"这是一种自我认同的危机,从个人内心来说,自己希望可以参加太极拳俱乐部,与别人一起学习太极拳,但是,考虑到同村人的看法,很多人都会选择退却。

太极拳俱乐部给予参与者的重要影响之一就是归属认同的获得。当人们走进太极拳俱乐部之后,在这个温暖宽松的环境中,学习者可以达到"真我呈现"的状态,大家都在学太极拳,而且都那么热情和主动,一些日常生活中的掩饰行为在这里没有了意义,不用再顾忌其他人的想法了。通过不断的融入,人们在太极拳俱乐部中找到归属认同,不断呈现真实自我,认识自己的不足后会主动地发展自我,最终实现的是"完满自我"。

"真我呈现"是将真实想法表达出来的一种状态。在太极拳俱乐部中,只有流露出真我,呈现出毫无掩饰的自我的时候,才能获得强烈的归属认同。"真我呈现"并不是一件简单的事情,在人的一生中,由于扮演众多社会角色,会逐渐丧失对真我的认识,更不会主动将真我呈现给别人。太极拳俱乐部能够提供一种轻松的环境,总会有那么几个有勇气的人率先表达内心的真实感受,比如说在这个案例中的胡校长、王一平、童医生等人。他们说出自己对太极拳的热爱,用行动证明自己对太极拳的坚持,进而刺激了其他人也迫切表达真我,释放内在情绪。真我呈现也是归属认同的前提,如果没有真我呈现,归属认同很难完成。

"完满自我"是认为自我达到完满状态的主观体验。当人寻找到强烈的归属感的时候,会更乐于呈现真我,逐步增加对自己的认识,发现自己存在的问题,并积极主动地寻找解决问题的办法。在太极拳俱乐部中,人们通过这种宽松(因为找到归属,所以没有心理压力)而又真实的学习,会不断发现自己身上存在的一个又一个问题,并且也不会以这些问题为耻,而会主动地暴露问题,并在他人的帮助下找到问题解决的办法。每当自己发现一个问题并解决了这个问题的时候,人们心中会产生一种完满的感受,这种完满的感受是学习的真正成果,也是参加太极拳俱乐部最大的收益,更是知识与人最为有机的融合。

点评

这是一篇对社区学习共同体进行质的研究的论文,其研究思路、方法以及结构形式均具有明显的质的研究的特征。作者问题意识明确,围绕清凉峰镇太极拳俱乐部为什么会对社区居民产生吸引力这一主要问题展开研究,通过访谈和实物分析(主要是该俱乐部的总结汇报资料),对该俱乐部部分成员的行为和想法进行了描述和解读,并对这一客观现象背后的意义世界进行了阐释。本文见解独到、条理清晰、行文流畅,对推进社区学习共同体的质的研究颇有助益。

作者在"研究背景"部分提出"共同活动群体"及其相关研究,对前人的相关研究成果也有所例举,但是整体而言,对相关社会现象和研究文献的检索和评议不够,如对不同空间(社区之外)学习共同体的研究和对不同学习型组织的研究。由于缺乏足够的实践视野和文献述评,作者难以为自己研究的创新性和重要性提供足够的依据。此外,我们未见作者给出选取清凉峰太极拳俱乐部进行个案研究的理由及其利弊分析;对于访谈是如何实施的,也缺乏必要的细节描述。这都可能影响质的研究的完整性与质量。

质的研究是研究者通过与研究对象的互动,对其行为和意义进行建构以获得解释性理解的一种活动。作者在对清凉峰太极拳俱乐部成员的学习积极性及其意义的理解方面,不乏精彩的阐释,如对"真我呈现"与获得强烈认同归属关系的阐释。社区学习共同体犹如一个温暖的家,"家"的温暖除了给成员带来快乐之外,更重要的影响成员的表现是能够使成员们呈现真"我"。社区居民参加社区学习共同体的深层动机并非名利(名利与竞争有关),而是为了找到一个使自己生活状态发生变化的环境。在宽松、自由的环境中做一个真我，才能获得归属感。因此作者在追问"不拿证书，不得金钱！"的社区学习共同体为什么会产生吸引力时，用了"情感主导"这个关键词进行原因阐释。这是一个非常有意义的追问，但作者对其原因的阐释显然是有局限的。清凉峰太极拳俱乐部成员，参加学习锻炼的初衷，都想要改变自身的生命质量状态；但他们不是为别人改变自己，他们的参照坐标不是别人拥有的东西，更不是房子、车子、位子等等外在的东西，他们只与自我真实的生命状态比较，因此，他们每一个人都在太极拳俱乐部收获了某种程度的满足，满足于自身生理心理的积极变化。

　　质的研究也是一种过程性的研究活动，在此，过程往往比结果更重要。研究者需要得到的不是一个简单的结论，而是此时此处发生的此事是否有丰富的含义，它意味着什么，如何进一步发掘。从这个方向看，本文关于社区学习共同体吸引力是如何产生的这一问题的研究，尚有很大的研究空间。如本文提到的清凉峰镇太极拳俱乐部的规模，"最大规模的时候曾经达到60余人，最少的时候，来参加活动的仅有不到10个人"。但作者并未在后文对此有所呼应，更未与太极拳俱乐部的吸引力相联系。其实人数增减变化，对于社区学习共同体是一桩十分自然的事情。这是社区学习共同体具有吸引力的特性之一。正因为社区学习共同体保证了其成员在群体中的每一时刻、每一行为都处于自主和自愿的状态之下，他（她）才随时可以零成本离开。什么是真正的自主和自愿？真正的自主和自愿表现恰恰不是留下而是离开，所谓用脚选择的权利，即属于脚的权利。一如康德所说，自主和自愿正是善和道德的前提。

杭州宽居·悦读读书会的生命力何在

文/孙艳雷   评/汪国新

来读书会的人到底从活动中得到了什么呢？如果没有得到他们认为有价值的东西，也许读书会就没有办法坚持一百多期。

人们首先要思考的是自己能否感受到愉悦的心情，其次才是实际获得的利益。

“共同学习”架构了人与知识的桥梁，打开每一个人的经验盒子。

“共同学习”的外在形式就是多人在一起学习，并且有足够的分享与认真的倾听。

当人寻找到强烈的归属感的时候，会更乐于呈现真我，逐步增加对自己的认识，发现自己存在的问题，并积极主动地寻找解决问题的办法。在读书会中，人们通过这种宽松而又真实的学习，会不断发现自己身上存在的一个又一个问题，并且也不会以这些问题为耻，而会主动地暴露问题，并在他人的帮助下找到问题解决的办法。每当自己发现一个问题并解决了这个问题的时候，人们心中会产生一种完满的感受，这种完满的感受是学习的真正成果，也是参加读书会最大的收益。

一、研究背景

自终身教育和学习社会理念在全世界普及以来，终身学习便成为时代命题。研究者和实践者都在努力探索构筑终身教育体系和实现学习型社会的良方，然而，主动的探索与构筑大多以政府或市场的力量为依托，对民间力量的忽视已然司空见惯。市场以利益为原则，对公平与正义的价值漠然；在政府工作日程表中，社会重大问题将终身学习这样影响深远但并不急迫的事情排挤到边缘位置,因此,终身教育体系建设与学习化社会的建设需要借助来自民间的力量。

"读书会"缘起何时无法考证,但是,在都市生活中,读书会毫无疑问是被边缘化的顽强存在。边缘化的命运源自现代都市生活的喧嚣与忙碌,顽强则是源自人内心世界的不懈追求。读书会是一种来自民间的学习力量,其顽强的存在彰显着在它机体内蕴含着无穷的生命力。解读这种生命力,会对我们理解现代人积极参与终身学习的内心世界有所启示。

二、研究过程与方法

（一）关注的问题

1. 关注社区学习共同体参与者的动机变化

人们为什么组织社区学习共同体？为什么参与社区学习共同体？为什么会持续参与社区学习共同体？回答这一系列问题就要去探索社区学习共同体中人的活动动机。

2. 关注社区学习共同体活动中的角色扮演

关于社区学习共同体的猜想,只能从社区学习共同体中寻找答案。社区学习共同体如果被看作是一个学习的组织,那么,这个学习的组织除了与其他学习组织具有相似的学习内容之外,更为重要的是其组织文化具有独特性。这种组织文化就在其活动过程中发挥潜移默化的作用,而且这种作用直接发生在所有参与者身上,并形成社区学习共同体的独特性,这种独特性就是在社区学习共同体中,人们所扮演的角色与在其他学习类组织中所扮演的角色之间存在的重大差异。

3. 关注社区学习共同体的学习过程与学习机制

如果说活动过程是一种外在的形式,那么学习的过程则是要探索内在的机制。社区学习共同体终究是为了学习而存在,学习则意味着人的知识、技能及情感和价值观的变化。学习发生的机制如何,这也是理解社区学习共同体最为核心的部分。

4. 关注社区学习共同体对自我发展的影响

参与到一个群体中去并在这个群体中持续活动,毫无疑问会受到这个群体的影响。这种影响会进一步改变参与群体的动机、在群体中活动的方式以及活动内容。社区学习共同体对参与者的影响不止于知识与技能,更会影响到人对自我的认识以及对他人的认识,这是一个值得关注的话题。

(二)研究对象的选择

本研究选取了杭州市宽居·悦读读书会作为研究的案例。宽居·悦读读书会以心理学领域的书籍为主要阅读范围,侧重于生活与工作的实践,力图将学习与生活相互沟通,让学习成为一种生活方式,也让学习成为解决生活中遇到的问题的一把钥匙。

该读书会成员以中青年人(20～50岁)为主,既有企业管理者、医生、公务员、教师,也有还没有踏入职场的青年学生。

该俱乐部发起于2012年,发起人为李艳丽女士,参与人数一直有变动,最大规模的时候曾经达到200余人,最少的时候,来参加活动的仅有不到10个人。

研究者本人为了能够深入观察这个社区学习共同体,曾参加该读书会并与部分成员进行了交流,与核心成员建立了良好的关系。

(三)资料收集的方法

资料收集的方法包括访谈法和内容分析法。研究主要对选取个案中的主要成员进行了访谈,其中有较为正式的访谈,但更多的是非正式访谈。访谈既是获取研究所需要资料的方法,又是拉近研究者与被研究者之间心理距离的重要方式。对李艳丽的访谈较为深入,而对其他成员则主要是非正式访谈。一般都是在活动中途或利用休息聊天的时候获取一些研究所需要的信息。

此外,由读书会提供的成员学习体会和各类活动总结也是本研究的重要资料来源,通过对这些资料的分析,也可以获取一些访谈中无法获取的信息,有助于弥补研究者个人提问所带来的主观限制,进一步扩大信息来源,让研究资料更为充实可靠。

三、研究结果

(一)只是做了别人想做而不做的事情

宽居·悦读读书会已经举行了100多期活动,这种坚持本身就是一种值得反思的现象,在没有功利目的驱使下是什么力量让读书会能够坚持这么久? 在没有外部有力支持的条件下,是什么原因让读书会能够顺利存活这么久? 特别是在读书会早期,当遭遇门可罗雀的窘境的时候,是什么力量让李艳丽一直坚持认为读书会是一件有意义的事情,值得坚持呢?

动机浅表分析并不难,为了功名利禄也许是人们绝大多数活动的直接动机,然而,当功名利禄不再能解释一种行为的时候,那么,这一行为背后的动机就显得神秘而难以捉摸。组织读书会的动机就不会那么容易被理解和被认同的。

李艳丽是宽居·悦读读书会的发起人,也是实际组织者,承担着读书会运作的几乎所有工作。第一次见到艳丽是在青芝坞参加荣格心理学读书活动中,她长发及腰颇有几分出尘脱俗的气质,她会细心照料每一个前来读书会的人,特别是初次参加活动的人。首先会问问从哪里知道读书会的,然后会倒一杯茶安排一个位子,休息的时候会送上点心并像朋友一样邀请大家参观读书会活动所在的1758书吧小楼的其他空间。当时我无论如何也想象不出这个读书会竟然是由她发起并坚持了近3年的。当我得知她做个人经历之后,更加赞叹她面对生活面对人生的勇气。

李艳丽,1983年出生于贵州省,1996年中专酒店管理专业毕业,在贵阳一家酒店做前台服务工作。2005年,她一个人背起行囊来到杭州,开始了她的"杭漂"旅程。至于她为什么选择离开贵州来到杭州,用她的话说就是喜欢杭州这个城市。不过从这件事情来看,她并不是一个按照常理出牌的人,她的人生选择会更多遵从自己的内心而不是外在的社会要求。

当时为什么会想到自己来创立读书会?用李艳丽自己的说法就是她觉得读书会是一种学习方式。当人想要学习一种知识的时候,会选择不同的学习方式,有的人倾向于自己阅读书籍,而有的人则会向有经验的人请教,李艳丽则选择了一种特别的方式,那就是组织一批志同道合的人一同来学习。这个理由可能对很多人来说不太容易接受,但当我反复追问这个问题的时候,李艳丽确实也没有找到其他的答案,也许就是喜欢吧。如果将对动机的追问停留在这里,显然还没有挖掘出读书会组织者真正的动机。

从宽居·悦读这个名字,其实可以看出一些组织者内心的行为动机的端倪。她解释是,宽居:在家庭、工作之外,直面自我心灵的第三空间。宽以容,居以静。悦读:并不只是雅士的爱好,或是文艺的姿态,更是与自我对话的平台,连接彼此心灵的桥梁;在阅读中找回本真,在交流中看清彼此。阅读会,虽是方寸之地,却有容巨纳细的空间,更是彼此互动、互助成长的平台。读书会倡导宽容、自由、温和、相互尊重之氛围。

读书会的名字是用心选择的,宽居可能是为了对城市钢筋水泥中的逼仄生活提出挑战,而悦读则是对忙碌工作生活的人生状态的对阵。一个名字给读书会带来了不同的精神气质,当看到这个名字的时候,能够激起很多人一探究竟的好奇心,宽居终究是心灵的宽居,悦读则是回到生命本身的阅读,这里的悦读与功利无关。对宽居与悦读的追求并非源于一种对现实社会理性算计的考量,宽居也罢,悦读也罢,指向的是人内心的一种对精神与自我的追求,它是一种源于本质意志的冲动,实在与功利无关。

常言道:"书山有路勤为径","书中自有颜如玉"。古有招贤纳士坐而论道,今有从书中追求真知。读书会旨在探索特色专业文化服务项目,通过大家交流的方式,结合阅读达到对自身塑造、身心成长的作用,消解在生活、工作、情感、家庭中的困惑;为更多的读者提供了解自我的机会,同时分享读书感受,促进个人成长;练习公共表达能力,总结概述能力,练习倾听能力,包容能力;认识志同道合的朋友,从而拓展视野、拓宽思维、提升生活。

在李艳丽对读书会宗旨的描述中,能够感受到与宽居·悦读的名字遥相呼应。虽然,宗旨可能过于分散,但是,强烈的人文诉求却在言语间遮掩不住。这种人文气息是不是人的本质追求,似乎是一个很难断定的事情,但是,活生生的案例摆在我们面前的时候,我们不得不相信总是有那样一种人,为了追求精神的富裕而放松了对物质欲望的满足。

我曾问过她是否遇到发出通知后没有人来参加活动的情况,或者来的人非常少,以至于让她很尴尬。她坦诚地说确实发生过这样的事情,刚开始的时候,会觉得很不好意思,很尴尬,但是后来她觉得这是自然的事情,少来几个人也一样会开展活动,有时候不在人的多少。最后,艳丽的一句话深深打动了我,她说:"我只是做了很多人想做,但是,没有时间没有精力去做的事情。"这话说对了一半,我想艳丽所追求的同样也是每个人都梦想追求的,然而很多人之所以不去做,却并非因为时间与精力的限制,而是缺乏一种勇气,一种直面内心的勇气。对于读书会的参与者来说,他们来或不来,都是一种非常自由的选择,来并不会获得直接的好处,不来损失的可能是一次与人交流的机会,来或不来取决于他们更看重什么。

(二)一起学习的就要是伙伴

　　我们一直以来的努力和坚持,就是希望这里能成为彼此袒露真实,分享真诚的天地。

——李艳丽《成长之路——关于宽居·悦读慢生活》

2009 年,一个偶然的机会李艳丽看了一本书——《遇见未知的自己》,她被书中的故事和观点所吸引,产生了对人性的好奇,对回归自我的渴望,在这个时间段她又看了很多心理学相关的书籍,也意识到如果能在这方面做点事情,或许能有所作为,有所收获。

接下来的一年,她参加了心理咨询师的考证培训。这对于非科班出身,没有一点基础的她来说,并非易事。由于参加培训的同学各有不同的生活节奏和时间安排,仅靠课堂学习,很难真正理解和掌握那些知识点。于是,学员们组建了学习小组,自愿参加,各有分工,共同探讨。每个人都可以选择做自己擅长的、有兴趣的部分,并讲解给不懂的同学听,对于大家都不明白的,就注释好,上课的时候问老师。经历了这样的一种学习方式,不仅每个人都顺利通过了考试,也开阔了她对"学习""交流""分享"这些概念的理解——模模糊糊地感觉到,心理学不只是那些概念化的词语、固化的定义,而学习和交流的过程本身,就伴随着自我了解的深入、自我世界的丰富、自我心性的开阔。艳丽也感受到,任何固化的知识、概念、信息,只有真正被自己的内心所了解、吸收,并应用于现实生活,才能收获真正的成长。考试结束后,这个学习小组的活动也告一段落。虽然不再频繁地聚会、交流,但这段经历却唤醒了艳丽内心的感受,并希望通过某种方式,把这种感受延续下去,扩散开去,让更多的人不再局限于各自的小世界,让不同的人在不同的生活中所积累的收获也好,困惑也好,有个空间用以安放、释放、交流、分享,并在其中收获各自的成长。

后来艳丽去心理咨询公司任职,负责公司的活动策划与组织。在这个公司,她与心理学结缘,也开始与读书会结缘。当时,这家心理咨询公司为了拓展业务,会定期组织心理沙龙活动,这就是艳丽的主要工作。组织心理沙龙其实也与读书会具有很多相似之处,我曾问她二者的区别,她说,读书会有更加明确的主题,在一定的时间内会围绕这一主题读书,交流内容更加集中,而沙龙则相对松散,沙龙的分享者的临时决定可能改变沙龙的所有内容。或许是对沙龙的不满最终导致李艳丽离开公司独立做读书会,但是,组织沙龙的经历则为后来她组织读书会提供了丰富的经验。

离开公司后,她可以按照自己的想法组织读书会了。恐怕这是她离开公司的最主要的原因。读书会是一种学习方式,而学习则又是一种生活方式。选择组织读书会,对李艳丽意味着选择了一种生活方式。

一起学习,意味着大家共同面临同样的学习任务,在共同解决学习困难的时候,彼此之间的交流分享,可以成为最重要的学习方法。然而,在读书会中真正令人着迷的首先是人与人之间关系的改变,人们不是硬性的组织关系,没有形成团队,也不是松散的人群组合,而是形成了亲密无间的伙伴关系,至少读书会里的人向往着那样一种伙伴关系。这种伙伴关系还可以从其他一些更加直接的事情上有所体现，比如费用。

　　宽居·悦读读书会是纯民间的非正式组织，既没有政府的资助，也没有企业的赞助，既没有采用商业化模式来经营运作，也不是组织者个人出资的慈善行为。宽居·悦读读书会成立之初采用的运作模式是准商业模式，即每次来参加活动的人需要支付一定的费用，一般为 30～50 元，这些费用主要用于支付茶水、点心等费用，结余量很少。值得关注的一个细节就是，每次参加读书会的人到达活动现场之后，艳丽并不会专业财务人员那样，拿一个本子坐在一旁收一笔钱做一次记录，而是准备了一个铁盒子，来的人只要按照活动通知上说好的费用，将钱自己放进去就可以，找零这种事情也要自己在铁盒子里完成。这种形式最直接地反映了人与人之间的信任，读书会与组织者之间并非商品交易关系，而是共同承担活动成本的伙伴关系。

　　随着读书会的发展，一些经常来参加的人提出每次缴纳费用过于麻烦，建议艳丽采用会员制，人们可以通过缴纳会费成为正式会员，每次参加读书活动就不用现场缴费。艳丽觉得这样也有可操作性，便欣然接受了这种方法。从2012 年开始，会员制的俱乐部模式与前期准商业模式并行。由于宽居·悦读读书会的学习内容多为心理学方面的知识，而且更偏重于生活应用，在读书分享活动中，会大量涉及成员的隐私，因此，有会员提出来是否可以建立"封闭式会员制"，即一些特殊的活动只能由固定的会员参加，排除那些只是偶尔来参加活动的人，这样更利于在活动中人们彼此敞开心扉。宽居·悦读读书会之所以排除了政府、企业的经费筹措方案，艳丽表示，一是没想到，认为这是个人的事情，没必要麻烦政府；二是有所担忧，过多地借助外力会给读书会带来负面影响。

　　宽居·悦读读书会并不排斥来自朋友的支持，目前，读书会经常开展活动的两个场地都由朋友无偿提供。一处在青芝坞的 1758 书吧，由艳丽的朋友提供，每周六、周日下午的读书活动就安排在这里；一处在浙江大学西溪校区，也是由艳丽的朋友无偿提供，每周二、周四下午和晚上的读书会活动在这里开展，平时艳丽办公也在这里。来自朋友的支持之所以没有被艳丽拒绝，是因为免费的场地确实减轻读书会的运作成本压力，而且来自朋友的支持不仅没有造成额外的精神压力，而且更让艳丽体验到开展读书会能到得朋友的认可。来自朋友的支持还包括读书分享人的支持，大多数读书活动都会请主讲人来讲课，并且不需要为主讲人提供讲课费。

　　如果说学习过程的分享更多的是一种应激反应，那么费用的分担则直接折射了读书会运作过程中成员们集体的价值认同，即彼此是伙伴，需要共同承担活动的成本。而艳丽虽然在活动中收取读书会成员一些费用,但是,其形式却与学费完全不同,而是基于彼此信任与乐于承担而形成的成本分担机制。

(三)发挥每个人的潜质打开每一个瓶子

　　组织读书会,缘起对心理学的爱好。最初只是想寻找有共同兴趣的伙伴一起交流心得。后来发现,这竟成了认识和接纳自我的栖息地,成了彼此分享、互通有无的交流空间。

　　　　　　　　　　——李艳丽《SF 应用于读书会中的一些感悟》

读书会的活动安排大致分为三个阶段:策划阶段、宣传阶段和活动阶段。

策划阶段是由艳丽根据前期活动中了解到的会员需要和拥有的资源来制定读书会活动计划的阶段。在这个阶段中,艳丽需要了解大家会对读什么书感兴趣来做出判断,判断的依据是非常个人化的。需求判断之后,就要根据艳丽所掌握的资源做出匹配,如果有相应的资源与需求相匹配,那么,就可以制定读书活动的计划。当读书活动计划制定好之后,读书会活动就进入了宣传阶段,不仅要让以前来参加过读书会的人知道,而且还需要扩展新的目标群。

艳丽通常需要通过三种方式做宣传:微信朋友圈、QQ 群和 QQ 空间、豆瓣网。微信朋友圈能够通过手机及时地将读书会活动信息推送到关注艳丽读书会的人;QQ 群和 QQ 空间则提供了更深入的交流空间,人们可以通过直接的交流获得关于读书会活动更多的信息;豆瓣网则可以帮助读书会扩展目标群,让更多的人了解到宽居·悦读读书会以及新近的活动。

到了计划的日子,艳丽就要早早到达指定的地点,耐心等待大家来参加这次读书会活动。有时候来的人很少,这会让人很尴尬,也有的时候来的人比预期多了几个,会给狭小的交流空间带来一点点麻烦。活动中有很多不可预期的因素,一次在青芝坞 1758 书吧的读书活动中,就半路杀来一个看到报纸后跑来的人。她说是在《都市早报》上看到的信息,说今天在这里有个关于荣格心理学的读书活动。还有一些人是跟朋友一起来的,这些人也不在艳丽的计划中。

人员的不确定性与丰富性,决定了学习过程经验来源的多元性,再与灵活的学习形式相结合,则会产生非常有趣的效果。

读书会的活动形式大致有以下一些:

1.“同读一本书”,由读书会组织者选择一本书,预先告知大家,读书会活动将分享这本书的内容和学习体会。读书会活动围绕此书展开探讨,分次阅读。

优势是可以加深对书的理解,成员之间交流自身体会比较深刻,对于个人成长深度阅读这种类型比较合适。

不足之处就是参与人员须坚持每次到场,人员需要相对固定,最起码一本书的人员交替量在 5 人之内。

此种阅读方式比较适合心理类、个人成长类书籍。比较适合用于阅读疗愈,之中会加入心理团辅技巧。

注重参与者的感受与分享,以尊重、包容、理解参与者为前提的一个阅读分享氛围。

2.“TED 形式”,偏学术,一人主讲,可采用 PPT 的形式,其他人以听为主,小讨论、提问为辅。

这种方式需要对老师做个分类,每种类型的书籍选择相对应的老师,老师相对应来说需要点知名度以及专业知识。

这种方式倾向于知识的传递、专业书籍的介绍。或者是老师推荐书籍,以老师分享对此书的理解为主,成员分享为辅。

优势:分享者在该知识领域具有更高的造诣,能够给读书会参与者带来更有价值的内容。可以做成大型交流活动,扩大影响力以及社会效应。

不足之处就是成员体会可能不深入。

3.漫谈无主题,大家可以谈谈最近读了什么书,有什么感想。

4.主题形式,设定读书主题,然后分别推荐相关的书籍,并谈一下自己的见解和书籍扼要。

其实无论哪种形式,中间的交流环节都是必不可少的,甚至无主题漫谈更是完全由交流构成了整个活动。大量的交流是读书会与其他学习活动显著的区别,人们也正因为在这里可以接触到更多的人,有更多不同的经验,所以会越发喜欢这里。在一次活动中,来参加活动的几个人职业和社会角色构成就非常多样:医生、记者、教师、企业管理、学生、程序员、行政管理、全职太太等等。

(四)人们在这里得到了内心的满足

　　宽居·悦读慢生活,一路走到今天,越发感觉,一己之力固然重要,否则无前路也无退路,而志同道合之友更为难得,彼此的理解与认同,相互扶持与成就,可遇不可求。

　　愿我们的空间,不只是“我们的”,更是大家的。

　　愿我们的生活,不只是“社会的”,更是自己的。

　　　　　　　　　　——李艳丽《成长之路——关于宽居悦读慢生活》

宽居·悦读读书会的发起人艳丽做了这么多的努力,那么,来读书会的人到底从活动中得到了什么呢?如果没有得到他们认为有价值的东西,也许读书会就没有办法坚持 100 多期。

在 2014 年 3 月 6 日的晚上,在充满异域风情的猫步咖啡,宽居读书会迎来了改版后的第 16 期阅读分享会,主题是讨论《爱的五种语言》。本期共到场 14 位伙伴,有一路坚持到来的,也有初次参加的。《爱的五种语言》,作者是著名婚姻家庭专家盖瑞·查普曼牧师。书中认为,爱的五种语言分别是:肯定的言词、精心的时刻、接受礼物、服务的行动、身体的接触。这一期读书会主要分享"精心的时刻"的内容,在《爱的五种语言》一书中,查普曼博士写道:"说到'精心的时刻',我的意思是给予某人全部的注意力。"

书中作者通过故事来向读者解释何为"精心的时刻",读书会则通过大家分享自己对"精心的时刻"的理解来增进知识的学习。

小 A 从小就潜移默化地学会了怎么挑刺,说话的时候总是针对别人的缺点,现在意识到赞美、表扬是一种技能,需要不断学习,需要多听取意见,需要看情境,赞美对团队的合作很重要。

小 B 说出了自己的困惑:如何判断对方的语言是否是发自内心的。如果不是发自内心的语言,也称不上是精心的时刻,但判断是否发自内心却很难。

小 C 觉得在公司里的"精心的时刻"是需要领导创造的,同事之间很难,基本只是一个从上而下的赞赏方式。对于领导来说,要有心去发现员工的需求,"精心的时刻"是需要有铺垫的。

小 D 说,有人的地方就复杂,就是江湖,做好自己的本职工作就是最好的礼物。

随着讨论的深入,人们越发觉得要真正做到"精心的时刻"其实很难,但越是觉得难以做到,才发现"精心的时刻"是如此重要。

书籍是一个瓶盖,打开它会揭开一个丰富的世界,我们真正在意的是瓶盖下面的内容而不是瓶盖中都写了什么。读书会所能做的事情,就是帮助大家打开瓶盖看到瓶子里装着什么。一个人打开一个瓶盖和几个人一起打开一个瓶盖的效果完全不同,人们在分享中加深了对瓶盖下面那个丰富世界的理解。这种知识的获取远远要超越字面内容的记忆。

了解他人是读书会所能给予参与者的重要资源,了解他人意味着活动过程中,人们能够不断地真诚分享自己的经历与体验、想法与困惑、情绪与信念。

以下是艳丽的自述:

记得有次我们以"道歉的五种语言"为主题组织读书会。活动从分享我的道歉心语开始,每个人从自己的视角述说了对道歉的理解和感受。有的说"吃亏是福",有的说"我道歉不一定是我错了,只是我更在乎这段关系";有的说"我们之所以害怕道歉,是因为很多时候道歉要受到惩罚"等等。社会对犯错的包容空间太有限,以至于在这过程中,我们往往会忽略对方勇于承担的勇气和诚实的品质。

于是,我把话题一转:"在这关系中,我们需要做的、能够做的部分,又是什么?"

有的说"我要学会接受道歉";有的说"我经常用自己的尺子量对方,我先试着放下尺子,即使要拿,也会慢点拿";有的说"我要注意我的态度,自己觉得是在道歉,但对方往往觉得不是,估计是我的态度有待改善";有的人说"道歉经常踩不到点子上,回去先问,先观察"。

苏格拉底曾经说过哲学就是要认识自己,对现代都市人来说,认识自己同样是一个重要的命题,而且是人生中的一个难题。在读书会中,人们可以通过分享自己的内心,为自己提供一次认识自己的机会,当有一个宽松的环境坐下了仔细反思自己的时候,人们总能发现自己身上一些曾经没有注意到的特质,这种认识的改变对人来说具有非凡的意义。

一个90后女孩的分享:盲人组成的世界很简单,除了黑,没有其他的色调。因此,他们对待世界的态度往往是"躲藏或者冒险"。当然,我认为选择躲藏的盲人会多些。对于那些在路上碰到的盲人,我会在心里暗叹他们的勇敢。一个人,一根棍子,支撑着他们走进了这个世界。但我的态度是观望,不会恶意给他们制造麻烦,但也不会主动热情上前给予帮助。因为我觉得这是两个世界的碰撞,会充斥着沟通的麻烦。

确实,在我的观念中一度认为他们可能会因为失明而脾气暴躁或者警惕陌生人。因此,我一直怀着敬而远之的态度。今天,在看了这篇文章后感触和震撼还是蛮多的,也觉得自己太俗,用自己的小心思去暗自揣测别人。

如果我再次碰到盲人,我愿意问他要去哪儿,若有时间,我会领着他到达目的地。甚至,我可以每天少花几块钱,存起来捐给慈善机构。

回到对焦点解决的认知,我觉得在读书会中,我很注重把握的一点是注重全局观、系统观及人性观。在通晓系统全局、尊重人性本真的前提下,尊重差异,面对现实,软化固执。在动态的变化中建构动态的解决之道,启发、鼓励和促成自我和成员的成长,借用经验,勇敢尝试,迎接未知的、不确定的世界和生活。

伙伴们不仅分享了自己的经验,困惑;也表示经过今晚的分享、交流、探讨,同时也打开了自己的一些视角,通过这种对话,开启了我们的另一片天空。

在给自己做总结的同时,有的伙伴说自己会回去后从觉察每个人身上的特点开始,学会合作,在公司,主要还是组织力,领导人是关键。

有的伙伴说自己的团队很单纯,平时自己会忽略他们,自己回去会要一对一地约他们交流,用心地去听一些真实的想法,制造一些可能性。

有的人说对于职场来说,用心是犯忌讳的,在这种环境中,做好自己的本职工作,不去要心机;对于个人来说,保持觉察心、敏感度,但是内心不要太脆弱。

有的伙伴说,上级对下级要欣赏,下级对上级要心存感激,互动是双向的。

有的伙伴说,在团队中做事情走心,一起做事情,可能讲话并不是很自然,在一起做事情的体验最重要。

有的伙伴说,一定要去行动;没有行动,一切都只是在内心,别人感受不到,只有表达出来,身边的人才有机会感觉到你的情感,精心的时刻是需要有所准备的,会从自己做起,带动团队。

各种关系,家庭朋友、同事上级,如何捕捉,各种能力的表现,父母关系的疗愈,有困难;表达、处理时,改变自己是关键,只有用心去捕捉生活中、相处中的点点滴滴。很多时候我们不舍得用赞美,在这过程中去走心,只有这样,学习到的技巧才会发挥作用,在关系中去感受、修炼。

分享《爱就是彼此珍惜》这本书的时候,有位伙伴正处在夫妻关系的转折点上,对以后的生活很困惑,很迷茫。而这本书的主题正契合这位伙伴的需求。在分享的过程中,书中的一些观点,以及其他参与者的表达打动了这位伙伴的内心,虽是初次参与,但他能感受到整个氛围的安全与宽容,就坦然陈述了自己的问题与困惑,得到了大家的回应和理解,并在随后的交流中得到了一些启示。可以释放情绪,可以真实表达,但也提醒自己要言责自负、言行自律、尊重边界、尊重差异。就是这样一个容纳真实的空间,刚柔并济的规则,以及润物无声的影响,逐渐改变了他的心态和生活——从一个被情绪紧紧包裹,说几句就流泪的状态,到放声笑出声来,也只不过是来参加十来次读书会的事。我问过他,是什么让他转变的,他说:是大家的陪伴、倾听、关心以及各自分享的故事,而书上的内容大概只占10%。

是的,这个时代,我们所需要的,并不只是知识、道理,更需要有温度,有包容的陪伴和分享。来参加读书会,其实最吸引人的是在这里能够得到一种有温度的学习环境,可以掌握带着体温的知识,这种知识能够最为迅速地融入学习者内心,成为改变一个人内心世界的强大催化剂。当学习成为一种能够连接人与人之间的精神世界的桥梁时,人们获得的不仅仅是知识本身,还有获得知识所带来的满足感。

四、研究结论

读书会之所以会一直存在,并拥有一批忠实的成员,不仅是因为它提供了一个可以分享读书心得、学习新知识的空间,更重要的原因是这种松散的形式能够满足人们的情感需要,在这里人们能够体验到更加宽松、舒适、温暖的学习氛围,而且通过彼此增进理解相互肯定,可以实现强烈的自我认同。

(一)读书会制造了"本质意志"的优先,让每一个人体验到愉悦

社区学习共同体之所以称之为被"共同体"而不是社区学习团队、社区学习社团或社区学习圈,关键在于其内蕴了滕尼斯"Gemeinschaft"概念的核心特征。滕尼斯用"Gemeinschaft"来表示建立在自然情感一致的基础上的、联系紧密的、排他的社会联系或共同生活方式。"Gemeinschaft"在译为中文的过程中存在两种译法:"共同体"或"社区",究其德文本意来说显然将"Gemeinschaft"译为"共同体"更为贴切,而社区则更多地具有空间区域的意义。共同体的核心特征是按照"本质意志"实现人的结合。

共同体与社会的对立突出的是理性与情感的对立,在以理性化、合理化为特征的人类现代化过程中,情感因素逐步被排斥和压抑,人被假设为理性动物,人与人之间普遍存在的是契约关系,那种温暖的共同体逐渐离人们远去。

人的需求有两个层次,一个层次是直觉需求,就是人凭借直觉能够直接判断是否需要;第二个层次是知觉需求,需要依靠人根据自己的理性判断是否需要。比如,当饥饿的人闻到饭菜的香味第一直觉能够准确判断出这正是他所需

要的东西,但是,当他知道散发着香味的饭菜里面被人投放了毒药之后,他又可以判断这完全不是他所需要的东西。

日常生活中,人们都根据知觉需求来做出行为选择,总是要思考到做某一件事情能否带来预期的结果,因此,人们会逐步忽视自己的直觉需求,进而忽视他人的直觉需求。

在读书会中,人并非真的排除了理性,而是在这里人们可以让本质意志获得优先权,让感性的需要超过理性的需要,人们首先要思考的是自己能否感受到愉悦的心情,其次才是实际获得的利益。

人们在要决策的时候,总是按照需要排序结果而选择一个更容易被接受的方案。排序的原则是人们决策的关键性因素。在绝大多数情况下,理性需要往往能够获得排序优势,压制感性需要,因此,人的感情往往是受到抑制的。比如不喜欢上学的孩子还是要坚持去上学,因为他认为如果不去上学就会被父母惩罚。人们在大多数教育机构参加学习活动的时候,总是有一种理性需要排在感性需要前面的心理压力。当这种压力让人们遭遇不愉快的时候,也必须选择坚持而不是放弃。这样,人就会不断为自己的行为找借口,并证明自己的行为的合理性,这时候感受被彻底遗忘或压抑,学习也就丧失了快乐可言。

读书会给人们提供了来去自由的选择空间,人们可以大胆地把感性需要排在理性需要之前,只要觉得参加读书会的感受不好,就可以毫无顾忌地选择离开,不会被理性需要所胁迫继续留在读书会中。这种来去自由会彻底解放人的需要排序逻辑,理性需要不是不被考虑,而只是排在了感性需要之后。对读书会的组织者而言,他们所要考虑的不仅仅是读书会能否给参加者带来真正的收益,而且更多地是要考虑参加者能否一直保持这种愉悦的体验,因此,读书会的组织者并不是结果导向的管理者,而是过程导向的陪护者,而且,他们也相信只要在读书活动过程中,每个人都能够愉悦地与他人对话,与书籍沟通,最终的结果一定是不言而喻的。

(二)读书会营造了"守望相助"的关系,帮助每一个人塑造"善形象"

在读书会中,人们会表现得十分友好,人们也乐于分享自己的经验和知识,人与人之间具有一种"相互守望"的关系。

这并非是由于人们在此刻成为高度利他主义的道德模范,而是因为读书会提供了一种独特的机制,可以促进人们的利他行为。这种机制就是"多边互动"取代了"单边互动",每个人都会在多边互动中努力形成"友好形象",因为友好形象的形成,会为后续活动带来更多的收益,这些收益显然不是物质收益,可能是更多的尊重、认同、鼓励、帮助等等。

在读书会中,人与人相互帮助的现象时有发生,利他行为更高频率地出现源于人们在读书会中都试图建立一种新的"友好形象",这种新的形象则可能为他们在读书会中获得更多认可和收益。"友好形象"在读书会中是一个重要的中介变量。每一个长期坚持参加读书会的成员,都无时无刻不在建立和保持自己的"光辉形象"。

读书会实际提供了一种持续"多边互动"的机会,这是与其他"单边互动"学习组织的最为显著的差别。所谓"单边互动"即主动方向被动方发出行动,被动方根据自己的需求与能力做出相应的回应,从而构成一个互动的单边循环。而在"多边互动"中,主动方发出的行动并没有明确的目标对象,而是针对整个群体,群体中某些个体可能从中受益,但并不会直接给予反馈。互动过程的不确定性就会让人将注意力从单次行动的反馈中转移到对个人形象的塑造上,人们希望通过每一次行动逐步塑造友好的形象,借此可以在未来的互动中获取更多的益处。

(三)"共同学习"架构了人与知识的桥梁,打开每一个人的经验盒子

"共同学习"的外在形式就是多人在一起学习,并且有足够的分享与认真的倾听,共同学习之所以行之有效,得益于参与者之间存在"经验错差",这种经验上的错差在交流互动中能够有效而又直接地作用在学习者已有知识与目标知识之间,构筑"知识立交桥",从而克服学习中的认知困难。

根据建构主义心理学的研究,已有知识在学习新的知识的过程中具有重要的作用,理解一种新知识,总需要一些固有的经验作为媒介才能将新知识融入个体的认知结构之中。当存在明显"经验错差"的不同个体共同学习的时候,不同的经验为理解新的知识提供了更多的可能性。参加读书会的成员身份不同、地位不同、职业不同、年龄与性别也不同,多元化的人员结构带来了丰富的个体经验,形成庞大的经验错差,从而构成一个适合共同学习的集体。

"知识立交桥"是连接多个个体与新知识之间的纽带,能够帮助个体更好地理解新的知识。在共同学习的过程中,个体经验随着分享与互动逐步成为共同经验,从而搭建起了新知识与各个个体原有知识之间的立交桥,学习者可以通过分享与倾听获得更多的理解新知识的途径。在读书会中,交流环节是必不可少的,当交流能够紧紧围绕主题,并建立在交流者个体经验基础之上,看似浪费之间的交流环节,实际通过制造冗余信息,为更多的学习者弥补了经验空白。

共同学习毫无疑问是一种"他人在场"的学习,根据社会心理学的研究,"他

人在场"具有"社会促进作用"和"社会阻抑作用"两种完全相反的影响力。经验错差与知识立交桥更多地是从认知层面解释共同学习的机制,针对他人在场这种共同学习最外在的形式特征,有必要从动机维度分析共同学习的机制。美国学者罗伯特·查容克研究表明,他人在场实际提高了人的一般动机水平,当人从事简单任务的时候,高动机水平具有促进作用,当人从事复杂任务的时候,高动机水平则具有阻抑作用。对读书会来说,学习一般为复杂任务,但是,由于他人在场中的他人所扮演角色不同,对学习产生的影响也会存在差异。

(四)在读书会中人们获得"内在成功",让每一个人实现"完满自我"

人们在读书会中能够强烈地体验到愉悦的"内在成功",这是因为在读书会的分享环节,人们从他人身上找到了自己的影子,感觉到自己的想法与信念不是孤独的个人的,而是有一群人具有共同的想法与信念,这就为学习者带来了"归属认同"。读书会的归属认同真正的来源则是在这个温暖宽松的环境中,学习者可以达到"真我呈现"的状态,一些日常生活中的掩饰行为在这里没有了意义,通过不断的学习,人们在读书会中找到归属认同,不断呈现真实自我,认识自己的不足后会主动地发展自我,最终实现的是"完满自我"。

"归属认同"是找到队伍后的一种强烈的归属感体验,加强了个体对自我的认同。读书会并非是功利性组织,来到读书会的人也鲜有直接的功利性目标,但是,在读书会中,人们也获得了价值感,这种价值感来源于彼此认同以及对自我的认同。

"作为分享平台的提供者,读书会上我听到最多的是:'我不再是一个人,在这里我能看到同类','这里感觉很轻松,尊重我们个人的差异,能包容我们更真实地表达自己……'"

"归属认同"是自我同一的重要来源,心理学中一般认为,人在青春期的时候,会进入第一次"自我同一性"危机,当孩子寻求到自我同一,也就意味着他顺利度过了青春期。然而,自我同一并非是一次可以完成的任务,而是贯穿人生始终的课题。当成年人在生活中陷入自我同一性危机的时候,他们迫切需要解决这一危机,寻找自我同一感。读书会提供了这种让人找到"归属"的感觉,从而有助于人们实现同一性。

"真我呈现"是将真实想法表达出来的一种状态。在读书会中,只有流露出真我,呈现出毫无掩饰的自我的时候,才能获得强烈的归属认同。"真我呈现"并不是一件简单的事情,在人的一生中,由于扮演众多社会角色,会逐渐丧失对真我的认识,更不会主动将真我呈现给别人。读书会能够提供一种轻松的环境,总会有那么几个有勇气的人率先表达内心的真实感受,说出一些平时很难听到的不客套的话,进而刺激其他人也迫切表达真我,释放内在情绪。真我呈现也是归属认同的前提,如果没有真我呈现,归属认同很难完成。

"完满自我"是认为自我达到完满状态的主观体验。当人寻找到强烈的归属感的时候,会更乐于呈现真我,逐步增加对自己的认识,发现自己存在的问题,并积极主动地寻找解决问题的办法。在读书会中,人们通过这种宽松而又真实的学习,会不断发现自己身上存在的一个又一个问题,并且也不会以这些问题为耻,而会主动地暴露问题,并在他人的帮助下找到问题解决的办法。每当自己发现一个问题并解决了这个问题的时候,人们心中会升出一种完满的感受,这种完满的感受是学习的真正成果,也是参加读书会最大的收益,更是知识与人最为有机的融合。

六、研究反思

(一)心理学读书会有特殊性吗

本研究所选取的案例为心理学读书会,在其他领域的社区学习共同体中,可能没有那么多深度分享以及强烈的情感体验,因此,得出的结论是否具有足够的代表性值得讨论。

探讨社区学习共同体内在学习规律,最为重要的就是在学习过程中个体及个体之间的心理变化及发生机制。心理学读书会固然更为突出地表现了个体及个体之间的心理变化,但是,这种心理变化并非基于心理学读书会独有的发生机制,我们能够观察到在宽居·悦读读书会中并没有什么特别的机制是其他读书会或社区学习共同体难以复制的,只是在研习心理学的过程中,读书会成员特别是读书会的组织者,更为清晰地认识到自己及他人心理变化的过程,并更为积极主动地采取相应的措施,促进有利于学习的心理变化。

(二)读书会现象是否具有教育学意义

现代教育学研究与现代教育实践形式密切关联,教育学理论的发展所依托的实践基础是现代学校教育体制内的制度化教育实践,二者之间的互动关系导致了一种理论视角的封闭,对非制度化的教育现象的漠视已经限制了教育学理论空间的拓展。

读书会或社区学习共同体,作为一种学校之外的学习现象,切实发挥着一定的教育功能,并且它存在的形式、学习的内容、信奉的理念、活动的过程与学校内教育存在着天壤之别。从对读书会的观察中,我们不难得出一些与以往教育学存在重要差异的结论,比如说对"本质意志"的关注,就与教育学中所强调的"兴趣"有所不同,更与经济学所一直秉持的理性人假设的传统相违背。再比如,"守望相助"的关系也与学校中的师生关系存在显著差别,在学校实践中,无论是学校管理者还是教师,都希望建立一种秩序,希望学生成为服从者,很少希望学生成为担当者、帮助他人的人。

点评

这是一篇有思想深度的质的研究报告,作者给我们展现了质的研究的基本功与追根溯源的科研态度。体现了质的研究的基本原则,发现了学共体的某些特征,有一定的理论建构,能上升到理论高度认识学共体,在结论中对学共体的意义作出了清晰的阐释性理解。

一是问题意识明确。作者提出了四个方面的问题:读书会成员为什么会持续参与社区学习共同体,即社区学习共同体中人的活动动机何在?社区学习共同体中,人们所扮演的角色与在其他学习类组织中所扮演的角色是否存在重大差异,即成员间关系是否具有独特性?社区学习共同体的学习发生机制如何?社区学习共同体对其成员自我认识与自我发展的影响方向与程度如何?

二是有许多有趣的发现。作者通过访谈和查阅资料,走进宽居·悦读读书会,理解和诠释了读书会能坚持一百多期且仍然在继续的原因。"了解他人是读书会所能给予参与者的重要资源,了解他人意味着活动过程中,人们能够不断地真诚分享自己的经历与体验,想法与困惑,情绪与信念。""是什么让他转变的?他说:是大家的陪伴、倾听、关心以及各自分享的故事,而书上的内容大概只占10%。""是的,这个时代,我们所需要的,并不只是知识、道理,更需要有温度,有包容的陪伴和分享。""来参加读书会,其实最吸引人的是在这里能够得到一种有温度的学习环境,可以掌握带着体温的知识,这种知识能够最为迅速地融入学习者内心,成为改变一个人内心世界的强大催化剂。"

三是结论部分的理论建构有新意。本质意志获得优先权,让感性的需要超过理性的需要。读书会给人们提供了来去自由的选择空间,人们可以大胆地把感性需要排在理性需要之前,只要觉得参加读书会的感受不好,就可以毫无顾忌选择离开,不会被理性需要所胁迫继续留在读书会中。这种来去自由会彻底解放人的需要排序逻辑,理性需要不是不被考虑,而只是排在了感性需要之后;共同学习之所以行之有效,得益于参与者之间存在"经验错差";读书会中的每一个人能实现"完满自我"的原因在于,宽松环境下的归属感,在这里,每当自己发现一个问题并解决了这个问题的时候,人们心中会产生一种完满的感受,这种完满的感受是学习的真正成果,也是参加读书会最大的收益。

本篇报告不足之处在于资料不够丰富。质的研究的本质特点是以研究者本人为研究工具,是对特定的人或社会现象的整体性的研究,它需要研究者与研究对象之间多方式地互动,在自然情境下收集资料。在资料搜集方面,作者访谈的时间过少,与研究对象的互动不充分,没有进行深入的追问与挖掘。来自读书会主持人李艳丽之外的成员的原始资料少,有质感有画面感的材料少。正因为这样,读者看到的读书会成员是比较抽象的人,而不是在一个特定历史时代中,特定工作、学习和生活情境中的人。也因为资料不够丰富,研究结果部分显得较单薄,综合归纳得出结论的依据稍显不足。

正如作者所说的,参加读书会最大的收益是"产生一种完满的感受",所以学习共同体不把知识获得和技能的习得作为目的,他们不介意"慢慢学",因为风景在路上。而学校里的学习和职场上的"实践社团"的学习,强调的或者追求的与此完全不同,它们需要的是高效率。同样是"他人在场",学校教育的同学在场的"他人在场"与学共体的"他人在场"需要作一区分,一是基于竞争的他人在场,而另一个是基于分享的他人在场。如果能够作这样的区分,就能深化对社区学习共同体本质特征的认识,彰显社区学习共同体对其成员的生命成长的重要价值。

彩霞花友会:"花痴"们的温情世界

文/李 品 评/项秉健

一、问题的提出

近几年来,杭州市的社区学习共同体数量以迅猛的速度增长,在杭州市成人教育研究室 2014 年的调研中,杭州市的各类社区学习共同体总数已达 3000 余个,遍布城乡。社区学习共同体是社区范围内,居民基于共同的兴趣、爱好和学习需求,自发组成的学习群体。这种学习群体具有极强的草根性,因其零门槛以及与居民学习需求贴近而受到社区居民的广泛欢迎,参与人数众多。由于兴趣的多种多样,社区学习共同体的类型也丰富多彩,多以唱歌、跳舞、戏曲、乐器、书画、运动健身、手工技艺为主。

因工作与研究需要,笔者经常与社区联系,对许多社区学习共同体都有初步的了解与认识,彩霞花友会便是其中的一个。彩霞花友会是上城区紫阳街道彩霞岭社区的一个以植物种植为兴趣爱好的居民学习群体。社区位于杭州风景秀美的吴山脚下,社区里许多居民酷爱种花养草。家家户户都开辟自己的阳台空间,种上喜爱的植物。2012 年,杭州市上城区明德公益事业发展中心——一个民办非营利的社会组织落户彩霞岭社区,该中心屋顶荒废着的一块面积约 100 平方米的平台被爱好绿植的社区居民看中,一些居民们向社区提议,能否将这块平台开发出来,种上各种植物,既可以美化社区环境,又可以成为社区花草种植爱好者学习和交流的场所。这个提议被社区欣然采纳,彩霞花友会也由此成立。目前,彩霞花友会已由最初的 18 人发展为现在的 36 位成员,这块平台也在花友会的细心经营下,由一年多前的光秃秃,变为如今的花团锦簇。36 位成员轮流为平台花草浇水,定期开展花草种植的学习活动,并在社区里其他地方种上美丽的花,彩霞岭社区也成为上城区一个小有名气的花园社区。那么,到底是怎样一种动力驱使这样一个社区学习共同体如此积极地投入花草种植的学习中呢? 他们又是如何开展共同学习的? 共同学习的过程又是怎样不断推进和持续的呢? 这些疑问促使笔者走进彩霞花友会,深入其中展开研究。

二、研究方法及过程

1.进入现场的方式

因工作关系,笔者曾在与上城区的社区工作者小沈的聊天中得知彩霞花友会,间接了解了花友会的一些相关信息,已经在头脑中形成了初步的感知与印象。在得知我要对彩霞花友会开展较为深入的质的研究后,小沈给了我花友会会长刘阿姨的电话。拨打电话并接通后,笔者简单地说明了自己的意图,表示希望能以研究者的身份进入花友会开展研究。然而,一开始,刘阿姨并不愿意接受。她很不解地问笔者:"为什么要研究我们呢?"笔者在电话中耐心地向她解释:"目前杭州市的各个社区里,有许多像他们这样因兴趣、爱好聚集在一起开展学习的学习群体,体现了居民对终身学习的追求。很有研究意义。在众多这样的学习群体中,彩霞花友会把自身的学习与社区的环境美化结合在一起,非常有特点,而这也正是吸引我的地方。""那你要研究我们什么呢? 我们只是聚在一起交流一些种花养草的知识而已,这有啥子好研究的?""值得研究的地方当然很多了。这种由居民自发组成的学习群体也是近些年来涌现出来的,这也是人们物质水平提高后,对精神层面的一种需求和体现。据我了解,你们开展各种学习活动,并不像学校的正规学习,而是非常弹性的、灵活的、随意的,作为研究者,我很好奇在没有任何类似学校制度的东西的约束下,你们是如何能自主、自发地开展学习,并让这种学习持续不断地保持下去的,这也是我重点要研究的内容。而将这项内容研究清楚,也将有助于我们杭州今后培育和发展更多的这样的学习群体。"在连续问了两个问题并获得解答后,刘阿姨对笔者的意图以及研究工作有了明晰的了解,但仍然有些不放心地问:"如果你来研究我们,研究出来的结果会对我们有什么不好的影响吗?""不会有任何不好的影响的,从你们学习群体获得的所有信息,仅仅只是用于这个研究,而不会作其他用途。另外,在研究结束后,成文的研究成果也会给你们审核的,确保准确性的。"在所有疑惑都解答完后,刘阿姨终于放下心来,欣然接受了笔者的请求。因为花友会刚刚开展过一次学习活动,要想参与活动,需要等待下一次。刘阿姨表示,下一次活动开始的前一天会通知笔者。

一周后,笔者接到刘阿姨的电话,第二天便应约前往彩霞岭社区参加花友会的活动,并开始了笔者的第一次访谈。这次学习活动在彩霞岭社区的图书室进行,邀请了杭州市园林局的一位研究人员讲授兰花的种植技巧,几乎所有成员都参加了活动。这也为笔者选择访谈对象提供了极好的机会。

2. 访谈对象的选择

笔者第一次参加彩霞花友会,是通过与刘俊碧阿姨电话联系而获得的这次机会,也是她接待笔者,并将笔者介绍给其他成员相识。因此,最先通过刘俊碧阿姨来了解整个花友会的一些具体情况,是笔者访谈的第一步,而刘俊碧阿姨也成为笔者的第一位访谈对象。

刘俊碧,65岁,已退休,是彩霞花友会的会长,也是花友会的发起人与核心成员之一。是她最先和社区干部提议,利用明德公益事业发展中心的屋顶平台种植花草的。建议被采纳后,她与社区爱好种花养草的几位居民共同商议,组建彩霞花友会。在她的介绍下,有不少社区居民加入其中。在整个花友会中,刘阿姨主要负责花友会活动的组织工作,如外出参观,讲座教师的聘请,与社区、杭州市志愿者协会的联系,等等。

在活动之前,刘俊碧阿姨非常正式地向其他成员介绍了笔者和笔者参加活动的目的,并详细介绍了花友会成立的原因、具体过程以及目前的发展现状。在这一过程中,笔者发现有不少成员对花友会表现出了极大的热情,在刘阿姨说话的过程中不时地进行补充,表达自己对花友会的喜爱。有的人年龄虽大,却表达流畅,思路清晰,很有条理。这些人也成为笔者重点访谈的对象。主要有以下几位:

马老伯,60岁,从单位一退休就加入了彩霞花友会,其住所离屋顶平台最近,明德公益事业发展中心仅三层楼高,马老伯家就住在紧挨屋顶平台的四楼。从楼上刚好可以俯瞰整个屋顶平台。由于家里面积小,马老伯将家中所有花草都搬至屋顶平台种植。

黄大姐,48岁,是花友会最年轻的成员。酷爱种植草药,屋顶平台的枸杞、艾草、薄荷等都是她种植的,现主要负责每次活动时的记录、拍照以及台账的整理。

刘大妈,72岁,是花友会中年龄最大的女性。以前在杭州市园林局工作,在种植花草方面尤其是月季的种植上较有经验。

事实上,除了花友会36位固定的成员外,还有一些社区居民也经常参加花友会的活动,共同交流花草种植的知识。当中也有几位社区三十多岁的青年人。但这些居民在花友会中流动性大,参加活动的频率并不高,只是在有种植花草的相关疑问时,会到花友会中来咨询或听讲座。考虑到这部分人也能从侧面反映花友会的共同学习的情况,笔者在刘俊碧阿姨的推荐下,也访谈了其中的一位姓周的青年人。

小周,女,38岁,彩霞岭社区的居民,笔者访谈之初,她并不是花友会的成员,但因为爱好种植兰花,经常一有时间就参加花友会的活动。由于周一至周五要上班,小周只能偶尔参加花友会为数不多的周末活动,鉴于此,她并没有加入花友会,成为其中的成员。不过,访谈结束后不久,由于小周的种花经验越来越丰富,花友会的成员们极力邀请她加入,传授她的种花经验,盛情难却下,小周成为花友会的一员。

结合重点访谈,笔者也针对其他成员进行了一些聊天式的随机访谈。

3.搜集资料

本研究主要是通过四种方式来搜集研究所需的材料:一是通过与花友会成员的重点访谈与随机交流,以及时笔录或录音的方式记录下访谈中的各种交流信息,并在访谈结束后进行整理,提取有效的信息,作为研究时的重要参考依据和资料。二是通过翻阅花友会提供的每次活动的详细台账、照片,了解花友会当时活动的内容、形式和场景,间接体会当时的学习氛围,获得研究的直观印象和感受。三是通过亲自参加花友会的活动,直接参与其中,亲身体验和观察花友会成员在学习过程中的互动、交流,并从这种互动交流中找出和发现有价值的研究内容与研究信息。四是借助与社区以及社区其他居民的交谈,从侧面了解有关花友会的各种情况,获得相关的研究信息。

三、研究结果

1.我很喜欢养花种草

参加彩霞花友会的成员都是喜爱植物之人。访谈中,在问及为什么选择参加花友会时,笔者听得最多的回答是:"我很喜欢养花种草!"的确,在参观花友会的屋顶平台时,笔者就感受到了这种喜爱。100多平方米的平台栏杆上挂满了用长方形盆栽种植的各种各样的花花草草,加上摆在平台地面上的花草,估计有一百多盆。据刘俊碧阿姨介绍,这些花盆都是花友会的成员们凑钱买来的,算上来有四五十个,带上盆里的植物和泥土,前前后后花了数千元。成员们轮流给花草浇水,特别是在夏季高温的情况下,光给这些花草浇水都需要一个多小时,是个非常辛苦的体力活。但花友会的成员却乐此不疲。马老伯说:"我家阳台只有四五平方米大,但阳台上种了 30 多盆花,平时晒衣服都不方便,得晾到阳台外面才行。家里老伴多次要求我扔掉一些花,可我舍不得。三十几种花,每种我都喜欢。后来实在没办法,就搬了十多盆到这个平台上,隔三差五地过来给它们浇浇水,看看它们,心情毛(杭州话:很的意思)好的!"说完,引着笔者来到他种的花前,一一向笔者介绍,喜爱之情溢于言表。刘大妈年龄虽是花友会女成员中最大的,却被大家称作刘花痴。刘大妈说,这个绰号由来是源于一次护花事件。那时,她刚加入花友会不久,自己在春天扦插繁殖了两盆月季,刚浇好定根水,放在大平台上,谁知,第二天就持续下起了大雨,且毫无停雨迹象。这种情况下,如果不及时从大雨中把植物搬离,则容易导致植物烂根。刘大妈生怕月季被雨淋着,立刻打着伞来到平台上,将两盆花装在塑料袋里,拎到社区办公室中,自己也因此被大雨淋湿,患了重感冒,花了半个月的时间才康复。生病期间还不忘打电话给社区工作人员,询问月季的情况。这件事很快在社区传开,刘大妈也因此被社区居民善意地笑称"刘花痴"。

"您为什么会这么喜爱种花呢?"

"种花好啊! 我们以前住平房,门前都有院子,种了很多花花草草,每天早上起来看一看,一天的心情都很好。那时候杭州也没这么多高楼、马路,到处都是池塘、树木,周边环境也很美的,很有大自然的感觉。后来搬进楼房了,马路修得越来越多,高楼也越来越多,越来越高,以前那种乡间野趣没有啦,出门到处是车,现在只能在家里巴掌大的阳台上,种点花草,眼睛经常看看绿色,美化一下自己住的环境,这样才感觉更舒服些!"刘大妈滔滔不绝地讲出自己的理由。

"是呀,你要是种花,你也会越种越喜欢,越种越多。"黄大姐在一旁补充说:"每种花都有它自己的美。花也有灵性的。你每天给它浇水,定期给它施肥,精心养护它,它就开好花、结好果给你看。你付出劳动,就能有美的收获。像我,每天早上起来第一件事,不是刷牙洗脸,而是跑到阳台或这个平台上看我种的花,看哪些发芽了,哪些长枝条了,哪些有花苞了。要是看到头一天的花苞早上就开了,那个欣喜啊,恨不得叫所有人都来看,来欣赏!"

刘俊碧阿姨对于种花这种爱好也是如痴如醉。她说:"爱美之心人皆有之。有些花开出来,真好看啦! 特别是那个兰花,我们小区里,数刘大妈种得最好。兰花叶子很柔美,纤细,颜色淡雅,不俗艳,还有一股淡淡的清香,要是晚上闻,那股香幽幽的,闻了感觉身心都很愉快的。而且,我喜欢种花,是因为种花还有一个好处,它可以治病的!"

"种花还可以治病?"笔者不禁非常好奇:"为什么呀?"

"呵呵,我以前身体不好,那时候家里也没种什么花,这个花友会也没组建起来,每天在家里无所事事,去医院做检查,身体一堆毛病,什么高血压、颈椎病都有,心脏也不好,稍微动一动就喘不过气来。天天在家里胡思乱想,想自己怎么会有这么些病。后来看别人在阳台种的花挺漂亮的,自己也开始在阳台上种花,这以后就感觉每天生活有了盼头,一早起来就看花长得怎么样了,开了没有,发芽了没有,花开了就特别开心。后来花友会成立,隔三差五要到平台上给那么多的花浇水,经常拎着水壶跑来跑去,心思都在种花上了,对自己的病也不那么关注了,每天心情都很好,感觉生活很有意义。也奇怪,身体感觉比以前好一些了,一些病也没以前那么严重了。你说,种花是不是能治病?"说完,刘俊碧阿姨爽朗地笑了起来,"所以呀,现在我种花越种越多,越种越喜欢"。

"我们花友会的副会长老谭也是个花痴。老谭喜欢种荷花,你看,那两个大水缸就是他搬过来的。"马大伯指着平台花园上两个一模一样的直径约50厘米的棕色大水缸向我介绍。因为是秋天,水缸里并没有亭亭玉立的荷花,只是在水面上躺着几片枯了的褐色荷叶。"要想花种得好,最重要的是土要好。土要有营养,花才开得好。种荷花要淤泥的。你知道这两缸淤泥怎么来的吗?"马大伯问笔者。

"不知道啊!"笔者摇摇头。

"他从临安老家的池塘里挖过来的,整整装了六个大蛇皮袋哇。叫他们儿子开了一个小时的车运过来,明年夏天你过来,这两缸荷花开了,毛好看了!"

花友会成员对花草植物的热爱发自内心,流露出来的是对大自然以及生活中美的向往与追求,尤其在钢筋水泥浇筑的城市森林中,这份面积并不大的绿,在他们眼中都是难能可贵、美好无比的。种植花草,就是要留住眼前的绿色,追忆心中曾经的那份绿色。

2. 要想花草种得好,就得相互学习交流

笔者很少种花养草,但在笔者心目中,种花似乎是一件很简单的事情,并不需要太多技巧,只要用花盆装好土,将植物栽进去,定期浇水、施肥就可以等着看花了。因此,对于花友会的成员学习种花技巧很不能理解。

"种花需要技巧吗?"

"当然需要! 你别小看种花,同样的花,会种的人能种得繁花似锦,不会种的人,养都养不活! 我以前种兰花,不会种,种一个死一个。而且当时兰花被市场拿来炒作,还挺贵的,最便宜的也要好几百。死一个,几百块就没了。可心疼了。但后来跟花友会的刘大妈学了后,现在种兰花,想它不活都不行了,呵呵!"说起种花技巧,小周感慨颇多。

"我最早养花的时候,养花技术不好,种什么死什么,还迷信,觉得是不是家里面风水不好,所以种花种不活。甚至想把这里的房子卖了,换个房子住。后来看到我们楼上那个邻居,跟我们住一样的房子,种的花都毛好的,再想想,估计跟房子没什么关系,主要还是自己技术不行。别人种什么都能种活,说明还是要学一点养花的技巧。"黄大姐也笑着回忆自己当初种花时的困惑。

"那你们平时开展学习活动都会学一些什么呢?"

"要学的东西多了。比如,怎样扦插繁殖花苗成活率才高,怎样配置营养土,园土、底肥、各种介质成分的比例是多少,怎样修剪枝条才会有好的植物株型,花后剪该怎么剪,夏剪跟冬剪又该怎么剪,怎样施肥,怎样防治植物生病,生了病又该用什么药治,等等。这些都得学,学了这些技巧和知识,你的植物才种得好呀!"马大伯如数家珍地列出了许多种花需要学习的技巧,也改变了笔者认为种花容易的最初想法。

"而且,不同种类的花种植技巧都是不一样的。一种花种好了,并不代表你种其他花就一定能种好。所以,你学种一种花,就得学习种这种花的技巧,了解这种花的习性,按照它的生长规律和习性种植才行。"

"是的,比如说种花的土,最关键了。花种得好不好就在这个土。我刚开始种月季的时候,全部用的都是园土,后来通过学习才知道,要加入一定比例的底肥、珍珠岩、泥炭,这个花就开得很多、很旺了。"

在参加彩霞花友会的活动过程中,笔者感受到成员们对于学习如何种好花,充满了热情。印象最深的一次活动是,花友会请来园林管理局的一位工作人员开展讲座,向大家介绍怎样扦插和繁殖花卉。讲座时,每一位成员都非常认真地聆听、记笔记,有些年纪大的成员写字慢,就打开手机录音机,将讲座内容录下来。互动环节中,大家提出了各种各样的问题,都是自己在种花养草时遇到的难题,整个讲座从上午九点一直持续到中午十二点,成员们仍意犹未尽,邀请讲座者参观他们的平台花园,并帮他们现场诊断花草的各种状况。学习的浓厚兴趣以及洋溢出来的快乐深深感染了笔者。刘俊碧阿姨说,平时成员之间也会相互分享各自的种植经验。会种月季的,交流月季种植经验,会种三角梅的,交流三角梅的种植经验,每个人都将自己最擅长的种植技巧向其他成员分享。

"那你们会自己组织看一些花草种植方面的专业书籍吗?"

刘俊碧阿姨笑了笑,摇了摇头:"不会。我们这个花友会,退休老年人偏多,大部分文化程度都不高,专业书籍太深奥了,而且很系统,很多人不要看的。一般会订一两本这方面的杂志。杂志薄,里面介绍的种植知识比较短小精练,通俗易懂,容易记住。而且内容也很丰富,相比一些专业书籍,其实更适合老年人看。"说完,她拿出花友会订的几期《花卉园艺》:"你看,这几本杂志都翻旧了。他们一有空就到活动室里来看,这本杂志很受欢迎的。"不过,她立刻又补充道:"但大多数时候,我们之间还是相互交流学习比较多。"

"哦? 这是为什么呢?"我很好奇。

"其实,大家花草种得好,主要还是靠多交流种植经验。我们年纪也不轻了,看书看杂志,眼睛不大好使了,看起来费力的,很多知识还是口头交流比较容易接受和理解。这种方式营造的学习氛围也比较好,大家都蛮喜欢的。"

对于这一点,马老伯也非常认同:"是的,还是这种相互之间的经验介绍比较好。我看杂志,有时候看了后面,忘了前面。跟别人交流,别人教我怎么种,先做什么,后做什么,要注意哪几点,不怎么费力就记住了。不过,我有时候也看杂志的,有些花别人也不知道怎么种才种得好,那还是得翻翻杂志,按照杂志上说的一步一步去种。我掌握了这种种植方法后,我就教别人,这样,其他人就不用费力地去看书翻杂志了,这也给别人省了不少时间嘛!反过来,其他人也一样,这样我们的种花知识才会越来越丰富,花也才越种越好!"

访谈中,笔者了解到,相互交流,相互请教,分享知识和经验是彩霞花友会学习的常态。对于这一点社区居民小周也深有感触。小周酷爱种植兰花,家里兰花种了十几盆,有很多不同的品种。她经常参加花友会周末的交流学习活动。由于花友会的刘大妈在兰花种植上经验最丰富,因此,她经常向刘大妈请教有关兰花种植的知识。

"你平时会经常看兰花种植这方面的书吗?"

"会的。"小周回答:"但是,我更倾向于花友会的交流学习。我平时工作也挺忙的,有时候晚上也要加班。看书的时间并不多。花友会这种学习氛围更适合我,我觉得这种交流学习的方式特别好,它比通过自己看书掌握知识更快,而且,你会分享到很多其他人的实际种植经验。有时候遇到种植上的难题了,上网查找,众说纷纭,也不知道到底哪种解决方法才对。直接跟花友会种植经验丰富的人交流,你在种植过程中遇到的问题就能得到及时的解决。因为他们的经验是在自己种植的过程中摸索出来的,比较靠谱。用这样的方式学习,种植水平提高得很快的。"

相互交流学习中交换的是经验、知识、技巧，既能节省学习时间，也更利于提高学习的效率。

3. 种花养草让我们社区更温暖

彩霞花友会目前共 36 名成员，为了共同管理、美化好平台花园，他们通过协商，分成七个小组，每组由 4—6 人组成，每组选出一名组长，七个小组每周轮值一次，负责给平台花园的花架上的各种花卉除草、松土、施肥、除虫等，并根据安排的时间、季节和天气情况以及花卉的品种情况，对花台上所有的花酌情进行浇水。同时还得每天打扫平台花园，保证平台花园上无垃圾、无杂草、无泥土。因此，笔者踏进平台花园时，这里干净、整洁，植物都长得很精神，一看就知道被人精心打理过。站在马老伯四楼家的阳台往下看，这片平台绿意葱葱，显得生机无限。花友会年纪最大的 79 岁的成员李大爷说："本来，花友会不让我干浇水的活儿，说我年纪大了，这个活儿干起来累，工作量大，只给我安排了其他轻一点的活儿，可我不愿意。我种了花，不给花浇水，这花哪能算我种的呢？后来在我的坚持下，才同意让我每次跟老马一起浇，老马浇这个大的平台，我呢，浇旁边这个面积小的地方的花。这是照顾我呢。"花友会刚一成立，李大爷就加入进来了。对花友会，他有着很深的感情："这个花友会的成立，让住在这里的居民都多了一种乐趣。我在里面岁数最大，他们对我照顾最多。有一次，我生病了，本来轮到我浇水了。那时候是夏天，正是天气最热的时候，本来早上要浇一次，晚上也要浇一次的，我躺床上，身体动不了，打电话给老马，老马二话不说，早晚两次浇水全让他给包了。那时候还没接长的水管进来，浇水都得用桶提着浇，这得干多长时间啊。他后来告诉我，他前前后后花了两个小时。那一次真是太感动了。自己的活让别人干了，心里实在过意不去。"

站在一旁的马老伯听了，不好意思地笑着说："不要过意不去了，都是花友会的，又是老邻居，照应是应该的！"

除了管理平台花园，美化整个社区的环境也是花友会成员们的一项日常活动。笔者访谈时正值深秋，许多花已过了花季，社区里不少树木的叶子也开始凋零。为了让社区里看起来仍然如春天般富有生机，花友会的成员们自己摸索，将包装水果的五颜六色的泡沫网做成一朵一朵的仿真花，插到社区的植物上，远远望去，几乎可以以假乱真。整个社区到处点缀着红色、粉色、黄色的花朵，非常漂亮。社区居民对这种仿真花赞不绝口，住在社区里的楼大妈说："这种花做得毛漂亮了，跟真的一样。旁边的社区居民过来看了，毛羡慕我们噶（这）边的嘞！"将美带给自己，同时也带给社区的其他人，无形中让居民的归属感和温暖感更强。

而这种归属感也不仅仅体现于此。花友会的黄大姐酷爱种草药。她在平台花园上种了金银花、薄荷、艾草、薰衣草、洋甘菊等十几种草药,有哪位成员上火了,她会送些金银花给他去火,社区哪位居民身体有点小红肿,也会向她来讨点三七草擦擦。去年端午节,社区与花友会合作,做了一百份艾草团,向社区居民的孤寡老人、低保户发放,当中的艾草便是黄大姐贡献出来的。刘俊碧阿姨说:"发放艾草团的那天,社区里像过年一样热闹,大家都喜气洋洋的,说住在我们彩霞岭社区感觉到毛温暖的。"

花友会成立的一年多时间里,在春秋两季进行了好几次花友会的回馈活动。花友会的成员们在社区里摆起小摊,将自己种植的花以非常低的价格向居民出售,同时还会免费赠送自己扦插繁殖的花苗。一盆兰花的大苗只要十元钱,一株国产月季中苗只收五块钱,各种各样的扦插小苗带盆免费赠送,每次回馈活动,花友会的摊子前被围得水泄不通,几十盆大大小小的花苗一下子就被一抢而空。抢到苗的喜气洋洋,开心得不得了,没抢到苗的追着花友会的成员问:"你们什么时候再搞这种活动啊,这些花价格太便宜了,价格只有花鸟市场的三分之一呢!"的确,用刘俊碧阿姨的话来说:"我们是半卖半送啦。都是一个社区的邻居,也不好意思收很多的钱,大家都很喜欢我们种的花,对我们也是一种鼓励和肯定。"

即便是炎炎暑假,也被花友会的成员们利用起来为社区服务。今年夏天,花友会邀请了社区 20 多位在校小学生来开展认识花卉的暑期活动。这些住在社区里的孩子们平时由于功课忙,很少有时间去用心地关注身边近在咫尺的美好事物。在花友会的活动室里,成员们摆出各种各样的仙人掌、仙人球、文竹、薄荷等小盆栽,教孩子们认识这些植物的种类,给他们看这些植物开花的照片,还让孩子们自己动手种植一些小植物,给他们宣传环保、爱护社区环境的理念,活动结束后,每个孩子都免费得到了一个小盆栽。孩子们个个兴致勃勃,满心欢喜。

种花养草这种看似个人闲情逸致的爱好,却因为花友会这样一个学习群体而将社区的居民紧密联系在一起,让社区居民更具归属感。

4. 种得好坏不重要,只要开心,能怡情养性就好

"怡情养性"是笔者在访谈过程中经常在头脑中蹦出来的一个词。"我们种花,只要是为了让自己开心,种得好不好,其实并不是最主要的。"黄大姐说:"其实,养花看起来是一种劳动,需要你给花浇水、施肥、拔草,但它其实是一个内在

的怡情养性的过程。花开得好不好,在于你有没有很好地去养护它。你只要根据养花的规律去养它,这个花自然就开得好。但你不能急,越急,越养不好。比如天天给它浇水,没事儿就给它剪枝、修枝,那你肯定养不好。因为你太急了,没有遵循它的规律。所以,养花养久了,性子急的人也会变慢下来的。这就是个磨练性子的过程。"黄大姐的话充满哲理。

刘俊碧阿姨也用"怡情养性"这个词来总结自己的体会。"就说养兰花吧,我会很精心地挑选那种红陶作的花盆,配上兰花纤细、舒展的叶子,非常漂亮。平时在家里,没事的时候,心情来了,就点一根檀香,放一首古筝曲子,泡壶茶,一边慢慢品茶,一边欣赏兰花的美,闻一闻兰花的幽香,感觉生活都是美好的。我女儿跟我说:'妈妈,我觉得你种了兰花以后,人也变得高雅了,生活也有情调了,像个小资女性咧。'说得我心里毛开心啦。在我看来,养花就是一个怡情养性的爱好。"

"是的,有时候有烦心事,就经常看看家里种的花,或者到平台花园去逛逛,看看哪朵花开了,哪些长枝条了,再跟花友们聊聊天,说说话,什么烦心事都忘了,心情也立马好了许多。"马老伯在一旁补充道。

"那你们会比较谁种得好,谁种得差吗?"

"呵呵,我们这两年每年都会搞花魁评比的活动。大家把自己种的花都拿出来,然后让社区里的居民用无记名的方式投票,看谁种的花最好看,谁的花就是花魁。最后评出了两个花魁:一个是刘大妈种的月季,还有一个是我种的君子兰。"刘俊碧阿姨笑着说。

"所有种类的花都一起进行评比么?"

"是的。"

笔者不禁诧异地问:"但是,不同的花有不同的美,要评花魁也得在同种类的花之间进行评比才公平啊。"

"呵呵,其实我们评花魁也只不过是大家聚在一起活动活动,没那么严格规范的。谁种的花是花魁,谁种的花不是花魁,这些都不重要,大家也不介意,只不过是通过这样一个活动来丰富大家的生活,开心开心罢了。没有人会在意最终的结果的。我们享受的是评的过程和大家在一起的这种快乐心情。"刘俊碧阿姨为笔者解释。

"确实是这样。评花魁的结果并不重要,重要的是这么个活动让大家都很高兴的。"

"种花嘛,就是要让自己心情好,要是因为这么个比赛搞得大家心情都不好了,那种花也没什么乐趣了。你说是不是?"

"其实,自己种的花,在自己眼里都是最漂亮的。种花,只要自己喜欢就好。别人评得好,自然更高兴,别人评得不好,也高兴,因为你看到了人家种得好的花,也是种享受,也很愉悦啊。"

"那你们有没有将花魁拍张照记录下来呢?"

"当然有。"负责管理花友会活动记录的黄大姐立刻从社区活动室的柜子里拿出来一本厚厚的相册,"你看,这些都是我们每次活动拍摄下来的。上面都标有日期。"笔者一张张翻阅着,相册里有记录一朵花由花苞到绽放的不同时期的美丽,有花友会成员们专注听讲座的瞬间,有成员们参观菊展时的愉快微笑,也有评花魁时乐不可支的表情,也有大家种出的花在晨间或傍晚的动人姿色。

马大伯说:"我们还开展过摄影比赛的。你看到的相册后面的这些花的照片,就是大家摄影比赛的成果。"

"评出一、二、三等奖?"

"嗯,"马大伯点点头,"不过,谁得几等奖,都无所谓的,关键是这样的活动让生活更丰富,更有趣味。"

"对的,种花讲究的就是怡情养性,就是要通过种花来追求内心的一种平静和快乐。如果对这些比赛结果较真了,去计较了,放在心上了,那你的内心就不平静了,就违背了种花的初衷。其实只要自己好好享受种花的过程和乐趣,就可以了。别人评好评坏都是不重要的。"

在彩霞花友会的成员们身上,笔者看到的是在种花的劳动中对自己内心的感受、体验的关注,无论是哪种比赛,比赛结果都不是他们所在意的,而比赛过程中的乐趣和心情以及成员间的互动与交流才是他们最看重的。怡情养性才是彩霞花友会的成员们最终追求的。

四、研究结论

1.基于本质意志的学习

在社区学习共同体中的学习是一种出于本质意志的学习。德国社会学家费迪南·滕尼斯把人的意志分为本质意志和选择意志。他在《共同体与社会:纯粹社会学的基本概念》一书中认为:"人的本质意志是有机体的意志,是由动物性的—心灵的意志界定的;它是动物性的意志,同时由有机体的意志和心灵的意志来表示的。""在人的意志里,天生的对某些事物和某些活动的乐趣,我称之为它的普遍的、动物本能的本性或它的中意。"它是一种本能的意志、愿望和渴求。同时,由经验产生的意志或乐趣也属于本质意志。"选择意志的总形式——它们本身包含着本质意志的要素——应该被理解为一些思想的体系,即意图、目的和手段的体系。"在滕尼斯看来,共同体体现的是本质意志,这是因为,共同体中人与人之间的关系是天然的、不考虑利益的,而选择意志由于是建立在目的和利益基础上的,因此,它不代表共同体。

作为一种新生的共同体,社区学习共同体无疑很好地印证了滕尼斯的观点。社区学习共同体中成员参加学习更多地是出于内心深处对某一类事物或兴趣的最根本的渴求,而这种渴求是没有功利性的,不是建立在任何物质利益上的。爱美是人的天性,是人与生俱来的。美给人带来快乐,使人产生愉悦心情。彩霞花友会社区学习共同体的出现体现的是社区居民对大自然中的美的一种热爱与追寻。尤其在现代都市水泥森林中,人人内心都保留着一份对绿色的渴望与追寻。彩霞花友会的成员学习种花养草,对大自然、对绿色植物的热爱源于对美的追求与需要。怎样用符合规律的劳动最终来获得大自然的美、欣赏大自然的美,是彩霞花友会开展学习的初始动力。

2.高效学习的促发源于共同学习

学习不仅仅是与认知对象的对话,与自己的对话,同时也是与他人的对话。建构主义认为,知识的获得不是学习者简单接受或复制的过程,而是积极主动建构的过程。人类除了通过直接经验的方式获得直接经验以外,还在同其他人的交往过程中获得间接经验。所以学习不仅仅是个体的独立思考和个性感受,也要在一定的群体背景中展开。也就是说,人是在社会文化情境中接受影响的,是通过直接与他人的交互作用来建构自己的知识的,因此他人的存在及与他人的交流在个体学习过程中起着非常重要的作用。从这一角度来看,共同学习显得尤为重要。

从社区学习共同体的诸多案例来看,共同学习让学习变得更为高效。其原因有四个方面:

第一,社区学习共同体为学习者提供的是符合其内心真实需要的学习,加入学习共同体,是学习者自觉、自愿的快乐选择。

第二,社区学习共同体为学习者提供了宽松、自由、快乐的学习氛围与学习环境,而这也给学习者带来情绪上的愉悦体验。研究表明,愉悦的情绪对于提高学习效率具有积极的作用。

第三,共同学习是学习者在互动中通过交流、分享、共同解决学习难题等方式来开展的学习。学习者之间的知识、经验、观点、思想的碰撞与分享形成的是各种知识信息的互补和填充,这种方式拓展了学习者的信息渠道,有效节省了学习者的学习时间。

第四,共同学习让身处其中的成员体验到归属感和认同感。在社区学习共同体中,成员遵守共同的规则,具有一致的价值取向和偏好,由此产生自己和其他学习者同属于一个团体的感受。学习者对共同体的归属感、认同感以及从其他成员身上所得到的尊重感也有利于增强学习者对共同体的参与程度,维持他们持续、努力的学习活动。花友会的成员认为他们的花种得好,关键在于相互交流种花经验,这也正是共同学习带来的高效学习在实践中的生动体现。

3. 具有凝聚力与温暖感的守望相助

社区学习共同体的存在,联结的不仅仅是共同体成员内部之间的关系,同样也联结起社区以及其他社区居民的关系。我国城市目前正经历剧烈的空间变化、人口流动、制度变革过程,邻里关系趋向疏离,居民对于自身所在社区的认同程度降低。然而,社区作为一个居民关系结构相对密集的空间或社会单位,仍然具有一定的现实意义。一个群体关系的空间是一个包含了意义生产的物理和文化的结晶,这种意义生产则是一种以某种方式将人们与空间相联系,同时使得人们产生了对于社区空间的特殊情感和依恋。因此,社区的地域性不仅包含物理空间的意义,还具有一定的社会意义。这种社会意义的实现首先是对于地域空间的认同。社区认同是社区成员与社区联结的一种重要机制,社区认同的强弱反映着这种联结的紧密或松弛程度。而居民对社区的认同感是建立在生活在同一社区居民行为互动的基础之上的,体现于同一社区的居民之间的互助、互惠的行为,即守望相助。社区成员越是认同这个社区,意味着他对这个社区投入的情感越多,因此也越愿意为之付出,对其他居民尽更多的责任。显而易见,社区学习共同体的存在,打破了冷冰冰的邻里关系,以其丰富、接地气的学习活动以及与社区其他居民的密切互动,给社区注入一股温暖的力量,为社区居民之间的守望相助、同舟共济、互相关爱增添了一份"黏合剂"。鲍曼曾说:"共同体是一个'温馨'的地方,一个温暖而又舒适的场所……""在共同体中,我们能够互相依靠对方"。社区学习共同体为身处其中的成员带来的不仅仅是知识丰富后的成就感,最重要的是精神上的满足感和温暖感。而能给社区学习共同体的成员带来温暖感的,是彼此间的守望相助。"守望相助"一语出自《孟子·滕文公上》:"乡田同井,出入相友,守望相助,疾病相扶持,则百姓亲睦。方里而井,井九百亩,其中为公田,八家皆私百亩,同养公田。公事毕,然后敢治私事。"在古代,守望相助"守"的是自己的家产,"望"的是入侵的盗贼。在现代的社区学习共同体中,守望的是跟自己没有血缘、隶属关系的志同道合者,"相助"不存在利益的驱动,而是无私奉献。

4.追寻丰富人生价值的内评价

在学习评价上,社区学习与传统学校教育完全不同。由于社区学习共同体本身属于居民根据兴趣、爱好自发形成的非正规的学习群体,因此,成员无需在学习上进行甄别、选拔性的评价,对学习结果的评价也显得并不那么重要,相反,对学习过程的评价却成为成员们最为关心的内容,尤其是在学习中自身的情绪体验、过程所带来的成员互动与交流,以及学习本身所带来的愉快、开心、满足的情感。

同时,社区学习共同体中也会存在外部评价,它主要来自于共同体内部的其他成员的评价以及共同体之外的他人评价。这种外部评价能给共同体内的成员带来学习的动力,并促使每一位成员不断调整自身的言行、观念、思想来适应自己所处的学习群体,从而获得群体认同感和归属感。然而,外部评价并不是社区学习共同体中的最主要评价方式。从彩霞花友会的访谈中可以看出,成员基于自我的内评价一直在社区学习共同体中占据主导地位。这种内评价包括了三个层面的内容:

第一,它是成员的学习行为本身就固有的,也是成员学习的一项基本性质。也就是说,成员学习的本身就具有评价的性质。正如加涅曾强调的,学习的每一个动作,如果要完成,就需要反馈。这里的反馈就是一种评价活动。

第二,它存在于成员学习活动之中,伴随学习活动过程而产生和进行。

第三,它满足成员学习的自身需要与自我发展的需要。

因此,成员会根据自我发展的愿望以及内心对自我的要求和期待来评价自我。由此可见,社区学习共同体中,成员的内评价实质上是成员对自己的思想、发展期望、行为和个性特点、内在情绪体验等多方面的综合的判断和评价。因为每个成员的学习起点、个性特点、思维方式、思想观念、学习需求程度、自我要求等都不尽相同,所以每个成员的自我评价都不一样。成员的内评价往往折射出自己对人生自我价值、社会价值的认识和态度。它对于促进成员的自我发展、自我完善、自我实现具有特殊意义。成员对自己的思想、情绪体验、行为和个性发展、内心需求的评价,不仅会直接影响其学习和参与群体学习活动的积极性,也影响着其与其他成员的交往关系,更会促使成员对自己的身心、能力、性格特点,以及自己在群体中所处的位置和作用、与共同体的关系、与其他成员的关系有清晰的认识和反思。

总之,共同学习中,学习者在学习过程中是以自我评价为主,关注的是内心或精神上获得的愉悦与心灵上的成长,关注当下所取得的进步,关注学习中的各种感受和体验以及与他人合作学习的过程与状态,注重内评价,将学习者的内成功与内成长作为评价自己的最核心的内容,这也使共同学习剔除了功利、攀比、竞争的特质,回归到学习者在学习过程中学习知识、满足内心真实需求、丰富人生价值的本质上来。

五、研究反思

1.关于协调和研究对象的关系

质的研究的研究对象具有特殊性,它面对的世界是主体间质的世界,是属于人的世界,研究者和研究对象之间是人与人的关系,而非人与物的关系。访谈和调查中的研究对象,是具备认知能力,能够与研究者进行理解、互动并做出行动反应的另一个主体。因此,研究者协调与研究对象之间的关系非常重要。在社区学习共同体的质的研究中,成员是研究的主要对象,他们是沉浸在自我赋予的意义的日常生活世界中的,作为研究者,只是在其研究领域中以研究者身份展开与研究对象的互动关系,所以,无论是访谈还是参与研究对象的活动,研究者都有必要与研究对象保持恰到好处的距离,太近,容易迷失研究目的与研究身份;太远,则无法走进研究对象的内心,获得其真实的所思所想。

2.关于研究结论有效性的保证

在本项质的研究中,研究者一方面把自己当成研究工具,亲身体验、理解被研究者的生活经验和观点,经由解释性理解或领悟,进而对被研究者的世界做出描述、解释、分析;另一方面通过深度访谈获取最真实、有效的研究结论。深度访谈是一个互动、共同创造的过程,在这个过程中,访谈者与受访者怎么看待对方以及特定研究主题对双方的意义都会影响到访谈的性质和访谈的结果。笔者直接向受访者明确身份,获得对方的信任,同时说明研究的目的,消除对方的疑虑,以尽量确保研究的有效性。

3.关于如何认识、理解研究对象的行动意义

在对彩霞岭花友会的质的研究中,研究者如何理解和把握研究对象所呈现出的言语符号、话语隐喻及其表征其意义非常重要。比如访谈中经常提及的"开心""温暖"等词是否真实反映了访谈者的情绪感受与体验,抑或是仅仅因为被采访才表现出来的感受,需要研究者进行仔细辨别和把握。

点评

本文作者具有明确的问题意识,开宗明义提出:"到底是怎样一种动力驱使这样一个社区学习共同体如此积极地投入花草种植的学习中呢?他们又是如何开展共同学习的?共同学习的过程又是怎样不断推进和持续的呢?"作者试图围绕这个问题,即学习动机的产生和学习动力的持续问题,展开对"彩霞花友会"的质的研究。

作者在自然情景下,通过访谈、观察和收集实物(花友会活动台账、照片)等多种方法,通过与花友会成员及该社区其他居民的互动,对花友会成员的学习行为进行分析,并由此推导出对其意义建构的解释。作者认为,花友会成员学习行为的产生和持续是基于:1.满足兴趣(都是喜爱植物之人);2.有利互学(提高学习效率);3.美化社区(公益心);4.怡情养性(重在学习过程)。作者在研究结论中给出的对此学习行为意义建构的解释性理解是:第一,它体现了人爱美的天性,这是没有功利性的人的本质意志的体现;第二,它能够让学习变得更为高效。第三,它带来了凝聚力和温暖感,为社区建设添加了一份"黏合剂";第四,它可以提高人生价值。

作者坚持在自然情景下进行质的研究,并通过长期的观察和交谈,了解花友会成员的日常生活,其所处的文化环境以及这种环境对其思想和行为的影响;并在本文中尽量让研究对象自己说话,使用他们自己的视角和语言表达自己的观点与感想。这都值得称道。作者对研究对象学习行为和意义建构的分析与解释,也无疑是有价值的。遗憾的是,作者在问题提出之后,没有进行研究背景的表述。尽管社区学习共同体的学习动机与动力问题是一个新的研究领域,但正因其新,也就更需要借助前人在交叉领域所取得的学术成果。研究背景的缺失,不仅影响到质的研究的完整性,甚至会影响到文章主题的鲜明性。

作者在对研究对象学习行为意义建构的第四点中,提出"丰富人生价值"和"内评价"问题,其中"丰富人生价值"实质包含不同的价值取向。这里作者未加以辨析,更未直接回应学习的动机与动力问题。而作者关于"内评价"的意义阐释,已经逼近了立论要点,可惜作者笔锋一转,以回归学习本质收尾，未能照应本文的核心问题即学习的动机与动力问题，以进一步确立主题思想。

我们运用质的研究的方法研究问题，其实是要问自己，这个问题是否有丰富的含义？它意味着什么？如何进一步发掘？在这里，过程也许比结论更重要。学习的本质的问题是一个需要继续发掘的问题。提出这个问题，无疑对深入研究学习共同体中学习者的学习动机与动力问题是有意义的，但应与本文的研究结论有所区分，因为它本身不是一个研究结论，而是一个新的研究起点。

作者在研究反思中提出的"关于协调和研究对象的关系"和"关于研究结论的有效性保证"，严格地说是作者开展质的研究的经验。而在"认识、理解研究对象的行动意义"中谈到的"对于研究对象所呈现出的言语符号"，"比如访谈中经常提及的'开心''温暖'等词是否真实反映了访谈者的情绪感受与体验，抑或是仅仅因为被采访才表现出来的感受，需要研究者进行仔细辨别和把握"。则可视为一种反思性的自我追问。我以为，从完善此项研究的角度看，除了正面论述花友会学习者学习动机和动力的产生与增强的原因之外，对于在什么情况下会使得学习者学习动机发生变化或学习动力加强和减弱的研究，可能是最需要发掘的研究空间。

解码被征地农民百姓乐坊的内驱动力

文/余锦霞　　评/汪国新

当前杭州市社区教育的发展面临的瓶颈之一就是社区居民参与率低、社区教育工作开展难度大。社区教育目前所能提供的教育供给与社区居民的多样化、个性化学习需求之间的矛盾一直难以解决。一方面，社区教育提供的活动形式单一、内容针对性和吸引力不强，居民不愿意来参与；另一方面，居民的学习需求不断增长，很多居民有学习需要却苦于无合适的去处。我们深入社区开展大量的调研，社区中有一些群众自发组织的社区学习共同体进入研究者的视野。这些社区学习共同体最大的亮点就是能够让一些居民自觉自愿、积极主动、风雨无阻地参与到社区学习共同体活动中。因此，从 2010 年起，我们单位开始关注这类社区学习共同体。2013 年，单位将"走向共同学习——社区学习共同体"作为重点项目开展研究。该项研究由杭州市成人教育研究室汪国新主任总体设计，研究人员全员投入研究。在江干区社区学院领导的大力支持下，作为研究队伍中的一员，我到江干区进行了一个预调查，目的是为了深入了解这些社区学习共同体是如何产生和发展起来的、到底有什么魅力能够持久吸引居民的主动参与？以下就是该个案的质的研究报告。

本次研究采用的是质的研究方法，在自然环境下，使用实地体验、开放型访谈、参与型和非参与型观察、文献分析、个案调查等方法对社区学习共同体进行深入细致和较为长期的研究。

一、问题的提出

笔者的研究，是希望通过对活跃在社区中的社区学习共同体的系统研究，找到可以满足社区居民学习需求、受居民欢迎的方式，以缓解当前社区教育发展面临的瓶颈问题,并为打造学习型社会和实现终身学习奠定良好的基础。作为整个课题研究中的个案研究部分,本次研究要呈现这个社区学习共同体的成长和发展历程,挖掘支撑整个社区学习共同体发展的内在驱动力即"内驱力",准确把握社区学习共同体吸引和凝聚居民参与的主要特性,为下一步的培育社区学习共同体做好基础性研究。

二、研究方法

1. 抽样

我们采用的是目的性抽样,即根据研究的目的选择有可能为研究的问题提供最大信息量的样本。江干区社区学习共同体发展得还是相当不错的,有书法、绘画、集邮、摄影、剪纸、英语口语、风筝、空竹、丝网花等文化艺术、体育健身、休闲娱乐3大类社区学习共同体,其中,景新书画苑、集邮缘谊社、景泰蓝制作社、傅艺剧社、民间金秋剪纸轩、管弦乐社、女子古筝乐坊、金石篆刻坊、荷塘葫芦丝、现代布艺社、民间诗社等在全市乃至全国都有一定影响力。江干区社区学院的领导和楼老师多年来从事社区学习共同体的培育和扶持工作,对本区的社区学习共同体发展情况非常熟悉。

2013年10月上旬,我两次到江干区社区学院,一方面向汤老师和楼老师了解各个社区学习共同体的发展情况,另一方面,翻阅江干区社区学习共同体成长档案袋(江干区社区学院在管理上的一个创新,就是为每个社区学习共同体建立一个档案袋,记录社区学习共同体发展的全部过程及信息,收录社区学习共同体的人员、资金使用、设备资源情况,每次活动开展的文字记载及音像资料,学员的心得体会等等),以及社教干部撰写的介绍其中20多个发展最好的社区学习共同体的文章。最终从社区学习共同体发展时间、发展规模、活动开展、社区学习共同体成员四个维度,选择了百姓乐坊:发展时间较长,正式运行也有5年了,从产生、发展、成熟到现在的分裂再生,理论上能够给我们呈现较为清晰的社区学习共同体发展历程,有利于回答我们关于"这类社区学习共同体是如何形成和发展起来的"问题;规模较大,社区学习共同体成员90余人,而且非常稳定;学习活动开展的非常成功,居民参与的热情很高,每次活动95%以上的成员都会参加,活动开展较为频繁,每周四下午是固定活动时间(活动频繁,成员们之间的交往会更加密切,也方便研究者做长期跟踪调研);社区学习共同体成员全部都是彭埠镇的被征地农民,具有一定的典型意义。

以下是这个社区学习共同体的基本情况介绍:

百姓乐坊,最初发源于彭埠镇的田间地头,正式创名并成立是在 2009 年 9 月,社区学习共同体成员自己将唱歌班命名为"百姓乐坊"。社区学习共同体至今稳定成员有 90 余人。最初活动开展时间是在每天的清晨和傍晚,2009 年以后每次活动时间为每周六半天,后来改在每周四。活动频率为每周一次。主要活动内容是学唱歌,包括学识谱、简单的乐理知识、学普通话、学认字等等,每年成员们大致都能学会十四五首歌曲(歌词和歌谱)。社区学习共同体成员主要是彭埠镇及周边(如丁桥、三堡等地)的被征地农民。成员的年龄主要集中在 50 岁左右,8 个男性,其余为女性。成员主要为小学文化程度,少数人是文盲。

2. 搜集材料

收集材料的方法采用的是开放式访谈、非正式交谈和现场观察。在选定了百姓乐坊这个社区学习共同体后,考虑到访谈以及接下来对社区学习共同体的跟踪调研都需要得到社区学习共同体及社区学习共同体所在的彭埠镇成校的许可,因此,我拜托江干区社区学院(对彭埠镇成校的工作有业务指导职责)的领导帮忙联系彭埠镇成校。领导向成校王鲜(尊重被访者意愿,本文被访者都使用化名,下同)校长简单介绍我此次研究的目的、任务、计划等,希望得到他们的支持和配合。最后,王校长同意了我的访谈以及后续研究计划。

2013 年 10 月 24 日,江干区社区学院的领导陪同我第一次来到了彭埠镇成校,王校长已经早早在办公室等我们了。王校长对我的到来略显紧张,一再强调他们"这里没有什么特别的东西"(我的理解,她的意思是没有什么东西值得我去写或者去宣传的,或许是谦虚之辞,或许是戒备之意),为了缓解和放松王校长的紧张情绪和戒备心理,我以平常朋友闲聊的口气告诉王校长,此次研究所有的信息都只是写一个个案文章用的,不会做其他用途,文章写出来之后会第一个给她看,而且这个研究我也只是想了解一下为什么这些人都很喜欢这个社区学习共同体、每次活动大家为什么都这么积极。领导也感觉到了王校长的紧张情绪,于是我们和王校长一起边喝茶边闲话家常。在气氛开始轻松平常起来之后,我开始逐步介入研究话题,首先向她了解了社区学习共同体的成立时间,社区学习共同体名字来由,社区学习共同体规模,社区学习共同体活动时间、地点、频率等大致情况。其次,我提出了自己的研究计划和希望得到她的帮助的地方:访谈希望在每次活动前、活动休息时间或者活动后进行,以不影响社区学习共同体活动和方便社区学习共同体成员为原则;受访人员方面请她推荐若干个成员,其他的成员则由我随机选择;每次访谈进行的时间也因情因势而定;希望能允许我以一个普通社区学习共同体成员的身份一起参与他们的社区学习共同体活动等。在得到王校长的许可之后，继续对她进行访谈。第一次访谈时间大约为45分钟，直至社区学习共同体活动时间开始。我跟随着王校长一起参与社区学习共同体的活动，在活动中同时观察社区学习共同体及其成员。社区学习共同体活动告一段落后，王校长请了社区学习共同体的几个骨干成员到办公室，我开始了一次较为正式的访谈。活动结束之后，对王校长及随机的几个成员进行了大约30分钟的非正式访谈。第一次调研就结束了。

第二次访谈和观察是在一周后，这次没有领导的陪同，我自己前往彭埠镇成校，将我前次研究中整理出来的一些我想要深入了解的问题和王校长进行了交流，在社区学习共同体活动前、休息中和活动后随机性对成员开展访谈，并全程参与社区学习共同体的活动。与上次不同的是，在社区学习共同体活动过程中，我随机对几个"同伴"（社区学习共同体成员）进行访谈，即在一些活动环节，询问我身边的"同伴"的感受及相关信息。前期的两次调研结束后，我都对访谈的记录和收集的所有材料及时进行整理，防止忘记一些细节性信息。

三、研究结果

很多成员都讲述了自己参加百姓乐坊的情境、经过，对百姓乐坊的看法、观点，以及自己在这个共同体中的感受与体验。在他们关于为什么喜欢百姓乐坊、来百姓乐坊活动和学习对他们个人而言意味着什么的诠释中，多次出现了一些相同和相似的词语，这些词虽然看上去会让人感觉很平常，但是对于这些成员们而言却有着特别的意义。

1. 关于节日——"来唱歌班就像是过节"

当我第一次走进唱歌班（成员们自己给百姓乐坊的"昵称"），成员们的微笑和妆扮让我印象最深：每个人的脸上都带着那种放松的、暖暖的微笑；五六十岁的年龄，身上衣着却可以说是比较"光鲜"的——衣服颜色都比较鲜艳，不少人都佩戴着饰品，有黄金、水晶，还有那种看上去价格不贵但是比较时尚的饰品，精心妆扮是共同的"标签"（很多人还化了淡妆）。王校长告诉我："每次活动他们都是这样精心妆扮的，衣着靓丽的，好像过节一样，还会带些吃的东西来跟大家一起分享。"10月24日在王校长办公室里的第一次较为正式的访谈中，58岁的李女士、52岁的蔡女士、48岁的来女士的谈话也证实了王校长的说法。

"你们的衣服很漂亮啊，看上去很年轻啊！"我希望用夸赞她们的服装来拉近与她们的心理距离，可是却意外得到她们的积极反馈。

"呵呵呵……很多人都说我们越活越年轻了。"

"那天我在农业银行门口碰到一个小学同学,她说我看上去毛年轻的。"然后开始向我眉飞色舞地描述当时的场景。

"我们精神状态毛好的,所以年轻。不过,今天我是特意打扮了一下的。她们也是的。"(笑)

"为什么要特意打扮一下啊?"我以为是不是因为她们提前知道我要来。

"打扮漂亮一点,心情好一点,也是一种礼貌嘛! 我们每次活动都要打扮一下的,因为这是我们的'节日'啊!"

"节日?"

"是的,每个星期四(唱歌班活动的日子),就是过节啊,大家都很开心的。"

过节,在农民这个群体的传统习惯中,意味着重要,意味着快乐,三位成员将活动日看作是过节的日子,说明她们对唱歌班的重视和喜爱。

2. 关于学习——"学习本身就是很快乐的"

对于学习,在对其中一位学员高女士进行访谈时她给出的回答很具有代表性。

"你来唱歌班多长时间了?"

"我从一开始就在的。"

"每次活动都参加吗?"

"我都参加的。"

"每次活动都干什么呢?"

"学唱歌。"

"这么长时间了,对参加这个唱歌班有什么感受吗?"

"很开心,学唱歌很快乐啊!"

"为什么快乐?"

"学习本身就很快乐啊!"

当我在活动开始前、活动间隙和活动后的非正式场合询问随机"搭讪"的成员关于学习的话题时,很多学员的回答都印证了高女士的感受,"开心""高兴""快乐",她们的回答总绕不过这几个词。然而深入追问,会发现,"学习本身就是快乐的"这句话的背后的含义,她们各自并不相同。

其一,补偿心理:"小时候家里穷,没有书读(遗憾之情溢于言表)。现在到这里来学习来活动,就像小学生一样,有老师教我们,感觉自己就像一个小学生,感觉很开心(脸上露出的微笑显示出她还是很满意的)。"典型的对于童年时未能完成心愿的补偿心理,这位成员(高女士)因为能够实现童年时的愿望而感到满足和开心，因此，这里的学习让她很快乐。

其二，成就感："我原先一个歌都不会唱，现在我是家里的'麦霸'，小姐妹搞活动时，她们都很羡慕我会唱很多歌，基本所有的歌我都会唱（尽管有点夸张，自豪之情不加掩饰），她们都问我，为什么会唱这么多歌，我说是来唱歌班学的，她们都想来，我告诉她们，人太多了，唱歌班都没地方坐了，不能来了。""老师教过我们识谱，我现在跟着老师唱几遍谱，我自己就会唱歌词了。"成员们的回答五花八门，但是可以看出，他们因为学会唱歌而获得了不同程度的成就感。这一点我在参与他们活动的过程中也得到了验证。例如，在学唱《兰花草》这首歌时，当老师教完大家几遍谱之后，请大家自己唱出歌词，成员们很顺利地就把歌唱出来了，歌声一落，大家都为自己居然一下子就会唱而感到很开心，此时，王老师的一句彭埠土话："你们真当是天才啊!"立即引发满堂会心的笑声，我和他们在一起，也明显地感觉到自己被这种笑声所打动，发自内心的快乐能不动人吗？

其三，被尊重："我没有文化，但是王老师和大家都不会瞧不起我""我学得不好，但是不要紧的，大家都不轻视我、不会嘲笑我的""我们这里学得好不好不要紧的，没有学会，就跟老师说，老师就会教慢一点的"。是的，这里学得好不好并没有关系，不用升学、不必考试，和收入也没有关系，但是很奇怪，学习的时候，我发现，所有的人都一脸的专注，唱歌的时候，有的人用手打拍子，有的人用脚打拍子，每个人都会捧着一叠整整齐齐的纸头（上面是歌曲），还细心地用夹子夹着（这叠纸头不用的时候就用塑料文件夹套着）。那种认真劲可以和准备高考的高三学生相媲美。

其四，缺点被包容和接纳而产生的"自信"：小学文化识字不多的吴女士骄傲地向我宣称："我不认识的字，我就用白字标一下。"我观察到，成员们在学唱《兰花草》这首歌时，我周围坐着的6名成员之中，有5个成员用"平""苹"或"pin"来标注歌词中的"频"字。访谈中，有多名学员都提到，这种用自己认识的简单的字去标注不认识的字的做法和体验，特别奇怪的事情是，他们每个人提到这种做法时，并不以自己不识字而感到有什么不足或者缺陷，而是无一例外地觉得骄傲，有的是骄傲自己"发明"这种做法，有的人骄傲的并不仅如此。但这也只是我的一种感觉，我感觉在骄傲的背后，是这个社区学习共同体对成员缺点的包容和接纳，这里，缺点是可以毫无顾忌地呈现给所有人的。

其五，附加值："来这里，我还认识了好多字，我还认识了好多人。"陈女士的话语，虽然不一定很合乎语法逻辑，但是当我看到她兴奋的脸，就知道这应该是她来参加唱歌班并始终感觉每次的学习都非常快乐的原因。

陈女士说:"家里最近很忙,我女儿又在装修房子,我要给她看着,还要带小外孙。但是一到唱歌班来,我什么不高兴的事情都忘记了,好多好朋友平常没有时间见,今天都可以看到的。"

"哦,最近是有什么不开心的事情吗?"

"有哦,装修的事情很烦的,我女儿又没有时间管,都是我管的……"陈女士向我述说装修的各种烦恼之后,她笑着说:"自从来了唱歌班,我就开心多了,我以前老和我老头子吵架,现在不一样了,我一边忙一边唱歌的,很开心的,家里人也跟着开心,我女儿、女婿都喜欢的。他们都支持我来学唱歌的。"

"唱歌会让您心情很好?"

"是的、是的,对的、对的,我不仅一边唱歌,我还一边跳舞呢!我在厨房里一边哼,一边跳,呵呵,我老头子讲我,越老越'gao'(土话)。"陈女士接着说:"心情好,身体就好得多的,我以前老这里痛那里痛,现在发现我已经好久没有去过医院了。"

陈女士也许只是一个个例,不能确实证明多数人都有同样的感觉和收益。但是确实带给我启发,这个唱歌班是不是在家庭和睦、身体健康、人际交流上都有一定的附加价值?并且这种附加价值并不是谁的刻意安排,而是在学习活动的过程中自然而然产生的。所以成员们会感觉"学习本身就是很快乐的事情"。

第二次访谈时,王校长无意间向我说起这样一件事情:"有一次,大家学唱《父亲》这首歌,后来一次活动的时候,很多人来跟我报告,说他们上次学了《父亲》这首歌后,回家第一件事情就是去买了一些吃的东西,去看望老父亲、老母亲。"王老师的分析,音乐本身就是有一种感染力和影响力的。我认为,这也是唱歌班的附加值之一。

3. 关于核心人物——"王老师人真的毛好毛好的"

唱歌班中,大约40岁左右的王校长(就是成员们称呼的王老师)是不能不提到的一个人物。她有多重角色,彭埠镇成校的校长,唱歌班的老师之一,唱歌班的发起人之一,唱歌班的领导人物,还是唱歌班的后勤服务人员。并且,王校长自己也是生在彭埠、长在彭埠的。成员们提到王校长,都是交口称赞,说她是一个非常好的人。"一开始的时候,我们都在田头乱唱乱跳的,是王老师叫我们来的,给我们提供了场地,每次都给我们弄好音响、开水什么的,还给我们打印歌词。""王老师真当是辛苦的,以前我们都是周末搞活动的,她从来都没有休息过的。""王老师就是我们的老师,她比我们小,是小孩子,可是她待我们很好的。"成员们无论在什么场合,只要提到唱歌班,就会提到王老师,提到王老师,就全是赞扬。有成员直接说:"我就是因为喜欢王老师才来参加这个班的。"可见王老师在这唱歌班中是很有影响力的。

我对王校长进行了单独的访谈,让我对她为什么会有这么大的影响力有了自己的判断。

"唱歌班是怎么发展起来的?"

"一开始,我刚调到这里来工作的时候,我早上在钢材市场附近那田间地头,看到经常有几个人自发在那里唱歌,还有唱越剧的,我就问他们是否愿意一起到我们成校的场地里来活动。这样慢慢有 40 个人左右的时候,我们就组建了一个班,就开始定期定时间活动了。"

"一开始组建的时候就有 40 个人啊! 挺多的。这些人是怎么知道有这个班并来参加的呢?"

"基本是口耳相传。"

"现在有多少人?"

"毛(大约的意思,土话)90 个。"

"每个成员你都认识吗?"

"我都熟悉的。我把他们当长辈的,他们也真的蛮可爱的。每次活动都很积极的,他们学得很认真的,当真是不容易的。"

"这个班名字是什么时候开始取的?"

"一开始我们叫唱歌班的。成员们自己叫叫,就叫唱歌班了,没有刻意去取名字。后来才正式取了一个百姓乐坊的名字,乐是个多音字,在这里既代表快乐,也可以表示音乐,有双重含义的。"

"唱歌班谁来教?"

"现在主要是我自己教。以前也请很多有名的老师来教的,包括一些在高校里的老师,后来发现,效果不好。成员基本都是彭埠的农民,是'下里巴人'啦,成员们觉得那些老师都是高高在上的,觉得距离很大。其实,老师和成员们的关系很要紧的。他们就像小学生一样,因为喜欢老师就喜欢来学习。对他们(指成员们)来说,你(指老师)不会嫌弃他们。你很尊重他们,鼓励他们,他们就觉得很开心。"王校长的做法确实也是和她的认识相一致的,我在想,她的"尊重""鼓励"和"不嫌弃"是否就是成员所说的"人好"的意思呢?

"活动需要经费吗?"

"需要的,买音响器材,表演的时候买点或者租点服装之类的。"

"经费怎么来?"

"镇里会拨一点。成员们自己也出一点,每个人出 50 元钱。"

"现在每个人出多少?"

"还是 50 元。不过,很多人都要求多出一点。"

"成员们之间会有矛盾吗? 遇到矛盾或者纠纷怎么处理呢?"

"矛盾有也有的。其实这里很多人都很有个性的,在家里都是属于那种'说了算'的人物,能力很强的。他们原来自己都有土地,现在基本都被征用了,所以也没有什么事情干了,家里矛盾也多起来了的。来这里学唱歌后,很多人家里都和睦多了,他们自己经常来跟我讲的。在这里,大家都还能自己调整一下,相互之间还比较包容。有个成员,她个性特别强,一点也不能讲她的,相处时间久了,大家也都知道她的脾气、个性了,大家就都让着她一点,不跟她争的。这样反过来,我发现她现在脾气也稍微有点变了。她自己也在慢慢改变。"

"这么多年下来,你觉得辛苦吗?"

"不辛苦,不辛苦。我是说真心话的。其实,我是有回报的,他们对我也很好的。而且我自己也很喜欢音乐。和他们一起学唱歌,我自己还经常能过一下当老师的瘾,觉得很好啊。我喜欢当老师的。每次活动开始前,总有人会主动帮我把准备的开水提到班上去,活动完,也总有人会帮我搬回来,放好。他们真的对我蛮好的。我自己也很开心的。我自己也很有成就感的,他们一个个从一开始不敢唱、很害羞、不会唱,到现在的随便什么场合,张口就来,还自己会改编歌词的,很天才的。而且我自己也很有提高的,每次活动前,我都要充分准备的,而且还自己自学很多东西,对自己也是一个促进啊。"

可以看出,王校长的几个特点:一是尊重和平等对待所有成员;二是本土人,没有心理距离;三是了解和熟悉每个人,并成为他们的朋友;四是不计较自己的付出,为唱歌班做好服务;五是也很喜欢音乐,喜欢唱歌;六是活动中很懂得如何鼓励成员、懂得如何和他们互动和沟通,这也许和她十多年的小学教学经历有关。无疑,对唱歌班的发展和成长来说,王校长发挥了非常重要的作用。

四、研究结论

在讨论到底是什么在持续推动这个社区学习共同体成长和发展之前,我们有必要先理清本文对"内驱力"这一概念的理解。内驱力一词是 R. S. 伍德沃思于 1918 年首先提出来的,以表示激起行为机制的原动力。"内驱力是驱使有机体产生一定行为的内部力量。人的内驱力可分为两大类:由饥饿等生理需要而产生的内驱力称为第一内驱力,又称基本的、原始的或低级的内驱力;由责任感等后天形成的社会性需要所产生的内驱力称为第二内驱力,又称社会的或高级的内驱力。一般说来,高级内驱力对低级内驱力起调节作用。"这里的内驱力是针对有机体或者某种生物体而言,本文所指的"内驱力"是社区学习共同体内部驱动共同体不断成长和发展的内在动力。

在对这个社区学习共同体的追踪观察和对成员的访谈中,深入分析为什么成员们觉得来到社区学习共同体活动就像"过节",以及成员们感觉快乐的背后,实际是社区学习共同体对每个成员动机和需要的满足。唱歌班里,无论是因童年未能实现的愿望得到补偿而快乐、因获得尊重而快乐、因成就感而快乐、因缺点不足被接纳和包容而快乐,还是因交友而快乐,成员们的某种心理深处的动机和需求在社区学习共同体得到了满足,换句话说,成员从社区学习共同体中的收获能够满足自己的动机和需求,也正是这种收获和满足引发了成员们积极、主动、自觉、自愿的持续参与。

这里有两个问题值得思考:社区学习共同体为什么能够满足成员们的动机和需要?又是如何满足成员们的动机和需要的呢?对这两个问题的剖析有利于我们找到推动社区学习共同体前进的深层的、内在驱动力。我认为唱歌班的以下四个特点是这种内驱力的重要构件。

1. 行为环境的场域驱动

人的每一个行动均被行动所发生的环境所影响,环境又可以分为地理环境和行为环境两个方面。地理环境就是现实的环境,行为环境是意想中的环境。在美籍德裔心理学家库尔特·考夫卡(Kurt Koffka)看来,行为产生于行为的环境,受行为环境的调节。为此,他曾用一个生动的例子来说明这个问题。在一个冬日的傍晚,于风雪交加之中,有一男子骑马来到一家客栈。他在铺天盖地的大雪中奔驰了数小时,大雪覆盖了一切道路和路标,由于找到这样一个安身之处而使他格外高兴。店主诧异地到门口迎接这位陌生人,并问客从何来。男子直指客栈外面的方向,店主用一种惊恐的语调说:"你是否知道你已经骑马穿过了康斯坦斯湖?"闻及此事,男子当即倒毙在店主脚下。

那么,该男子的行为发生于何种环境之中呢?考夫卡认为,在他骑马过湖时,地理环境毫无疑问是湖泊,而他的行为环境则是冰天雪地的平原。倘若那个男子事先知道他要途经一个大湖,则他的行为环境就会发生很大的变化。正因为他当时的行为环境是坚硬的平地,才在闻及他骑马穿过湖泊时大惊毙命。所以,行为受行为环境的调节。

在唱歌班里,影响和调节成员们行为的行为环境又是怎样的呢？在这里,处处展现出的是和谐、温暖、理解,是社区学习共同体特有的家庭式内环境。成员们彼此和谐相处,相互理解,对所处的社区学习共同体有着很强的认同感;成员们都自觉朝着社区学习共同体的目标努力,并且为社区学习共同体积极贡献自己的力量。社区学习共同体和谐的、温暖的、理解的行为环境,使得成员有强烈的安全感、肯定感和归属感。而这种行为环境,无疑是社区学习共同体发展的重要内驱力。

2. 成员关系的情感驱动

在对唱歌班的追踪观察和对访谈的深入分析的基础上,我认为唱歌班的成员之间的关系有着非常清晰的特点:

彼此关注。成员间不以性格、爱好、喜欢或不喜欢评价对方,而是彼此给予无条件的、积极的关注。

安全感。成员都意识到并认可自己和他人都是非完美的个体,有缺点也有优点,因此,在这个社区学习共同体中,每个成员都有安全感,在活动中没有任何害怕犯错或者害怕被人嘲笑等心理。社区学习共同体里,成员们将白字标注作为“先进经验”似的广为“宣传”,不会害怕会带来任何负面的影响。

归属与共同分享。对唱歌班活动的共同喜爱,并且以自己是唱歌班的一员而骄傲,有着归属这个社区学习共同体的自豪感。在活动中,他们共同面对例如不认识字、记忆力差、没有基础乐理知识等困难,共同分享在学习道路上的每一次成功。

彼此关注、安全感、归属与共同分享,交织在一起,在成员之间形成了一种稳定而深层的关系,相互认可,彼此依赖,构筑起一道情感之桥,推动社区学习共同体不断前进。而且值得一提的是,成员之间的这种关系使得社区学习共同体对每个成员有着强大而有效的吸引力和影响力。

3. 学习活动的收益驱动

首先,学习活动是合作进行的。在竞争性行为下,成员之间的关系是紧张的、互斥的,个体的成功要基于他人的失败;成员之间相互独立、互不影响。而在合作性活动中,荣辱与共,每个成员会自觉地以他人的成功为成功,会自觉自愿地帮助他人成功。合作性的学习活动给了成员们更多的收益机会。在这种状态下,每个成员都表现出一种崇高的、无私的、利他性的品行;为了成员们共同的目标,所有成员积极地相互影响,相互帮助。

4. 核心人物的典型驱动

正如没有指挥的乐队不可能奏出最优美的乐章一样,没有核心的社区学习共同体也不可能产生最强的驱动力。社区学习共同体的稳定和发展,与核心人物的典型驱动是分不开的。核心人物的业务水平、工作能力、意志品行被其他成员们接受并享有威望,这样的核心人物就是通常所说的典型,是社区学习共同体的核心。核心人物就在成员们中间,很容易引起成员感情上的共鸣,对成员们有着强大的感召力,从而对整个社区学习共同体产生驱动。

行为环境、成员关系、合作性的学习活动、核心人物的影响,四者之间并非互相孤立,而是复杂地交织在一起。和谐、温暖、理解的行为环境能够促进成员间更好地合作;合作性的学习活动及其引发的成员之间的互帮互助的行为,带给成员们心理和精神上的安全感,增强成员之间的相互吸引和互相信任的关系;而核心人物在社区学习共同体行为环境的营造、合作的促成、成员之间关系的协调上等都发挥着重要作用。

唱歌班表现出来的以上四点,在一定程度上展现出促使这个社区学习共同体不断前进的内驱力的影子。但是也许这并不是唯一和最终的答案。

五、研究反思

1. 关于研究效度的反思

由于本次个案研究的目的是为了挖掘社区学习共同体成长和发展的内驱力,因此,在案例筛选时,我根据自己预想的标准在各个社区学习共同体中进行对比,选择我认为发展比较好的社区学习共同体开展研究。所以在对本个案开展正式研究前,我的头脑中已经有了一些"先入为主"的预想,就是本个案是发展比较好的社区学习共同体。这种预想有可能会使我对一部分研究结果、被研究者的说法未做细致的考察和分析探究,而且我可能尚未意识到,并且,有可能使我将一些研究结果过分解释。

其次,由于事先对研究结果抱有一定的假设和期望,所以,我可能在研究过程尤其是访谈过程中对研究对象有一定的引导。例如,我特别关注成员们为什么喜欢这个社区学习共同体,为什么觉得这个社区学习共同体好,我在研究过程中,总是会对这些事情深入追问,结果使得被研究者不得不思考和讨论这方面的问题。同时,社区学习共同体的一些问题有可能并没有暴露出来,而这些问题也有可能影响我的研究结论。我在研究中也意识到了这一倾向,并且采取了一些应对措施。其一是注意提问的方式与语气,尽量避免引导性的话语;其二是注意从具体材料入手,寻找最可靠的依据来支撑我的结论,避免从我个人的主观推测得出结论。

2.关于核心成员的反思

核心成员在社区学习共同体中扮演着非常重要的作用,有的时候甚至决定着社区学习共同体的"生死存亡"。"没有她,我们这个班就没有了。""没有她,我们聚不起来的。"很多成员都会用到这样的词语来向我描述核心成员的重要性。而且在我与其他社区学习共同体的接触中,也发现有社区学习共同体因为核心成员离开而解散的现象。那么,核心成员如此重要的地位和作用,是社区学习共同体的一大特质,还是标志这个社区学习共同体不够成熟? 这个问题的回答也对我们后续如何培育一个社区学习共同体有着重要的意义。

点评

1.研究问题有意思、有味道、有纵深度,且有可以生成的概念。作者问题意识明确,能把问题聚焦到"支撑整个社区学习共同体发展的内在驱动力"上,之后的资料的搜集和对"现实"的诠释都紧紧围绕着这一问题展开,在充分让材料说话之后,又进行了本土概念的提炼和理论建构,前后一气呵成。

2.典型性是选择质的研究对象的原则,选择被征地农民组成的百姓乐坊作为研究对象,很好地体现了这一原则。百姓乐坊是由城乡结合部的新市民自发形成的能完全自主开展活动的典型的"自组织",经过六年的成长发展已趋于成熟,具有深厚的社区学习共同体的味道,以此为研究对象,是明智之举。

3.本文很好地体现了质的研究的鲜活性、过程性、可读性的特点。作者观察细致入微,还原了生活的本来面貌,捕捉到人的生活细节,说话人的口气和打扮都写出来了,作者还原真实的场景,让人物有血有肉,有生活气息和生命张力。读这样的论文不吃力,而且会让读者带着微笑读下去,因为有"人",有故事。作者看到,精心妆扮是她们共同的"标签"(很多人还化了淡妆);成员们将白字标注作为"先进经验"似的广为"宣传",不会害怕会带来任何负面的影响;"来唱歌班就像是过节"。

4.反思意识是质的研究者非常重要的品质。本文作者很警惕事先对研究结果抱有正向期望会对访谈对象产生诱导，意识到了这一倾向，并且采取了一些应对措施。如注意提问的方式与语气，尽量避免引导性的话语；注意从具体材料入手，寻找最可靠的依据来支撑结论，避免从作者个人的主观推测来得出结论。

5. 研究者的学者立场或曰"学者之眼"在"资料分析与解释"部分可以得到更明确的体现。作者在研究结果和结论部分，较好地体现了学者的认真和敏感，有许多有价值的观点，让读者眼前一亮。如行为环境的场域驱动、成员关系的情感驱动、学习活动的收益驱动。但是，以更高标准来分析，我们会发现，对学习外部助力研究得深入，而对问题中提出的"内动机"的研究却流于肤浅，挖掘不深，理解不透彻，至少重点不突出。人的学习行为可以来自内驱力，也可以来自外驱力。社区学习共同体与其他任何学习组织中的人学习驱动力不同，不同点在于，一个是来自个人，一个是来自外界。真正的内驱力常常是外界诱发的。没有外在任务和压力的环境及互助温暖的环境都是外界诱因，这些都很重要，然而一定不是最重要的。那么最重要的内驱力是什么呢？还需要深入探究。最值得深挖的"学习收益驱动"一节，着笔少且不够深刻。如在学习活动的收益驱动部分，仅作竞争性学习与合作性学习的区分是不够的，因为在"实践社团"中，为了取得知识创新成果，为了企业利益的最大化，实践社团里的人员也需要进行合作。此时的合作，与作者指认的在社区学习共同体里成员间的合作，其含义是不一样的。现代社会的经济生活中，广泛存在着基于共同利益的合作，所以此处最需要辨析的是学习共同体中的合作与其他场域的合作的本质区别。

姐妹编织社何以"编"成幸福之家

文/李　品　评/项秉健

一、问题的提出

　　社区学习共同体在杭州城乡广泛兴起,是社区教育深入发展、居民由被动学转为主动学的重要体现。从整体来看,杭州市的社区学习共同体主要以跳舞、唱歌、书画、练剑等文化娱乐、健身养生等为主。还有一类社区学习共同体,以各种手工技艺为主,例如编织、丝网花、插花等等,这类社区学习共同体在我们开展的系列案例研究中还未涉及。因此,本次案例研究,笔者试图围绕这类社区学习共同体的典型个案来开展。2011 年杭州市第一届示范社区学习共同体评选过程中,上城区劳动路社区的姐妹编织社进入了笔者的研究视线。

　　姐妹编织社这个社区学习共同体具备几个显著特点:一是成立时间早,发展时间较长;二是参加人全部是四五十岁的妇女;三是成立之初有一定的营利性质,这是与其他社区学习共同体的最大不同之处;四是成立目的是通过自发参与,共同学习某项技能来解决就业问题,这一点与其他因单纯的兴趣、爱好而聚集在一起的社区学习共同体截然不同。这样一个社区学习共同体,成员对整个团队、对团队中的核心成员、对彼此以及对团队发展的态度是怎样的? 为什么会持有这样的态度? 又是如何维持这种态度的稳定性的? 这一系列问题让我们将研究的焦点聚集在社区学习共同体中的成员态度问题上。

二、研究方法及过程

1. 研究对象的确定

在杭州市的几大城区中,上城区的社区学习共同体发展比较好,数量较多,平均每个社区有三四个，类别也很丰富，主要集中在休闲娱乐、健身养生、文化艺术等方面。同时上城区也非常重视针对弱势群体进行培育的社区学习共同体，如由残疾人组成的彩嵌艺术沙龙，有癌症患者组成的抗癌知识学习共同体，有针对下岗女工人群组成的姐妹编织社。在诸多社区学习共同体中，"书山仰止"读书俱乐部、火棒操俱乐部、老来俏文艺社、姐妹编织社、宝宝贝贝俱乐部、彩霞天工创意乐园、彩嵌艺术沙龙、夕阳红越剧队、柔力球健身队、桑榆书画笔会都是较为成熟、优秀的社区学习共同体。在上城区 2013 年的示范居民学习共同体评选中，这些学习共同体都榜上有名。上城区社区学院的老师多年来从事社区学习共同体的培育和扶持工作，对本区的社区学习共同体发展情况非常熟悉。在对上城区社区学习共同体的了解过程中，笔者曾打电话给上城区社区学院的沈老师，将开展案例研究的意图和目的告诉她，并说了自己在第一届杭州市优秀社区学习共同体评选中对姐妹编织社的感受和一些想法，这些想法和感受获得了沈老师的认同，她认为姐妹编织社的确非常值得研究，推荐我去实地访谈。

以下是姐妹编织社的基本情况：

姐妹编织社是一个从 20 世纪 90 年代初逐步发展成熟起来的社区学习共同体。当时地处老城区的清波街道劳动路社区的人口特点有"三多"：老年人多、残疾人多、失业人员多。其中，失业妇女占了一半以上，且大多数属于四五十岁人群，文化程度低，身体差，上有老、下有小，家庭经济困难，但心灵手巧，能吃苦耐劳。为了重新走上就业之路，增加家庭收入，社区里部分下岗妇女经常自发聚集在社区里，通过手工编织毛衣赚取一些生活费，改善家庭经济状况。姐妹编织社的雏形也由此形成。加入进来的妇女们通过互学互助的方式，不断学习，运用缝、绣、编、织、钩、穿等编织工艺，共同创业，解决家庭经济困难问题。经过 20 多年的发展，编织社有了自己的加工场地、展示场地和销售场地，形成"一站一室二中心"的特色格局（即综合服务站、产品展览室、生产管理中心、培训中心）。随着改革带来的经济快速发展，居民家庭收入的提高，社会各类保障不断完善，姐妹编织社的性质悄然发生变化。从以前以营利为主转变为现在以兴趣爱好为主，营利为辅，其发展历程成为我国经济改革在社会生活领域的生动体现。

2.进入现场的方式

在与沈老师的电话联系中，笔者本希望能确定一个访谈时间，请编织社的几位骨干成员到社区学院进行一次较为正式的访谈，了解姐妹编织社的大致情况。但沈老师认为,这种过于正式的访谈不利于真实信息的获得,她建议笔者,可先通过一些资料来熟悉一下编织社的情况,再去实地访谈。随后,笔者收到了沈老师通过 QQ 邮箱发来的资料。认真阅读完后,笔者认为有必要和编织社成员进行一些交流与互动,从而更深入了解这个社区学习共同体。

在一个阳光明媚的上午,笔者独自一人找到了位于西湖边劳动路上的一间30 平方米左右的小门面,里面有六七位四五十岁的妇女在缝补、编织衣物。笔者出示名片,并说明来意后,几位阿姨都非常热情,似乎并不感到惊讶,也不觉得紧张(根据以往访谈经验,有不少访谈对象在访谈时会表现出一定程度的紧张)。其中,一位姓郑的阿姨告诉我,这些年来,她们编织社已经接待过不少领导、民间团体的参观以及报刊杂志的采访。墙壁上挂着的一张大幅市级领导在编织社参观考察的照片也印证了郑阿姨的说法。由于这些阿姨已经有不少被访谈的经验,愉快、放松的情绪和气氛非常有利于与她们交流和互动。应该说,没有沈老师的陪同,我也顺利地进入了研究现场。

但是,另一个问题随之而来。笔者担心,正因为访谈对象具有一定的被访谈经验,笔者是否能从访谈对象轻车驾熟的回答中获得最真实、最符合编织社本原情况的信息,这是个未知数。因此,笔者采用角色代入的方式开展本次的访谈。主要是让自己作为编织社其中的一员,与她们共同参与当天的手工编织任务,从而联络感情,以获得最真实、最能还原编织社本来情况的信息。

当天任务是将小布块折叠成一朵朵胸花,缝在衣服上。这是编织社昨天接来的订单。笔者并不擅长缝补,只能先观摩学习,然后模仿着折叠、缝补。在此过程中,笔者拉家常似的随意而漫不经心地问一些问题,实则早已在访谈前就围绕自己的访谈主题与访谈目的,在头脑中精心构思好了想了解的内容。在询问时,笔者以第一人称"我们编织社",而非第二人称"你们编织社"来发问,如"我们编织社是什么时候成立的?""我们编织社的社长是谁?"之类。这样既使访谈对象感到亲切,将笔者当作她们中的一员,又有效避免了给访谈对象一种置身事外、高高在上的不良感觉。向不同的成员请教编织的过程,也是针对个别成员访谈的过程。如询问赵阿姨怎样叠胸花时,会随口问起赵阿姨的年龄、何时加入编织社、对编织社的想法和态度等等。

之后的一段时间,笔者也是以一个普通的"新成员"的身份,积极参与她们的学习活动中。在活动中与成员们沟通交流,并且与编织社成员建立了一定的感情,围绕研究的主要问题,了解成员们的想法。每次活动,我也注意观察成员们在互动中真实的情感表现、行为倾向等。对于编织社的社长及骨干成员,笔者专门开展了相对正式的访谈,试图了解更加丰富、更为全面的信息,也以此为笔者在非正式访谈中获得的信息加以印证。

3.访谈对象的选择

访谈对象的选择是采用随机抽样与目的性抽样相结合的方式。随机抽样是笔者在参与编织社的活动过程中,随意选择几位编织社的普通成员进行访谈。这一方式主要在第一次访谈中运用。目的性抽样是根据研究需要有针对性地选择编织社的核心成员进行访谈。在第二次访谈中,笔者运用的是目的性抽样的方式。

4.搜集材料

本研究的资料来源途径有三种:一种是上城区社区学院提供给我的一些关于姐妹编织社的媒体报道资料,社区学院为姐妹编织社制作的相关宣传材料,以及上城区开展第一届示范居民学习共同体时,姐妹编织社提交的一系列评审材料。

另一种途径是姐妹编织社的橱窗成果展示,墙壁上挂着的一些领导参观姐妹编织社的照片等,以及访谈过程中记录下的这些展示成果和照片背后的一些故事。第三种途径是通过参加编织社的活动观察并记录下的相关信息、各种状况、发现的问题等,以及通过访谈所记下的谈话记录、录音记录等。

三、研究结果

1.对核心成员的态度——她是我们的"大管家"

徐启明是姐妹编织社的社长,也是姐妹编织社的发起人。提起徐社长,成员们对她赞不绝口。赵阿姨是较早进入编织社的成员之一,属于编织社的"元老",她非常了解徐社长。"我们徐社长建这个编织社的时候才49岁,你看,时间一晃,十多年就过去了!这十几年,我是看着我们社长把这个编织社一步步发展起来的。最开始这里只有四五个人,都是下岗的妇女,又没什么一技之长,就会点缝缝补补,我们徐社长就带着我们到处去接业务。"

"接业务?"

"是的,她很会缝缝补补,手工活做得毛(很)好的咧!我们这些编织技术都是她带出来的。后来我们几个人技术熟练了以后,她就带我们一起到工厂、企业接单子,回来加工,那个时候毛(很)辛苦的啦!现在我们这里好多大单子都还是她到外面跑出来的!要是没有她,我们编织社发展不到现在这个样子的。"

"我们社长毛(很)好的。在我们这里她是最操心的一个。很多事情都是她在打理,我们都喊她'大管家'的!"

"那她都管哪些事情呢?"

"管的事情多着呢!到外面去接订单、跟社区联系、管钱管账、东西编织加工好后检验,都是她在弄的!"

"她算不算是你们的老板呢?"

"老板倒不是,老板要管人的,她不会管着我们的,有什么事情都跟我们一起商量,我们这里不像公司,没有什么职务之分的,也不会谁比谁大,谁要管着谁,大家都很平等,但是我们都很尊敬徐社长的,大家都很听她的!"

"是的,在这个编织社里,大家都有分工的,做的事情也都不一样,但是徐社长操心的事情更多一些,她在这里面发挥的作用最大了。"

"我们跟我们徐社长就像姐妹一样的,她遇到什么问题了,找我们商量,我们就一起出主意的。我们有什么困难了,她也想办法帮我们解决的。她不会因为她是社长,就对我们摆架子的。"

"是的哟,所以我们徐社长在编织社还是蛮有威信的,我们都很服她的。像我们只是在这里动动手,她要是出去接订单,那都是要跑断腿、磨破嘴的。特别是以前刚刚起步的时候,人家都不来理你的,一家一家地去跑,去联系,跟那种卖保险的没什么区别,现在好多了,建立了一些客户关系,也不用没头没脑地到处跑了。"

"既然是徐社长管钱,那你们赚来的钱她怎么分呢?"

"这个方面我们徐社长毛(很)公平的。一笔单子你编了多少件,就按厂家的价格付给你多少件的钱,她不会从这里边扣下钱来给她自己的,而且她自己也参加编织的,有时候她外面接业务跑得多,回来编织得少了,钱也就拿得少。她从来不会主动多拿的!"

"是啊,有时候我们都觉得不好意思的,要分点钱给她,她都不肯要的。"

编织社的成员对徐社长的态度并不像企业中的员工对老板的态度,企业员工对老板的态度是敬畏、服从,而编织社成员对徐社长的态度则不同,有敬但无畏,听从但不盲从,她们之间平等、民主,不存在任何层级关系。

2. 对编织社的态度——这是我们的另一个"家"

每次访谈,笔者都会被编织社轻松、愉快的气氛所感染。虽然大家做的都是手工活,但嘴上的活也没停止过。成员之间有说有笑,你一言我一语,其乐融融。

"你们每天都这么快乐吗?"

"呃，每天都很快乐呢！以前刚下岗的时候，整天愁眉苦脸，不知道该怎么办，心都是悬的，晚上睡觉都睡不好。后来到了这里，每天学点东西，干点活，还能挣点钱，心都踏实了不少！"

"是的咯，我以前找不到事做，天天待在家里，心就烦，那段时间经常跟老公吵架的。现在有几个人跟你一起干干活，说说话，心情都好很多，家里架都不吵了！"

"待在这里就感觉很放松，待一天也不腻的，有人跟你说话、交流，大家开开玩笑，聊聊天，家长里短的，再做做事情，学点东西，像我们这种刚刚退休的，最适合了！"

"你们每天都待在这儿吗？"

"是啊，只要是家里没其他事情，一般都会过来的。有的家里有事，抽不开身，就提前过来把编织材料带回家里去做，但是一个人干活太孤单，太闷了，没意思！还是这里好，几个人一起做，有什么不懂的也有人问（意思是找得到人咨询），还可以聊聊天，大家又都聊得来，几个姐妹就像一家人一样的。"

"我每天把家务事做完，就过来了，一待就是一整天，中午、傍晚就回去吃个饭，有时候晚上也在这里。我老公说我都把这里当成家了，那个家不要了，呵呵！"

"是的咯，我只要一进这个门，我心情就毛（很）好的。大家岁数差不多，也有得聊，又不耽误手头上的活儿，我就喜欢这种气氛，我待在家里都没待在这里高兴！"

"以前嘛到这里来，还想着多干点活，多赚点钱补贴补贴家里，现在生活条件好了，也不缺这点钱了，来这里纯粹是种兴趣爱好，学做这些东西可以打发时间，有时候生活上有什么问题还可以问问她们，帮我出出主意，有一种家的感觉。"

把编织社当成自己的家，这一点在徐社长身上更是得到了印证。徐社长说，2005年的时候，编织社接到了一个40万元的业务，要求在两个月内完成几十万个圣诞球的加工，可当时编织社只有十几个人，到底要不要接这笔单子呢？大家经过讨论，还是决定抓住机会，放手一搏。

"那段时间，我白天负责统一分配调度，晚上又放弃休息，和其他人一起加班加点赶进度，有时候累得坐在地上就睡着了。通过大家的一起努力，最后这个订单终于顺利完成。"徐启明说，这几年里，她几乎每天都是一早就到编织社，晚上8时送完货后才回家，没有休息天。她的爱人王绍勤一直全力支持她，家里的家务都是爱人承担的,徐社长真真正正是把编织社当成了自己的"家"。

可以看出,成员们既在编织社里找到了"家"一般的温暖,同时也把编织社当成了自己的家。这种态度与情感是访谈过程中笔者感受最深的地方。"家"在很多人心中是一个安全、温暖、温馨、放松,可以遮风挡雨的地方。编织社的成员们在这里觉得愉快、放松、有归属感,彼此之间相互信任,这些感觉与"家"的感觉是一致的,相符合的,在这些成员看来,编织社不仅仅是满足自己兴趣、爱好或补贴家用的一个地方,也是成员们情感交流、相互帮助、探讨解决生活问题的场所。在这里,每个人都是编织社的主人,每个人都为编织社分担着一些事情,彼此间平等、团结、信任、互助,关系融洽,更重要的是这里能让人放松。

3. 对其他成员的态度——"这些人都是我的姐妹"

第一次看到姐妹编织社这个名称时,笔者以为是由一对姐妹组成的编织社。实地访谈时,笔者也特意问了这个问题。

"为什么叫做姐妹编织社呢?"

"我们一开始也想不好的,不知道叫个什么名字好。有蛮长一段时间我们这个编织社都没有名字的。后来我们每天聚到一起,学习编织,有说有笑,你对我像姐妹一样,我对你也像姐妹一样,我们想,干脆就叫姐妹编织社好了! 显得亲切,这个名字就这样来的!"

张阿姨来编织社的时间也有八九年了,她对编织社的这些每天和她在一起学编织的姐妹有着很深的感情。"这里有很多人跟我关系特别好,我们经常在一起练习编织,天天待在一起,没有感情也待出感情来了。像今天来的这几位,我们聚在一起的时间最长了。"她用手指指在旁边埋头做事的几位阿姨:"要是她们有谁没来,我们就会很关心地打电话去问她'怎么今天不来了? 什么时候过来呀',这么多年下来,我们之间都已经是把对方当自己的亲人、姐妹看待的。"

"是的咯。当初下岗的时候,日子最难过了,只有在这里,几个姐妹相互安慰,相互帮助,才熬过那段时间。我们都算是同甘共苦过的,是患难之交,你说关系好不好?"

"那你们之间会闹矛盾吗?"

"有啥子矛盾? 每天到这里来都有说有笑的,开心都来不及,还有啥子矛盾! 我们这里有什么事情都是你帮我,我帮你,一起把徐社长接过来的订单干完,就好了。订单少的时候再学些编织的技术,也是你会了再教我,我会了再教她,关系不要太好哦! 不会有矛盾的!"

"你们感情这么好,有什么让你们印象比较深刻的事情吗?"

陈阿姨说:"(这种事情)多了。比如有一次,我儿子发高烧,我在家里照顾他,但是头一天分配给我的事情我还没做完,第二天又要交订单了,时间很赶的,后来还是她们几个人帮的我,每个人都替我分担了一些,才完成。她们知道我那段时间缺钱,所以那个计件的钱她们也不肯要,这件事我一直记着的,毛(很)感激她们的!人跟人之间都是要相互关心的,所以我也是把她们当自己的姐妹一样来关心的。有什么事只要需要帮忙的,我都会尽力去帮的。"

的确,姐妹编织社,从编织社的名字就可以看出成员之间的关系以及每个人对待其他成员的态度。编织社成员之间的关系并非像企业中员工之间的竞争关系和利益关系,她们合作、互助,彼此真诚地关心、关爱对方,真心对待其他成员,即使有利益冲突的时候,也会主动放弃,成全他人,这正是作为一个社区学习共同体的成员应当体现出来的一种态度。是否具有这样一种态度也决定了这个社区学习共同体成员之间的关系是否和睦、和谐。

4.对学习的态度——享受学习的过程

编织社的刘阿姨,是去年加入姐妹编织社的。还有两年,她就要退休了。在工作之余她经常来到编织社学习新的编织技巧。

"您为什么会来编织社?"

"充实一下生活咯!想想自己也快退休了,总得找个爱好吧。看到社区有这个编织社,就过来了。"

"你以前会编织技术吗?"

"不会,以前这些活都没弄过,一开始根本不知道怎么弄。到这里跟着她们学,也学出味道来了。还蛮有意思的。"

"那你喜欢编织吗?"

"当然喜欢了。我现在白天还要上班,每天晚上吃完晚饭,安顿好孙子,就过来这里学绣花、编织,虽然时间弄得长了,眼睛会花,肩膀会痛,但是心里毛(很)充实的,有成就感的。你看,这些东西都是我绣的。"

四、研究结论

态度是个人对某一对象所持有的评价和行为倾向,即个人对某种事物和人的比较持久的肯定、否定的内在反映倾向。不同于情绪,情绪相对短暂,而态度是持久状态而不是瞬间状态,发生在一定的情境中。态度的构成因素是认知、情感和行为倾向。认知是通过感觉、知觉和思维等认识活动实现的,情感是在认知的基础上个人对态度对象的情感体验。美国人本主义心理学家奥尔波特认为："态度是根据经验而系统化了的一种心理和神经的准备状态，它对个人的反应具有指导性的或动力性的影响。"因此，态度是一种带倾向性的准备状态，是人们对特定的对象所持的一种稳定的评价和反应倾向。心理学研究表明，态度对个体的行为具有重要的影响。

从访谈中，我们可以看到，社区学习共同体的成员对核心成员、对编织社、对其他成员以及对学习的态度都是积极的、向上的、向善的、富有正能量的。这里，有两个问题值得我们思考：一是为什么编织社的成员会持有这样的态度？二是她们是如何维持这种态度的稳定性的？回答这两个问题有助于我们找到社区学习共同体成员态度背后的深层原因。笔者认为，在编织社中，有四种因素共同促成了成员积极态度的形成：

1. 需求最大程度的满足与实现

态度总是有一定对象，可以是人物、群体或事件。个体需要得到一定程度的满足，是态度形成的主要促成因素。事物对人的意义、满足程度，即事物对人的价值，人对某事的态度取决于该事物对人们价值的大小。价值观不同，态度也不同。因此，决定人们态度的是该事物是否符合主体的需要。实验证明，凡是能够满足个人需求，或能帮助个人达到目标的对象，都能使人产生满意的态度。需求的满足总是与良好的态度相联系。如果该事物符合并满足主体的需要，主体就会对该事物持肯定的态度，反之，如果该事物不符合、不能满足主体的需要，主体便会对该事物持否定的态度。

在编织社里，成员包含了两种需求，一种是为谋生计、补贴家用的需求，一种是对编织的热爱与渴望学习的需求，成员的两种需求在这里都同时得到了实现和满足，特别是学习需求的满足。有的成员获得了一定的报酬，增加了家庭收入，有的成员学到了编织技术，收获了自己动手的编织成果。通过编织得到的精神上的愉悦、物质上的鼓励以及成果的展示，最大程度上激发起每一位成员对编织社的喜爱和肯定，从而形成成员积极、正面的态度。

2. 群体环境的参照与影响

态度的形成与其所在的群体环境密不可分。当人们处在某一特定的环境之后，环境对他的各种刺激会产生重要影响。人在社会生活中总是隶属于某个群体，成为群体中的一员，因而总是处于一定的群体环境中，群体影响个体的态度，如群体有一定的规范、纪律，要求其成员共同遵守，个人表现出符合群体规范的行为，从而得到群体的接纳和喜欢，反之，不符合群体规范行为的人，受到群体的拒绝和排斥。态度一旦形成,个体会根据自己已经形成的态度来对待他人、自己以及周围社会生活中的其他事物。

编织社的群体环境和氛围是安全、友善、宽容、鼓励、民主、自由、相互尊重的,成员之间人际关系和谐,相互帮助,积极合作,学习氛围轻松、自由。在访谈基础上,笔者发现编织社的群体环境由"三心"构成:

一是尊重之心。无论成员或核心成员,彼此都相互尊重,始终保持一颗平等的心,强调每一位成员的重要性,从心里愿意一起共事,排忧解难;

二是合作之心。把每一位成员当作工作中不可或缺的合作伙伴,大家通力合作、彼此依靠,发挥最大的力量,其合作文化是民主的、开放式的;

三是分享之心。成员间毫无保留地分享知识、分享经验、互相学习、互相进步,通过交流与互动来推进学习。

姐妹编织社的成员说的这些态度并非一开始就具有,而是在群体环境中逐渐形成的。对某一位成员而言,其他成员属于参照群体,形成参照性环境,这种环境影响会使成员在态度上外显为三个方面:

首先,它会在价值取向或行为方式上使成员认同自己所属的或所选择的群体;

其次,它会使成员根据同伴们的态度和观点来调整自己的态度,使自己与同伴们保持一致;

再次,它会使成员自愿地接受心目中榜样人物的观点信念,使自己的态度与其相一致,进而产生自觉持久的动力作用。比如成员们对核心成员如社长徐启明的信任、认同、尊敬和肯定的态度。

因此,当编织社的成员对她所属的群体具有认同感的时候,她所持有的态度与群体的整体态度是一致的。心理学家认为,态度形成后,个体便具有了种种特有的内在心理结构,这种结构使个体行为产生一定的倾向性。社区学习共同体中,成员态度形成后,会具有持久性和稳定性。

3. 情绪性体验的催化

情绪和情感总是由客观事物引起的,离开了具体的客观事物,人不可能产生情绪和情感,客观现实是情绪、情感产生的源泉,人的情绪、情感是客观现实的反映,但是,这种反映并非反映事物的本身,而是反映主体对事物的态度。比如,某人看到一位女性谈吐文雅、行为端庄,会产生好感。这种好感的产生尽管来自该女性本身,但好感所反映的却是对该女性的表现的态度,是对该表现的一种体验或感受。因此,情绪性的体验对人的态度的形成有很大的影响。

那么,成员在加入编织社后,有怎样的情绪体验呢?首先,对于编织社,成员认为是一个"温暖而舒适的场所",一个温馨的"家",成员间彼此信任、互相依赖,大家有一种"共有的理解"或"共享的思维"。有困难一起克服,有问题共同解决,这种互助与合作,也使成员感受到浓浓的"家"的氛围,编织社总是处于浓郁的亲情和温馨的气氛之中。其次,对学习,成员们通过自己的劳动解决了生计问题,还从事着自己喜欢的事情,在展示自己的成果时,增加了信心和生活激情,"感觉特好"。再次,与其他成员相处时,有说有笑,心情舒畅,在合作中加深情感,这些快乐、愉悦、幸福的情绪体验不断深化成员在编织社对共同体本身、对他人、对学习的认知,推动成员行为上的积极反应,因而形成一种正向的态度。

4. 介入群体活动的方式影响

德国心理学家勒温认为,个体在群体中的活动方式能决定他的态度,也会改变他的态度。美国人不喜欢以动物的内脏做菜,勒温便曾以此为题进行实验,将被试者分为控制组和实验组。对控制组采取演讲的方式,亲自讲解猪、牛等动物内脏的营养价值、烹调方法、口味等,并且赠送每人一份烹调动物内脏的食谱;对实验组则要求他们开展讨论,共同讨论动物内脏做菜的营养价值、烹调方法和口味等,并且分析使用动物内脏做菜可能遇到的困难,如丈夫不喜欢吃的问题、清洁的问题等,最后由营养学家指导每个人亲自实验烹调,结果控制组有3%的人采用动物内脏做菜,实验组有32%的人采用动物内脏做菜。

为何实验组的被试者会改变对动物内脏的态度呢?因为她们主动参与群体活动,在讨论中提出某些难题,又亲自解决这些难题,因此态度改变非常明显。控制组的被试者是被动地参与群体活动,其态度也就难以改变。可见个体态度的形成与改变依赖于在群体中参与活动的方式。

成员从一开始进入编织社,尚未形成对编织社、对其他成员的明显态度,其态度是在参与活动的过程中逐渐形成的。作为自发形成的民间学习群体,编织社以自主管理为主,这意味着成员都是以主人的方式展现人的存在状态,共同管理,亲自参与,一同建立规范和约束活动的外部规定、法则、惯例,以及成员之间形成的规范、标准和关系等,遇到问题,成员间相互协商、调适,成员个体与社区学习共同体融为一体,具备高度的集体感和归属感,也形成了成员对社区学习共同体以及这个共同体所包含的一切的认同与肯定的态度。

五、研究反思

1. 关于研究者介入方式的反思。为了深入了解社区学习共同体,研究者必须走进编织社,对当中的成员进行接触和访谈,这是获得研究第一手素材的最佳方式,这种方式也能给研究者带来最直观的研究感受和研究思考。但笔者感觉,要真正了解一个社区学习共同体,仅依赖两三次或四五次的访谈似乎远远不够,这是因为,研究者始终没有融入访谈对象这一群体中去,这种融入不是指参加几次活动或开展几次聊天,而是作为这个社区学习共同体中的一员,了解这个学习群体的管理、对待问题的处理、同伴间的相处关系、矛盾的协调和处理方式等等较为全面的内容。这些内容的获取,是最为真实的,也是最难获得的,因为只有研究者真正被研究对象所接纳和认可后,才可能获得。然而,在整个研究过程中,被访谈者始终会与研究者保持一定的心理距离,展现给研究者较好的一面,因为她知道你是在研究她和她的这个群体,她希望你能看到她和这个群体最好的一面。因此,这在一定程度上会影响到本研究的信度与效度。

2.关于与访谈对象的交流。本次研究在访谈对象的选择上,个人感觉较为欠缺。由于姐妹编织社成员较多,每次活动,笔者所选择的访谈对象会因某些原因如家中有事或身体不适等,并非每次都会来参加活动。加上笔者访谈次数并不多,这导致笔者对每一位访谈对象只能进行初步了解,而无法有更深入的交流。因此,除了围绕笔者想研究和了解的问题开展访谈外,笔者对于访谈对象的个性、与其他成员的关系、在学习群体中的接纳度以及她与这个群体的相处方式等,都知之甚少。而这些内容又恰恰能从侧面较好地反映出成员对她所参加的社区学习共同体的态度的背后成因。

点评

这是一篇视点独到的关于社区学习共同体的质的研究的文章,作者将观察点聚焦于妹妹编织社成员的"态度"上,包括成员彼此之间、成员与核心成员之间的态度,还包括成员对待姐妹编织社的态度。对这种态度形成的原因,作者在本文的结论部分做了深入探讨。

此项研究作者采用了角色代入式的参与型观察方式,她在本文"进入现场的方式"中写道:"笔者也是以一个普通的'新成员'的身份,积极参与她们的学习活动中。在活动中与成员们沟通交流,并且与编织社成员建立了一定的感情。"这种观察的情景比较自然,作者在与姐妹编织社成员密切的相互接触和对她们之间关系的直接体验中,倾听和观察她们的所言所行,了解她们对于彼此之间以及对于姐妹编织社的情感、态度的由来。这种观察还具有开放、灵活的特点,作者可以"在此过程中,拉家常似的随意而漫不经心地问一些问题,实则早已在访谈前就围绕自己的访谈主题与访谈目的,在头脑中精心构思好了想了解的内容",还可以通过观察研究对象的行为倾向和情感表现相机发问。从已经取得的研究成果看,作者的收获明显得益于这种观察方式。

尽管质的研究的成文方式可以比较灵活,但由于本文在研究的目的和意义以及研究背景方面的交待有所缺失,不能不令人感到美中不足。作者在"问题的提出"中介绍了姐妹编织社几个显著的特点,其中"参加人群全部是四五十岁的妇女""有一定的营利性质"恰好最能够体现研究对象的独特性,从而凸显本项研究的目的和意义,可惜作者没有专门提出和阐释这一特质所蕴含的研究意义。作者在"研究对象的确定"中已经提到:"随着改革带来的经济快速发展,居民家庭收入的提高,社会各类保障不断完善,姐妹编织社的性质悄然发生变化。从以前以营利为主转变为现在以兴趣、爱好为主,营利为辅。"但未能将上述变化作为研究背景适当展开,也未能将姐妹编织社置于这一特定历史背景和社会结构中加以考量和意义重建。表面上看姐妹编织社成员的态度同样积极,但由于以营利为主和以兴趣、爱好为主的取向不同,其内涵发生了根本性的转变,前者是基于选择意志的工具理性,后者是基于本质意志的生命价值。

作者研究结论的第四点是"介入群体活动的方式影响",在举勒温实验一例之后,作者提出:"成员都是一种以主人方式展现人的存在状态","具备高度的集体感和归属感,也形成了成员对社区学习共同体以及这个共同体所包含的一切的认同与肯定的态度"。其实这里所揭示的意义,已不再是态度的形成,而是态度得以持续、稳定的动因。人们通常认为,主动学习只是一种学习的态度,其实不仅如此,主动学习还能形成一种机制。显然,勒温实验印证了这一成人学习的机制,质的研究的一个重要特点就是发掘行为和意义建构的新空间。我愿以此与作者共勉。

闻涛社区越剧社健康成长解秘

文/李　品　评/项秉健

一、问题的提出

在开展社区学习共同体的质的研究之前,由于工作需要,笔者经常与社区联系,在这一过程中曾接触过不少社区学习共同体。其中,大多以跳舞、唱歌、健身、戏曲等休闲娱乐类为主。越剧是浙江省最大的地方剧种,在民间有着深深扎根的群众基础和众多爱好者。杭州许多社区都有越剧迷自发形成的越剧学习共同体。参与居民对越剧有着共同爱好,经常定期聚集在一起切磋越剧的唱法、唱腔,不断提高演唱的水平,自娱自乐地表演越剧。

在这些以越剧为内容的社区学习共同体中,滨江区长河街道的闻涛越剧社影响最大。它成立于 2010 年 5 月,由一群热爱越剧艺术的中老年戏迷组成,越剧社的最大亮点是以原创为主,自编自导自演,并能结合现代社会生活中的热点创作表演主题。创社之初,越剧社就因原创说唱节目《风风风》在滨江区文艺晚会上一炮而红。其后,越剧社自主编排的一系列原创越剧表演节目在各类比赛中屡获成功,如以反邪教为主题的《引路》,获杭州市首届科学生活文体大赛三等奖;根据"感动中国"十大人物之一、社区居民吴菊萍的事迹创作的大型越剧情景剧节目《最美妈妈》,获 2011 年杭州市文艺晚会演出金奖。在短短的三年时间里,一个业余的草根团队,不但唱出了专业水平十足的越剧,还屡次斩获大奖,其影响力从闻涛社区辐射到杭州其他社区,为越剧文化的弘扬与传承作出了积极贡献。

正因为如此,这个民间越剧社引起了笔者极大的兴趣。同样是越剧学习共同体,闻涛越剧社可以脱颖而出,一枝独秀,成就如此大,获得如此多的荣誉,其成员是具有怎样的一些态度而促使它快速成长与发展的呢？这让笔者十分好奇，产生了强烈的探索欲望。带着这一疑问，笔者走进闻涛越剧社，试图从这一个案例中探寻到答案。

二、研究方法及过程

1.进入现场的方式

早在 2012 年，杭州市评选优秀社区学习共同体，我作为评审之一曾到闻涛越剧社进行过一次调研和考察。当时，这个由社区居民自发组成的越剧社所具有的极高的专业性和较大的影响力，给我留下了深刻的印象，同时也让我对闻涛越剧社的基本情况有了整体了解和初步认知。

在确定将闻涛越剧社作为社区学习共同体质的研究的个案后，我随即与滨江区长河成校校长詹国权联系，请他帮我联系闻涛越剧社的社长，约定第一次采访的时间。恰逢三天后越剧社开展三八节活动，访谈时间就定在了那一天。上午九点，天比较湿冷，淅淅沥沥地下着小雨，我如约到达地铁口，搭乘詹国权校长的车驶向闻涛社区，期间，闻涛社区的一位文教干部也中途上车与我们一同前往，九点一刻到达活动地点时，活动室里已经丝弦伴奏，婉音入耳。十几个清一色的老大伯组成的演奏队摇头晃脑十分投入地拨弄乐器，活动室中间，站着一位个子高挑、系着丝巾、穿着素雅的阿姨声情并茂地咿咿呀呀地唱着，大约十二三个成员围坐在活动室里认真地倾听。越剧社的王社长笑容满面地迎接了我。因为之前有过一次接触，因此此次见面彼此并不觉得陌生。说明来意后，王社长主动向我介绍起闻涛越剧社发起的缘由、成立的过程、成员的构成及人数、核心成员、越剧社的活动开展以及目前的发展状况等基本情况。她的详细介绍让我对这个越剧社有了更多的了解和认识。随后，我也向王社长提出了自己的疑惑：为什么闻涛越剧社发展如此迅速？成员的态度究竟在其中起到了多大的作用？并围绕这些疑惑提出了一系列问题，王社长非常耐心地一一作了回答。为了更好地挖掘越剧有关成员背后的成长故事，我在王社长的推荐下，又在活动室旁的小办公室访谈了三名在越剧社担任不同分工的成员。从不同的角度对三位成员参加越剧社的动机、加入后对这个团队的态度以及背后的一些故事进行了了解。整个访谈过程均是在活动间隙时完成。一直持续到下午四点，完整的访谈才算结束。王社长说，每次活动成员们通常都要到晚上八点才全部散去，这次也不例外。

一周后，再次与王社长联系，她又向我推荐了一名男成员。他是越剧社唯一的一位三十多岁的年青男性成员。由于这位成员家住绍兴,在第一次访谈时他因家中有事未能来参加活动。因此,第二次访谈笔者除了参加越剧社的活动外,也对他作了访谈。在之后的两个多月里,我又陆陆续续地进行了几次补充访谈,在参与越剧社活动的同时,我也在这一过程中观察越剧社成员之间关系的互动、对分歧的解决以及活动中表现出来的态度及参与性,并将这些信息以录音和笔记的方式记录下来。

现将闻涛越剧社的基本情况介绍如下。

闻涛越剧社正式成立于 2010 年 5 月,由王爱萍女士担任社长,是一个由热爱越剧艺术的老中青戏迷组织成立的业余戏社。它以越剧为研究对象,以"弘扬传统文化,丰富社区生活"为宗旨,为祖国的传统文化的继承和颂扬起到积极作用。越剧社组织机构完善,以自主管理为主,社长负责社团活动时间。越剧社以戏会友,成员以中老年人为多数,目前有社员 40 余名,社员来自各行各业。成立几年来,每年约演出 60 余场。社团虽然是个越剧票友组织,但创作排练了几十个切合滨江新区发展形势以及闻涛社区实际的歌舞、曲艺、小品等节目,多个会员及节目获市、区以上各项汇演大奖。越剧社经常义务参加市、区、街道、社区以及广场公益演出演唱活动。成员们不计报酬,乐于奉献,为越剧文化的传播尽心尽力。

2. 访谈对象的选择

本研究主要采用目的性抽样与随机抽样相结合的方式,通过访谈与观察来开展研究。我重点访谈的是目的性抽样所选择的对象,总共选择了五位成员。首先选择的是闻涛越剧社的社长王爱萍。王社长目前 65 岁,已退休 10 年,之前曾在杭州某文化团工作,有很扎实的越剧基础。由于她是越剧社的发起人之一,目前在越剧社主要负责对外接待、宣传、推广工作,同时也是越剧社最核心的成员之一,因此,她对越剧社的起源、组成情况、成员情况及越剧社的发展情况等最为清楚。越剧社很多作品都是在她的带领下自编自导自演的,闻涛社区的社区之歌《闻涛之恋》、越剧《最美妈妈》都是由她创作的。

郑阿姨,年龄 50 岁,目前在街道办事处工作,还有一年即将退休。她是越剧社的核心成员之一,能力很强,对越剧有着强烈的热爱,许多越剧经典名段都是她自己跟着电脑视频自学学会的。现在主要负责越剧社的组织、管理工作,包括对每一次活动的安排、外出演出的组织、成员的联系等。

沈大伯,75 岁,退休前曾是杭州一所艺术学校的教师,是越剧社演奏队的总指挥。他家住杭州城北的拱墅区,每周六风雨无阻地带着自己的乐器,自己开车穿越钱塘江大桥,到城南的滨江区闻涛社区来参加活动。据其他成员反映,沈大伯对越剧演唱及演奏的要求非常严格,但也正是他的这种严格,使越剧社成员的演唱水平提高得非常快。

张阿姨,66岁,退休前曾是一名医生。她的老伴也是越剧社成员之一。越剧社像张阿姨这样夫妻两个参加的成员有两对。张阿姨是越剧社的一名普通成员,她加入越剧社的时间较早,每次活动都与老伴一起如约参加,风雨无阻。

陈大哥,38岁,家住绍兴,越剧社一有活动,只要自己有空,他就会来杭州参加。他是越剧社唯一的一位年青男性。酷爱越剧,但三年前刚加入越剧社时,他越剧水平较低,在其他成员的帮助下,如今已是越剧社的骨干力量。

随机抽样是笔者在参与越剧社活动的过程中,以聊天方式随机选取对象进行的非正式访谈。这种方式既是对目的性抽样访谈的补充,同时也能获得更有效的、更真实的访谈内容。

3.搜集资料

本研究的资料来源途径有三种:第一种是闻涛社区越剧社自己提供给我的一些宣传画册、台账等书面材料。作为闻涛社区的一个文化品牌,越剧社得到社区的很大帮助。社区为其印刷了非常精美的宣传画册,里面详细介绍了闻涛越剧社的发展现状以及所获的诸多荣誉,包括越剧社活动、演唱时的许多照片。越剧社也有自己的台账,当中记载了成员的姓名、年龄、联系方式、每次的活动情况及经验反思等,还有越剧社的章程、守则等。

第二种途径是闻涛社区办公楼墙上有关越剧社的介绍、成员心得、活动照片、大幅剧照等一些展示。

第三种途径是通过参加越剧社的活动观察并记录下的相关信息、各种状况、发现的问题等,以及通过访谈所记下的谈话记录、录音记录等。

三、研究结果

1.对待他人的学习——"谁不会我们就手把手教谁"

第一次参加越剧社活动时,我就很惊讶于他们的越剧水平。许多成员的演唱流畅、准确、细腻,声音悦耳动听,声情并茂,动作、手势与演唱情感和谐、到位,很难让人相信这都是一群越剧业余爱好者。但访谈时,王社长告诉我,这当中有不少成员刚进越剧社时,唱得并不好。他们只是爱好越剧,没事自己在家自娱自乐地哼哼唱唱,从没受过专业指导。这一说法,在我后来采访的陈大哥的话语中得到印证。然而,唱得不好,似乎并不影响他们参与越剧社活动的热情。

在对陈大哥进行访谈时，他说："我刚进越剧社时，一点基础都没有，越剧唱得很差的，虽然能唱些越剧段子，但是唱得没感情，而且也没什么动作配合，干巴巴地站着唱，我们的指挥沈大哥看着我头痛死了！"

"那你唱不好，怎么办呢？其他人的进度你不是跟不上了吗？"我问。

"不要紧的，我就跟着他们一起唱，有什么地方唱错了，唱得不对了，其他人就会马上给我指出来，帮助我纠正的。"听得出来，陈大哥并不在意自己最初的越剧水平。

"这个其他人是指的固定的某个人吗？或者是指这个队伍里给你额外安排了一个人指导你？"

王大哥摇了摇头，"不是的，只要有人发现我唱错了，就会指出来的，沈大哥要求最严格，他帮我纠正得最多，我也改进得最多"。

"那他们不嫌麻烦？你唱错了，大家都要停下来等你？"

"麻烦？不麻烦的。"王大哥连连说："我一唱错了，他们都很积极地来帮助我，有的人说我动作不对，要怎样怎样，有的说我唱的哪个音不准，然后示范给我看，大家七嘴八舌的，刚开始唱的时候，为了纠正我的一些错误，要花上好半天的时间，反正边唱边学，边学边改正错误，这样水平才提高得快呀！你看，我进来才两年，现在队里的演出啊什么的，我都能参加了，这都是我们队友的功劳的！"

"那这种帮助是对你一个人的吗？"

"当然不是，我们队里，谁不会，大家都会手把手地去教他的，而且，都很耐心的，没有人嫌烦的！不过，我是最受他们'关照'的一个啦！"说完，陈大哥不好意思地呵呵笑了笑。

手把手地教，没人嫌烦，体现出的是一种团队合作的精神，是成员间互帮互助、互教互学的行为。有人唱不好，在学习过程中遇到困难，其他成员乐于伸出帮助之手，反映出的正是成员对彼此的学习相互负责的态度。

2. 对待困难——"一起想办法解决"

最初接触闻涛越剧社时，我就被他们的锣、鼓、笛、萧这些乐器所吸引，越剧社活动的时候，这些乐器就被敲敲打打、吹吹奏奏地派上用场了。我问王社长："这些乐器都是社区为你们提供的吗？"

王社长说："不是的，起初我们也想向社区申请点经费，买些乐器的，但是社区经费基本都是专款专用的，并没有为我们这种团体购买乐器的经费。所以当时钱的问题确实是个大问题，没有乐器，光清唱没什么意思，大家积极性也不高的。"

"那后来是怎么解决的呢?"

"有困难,大家一起想办法解决! 后来我们干脆自己花钱,自己弄! 现在的这些乐器,有的是队员们自己的,像笛子、箫、琵琶之类的。"有些乐器比如一些价格不是很贵的,就队员们自己花钱买,活动的时候带过来。还有些贵点的、大一点的乐器都是大家你三百、我五百地凑钱买的,因为大,平时也不怎么搬动,所以就放在社区活动室里。这些东西就是大家自己想办法慢慢添置的,现在总算齐全了,像那么回事儿了。不过,这还不算什么,后来队里开始有人邀请去参加一些演出了,钱又成了问题!"

"演出? 既然是对方邀请,费用难道不是他们出吗?"我好奇地问。

"是的,他们会替我们出路费,还会派车来接我们,这部分费用我们不用愁,但是演出得服装啊,总不能穿着现在这种衣服去吧,这种衣服平时在活动室练唱穿穿还行,正式演出得穿戏服啊。当时这个经费问题确实让人头痛,社区经费有限,提供不了帮助,我们自己这边本身就是没有经费的,所以很难解决。"

"那你们可以借吧,比如去正规的越剧团借借,费用应该不会太高。"

"不行的,我们曾经借过,但是队里的人年纪都蛮大了,穿着那些戏服都不合身,大家都不愿意穿。"

"那最后怎么办呢?"

"自己一起想办法解决呗! 我们把所有队员都聚集起来,大家一起商量该怎么办。后来大家说,干脆去订做,费用自己出! 大家为了有好的演出效果,都愿意花这笔钱的。"说完,她指着墙上挂着的一副旦角的剧照,说:"你看,这种头饰,都是她们自己花钱在网上买的,这么一个头饰,要两千多块呢! 我们这些队员没一个抱怨的,都很高兴自己买这些东西的。有些人,差的戏服她还不要呢!"

我顺着王社长所指,仔细看了看墙上的各种演出照片,上面的人穿着做工精致、色彩艳丽的越剧戏服,戴着插满珠簪的发髻,娇艳、柔美、动人,"这些人都已经五六十岁了,年龄最大的有 70 多岁"。听了王社长的介绍,我更是惊叹不已,因为仅从照片来看,这些人看起来只有二三十岁,在越剧妆容的衬托下,显得非常年轻。

越剧社的道具、服装、乐器都是由社员集资购买或贡献出来。从组建之初的 4 万余元筹集到目前 17.8 万余元资产,不断完善演出舞台服装、灯光、道具、音箱等配备,解决了经费上的难题。

3. 对待决策——"大家共同商量"

在和王社长的访谈过程中,有一句话被她经常提起,那就是"有什么事情大家共同商量"。王社长说:"越剧社里每年都有详细的计划,年初时我先制订好计划,然后所有成员一起开会讨论,共同商量和安排一年的学习活动。比如今年学习哪几个剧目,学习哪种越剧流派,外出开展哪些活动,等。一般情况下,全体成员通过以后,再正式实施这份计划。"

王社长向我展示了越剧社的台账记录工作,这本厚厚的台账记录了越剧社每一次活动的计划、过程、结果,非常详细,也非常完整。"你看,这些台账记录了我们每次演出的情况,时间、地点、参加人员、活动内容、活动总结,还有照片,有些比较大型的活动我们自己还把它录制下来保存,这些东西都是我们成员共同参与、完成的。"

"那要是大家意见不统一,该怎么办呢?"

"意见不统一的时候,就举手表决,少数服从多数,这样大家就都没别的想法了,也不会有人闹意见。"

共同商量,是越剧社每一个成员积极参与、自我管理的一种表现。通过共同商量的方式,越剧社化解了许多意见上的矛盾,也增强了成员们的凝聚力。

4. 对待越剧社——"找到了归属感"

我采访了越剧社好几次,每次去参加活动,都会看见桌上摆放着一些水果。起初,我以为是因为我的到来,所以他们特意买了水果招待我,但在访谈越剧社核心成员郑阿姨时,我了解了事情的真相。

"郑阿姨,我每次来,都看到桌上有一些水果,你们活动时都会买水果吗?"

"会啊,这是我们约定好的,大家轮流买的。有时候,有些人在活动的时候进步了,唱得好,被大家夸赞了,也会叫她下次买水果请客的。买的人也乐意,吃的人也高兴,大家在这里都很有归属感的。"

"很有归属感",这一点在张阿姨那儿也得到了证实。张阿姨和爱人都喜爱越剧,夫妻两人都参加了越剧社,越剧社每次开展活动,两人从早到晚,都待在越剧社里。

"张阿姨,越剧社的活动您每次都参加了吗?"

"那是一定要参加的,我和我老头子都不会落下一次活动的。"

"听说您每次都会在活动室里待一整天?"

"是啊,我和我老头子都喜欢越剧,以前两个人在家里唱唱,总觉得没意思,后来参加了这个越剧社,有这么多人跟我们一起学,一起唱,有意思多了,唱越剧还是人多点好,热闹,我们两个人都喜欢跟这些人待着,待一整天都不觉得闷,时间一晃就过去了。待在这里很快乐,退休了,单位也不用去了,心里空落落的(空荡荡的),到这里来,又找到了一个集体,大家关系融洽,说说笑笑,聊聊天,唱唱越剧,失去的归属感又找回来了。"

张阿姨告诉我,进入越剧社之前,她身体不是很好,经常生病,现在已经很少去医院,用她的话来说,唱越剧把身体里的气给唱顺了,把浊气唱出来了,所以人也变健康了。她说:"我女儿在外地工作,一年也就回来个一两趟,只有在这里,我才感觉到发自内心的开心!"

越剧社来自各行各业的人都有,教师、公务员、生意人、跑运输的,但是在这里,没有身份区别,没有地位区别,没有年龄区别,只有大家对越剧的共同爱好。这种共同爱好也让身处其中的成员产生强烈的归属感和集体荣誉感。

5. 对待群体目标——"每次演出我们都要做到最好"

采访沈大伯之前,就听好几个成员说,他虽然在越剧社负责乐队指挥,但他对唱的人要求非常严格。采访时,他主动提起说:"越剧社有很多人都怕我的,说我要求太严了。"

"大家都是来娱乐娱乐的,为什么要要求这么严格呢?"

"当然要严格!"沈大伯斩钉截铁地回答:"虽然是娱乐,但是没有进步和提高,唱得有什么意思? 唱来唱去还是一个样! 再说,我们还要受邀参加一些演出,总得练好了,才对得起别人的邀请啊!"

然后,他顿了顿,继续说:"我虽然在越剧社只是负责指挥,但是在这里我还是有些威望的,他们都听我的,因为我要求越严格,他们唱的水平就提高得越快。我有个最基本的要求,就是每次演出,我们都要做到最好。"

"做到最好?"

"嗯,是的,人家邀请你,是对你水平的认可。要是唱出来结果不怎么样,那以后谁还邀请你?"

"你这么严格,大家不会反感吗?"

"怎么会反感,你去问问,有几个人会反感? 这个关系到我们越剧社在外面的名声,大家都理解的,也都接受的。哪个要是不愿意好好唱,好好学,老早就被我们请出去了! 这个我们都是有共识的!"

四、研究结论

整个研究一直围绕着社区学习共同体中成员的态度这一主题开展。在给出研究结论之前,我们需要对"态度"这一概念作出相应的解释。美国社会心理学家霍华德・S.弗里德曼对此给出的定义是:态度是个体对某一特定事物、观念或他人稳固的,由认知、情感和行为倾向三个成分组成的心理倾向。这被大家公认为是较好的态度定义。在弗里德曼的态度定义中,包含了三个成分:一是认知成分,它是指人们对外界对象的心理印象,包含有关的事实、知识和信念,认知成分是其余部分的基础;二是情感成分,如喜欢与厌恶,它指人们对态度对象肯定或否定的评价以及由此引发的情绪情感,情感成分是态度的核心与关键,情感既影响认知成分,也影响行为倾向成分;三是行为倾向成分,是指人们对态度对象所预备采取的反应,它具备准备性质,行为倾向成分会影响到人们将来对态度对象的反应,但它不等于外显行为。态度的各个成分之间是协调一致的,态度中的任何一个成分,都会引发另外两个成分的相应反应。本研究所指的"态度"是指成员对社区学习共同体的认知、情感以及所表现出的行为倾向三部分组成的心理倾向。

在越剧社社区学习共同体中,成员对其他成员友好、真诚、互帮互助,在群体中能感受到家的温馨,体会到归属感,能共同克服社区学习共同体在发展过程中所遇到的各种困难,能团结一致争取群体的共同目标,他们对自己的认知对象所形成的信念是正向的、乐观的,认知形成后的行为反应是积极的、向上的,这些成分共同结合起来,就形成了成员在学习共同体中的各种态度。结合弗里德曼的态度解释以及对该案例的研究,我认为闻涛越剧社的发展与壮大,与成员态度的三个成分积极因素有着密不可分的关系:

(一)内在认知:心灵归属与精神寓所

个体对态度对象的认知既包括对态度对象本身的认知,也包括对与态度对象有关的其他态度对象的认知。成员在内心将社区学习共同体认定为自己的心灵归属与精神寓所。社区学习共同体能使人产生归属感和集体荣誉感。社会学家费迪南·滕尼斯认为共同体有三种基本形式,即血缘共同体、地缘共同体和宗教共同体。地缘共同体直接表现为居住在一起,而地缘共同体又可以发展为精神共同体,作为在相同的方向上和意义上的纯粹的相互作用和支配。社区学习共同体不仅是一种地缘共同体,也是一种精神共同体。鲍曼曾提出,无论是哪种共同体,都有一个共同的特点,即是一个"温暖而舒适的场所",一个温馨的"家",在这个家中,成员间彼此信任、互相依赖,大家有一种"共有的理解"或"共享的思维"。这体现出的恰恰是成员对社区学习共同的一种内在感受。在与他人的共同学习过程中,成员们会感到自己和其他学习者同属于一个团体,参与相同的学习活动,遵守共同的规则,拥有一致的价值取向和偏好。学习者对共同体的归属感、认同感以及从其他成员身上所得到的尊重感,这都有利于增强学习者对学习的参与程度,使学习更为持久。共同的学习有助于促进学习者彼此的信息交流,与同伴交流和合作,共同建构知识、分享知识,成员们可以从不同角度看问题,促使他们在学习中不断反思。

(二)情绪感受:愉快、喜爱与认同

个体的一些态度主要是由态度对象或与态度对象有关的其他态度对象所引起的情绪体验决定的。在决定个体介入态度对象的活动程度上,情感情绪成分的作用要比认知成分的作用更大。态度一旦根植于情感,就很难发生改变。

在社区学习共同体中,每一位成员都能感受到愉快,并发自内心地喜爱和认同其他成员以及他们所在的社区学习共同体。情感是态度的核心成分和关键,既影响人的内在感受,也影响人的行为倾向。人们内心对外界事物所持的肯定或否定态度的体现,如喜欢、愤怒、悲伤、恐惧、爱慕及厌恶等均是情感的反映与投射。情感伴随人的认知与内在感受,是态度的核心成分。

在对闻涛越剧社的研究中,我发现,成员无论是参加学习活动,还是参加演出活动,或者与其他成员的交流,都表现出轻松愉快的情绪。他们喜欢自己的学习共同体,与人谈论所在的学习共同体时,表现出自豪和溢于言表的喜爱与认同,认为学习共同体给他们提供了学习的氛围,他们愿意长时间地停留,更愿意持久地来参加社区学习共同体,不仅如此,成员们对自己的其他伙伴也表现出真诚的认可和肯定。这些积极的情绪感受都成为社区学习共同体不断向前的精神动力。

(三)行为倾向:担当、付出与负责

态度通过行为倾向对个体行为起着指向性和动力性两种影响。行为倾向被认知和情感所决定,但行为倾向一经产生又会反过来影响个体关于态度对象的认知和情感。行为倾向会影响到人们将来对态度对象的反应。

基于将社区学习共同体当作心灵归属和精神寓所,并在其中产生愉快、喜爱的情感,成员由此生发出来的行为倾向是担当与负责。这样的行为是对内心精神归属地的守护,获得的效果是强化自己对社区学习共同体的认知,也增加了愉悦和喜爱之情。在闻涛越剧学习共同体中,成员的行为倾向表现为以下几个方面:

1. 成员间对彼此的学习负责

学习不仅仅是个体的独立思考和个性感受,而且要在一定的群体背景中展开。也就是说,人是在社会文化情境中接受影响的,是通过直接与他人的交互作用来建构自己的知识的,因此他人的存在及与他人的交流在个体学习过程中起着非常重要的作用。每一位成员在学习过程中是以自我评价为主,关注的是内心或精神上获得的愉悦与心灵上的成长,关注学习中的各种感受和体验以及与他人合作学习的过程与状态,成员们参与学习,无论是为了某种兴趣、爱好或为了让内心更充实,生活更丰富,还是仅仅是为了得到一种心灵的满足和精神的愉悦,他都不会关注学习能否让自己获得实惠,能否在未来给自己带来更多的经济上的回报。这就决定了学习者之间必然是一个优势互补、合作互利的关系。他们有共同的学习利益,即通过互助实现共同成长,共同发展,实现集体的发展。这种学习利益既是集体的利益,也是每一个学习者的利益。每一个学习者既对集体的学习利益负责,同时也对他人的学习利益负责。

2. 困难面前相濡以沫,同舟共济共担当

社区学习共同体的管理以自主管理为主。这种管理可能是外在显性的、书面的,也可能是内在隐性的、内化的,在实践中,后者居多。它往往体现为一是所有成员共同认可共同体中的各类规范并自觉遵守,实现自律、自我约束和自我管理;二是群体遭遇难题,成员同舟共济,共同解决。由此可见,成员在学习群体中的态度不仅体现在对其他成员的学习负责,也体现在对整个群体的学习和发展负责。由共同兴趣爱好追求的人自发组成的学习共同体,不仅具有很强的凝聚力,而且有助于这个共同体的持续发展。最为明显的体现就是,当学习共同体遭遇难题时,每一位成员能各显其能,帮助自己的群体渡过难关。他们都依赖了一种"相互的、联结在一起的情感",成员间借此才得以保持根本性的团结,共同致力于解决共同体发展过程中的各种问题,在共同追求的领域中通过持续不断的相互作用、相互影响而实现成员共同发展。共同体中的每一位成员为群体共同付出与奉献,毫不计较地贡献自己的资源、经验和成果。每克服一个难关,所有成员的付出,都会极大地促进整个群体的进步,增强群体的凝聚力。

3. 为共同荣誉与目标奋进

任何一个学习群体都有自己的学习目标。这个目标既是群体的目标,也是每一位成员的目标。目标是凝聚学习群体的原动力。学习群体是由有共同学习兴趣、爱好和内容的一群学习者组成的。良好的学习群体首先是一个有着明确发展目标和共同价值追求的群体。由于群体的目标是所有成员通过沟通协商,上升为所有成员的共识的,所以每一个成员都能把这种目标看成是自己为自己制定的,而非别人制定的,在共同制定目标的过程中,每一位成员具有高度的使命感,在共同的情感诉求和价值追求下形成学习向心力,从而使整个学习群体真正成为成员个体间互学互助、共同进步成长的共同体。与此同时,群体成员之间心理契约层次达成一致,群体成员之间的互信感与归属感得以很好地确立。为群体荣誉与目标的实现作出个人牺牲的精神,说明在一个社区学习共同体中,当所有成员具有共同一致的目标时,每一个成员都会克服困难,充分发挥自己的主观能动性,自觉地对群体目标负责。群体的本质是共同承担责任,没有共同承担的责任,群体行为就像个人行为一样,散漫无序;而有了共同承担的责任,群体会变成强有力的集体。在朝着共同目标前进的过程中,成员共同为群体负责的责任感自然而然形成,成员之间的信任感和归属感也会产生。而这种群体心态,即群体互信感、归属感和效能感,正是构筑高效的学习群体的深层心理基石。当群体的共同目标实现后,成员共同分享快乐与喜悦。

4.遵约守规,积极介入学习活动

在共同学习中,规约都是成员间相互协商、协议、相互调适而制定的。成员都必须遵守一定的规章、契约,遵守共同体的种种规约,从而在这个过程中获得认同与承认。每一位成员以主人的方式展现自身存在状态,展现自己的个性,成员自觉遵守团体的各项规范以及成员之间形成的规范、标准和关系等。成员在群体中始终是以一种积极主动的态度来介入和参与群体的每一项活动,从群体规范、制度的制定,到学习时间的安排、学习地点的确定、学习内容和学习方式的选择等,都通过共同讨论、协商来进行。每一位成员在群体中不是旁观者、被安排者,而是群体的管理者、组织者和参与者,成员积极表达自己的想法和观点,发挥自身力量为群体出谋划策,这种积极主动的态度使整个学习共同体充满活力和凝聚力。

五、研究反思

1.关于研究中社区学习共同体的内部成员态度协调问题

访谈中,笔者曾问王社长,越剧社区在过去几年发展中,最难解决的问题是什么? 王社长告诉我,是当成员间内部矛盾出现时,该如何协调的问题。这个回答让我感觉很惊讶。因为多次的访谈,让我感觉越剧社是一个非常团结、有凝聚力、成员关系和谐的学习群体,解决内部矛盾似乎是一个不难的问题。但王社长说,由于越剧社近几年名气的增大,外出演出的机会也慢慢增多。每次演出选择哪些成员去,是个很难抉择的问题。因为越剧社成员们表演欲望都特别强,都希望能上台演出,而每场演出人数有限,不可能所有成员都上舞台,因此,有些没被选上的成员会有所埋怨,而这也正是王社长最头疼的事情。从目前来看,越剧社采用的解决方式是:在学习活动中,有目的地引导大家学习不同派系的越剧,不同的派系轮流参加演出,从而解决成员演出需求与演出机会分配不均的问题。从这一点可以看出,即使是发展成熟的社区学习共同体,成员间的各种内部矛盾依然在共同体发展过程中起着不可忽视的作用。如若不能妥善解决和处理,随着时间的累积,必然最终影响整个社区学习共同体的凝聚力。

2.关于成员与社区学习共同体双向选择的反思

闻涛越剧社刚成立时,是由几个越剧资深爱好者和越剧工作者组成的,成员越剧基础较好,时常聚在一起相互切磋。随着加入人员的增多,成员的越剧水平也高低不一,参差不齐。虽然在学习过程中,成员间会互帮互助,帮助其他人提高,但仍有不少基础差的成员因为跟不上学习节奏而主动放弃,离开越剧社。有的因不满意越剧社的演出安排,或对矛盾的处理方式不满,而退出越剧社。另一方面,越剧社人数增多,使大家在推荐和引进新成员时,多了一份慎重。如今越剧社尽量选择越剧基础水平较好的人加入进来,对基础较差的人通常婉言谢绝。这体现了社区学习共同体在发展过程中,成员与共同体在不断磨合中双向选择的过程。成员可以因学习水平的问题,因与共同体的不同观念而选择退出,进而选择其他的学习共同体,同样,学习共同体也可以对成员加以选择,选择与自己志趣相投、水平相当的成员加入学习共同体。

点评

这是一篇形式比较完整、逻辑比较严密的质的研究报告。作者对闻涛社区越剧社的整体把握和细节提炼都比较到位。作者通过观察、访谈、记录和多种途径搜集资料(主要是闻涛社区越剧社提供的宣传资料和活动记录),获得较为丰富的研究素材,并运用一定的操作方式和分析手段,对所掌握的资料进行分析归类,据此提炼出研究结果,通过"对待他人的学习""对待困难""对待决策""对待越剧社""对待群体目标"五个方面的讨论和分析,比较完整地概述了闻涛社区越剧社成员的态度表现。

传统意义上的理论建构通常走的是自上而下的路线,即从已有的被有关学科领域认可的概念、命题出发,通过分析原始资料,对其进行逻辑论证。与此相反,质的研究中的理论建构走的是自下而上的路线,即从原始资料出发,通过归纳分析逐步建构理论。在本文的研究结论部分,作者结合弗里德曼关于"态度"概念的阐释以及对本案例的研究,通过在原始资料与弗里德曼创建的态度概念和本文命题之间不断进行比较对照,得出闻涛越剧社的发展与壮大与成员态度的三个要素存在着密不可分关系的结论。从严格意义上说,本文固然存在理论建构方面的某些不足,但试图从对孤立个案的质的研究中自下而上建构理论,难免属于苛求。事实上,质的研究也允许对不同的研究问题、不同的原始资料采用不同的操作手段和步骤得出研究结论。

本文作者在研究反思中提到的"社区学习共同体的内部成员态度协调问题",我以为恰是一个最值得追问其含义的问题。随着闻涛越剧社的社会名气渐大,其成员因演出机会分配不均而产生的矛盾如何协调是最令王社长头疼的问题。在这里,需要在理论上明确,社区学习共同体成员的共同学习,是基于人的本质意志的学习,即不为世俗功利羁绊的学习。视学习过程为目的还是手段,可以有效鉴别基于本质意志的学习和基于选择意志的学习。前者享受学习过程,而后者视学习过程为代价。在社区学习共同体,人是属于社区的生态式的互利共生的主体;不是社会化的文艺组织、文艺管理的工具,不是楚河汉界两边争胜的棋子。社区学习共同体成员真正的持续性的动机,是一种潜能与兴趣爱好的实现,正所谓"知之者不如好之者,好之者不如乐之者";是人的积极的情感上的分享体验、一种社区的归属感。社区学习共同体原生于民间草根,理应警惕社会功利化对其的侵蚀。一旦演出机会成为目的,其某些成员态度的反转,也就在意料之外、情理之中了。

质的研究特别强调研究者的反思,即研究者的自我反省。研究者一定要探究自己是如何与研究对象互动的,自己是如何获取研究资料的,自己又是如何对这些资料进行解释的。上述才是质的研究反思的内容,而并非某个在研究结果中可能被忽略的问题。从本文作者在研究反思中所呈现的内容看,也许未能准确把握质的研究中应该反思的问题。其实作者应反思的倒是"目的性抽样"的目的。尽管在本文中作者并未说明此目的,从文本显示的语义看,作者是将"有意识"抽样作为目的抽样看待的;从实际抽样结果来看,作者考虑到了抽样强度(能反映同样评价信息且信息密度和强度较高的成员),却对抽样的差异度(能反映不同评价信息的成员)有所忽略。在这里恰恰潜藏着一个可以发掘的意义建构空间。

在舞动人生舞蹈社里成长生命

文/方华平　评/汪国新

2008 年,杭州开始在社区引导推动创建"社区学习共同体"这一中国特色的社区"学习圈",编织社区学习共同体地图,公布群体特色、主要人群以及活动时间、地点、内容、负责人联系电话等信息,方便社区群众参与;杭州市还规定,各区县(市)按照不低于常住人口万分之零点五的比例,配备专职社区教育工作者。据 2013 年 4 月统计,杭州各区县(市)的社区学习共同体已经有 2000 多个,各类学习共同体遍布城乡。杭州市上城区是一个文化资源丰富、人文气息深厚的中心老城区,近几年来,有很多基于社区居民共同学习兴趣的、群众自发的草根群体,如雨后春笋般蓬勃发展。

一、问题的提出

自 2008 年以来,杭州市成人教育研究室的汪国新主任一直致力于社区学习共同体研究。2010 年,由汪主任总体设计,杭州市成人教育研究室研究人员全员投入,开始全面关注社区学习共同体这类草根学习共同体。2013 年,研究人员们围绕社区学习共同体的理论与价值展开了实践性的个案研究,深入基层,聚焦个案的特征,洞察每个个案的背后故事,倾听每个成员的心声。2014 年,研究人员们又在原有的基本个案基础上严格筛选,广泛运用陈向明倡导的质的研究的范式、深入典型社区学习共同体的内部,交流访谈,跟踪调研,关注社区学习共同体的材质特征。

本次个案研究,笔者主要聚焦学习共同体成员学习内驱力持续维持的原因,探究为什么成员能够持续参与社区学习共同体的学习活动。从成员的视角,了解他们对自己持续参与学习活动原因的看法和观点。在综合分析研究者和被研究者观点的基础上,力图最大程度地接近事件的真相。另外,在成员持续参与学习共同体的原因背后,本研究也特别关注共同体本身与这些原因之间有何关系,是否只有社区学习共同体环境才能支撑这些影响成员持续参与的原因。

二、研究方法

综合考虑了社区学习共同体的活动时间、发展状态、成员构成等情况,笔者选取了一直跟踪研究近一年的杭州市上城区舞动人生舞蹈社作为这次的研究对象。另外,笔者与这个舞蹈社的两名核心成员系多年的朋友,鉴于这样的关系,比较容易进入学习共同体内部,拿到第一手的研究资料,资料的信度增强,效度也得以提高。

1.资料收集的方法

本研究采用质的研究的范式,收集资料的方法采用了开放式访谈、非正式交谈、现场观察和实物收集。从 2014 年 3 月 5 日开始到 4 月底结束,笔者深入舞动人生舞蹈社所在的柳浪闻莺活动场地,参与学习新舞蹈,观察成员的学习表现,分析他们持续参与学习活动的原因;同时,分别在新舞蹈的选择阶段、学习磨合阶段、掌握复习阶段三个阶段进行正式和非正式访谈,开放式访谈的时间每次大约一小时,地点是学习共同体活动的西湖博物馆背面院子。访谈时对受访者的语言、表情和肢体动作作了记录,其中包括自己对访谈的反省。我一共访谈了 6 位参加活动的成员。在参与活动的过程中,因为核心人物李老师和董姐、方姐跟我比较熟,常常会跟我进行非正式的谈话。谈话的内容包括她们自己家的事,自己以前的工作、爱好,以及在学习共同体中学习的体会,对彼此的评价,等等,我每次回来都及时做整理,把谈话内容记录下来。在参与舞蹈社活动过程中,我经常站在最佳的观察点,注意观察大家的行为方式和互动方式,在过程中和过程后进行文字整理和反思。此外,我收集了成员的自我介绍18 篇。

2.资料分析的方法

本研究从社区学习共同体成员的学习内容的视角出发,结合社区学习共同体价值的相关研究和理论,对访谈内容进行分析和解释。本研究针对在自然情境下获得的研究资料,使用归纳的逻辑研究资料,通过与研究对象互动,对其行为和意义建构进行解释性理解,进而在实践上对当前的社区学习共同体培育提供一定的指导和启示。

三、研究结果

舞动人生舞蹈社的基本情况：最初发源于吴山广场，正式创名并成立是在2012年6月。群体至今有稳定成员20余人。最初活动开展时间是在每天的上午和傍晚，2012年年底以后，活动时间更改为每天的上午，活动频率为每天，自己自由选择休息天，几乎每天都有人在活动，风雨无阻。活动内容是学习民族舞蹈，包括舞蹈基本功、简单的舞蹈常识、舞蹈心得交流、舞台经验交流等等，每年成员们大致都能学会八九支舞蹈（包括歌曲的哼唱和歌词、歌谱的交流）。群体成员主要是杭州市上城区、下城区及西湖区的离退休人员和周边商户的在职员工。成员的年龄主要集中在50岁左右，没有男性，均为女性。成员主要为高中及以上文化程度，个别人是初中毕业生。

在这里，我重点关注的社区学习共同体内部成员的学习激情是通过什么持续维持的？为什么在这样的社区学习共同体内，成员更容易保持最初的参与热情？

内驱力有广义和狭义之分，广义的内驱力是指在有机体在需要的基础上产生的一种内部推动力。狭义的内驱力也就是学习内驱力，它是直接推动个体进行学习的内部动力，这个"个体"包括所有进行学习行为的人。一个成员力求认识世界，渴望获得科学文化知识和不断探求真理，而带有情绪色彩的意向，社区中的学习共同体为他或她提供了一个促进学习和发展的自然力量，使得成员在没有外在奖赏和压力的情况下，激发了个人的学习行为。在这里，社区学习共同体维持成员学习内驱力的原因就浮出水面，形成了以下三方面："一边跳舞一边协商"的议事模式维持了成员学习的内驱力；"不是亲人胜似亲人"的友情维持了成员学习的内驱力；"生活因舞蹈而美丽"的激情维持了成员学习的内驱力。

1."大家一起有商有量"

在社区学习共同体内每个成员积极顺利地发挥个人的智慧，相互影响，感受到尊重与承认，积极参与共同话题的讨论、协商与决策，宽松祥和的议事模式促成了成员新的学习内驱力的产生与持续发展，成员在提出问题—寻找解决办法—取得一致答案的过程中，学习内驱力不断发酵反应，成员最初的学习内驱力得到维持。

舞动人生舞蹈社的民族舞不比排舞，对音乐与舞蹈技能的要求比较高，学习新舞蹈的过程但凡有一点点怠慢就有可能学不会，老的舞蹈更需要下大功夫,苦功夫,否则仅仅跟着比划几下也是学不会的。而在舞蹈社中,大多数人都是离退休人员,大部分的成员都是因为健身而来,都没有舞蹈基础,更没有经过专业学习,称她们为一群舞蹈发烧友可能更为确切。这支草根群体,没有固定的学习计划,没有专业的舞蹈老师,仅仅凭着对舞蹈的一腔热情、圆梦的理想和最初的一点健身的期望,她们的集体是怎样吸引她们的呢? 良好的团体氛围对成员内驱力的激励是否具有特殊的意义呢? 带着这两个问题笔者深入群体内部,跟踪调研,认真观察与访谈,答案渐渐浮出水面:"一边跳舞一边协商"的议事模式维持了成员学习的内驱力。

(1)"一边跳舞一边协商的氛围是我们喜欢的"

"我们这里没有专业老师,一切都是大家一起摸索,协商是常态,我们是一边协商一边跳舞的。跳舞的过程就是一个商议协调的过程,自由平等的氛围是我喜欢的。"(这是舞蹈社的李老师对大家一起学舞的总结)

"一个新舞的学习一般要经历这样几个阶段,"舞蹈社的李老师一边回忆一边讲述着学舞的过程,"一、广泛遵循意见阶段。网上淘,觉得好就学起来。大多数是我去淘的,少数是由董大姐等几个在老年大学学习的人提供的。也有来自群体间的相互学习。谁先发现就到舞蹈社里来说一下,提提意见,说说各自的看法,觉得有兴趣,就回去跳一下。"

"有的是我们从人家那里听到好的舞蹈的名字,上网查来的。"董大姐说。

"也有到别的群体里现成看来的。"受访者 A 的补充。

笔者通过参与学习一支新舞蹈的选择阶段,认真观察成员的学习表现,总结学新学舞蹈有几个来源:第一取自大家网上淘的结果;第二来自口口相传;第三来自部分成员在外面老年大学培训班老师的教导;第四就取决于群体之间相互的学习与交流。(通过简单的筛选基本确定要跳的舞蹈)

进入学习磨合阶段,首先是确定舞蹈,根据不同的来源拿到要学的舞蹈。通过网上淘的,就到网上下载舞蹈的视频;老师那儿学的就需要通过录像加网上下载相结合的方式。

对于这个阶段李老师是这样解释的:"这个阶段主要由我和董大姐等人在家里先行自学,学会一部分动作,到群体进行表演(通俗说跳给大家看看),跳一小段,几个比较重要的骨干人物简单模仿一下,感受一下难度,大家围观、点评,说出自己的感受,提意见,表态度,甚至可以提出不学的理由。"

"我们很宽松的。"受访者 B 补充道。

"基本上是民主加集中,呵呵,"受访者 C 说,"一边跳舞一边协商的氛围是我们喜欢的。"

(2)"矛盾纠纷在平等商量和畅所欲言中磨合化解"

"原来有几次,我们曾经有过很大的分歧,主要是针对舞蹈类型的选择。我们几个舞蹈基础好的人想挑战一下自己的技能,选了比较难跳的劲舞,基础较差的反对,甚至罢跳了,呵呵呵,不过后来都过去了。大家又开始和和睦睦跳舞了。"李老师一脸轻松地谈起那一次的分歧,经过大家的集体商议,一支即将学习的舞蹈就算正式定下来了。

"在学跳与教学相结合阶段,我一般都会先在家里把整个舞蹈看熟。我坚持啃下来,有时要花去大量的时间、精力,甚至要实现对自我的挑战。先行自学一小段舞蹈,认真揣摩。第二天将前一天学习的动作拿到群体里来跳,大家一起提建议、一起商量,然后一起来练习。"说到这里我看见李老师的眼神里显露出难得的自信。

"其实这个过程也不是一帆风顺的,经常有争议。"大家异口同声地说道。

"我们可以随时对跳舞的动作提意见,"受访者 A 说道,"包括大家都学会的部分,发现不舒服,还是会要求改过来的。""大部分时候我们都还是听李老师的,她舞跳得好,人又聪明,是我们这里的专家。"受访者 B 说道。

"只要说得有理,都会听的,每个人都是老师,"李老师补充道,"对的就会去听,一支舞蹈的完成是集体智慧的结果。我很喜欢这种交流方式。"

"难的舞我们基本上一个月一支,简单的两个星期就都教完了。"

"我们这里,任何人都可以畅所欲言地发表不同意见,其他人都能认真地倾听,有则改之,无则加勉,也会互相反驳,但是越辩越清的,最后基本都可以达成一致意见的。这种感觉很好的。"受访者 C 的话得到了大家的一致认可。

最后的阶段我给她们总结为复习掌握阶段。这个阶段是舞蹈社的每一个成员每天都要重复做的,学习新动作后及时复习切磋,以及学习新舞蹈后对老旧舞蹈的回顾,特别是一些大家集体认为美丽优雅的曲目,不厌其烦地重复重复再重复。

"跳一遍,全身都毛舒服。"这是来自全体受访者的回答。

2. "不是亲人胜似亲人"

学习共同体内彼此之间相互信任、心灵相依、守望相助的友情如同黏合剂,让成员们汇聚在家庭一般的学习共同体中,不是亲人胜似亲人。

(1)"跳舞社里有许多我谈得来的朋友"

方大姐,51 岁。来跳舞社之前,刚从千岛湖一家培训中心的副总经理的职位上退休下来。方姐在原单位是一名职业经理人兼党委书记,精明能干,为人坦诚,在性格上外向自信。她1米65的个子,身材纤细,衣着大方得体。参加舞蹈队后,活动积极,方姐从小就喜欢音乐,特别喜欢唱歌,在原来工作的单位里是出了名的唱歌高手,人称"小百灵"。在选择参与舞蹈队之前,方姐没少跑西湖边,家附近的广场,以及家所在的西湖区老东岳社区,上网寻找了解社团信息,加上老同事、朋友介绍,前前后后考察了大大小小的群体不下十个,最终她选择了来柳浪闻莺参加舞蹈社。

当问到舍近求远的初衷,方大姐是这样回答的。(我了解到方大姐家住在城西,每天到舞蹈队要换两趟车,路上花的时间基本上是一个半小时,但方大姐自从参加舞蹈社后,几乎天天都来,不论刮风下雨。)

"你家附近有这么多的排舞队,为什么会舍近求远呢?而且每天来回这么远,你的坚持难吗?"

方大姐一脸的喜悦溢于言表:"大家人合得来,年龄接近,这里的人很热情。跳舞的场地风景很好,除了跳舞,我还可以欣赏西湖的风景,一举两得。另外,我觉得排舞不好看,这里的舞曲子很好听,都是一些我喜欢的歌曲,例如《黄鹤楼》《妈妈我想对你说》等等,对我来说比较容易进入角色。"

"我们的群体很有凝聚力,这里的人对新来的成员很热情,很关心,还经常得到大家的鼓励。跳新舞的时候,我每天都来学习,一节课也没拉下,我很用功的,越跳越好看,我也很自信,大家经常鼓励我的。""我们经常会组织在不同的季节聚会一下,大家AA制。聚会的时候,每个阿姨都会穿上自己最漂亮的衣服,精心打扮一下,六十多岁的人看起来最多只有四十多岁,特别年轻,特别是几个爱生活的老师像个弄潮儿的样子。"

(2)"阿姨们人真好,待我像亲人一样"

小路,化名,19岁。距离西湖博物馆一千米左右有一家杭州城里著名的餐馆"西湖春天",小路是这家餐馆的一名新员工,今年老家过完年,小路来到这家餐馆打工。她长得眉清目秀(杭州大姐们都觉得她长得毛清爽相的),有一双水灵灵的大眼睛,个子不高,1米55的样子。由于年纪小,还没有男朋友。在"西湖春天"的日子,每天除了上理论课,背菜单,熟悉店里的流程,小路还有一项称得上神圣的事业,那就是每天上午九点到十点三十分的学舞时段。说起坚持来这里跳舞的原因,小路格外动情。

"我是一个打工妹,出来打工三年了,三年来我都是跟我老乡们在一起。我其实一直很想认识几个杭州人。"她还怕我不理解,又补充解释道:"你知道的,城里人看不起我们,其实我就想有个把城里的朋友。"小路用手揉搓着衣角,眼睛里流露着向往。

"找个城里的朋友,很难吗?"我问。

"很难,我店里没杭州本地人,我的朋友圈子很小,最主要我们来打工的时间多用在做事上面,休息就是睡觉。"原来小路来自山西,家境很贫寒,打工赚钱最主要是为了养家,一个月2000多元的收入,大部分要寄回老家,根本没闲钱用来交际。

"以前在城东一家餐馆打工,小姐妹在一起虽然开心,但时常觉得空虚。有一天我偶然经过西湖博物馆,听到阿姨们在用杭州话交谈,我就问我可不可以也来跳舞,阿姨们就同意了。"

"跳舞让我认识了许多杭州阿姨。"参与舞蹈社活动,小路实现了愿望,也收获了许多杭州阿姨的关心与帮助。

"阿姨们人真好,待我像亲人一样。阿姨们经常拿来一些衣服给我穿,学跳舞后,我都不大花钱买衣服了。我的业余时间也都在舞蹈社度过的。"小路一脸满足,充满了自信。

3."生活因舞蹈而美丽"

共同体中的成员为了圆儿时的梦而来,也有因为健身的最初需求而来,但通过在学共体中的学习交流,切磋舞技,每个成员每天都在变化,月复一月年复一年,身体和精神状态都产生了巨大的变化,那是一种人生对另一种人生不可企及的变化,是一种基于身心健康的生命满足感。

(1)"舞蹈让我苗条塑身"

问起坚持来这跳舞的原因,方姐一脸的自信:"为了更苗条,更漂亮,塑身了,消磨时间。而且,这种舞是最好的,舞蹈让我苗条塑身,看着就是一种享受。"跳舞前,方大姐刚从单位退休,年轻漂亮,充满朝气,一看就是一个自信的人。

"一般的排舞不能比,有难度,跳一支舞就全身是汗,这种形体舞对塑形帮助很大。"

"这里教的舞蹈音乐很好听。我几乎每天都去跳舞,舞技长进很快。大半年来,我天天都是好心情。"

"你没有基础,跳这个舞,你快乐吗?"当谈到舞蹈的本身难度和她现实的没基础之间的那种尴尬,方大姐很大方地回答道:"不难,有目标就不难。在家的时候,我想过很多的锻炼方式,比如说爬山、走路、游泳等等。最后我就坚持了两种:形体舞与暴走,呵呵……"

说起这一年来的收获,方大姐像打开的话匣子一发而不可收:"很大!(大声地回答道)我的生活因跳舞而美丽。通过天天来跳舞,我很快就适应了自己的退休生活,人感觉年轻了许多,每天我都很开心。"

"我们跳舞的时候,最开心的是,路过的行人都说我们跳得噶好看的,盯得我心里痒滋滋,乐滋滋的。"

"坚持跳舞一年后,感觉自己心态好,特别是气质上提升很大,以前上班的时候是职业性的,现在跳舞给我增添了许多的文化气息,我越来越自信,我微信上经常发自己外出游玩的照片,很自信。"(她曾经的失落都被快乐、幸福替代了)

"现在我找到了自己喜欢做的事情,日子过得很充实。"

(2)"学跳舞是我儿时的梦想"

"圆梦的快乐感受,让我每天都收获美丽心情。"萍萍姐姐因为圆儿时的梦而加入舞蹈社,是这个舞蹈社的老成员。1955 年出生,原来在邮电局工作,大专文凭,打小就喜欢舞蹈,很有跳舞的天资,很好的表演天赋。一谈到舞蹈脸上就流露出意犹未尽的神情。

"我是真的喜欢跳舞,学跳舞是我儿时的梦想。"这是为了儿时梦想的一份坚持,更是一种深入骨髓的坚持"我可以不吃饭,但一定要跳舞"。

"下放的时候,我是文工团的活跃分子,那时候天天跳舞,一点也不觉得累。回到单位我也很喜欢文艺,那时候工作忙,家务活多,条件一般般。但是,刀美兰到杭州来跳舞,我的工资只有 20 块钱,10 块钱一张票,我要连着看两场嘞。吃的可以省省,舞蹈一定要去看的。"

"太贵了,买不起票了。我参与培训班,看老师们跳,我也很享受。"

"我现在除了来舞动人生跳舞,我还参与老年舞蹈班学跳舞,一期 180 元,学习三个月,可以有机会和专业的老师学习跳舞我真的是太开心了。"我看到萍萍姐眼中的骄傲与满足。

(3)"彼此精神相依,让我多了一份责任"

又是一个春暖花开的季节,我和李老师约好了在柳浪闻莺见面。李老师一头蓬松的短发,背一个特大的包,一身黑色的打扮,精神矍铄。坐近以后观察,李老师一双大大的眼睛,炯炯有神,一笑隐隐约约现出两个小小的酒窝,除了皮肤稍显黝黑(后来才知道是因为常年在室外坚持舞蹈的结果外),全身上下透着一股极强的艺术气息,端庄优雅,气质超凡,透过眼前的她我想象到李老师年轻时一定是一个美丽动人的女子。

李老师,舞蹈社的真正创办人。体弱多病,腰椎间盘突出曾经让她卧床不起,她意识到一定要下床运动,刚开始几十米的路要花去她两三个小时,艰难的挪动,每次练习走路都要湿掉一件衣服,脚踏到地上用在刀尖上行走来形容一点也不过分,每踏一步都钻心地疼痛。2009年李老师又患上了子宫癌,做了一个大手术,切除整个子宫。两样病魔的折磨,让她几乎对生活失去了信心。病愈后在家人的鼓励与支持下,她经常到离家最近的吴山广场上吹风散心。一次偶然的机会,接触到董大姐她们的舞蹈队,有五六十号人,班子比较大,李老师也主要是跟她们跳。李老师曾经是幼儿园的院长,2005年单位转制,幼儿园也停办了,她来到杭州和老公一起在四季青开摊位打拼,直到2010年腰病突发。李老师年轻的时候就参与过多次幼儿舞蹈的编排与创作,她很聪明,舞蹈队学习的舞蹈她一看就会,加上在家里默默用心钻研舞蹈,学得很快,老公和女儿又非常支持,女儿有空就教她学习电脑,现在用电脑也驾轻就熟了。

以下是李老师的自述。

2011年10月,我到吴山广场走路,看到当时吴山广场上有好多的队伍,我本来想学习太极拳的,当时只有一个目的——把身体搞好,健身是主要的目的,后来我看到有部分人在跳民族舞蹈,一下就吸引了我,我觉得那是我自己心里所喜欢的类型,我当时就很兴奋,很想参与。由于我当时还插着管不方便,我就在边上看看,偶然也跟着跳跳,一开始,我也是画动作,跳的也很不好看。我们原来参与的大群体有二三十人,那里的老师不太教动作的,主要是自学,后来得知她们是在网上学的,我就到优酷、土豆等网上去下载,一遍一遍地重复学习。2012年9月,我的身体发生了比较大的变化,医生嘱咐我不能跳舞,最好是到公园里去散步,加上在原来的群体里,因为我学得比较快,与领舞的老师有点不开心,我这个人一向向往自由,退都退休了,不想受到限制,就决定离开原来的大队伍,有十三四个人和我一起离开。

这最初的十三四个人跟着我,主要是因为大家关系比较好,还有,可能是我的个人魅力所在了,哈哈哈。说真的,我们大家真的喜欢跳民族舞,日久人心现,她们在精神上依赖我,我也渐渐地离不开大家,我们彼此精神相依,我也自然多了一份责任。

到现在,我们这个小群体成立也有一年多了,舞蹈社的大多数人都是离退休人员、全职妈妈,身体都不是太好,大部分的成员都是因为健身来参与的。刚开始学的时候大家兴趣很大的,恨不得学会各种各样的民族舞,到现在学的舞多了,特别是学一支舞的时间一长就会感到厌倦。对我来说刚开始跳舞时,学习舞蹈感觉是一种享受,渐渐地开始烦躁,跳舞的兴趣减弱了许多,时常想到放弃。不过现在跳舞和教舞对我来说都成了一种责任,一种甜蜜的责任,从最初的好友到精神领袖,我们彼此相依,责任也是美丽的。

四、研究结论

2个多月的跟踪观察和深度参与,让我也渐渐爱上了舞动人生舞蹈社,似乎我在体验成员们鲜活的人生故事、感受舞蹈社温情氛围的同时,关于学习、关于生命、关于幸福,我突然有了某种感悟。于是,我也有了想要一直参加下去和朋友一直相处下去的愿望,我想这和舞蹈社里某种独特的东西有关系。到底是什么东西吸引着成员们的持续参与? 我认为,其中至少包括:平等参与和民主协商让每个成员感受到自己的存在,感受到自己作为一个受尊重的个体之于整个舞蹈社的存在;守望相助关系,让每个成员体会到"家"的温情;社区学习共同体给成员带来的生命的成长与精神状态的改变,是对人的高层次需求的满足等。

1. 宽松和谐友好的氛围

成员们都享有平等自主的参与权。一些原本不相识的人,为了同一种文化、同一种爱好,走在了一起,共同学习,互相探讨。在这里,大家可以发挥自己的所长,学习自己感兴趣的知识。在社区学习共同体中的"人",排除了财富、性别、年龄等方面的差别,更关注每个社会成员,特别是社会中处境不利的困难人群和特殊人群,包括无业人员、残障人士、外来务工人员及其子女、破损家庭成员、家庭妇女、老人,以及城市新人等,平等、自主地参与社区学习共同体的选择权,平等自由地选择学习内容的机会,平等的学习权,真正体现学习者学习机会的平等。共同体那种宽松、友好、平等的学习氛围,集体智慧式的议事模式自然而然地使每个成员的学习动力得到进一步强化,成员在社区学习共同体内学习、交流,学习积极性不断得到强化,直接推动个体兴趣的提升,间接维持与保护了每个成员学习的内在需要。在社区学习共同体这个开放的学习空间内部,每个成员都可以积极参与集体决断,当每个个体的需要得到维持与保护,每个成员都得到了持续的快乐,一种持续驱动每个个体积极参与共同体活动的学习共同体就产生并得以维持。

民主平等的基础上的共同协商,这样的氛围吸引学习者持续参与学习,在一定程度上促成了学习者学习内驱力的变化,学习成为轻松愉悦的事情。由于社区学习共同体这个集体具备民主的协商氛围,因而使得每个成员在学习与探讨的过程中,相互共享、彼此交流、共同活动,在集体之中每个人都有一些不同的见解,观点也会呈现多样化。成员在民主、平等、自由的环境中充分发挥个体的差异性,从而为集体贡献个性化的智慧,不会因为别人的意见而改变自己的意见,在这个集体之中,成员对事物的判断具有自己独立的见解,而不依赖于周围他人的观点,没有人被强制性地做自己不情愿的事情或决定。另外,这个集体还具备宽松的对话机制——一种使得个体判断成为群体决策的机制。不同观点和意见在一起交汇、碰撞、互补、协同,最后达到凝聚。尊重彼此的差异,吸取正确意见的特性,创造性地凝聚个体的智慧,不断螺旋上升地形成集体智慧。这个集体在充分发挥个体差异性和独特性的基础上,在竞争与合作的过程中,通过发散、汇集、整合产生比个体更好的问题解决方案、更深层次的洞察力,同时成员也从内心对这个集体产生依赖与向往。

2. 守望相助的关系

在社区学习共同体中,"帮助你,就是帮助我自己"的道理,正在演绎成守望相助的和谐。成员间,彼此亲密,更加乐于无私地不求回报地去帮助别人。成员们在共同学习之间建立的这种互助合作的关系,不仅是一种充满乐趣的奉献,也让每个成员在工作之余体现出自身的价值。这种价值的体现是让每个人在轻松愉悦的感受中,寻找到最富有人情味的友情与亲情关系,达到不是亲人胜似亲人的境界。

3. 生命成长的学习收益

《学会生存》中说:"人类发展的目的在于使人日臻完善,使他的人格丰富多彩,表达方式复杂多样,使他作为一个人,作为一个家庭和社会成员,作为一个公民和生产者、技术发明者和有创造性的思想家,来承担各种不同的责任。唯其如此,教育才能在社会与人类自身的建构中发挥最大的功利,向着止于至善的目标努力。"社区学习共同体中成员彰显了各自的人生价值,发展了智力,挖掘了潜力,在自我教育的过程中度过有益健康的闲暇时光。追求生活质量的提高、审美品位的提升、美好生活的体验,社区学习共同体迎合了人性的理想。在学共体中学习的成员收获了开心、快乐,达到前所未有的自信,肩上多了一份精神相依的责任,在共同学习这种环境下,每个成员能够真正感觉到自己的存在,能够让人性得到尽可能的舒张,让个体的尊严与个性的表露不再畏缩。关怀人的生活、尊重人的尊严,理解生命、追求价值、认识自我,活出人的意义,最终这一切的美丽与价值都是由学习共同体本身的价值所带来的。

五. 研究反思

1. 在社区学习共同体中，学习不再是一个人的任务，而是群体共同的任务

社区学习共同体的成员们具有某一方面或某些方面相同的学习需要。而共同的学习需要，也是成员之间一起学习的前提。共同体成员的某一需要没有得到满足，产生群体的不平衡状态，通过共同努力找到满足途径的时候，这种紧张的心理状态会转化为动机。集体动机与个体动机结合在一起产生强大的驱力，推动共同体团体通过学习，达成目标。而某一目标达成后，群体的成功让个体产生成功体验，这种体验通过群体的分享而增强。新的需要也随之产生，引起新的动机，产生新的行为，共同学习也在平衡与不平衡的关系转换中不断推进。

2. 社区学习共同体也是传递有用实用知识的载体之一

从学习内容维度上看，实用的学习内容更能引起成人的学习兴趣、满足成人的需要，引发成人的内部学习动机即学习内驱力。

社区学习共同体是传递实用知识的有效载体，且社区学习共同体的学习最符合成人的学习特性。教育学家诺尔斯（Malcolm S. Knowles）认为，成人学习与学生学习具有很大的不同，成人由于人生经验较为丰富，思想比较复杂，对学习的要求，无论是学习的内容、教学的方法、学习的目的以及能否达到、怎样达到等，都要经过仔细辨别和思考。成人对学习的要求和期望较高。所以，成人只学他们认为需要学的东西。成人学习具有很强的目的性，如果是他迫切需要的，他们会乐意去学习，尤其是对于与现实联系密切的知识和技能更能引起成人的注意，即学即用。从学习内容维度上看，有用实用的学习内容更能引起成人的学习兴趣、满足成人的需要，引发成人的内部学习动机。社区学习共同体成员具有相同的兴趣或共同的需要，他们的学习是自愿参与，并且具有明确的学习目的，对学习结果有期待。

点评

这是一篇有意思的质的研究报告。我们常说，最好的文章是作者的自然流露，不堆砌，读的时候不觉得是读文章，而是在读生命。该报告未

必是最好的文章,但是,研究者与研究对象一同成长,研究报告是来自作者的"心"而不是她的"大脑",是作者对真实材料的真情诠释,体现了质的研究"求善求美"的特点。作者说:"让我也渐渐爱上了舞动人生舞蹈社,似乎我在体验成员们鲜活的人生故事、感受舞蹈社温情氛围的同时,关于学习、关于生命、关于幸福我突然有了某种感悟。"基于这一点,读者愿意读下去。

本文的研究问题与研究的方法具有适切性。研究的问题很明确:为什么成员能够持续参与社区学习共同体的学习活动,即持续参与的内在动机是什么?这一问题其实就是探讨社区学习共同体里学习活动中人的情感、态度和价值观及其对持续参与学习行为的影响。探讨这个问题,恰好是质的研究所长。因为"质的研究"方法关注人的价值诉求,力图揭示事实背后的价值关系。

我很欣喜地看到作者在结论部分能总结提炼出"生命成长的学习收益"这个观点。方大姐家住在城西,每天到舞蹈队要换两趟车,路上花的时间基本上是一个半小时,但方大姐自从参加舞蹈社后,几乎天天都来,不论刮风下雨。"我的生活因跳舞而美丽。通过天天来跳舞,我很快就适应了自己的退休生活,人感觉年轻了许多,每天我都很开心。""圆梦的快乐感受,让我每天都收获美丽心情。"萍萍姐姐因为圆儿时的梦而加入舞蹈社:"我是真的喜欢跳舞,学跳舞是我儿时的梦想。"这是一种为了儿时梦想的一份坚持。"我可以不吃饭,但一定要跳舞",这是一种深入骨髓的坚持,更是融入血液中的生命体验。由此,作者认为,社区学习共同体达成了人性的理想。在学共体中学习的成员收获了开心、快乐,达到前所未有的自信,圆了儿时的梦想,能够真正感觉到自己的存在,能够让人性得到尽可能的张扬,让个体的个性的表露不再畏缩。这一切的美丽与价值都是由社区学习共同体本身的价值所带来的。

或许有人不能理解美育与生命成长会有这样密切的关系。其实一个人懂得审美,他就是非常幸福的人,所以蔡元培先生提出"美育代宗教"思想。懂得审美的人,他不管是读书、看电影、观赏大自然,都能享受美的愉悦。而且有了审美能力,感官就不一样了,生命质量就不一样。歌德说:"人生下来最重要的是用眼睛看世界。"这时的眼睛是超凡脱俗的,是非功利的。还有马克思所说的"音乐的耳朵",是能欣赏音乐的内感觉。音乐的语言比文学的语言更抽象,但往往也有更高的境界,音乐可直接与宇宙相通。感官经过美的熏陶,整个生命质量就不一样了。没有美感的积淀和滋养,我们的生命质量就会降低,甚至会犯一种"缺钙症"。遗憾的是,许多人因为没有关于艺术等审美体验,常常忽视、轻视艺术类的社区学习共同体,认为这些"唱唱跳跳"是"小儿科",殊不知,舞动人生舞蹈社之类的学共体才是生命成长之"钙"。

老来俏时装队的"引力"

文/余锦霞　评/项秉健

一、问题的提出

根据杭州市成人教育研究室"社区学习共同体的生命价值与成长机理"课题的整体研究设计,先期对整个杭州市各个区县(市)中各种类型的群众团体进行深入调研,开展系列个案研究。作为研究群体的一员,本次个案研究要求在跟踪社区学习共同体的成长和发展的基础上,挖掘社区学习共同体真正魅力之所在,了解社区学习共同体里到底是什么吸引了成员。

根据这一研究目的和任务,本案例选择了质的研究方法开展研究。这种研究通常以归纳法为主要手段,在当时当地收集第一手资料,从当事人的视角理解他们行为的意义和他们对事物的看法,然后在这一基础上建立假设和理论,并通过各种渠道对研究结果进行相关验证。报告使用第一人称,希望完整地呈现研究历程及研究者的思考和反省。

二、研究过程

1. 抽样

本次研究采用目的性抽样,即根据研究的目的选择有可能为研究的问题提供最大信息量的样本。根据江干区的成长档案袋和群体发展的实际情况,首先从群体发展时间、发展规模、活动开展、群体成员四个维度进行筛选,在选出的8个群体中尝试"合并同类项",发现这些群体根据发展特点可以分为以下几种类型:一是纯草根群体,从萌芽、建立、发展到成熟都是自发的,没有其他社会机构或者组织干预;二是由街道或社区发起组建,在发展过程中,群体逐渐成熟从而成为一个完全自主独立运作的群体;三是由群众自发创建,在发展过程中,社区代表或者社教干部介入其中帮助发展或者共同发展,并且社区代表或者社教干部担任重要角色或者发挥重要作用;四是社区代表或者社教干部由于工作原因,招募某种兴趣爱好的居民群众,组建群体,并自始至终以群体核心成员的身份负责群体的运作和推动群体发展。其中,老来俏时装队就属于第二种类型。

这里需要简单介绍一下老来俏时装队的背景。1998年的时候,洁莲社区需要组织居民参加街道以及区里的表演和比赛,因此,当时的社区领导找到了现在时装队的队长徐老师,提议成立一个时装表演队。当时时装表演队还是很少的,因此,时装队参加各种比赛和演出,获得了很多奖项,在社区里逐渐有了名气。2001年2月份,已经有了20多个稳定的"演员"的时装队,正式成立并命名为"老来俏"时装队,徐老师任队长。这个时装队现在共有成员近30人,以中老年人为主,最年轻的43岁,平均年龄60岁。这个时装队还有一名"健康达人"——92岁的金奶奶。时装队的一个特色是,他们与杭州的丝绸文化、旗袍文化、茶文化结合得比较紧密,排有专门内容的节目。因此,我最终选择了老来俏时装队作为本次案例研究的对象。

2.收集材料

收集材料采用的方法是开放式访谈、非正式交谈和现场观察。老来俏时装队在最初的时候是洁莲社区发起创立的,因此,我通过江干区社区学院在洁莲社区的社教干部楼老师,联系上了老来俏时装队,并得到时装队队长的允许,得以对他们的群体进行采访和现场观察。

为了更好地挖掘老来俏时装队成员心灵深处关于群体、关于群体成员之间的关系等问题的最真实的声音,捕捉群体发展的内驱力,因此,我主要采用开放式和非正式的交谈方法收集材料,以及从非正式的交谈中挑选能够回答我的研究问题的材料。

同时,我认为还必须要深入老来俏时装队,以一名普通成员的身份参与他们的活动,设身处地地感受这个群体对每个成员的影响力和吸引力,所以我以一名普通成员的身份进行现场观察,收集材料。

2014年1月初,我在江干区社区学院楼老师的引荐下,来到采荷街道文体中心三楼,这里是时装队的室内活动场所,每周二和周四,时装队的成员都会聚集在这里。这是一个大约有80多平方米的正方形舞蹈教室,教室正前方的墙壁整个都是落地镜,可以很方便地看到自己的形体动作以及神情。舞蹈教室的隔壁是会议室兼休息室,里面有一张用火柴梗手工制作的很大的圆形会议桌,特别漂亮。我的访谈和非正式交谈也基本在这两个空间里开展。之后的每周二和周四我都来到这里和这个时装队一起活动,一起闲聊。

三、研究结果

为了更好地呈现本次案例所要研究的主要问题:社区学习共同体里到底是什么吸引了成员,本次案例研究从成员们参加时装队的情境和具体原因入手。

1. 参加时装队的原因

年近 60 岁的队长徐老师,从小喜欢唱歌、跳舞,年轻时是杭州丝绸厂的员工,45 岁时就退休了。"退休之后一直想找点事情做做,很偶然的机会,就去学了模特。"徐老师在杭州丝绸博物馆做了 10 年的职业模特,同时被文化馆、老年大学等聘请为模特班或者时装培训班的老师。在做职业模特和模特班的老师时,时装队的活动都在晚上进行。后来徐老师退出博物馆的职业模特后,只做部分培训班的老师,所以时装队的活动就主要是在白天,除非有比较紧急的演出任务或者安排时,时装队才需要在晚上加班。

徐老师由于工作上的原因,可以有很多机会在她自己的学生中选择具备一定潜力的人,邀请他们参加自己的时装队,因此,十多年以来,时装队从来不缺新人,长期都会保持一定数量的候补队员,队伍的新陈代谢能力较强。

目前时装队里有 20 多位成员,其中三分之一的成员是在某些场合被时装队队长看中而受邀请参加时装队的,三分之一是因为时装队成员的推荐,如推荐自己的小姐妹、哥们或者爱人来参加时装队,还有约四分之一是来自徐队长任教的模特培训班的学员。主要过程和原因如表1:

表 1 时装队成员参与过程及原因

成员	参加的过程与原因	同类原因的成员占时装队的比例或人数
冯女士	受队长邀请	三分之一
祝女士	成员介绍	三分之一
王先生	社区请去帮忙	1 位
华先生	爱人介绍	2 位
李女士	培训班的学员由于表现好而被邀请加入	3 位
兰女士	慕名前来主动要求	2 位

以下是其中四位成员在和我交谈时谈到"您是怎么参加这个时装队的"时的陈述:

（1）"偶发性的意外"

"很偶然的，应该说是个意外事件吧。我是 2004 年在跳广场舞的时候，被队长看到了，队长觉得我条件还不错，就主动跑来告诉我说有这样一个时装队，问我愿不愿意来参加。我以前从来不懂模特啊、时装啊这些东西的。我退休以前是汽车修理（厂）的电工，也没有接触过时装。后来来了时装队之后，看时装队的人个个气质很好也很漂亮，我也跟着边学、边练、边上台，就喜欢上了。"（冯女士）

（2）"旧时心愿"（兴趣爱好）

"我是 2009 年退休来到杭州的。我是外地人（金华人）。我以前是做企业管理的（后来，另一位成员在谈话中跟我说她以前是燃气百货公司的总经理），我也是什么也不会的。后来小姐妹介绍来参加这个时装队。我是实现了以前的心愿了。我个头 1 米 67，以前在老家时，朋友也说起，开玩笑说怎么没有模特队啊。我是早想有这样的机会的。"（祝女士）

（3）"印象很好"

王先生告诉我，"时装队给人的第一印象很好"。他回忆当时的情境说道："我退休后，社区里叫我到社区工作，我没有去。后来社区搞运动会，我参加了，他们都说我形体、风度比较好的。后来社区里说时装队缺少男模，叫我来试试看，后来我就留了下来（已经有 9 年光景了）。我觉得来这里很高兴的，大家都很高兴的。当时时装队有几个特点给我留下了很深的印象，就是都是积极向上的（指大家的精神风貌），形体上也是，不会像其他老年人那样（背弓起来的）。练这个时间长了，气质比较好的。我以前对时装模特这些没有兴趣。我退休以前是在企业里当领导的，当过几年科长、几年厂长，是在厂长的位置上退休的。"（王先生）

（4）"被需要"

"我不抽烟、不打麻将、不打老 K（指扑克牌），退休后在家里很无聊、很寂寞的。我爱人是这个时装队的，说时装队里缺少男模，就拉我来参加了。后来我爱人退出时装队回家照顾小孙子了。我就留了下来。我退休前是在发电厂工作的，由于工作的需要（签合同，以前签完合同就要跳舞，他的意思是应酬的需要），要跳交谊舞的。我是工作上逼出来的，我不喜欢的，只是工作上的应酬需要。"（华先生）

从队长和成员们参加时装队的具体情境上看，有的因为兴趣爱好而参加，有的因为偶发性的事情而加入，有的因为时装队缺乏男队员而感觉到被需要而

147

参与,也有的因为对时装队或者时装队成员的印象好而选择参加,等等。这些原因影响了成员最初选择参与时装队的行为。这些原因,有成员基于直觉和感性上的本质意志,也有成员基于理性思考上的选择意志,但是总体上,理性选择的成分较弱,更多地表现为成员的本质意志。那么,这些原因为什么会成为成员们选择持续参与时装队的动因呢?

2.时装队最吸引你的是什么?

为了深入了解为什么时装队能够凝聚成员们积极主动、自觉自愿地参与,在交谈中我根据谈话的具体情境设计了多个问题,比如:为什么这么多年坚持参加时装队?你觉得参加时装队前后感觉自己有什么变化吗?参加时装队对你自己而言有好处吗?在时装队里你印象最深的是什么事情或者场景?有过什么特别让你感动的事情吗?你是否打算继续参加时装队?……希望从成员们谈话的一些细节碎片中梳理时装队真正吸引成员的东西。以下是一些我认为能够拼凑出这些问题的实质性的答案(或者说是部分答案)的重要"碎片"。

(1)"我们很漂亮的"

"我们时装队的走出去,那和别人是不一样的,我们真的很漂亮的。我们出去逛街的时候,人家都会讲,说我们看上去跟别人是不一样的,腰杆挺直,感觉人很挺的。我们排练、演出、搞活动什么的拍了很多照片,我把照片发给老家的人看,他们看了都很羡慕的,说真的变化很大。"

(2)"团结"

方女士:"我们队里很团结的,大家关系都很好。队里,有点什么小矛盾,大家都会互相让一下,大家都退一步就什么矛盾都没有了。"

我:"队里曾经有什么样的矛盾呢?能否讲个这样的事情来听下?"

方女士:"一般是关于某个演出谁上台谁不上台、谁和谁配对或者谁站在比较显眼的位置等。说实话,大家心里都还是希望展示自己的,但是演出一般有规模、时间、节目编排等的限制,不可能所有人都有上台的。"

我:"遇到矛盾怎么解决呢?"

方女士:"我们都听队长的,队长说怎么站就怎么站。"

冯女士:"我们听队长的,队长说了算。"

我:"队长说的你们都认可吗?"

方女士、冯女士:"我们都服的,我们很听的。"

我:"你们提到的团结是什么意思?还有什么其他的事情能说明你们很团结呢?"我认为成员们提到的"团结"这个词是有特定意义的,因此我加以追问她们。

祝女士:"就是团队精神。""就是很和谐。队长的提议,合理的我们大家都很支持的,如果有不同意见,或者不同意的话,大家就好好说,平心静气地谈,大家都互相理解、互相支持,所以也不会有大的冲突。"

冯女士:"私下里我们都成了好朋友,经常会打打电话、聊聊天、喝喝茶、唱唱歌,小聚一下,节假日大家都会互相惦记,有什么困难大家互相能帮忙的帮帮忙。"

王先生:"很多人想来,我们队里很开心的。我们氛围很好的。"

祝女士:"他们(指时装队的成员们)都对我很好的,我刚来的时候,什么也不会,他们都教我的。她(指冯女士)就一直都带我的,她对我真的很好的。"

冯女士:"那没什么的。他们新来的,肯定有个过程的,我们老队员不能摆老资格的,觉得自己有什么了不起,那不对的。大家都是缘分才聚到一起的,互相帮助应该的。"

(3)"队长付出很多"

"我们队长真的付出很多,她很辛苦的。我们时装队没有队长不行的,真的,没有她,不会有我们这个时装队的,办不好的,肯定早就散了。"

"队长很忙的,要教我们,要排练,排练前要选好音乐,选音乐不是那么简单的,要选择合适的,还要剪辑音乐片段进行编辑组合,很花时间、精力的。服装、道具等都要去考虑的。节目要编排,还要带着我们一起去演出。我们演出还是很多的,街道的、社区的、区里的、电视台的。还有一些比赛,比如前段时间的'百团大战',还有'中国达人秀',我们参加比赛的。我们已经通过选拔了,要去上'达人秀'节目了。队长的事情真的很多的,她家里的事情都没有时间做,都是交给她老公做的,家务什么的她老公全包的。她家里人真的蛮支持的。"

几乎所有成员都提到了队长的辛苦和付出。为什么成员对队长徐女士的认可度会这么高?我们来听一听徐女士对自己的要求,也许读者们可以自己做出判断:

"作为队长,业务上自己都要学会,水平还要比别人高才行,否则人家不服你的。还要能吃苦,能听得进别人的意见;别人的话如果有不太好听的,要受得了,就是能包容。自己脾气要好一点,待人和气一点,说话口气要好一点。不要太计较得失,要多付出。对待他们(指成员们)要像兄弟姐妹一样。小事情上有争议,体谅一点,主动一点。我自己要以身作则的。我自己不能请假的,生病什么的我都坚持的。要多考虑他们每个人的感受……"

（4）"又上班去了"

访谈中，有多个成员都提到，"时装队的无论排练、培训、学习还是演出，对我们而言，是工作，而且是重要工作，不是娱乐"。这句话对我是个颠覆，我以前一直认为很多老年人都只是或者说主要为了娱乐而组织、参加时装队以及其他各种各样的群体的。

冯女士："我们每周二、周四都有活动的，我们也是风雨无阻的，下雪天都照常的。如果有重要的演出需要排练什么的，我们还要'加班'的。大家都很自觉，虽然有时候有点辛苦，但大家都没有怨言的。每到活动的时候，我收拾完自己（指打扮好自己），要出门的时候，我老公总开玩笑说我'又要上班去了'，我们跟上班一样的，不好随便请假的。"

祝女士："我们其他的事情、家务、接送照顾孙子什么的，都提前安排好，确保不和时装队的活动相冲突。真的，大家都不拿工资、没有报酬的，但是大家都当做事业来做，我们都很认真的。"

（5）"我们很开心，收获很多"

成员们谈到的收获中，其中出现最多的词是：健康、快乐、成就感、自豪感、自信心、交友。以下是几位成员的描述：

华先生："参加时装队后，我自己本身变化很大的，最明显的就是肚皮变小了。再就是我以前是外八字走路，现在不会了。而且人家都说我不像别的年纪大点的人那样感觉有点驼的，而是很挺的。"

祝女士："我的收获很多阿。我在这里交了很多好朋友。我以前的时候因为是外地人，所以这边没有朋友，现在我有好多好朋友，生活很有味道。参加时装队，样子变化很大的，变漂亮了，变得有气质了，尤其是上台时感觉很好的，很自信，感觉自己很年轻，自我感觉很好。"

冯女士："搞活动时很开心。气质好，样子好，别人都说我们很漂亮。我们学会了化妆，掌握了很多化妆技巧，学会了如何装扮自己。"

兰女士："心态很好。从领导岗位上退下来，一点也没有其他人的那种好像一下子适应不过来的感觉。"

四、研究结论

其实时装队相当一部分成员一开始并不喜欢这项活动，或者在进入时装队之前实际并未接触过相关内容，那么是什么让他们喜欢上时装表演的呢？成员们对参加时装队的感受和体验的表述的背后，到底是什么东西吸引他们主动积极参与呢？实际上，马斯洛的需求层次理论在某种程度上可以解释成员们持续参与时装队的这种行为选择。时装队在成员们的长期互动交流以及共同努力下，不仅满足了成员个体对安全、认同、归属的本体性需求，同时，满足了成员自我成长、自我实现的高层次需求。由此，也带来更深层次的思考，为什么时装队这种成员们自发结成的共同体能够很好地提供满足需求层次理论发生作用的条件或者环境呢？

1. 人际信任与安全感

长期的磨合、平等的互动、充分的交往、共同的目标，时装队里成员彼此之间非常熟悉，彼此之间的很高的可信程度在长期的理性考察中自然产生；同时，成员之间在学习活动中建立的强烈的情感联系，由此在彼此心理上产生情感性信任。时装队里基于理性的认知性信任和基于情感的情感性信任，正是人际信任最重要的信任类型。这种人际信任构成了时装队里特有的"安全"氛围，正如成员祝女士所说的："在这里，不用害怕丢脸、可以尽情发表自己的意见，不担心失败会让大家对自己的不认可不接纳，也不担心会因为自身的不足或是缺点而被队里抛弃。这里就和自己家里一样。"在长期互动中建立起的稳定的人际信任，在此基础上产生的充满"安全"的环境和氛围，这是时装队吸引成员的重要原因之一。

2. 自我提升与满意度

时装队所有成员都高度认可的一点是：或是外形外貌、形体气质、精神状态，或是化妆技巧、着装搭配、表演技能，由内而外和由外而内的自信心，时装队带给所有成员几乎是"质"的提升。这种让成员们可直接感受到的自我提升，让成员尤其是一些退休之后原本处于"无所事事"的"游离状态"的成员找到了自己的价值所在。"我觉得我和那些不参加任何活动的人相比最大的区别是，我知道自己喜欢什么，我知道自己每天要干什么，我知道自己能干什么，而且我相信自己有比一般人强的地方，就是有拿得出手的地方，我是有自己的事业要做的(笑)。我很满意我现在的生活。这都要感谢时装队。"成员冯女士说。成员们在健康、快乐、成就感、自豪感、自信心、交友方面谈到的收益和提升，这种自我提升带来的自我价值感，使得成员们对自我、对生活、对未来有着更为积极的向往，也是促使成员们充分地、积极地、活跃地，集中力量参与和体验时装队的学习活动的重要因素。

3. 无私付出与凝聚力

你成功就是我成功、你快乐所以我快乐，成员在时装队里表现出来的"利他性"的付出行为,和时装队里以付出为荣的特定氛围,使得时装队里充满了浓浓的温情和很强的凝聚力,吸引着成员们的心。成员们对队长无私付出的认可,以及成员们竞相的无私回馈,使得"付出"成为这里的"潜规则"。凝聚力已经产生,最集中的表现,就是很多时装队成员谈到的"团结""群体精神""团结协作",以及成员们在每次学习和表演活动中为了实现大家的目标和"心愿"而团结协作的程度。时装队在凝聚力的作用下,始终以一个整体的身份和形象出现在社区和社区居民的面前;成员们也始终以时装队的不可分离的一分子自居。

时装队吸引成员参与的主要特性是:稳定的人际信任基础上产生的安全感,成员切实的自我提升基础上对时装队的很高的认可度与满意度,成员相互之间无私付出的基础上产生的很强的凝聚力。

五、研究反思

1. 兴趣

之前研究者的假设与预期,是成员们基于共同的兴趣爱好而走到一起的。但这个个案说明事实并非如此。并非所有的成员一开始都是因为兴趣和喜欢而加入某个群体中(这个群体甚至有相当一部分人都不是因为兴趣爱好而来的),然而这样的成员也能牢牢地被吸引在这个群体里,那么兴趣背后应该有更深层次的原因。

2. 队长说了算

这个群体是队长说了算,用这个方式来处理所有的纠纷和矛盾。表面上,是队长"独揽大权",是不平等和不民主的,而事实上,队长的"说了算"的权力被赋予,也是集体协商的结果。所有成员都认可、支持并授权给队长,以解决群体内部的纠纷,本质上还是民主和平等的。

3. "娱乐"与"工作、事业"的反差

之前研究者认为唱歌、跳舞等都是属于娱乐活动,然而在时装队的成员眼中,这种"娱乐"是他们的工作和事业。这说明研究者和被研究者在同一件事情中的价值判断其实并不一致。我在研究中被这句话警醒,不断提醒自己不能将我自己的"想当然"强加在他们身上,在对研究结果进行解释时,我力争贴近他们的真实判断、真实想法,不超越他们的意思之外进行自己的主观推测。

点评

　　作者比较娴熟地运用质的研究的方式方法,对老来俏时装队开展访谈、观察、分析和研究。无论是本文的内容安排,还是语言运用,都能看出作者在质的研究上的功力。本文结构紧凑,文字洗练,紧紧围绕老来俏时装队"引力"问题展开讨论,通过作者与时装队队员的互动,形成研究结果和研究结论。在这里,作者对于印证"引力"的语言行为及其意义建构,获得了自我的独到的解释性理解。

　　作者与研究对象的互动不仅是显性的、形而下的,更是隐性的、形而上的。作为一名质的研究者,作者不断地问时装队队员,试图发现、理解他们内心深处的想法;也不断地问自己,试图发现、理解自己的想法,哪些是主观的、先验性的,哪些更接近于被研究者更真实的想法。质的研究的展开过程,是以研究者本人为工具与研究对象互动的过程,是人对人的研究,充满矛盾性、变异性、复杂性,研究者只有通过用心观察、了解、体验,才可能最大限度地接近真实。作者记下自己的思考过程,追问更深层次的原因,发掘新的意义建构空间。这是质的研究者研究理想的体现,也是质的研究的独特魅力所在。

　　值得注意的是,老来俏时装队的演出任务很繁忙,其中有些任务还是有"选拔"的、冲着"锦标"而去的。联系作者在研究反思中谈到的"之前研究者认为唱歌跳舞等都是属于娱乐活动,然而在时装队的成员眼中,这种'娱乐'是他们的工作和事业",我们不难发现,在吸引老来俏时装队成员的动因中,既有从兴趣出发的、自我发展的、爱美的动因,也有在乎外部评价的、相较短长的功利性动因。前者基于人的本质意志,后者基于人的选择意志。是事业就会看重成败,而本真的学习只看重过程。这是本文最需要加以辨析的"引力"。只有将上述问题置于一定的研究背景下,才有可能得到深入探讨。作者已将社区的学习群体归为四种类型,一是纯草根群体,从萌芽、建立、发展到成熟都是自发的;二是由街道或社区发起组建,在发展过程中逐渐成为一个自主运作的群体;三是由群众自发创建,社区代表或者社教干部介入其中帮助发展并担任重要角色和发挥重要作用;四是社区代表或者社教干部招募某种兴趣爱好的居民群众,组建群体并负责群体的运作。此多元性现象表明,本地区社区居民自下而上的学习需求表达及自我满足机制和自上而下的社区居民被动接受上级提供的学习服务机制并存。值得追问的是两种不同机制作用下的学习群体的价值取向问题,是在行政力量支配下社区学习群体建设一旦热衷于"形象工程"就可能危及其内生性的生命张力的问题,是该事物的"内因"和"外因"在何种条件下结合的问题……由此看来,有关社区学习共同体的"引力"表现及其意义建构尚有很大的解释性理解空间。

大关早起羽毛球队："我拿什么吸引你"

文/汪　盈　评/汪国新

杭州市成人教育研究室主任汪国新提出的"社区学习共同体"是指由城乡社区居民以实现自身生命价值为根本目的，以享受共同学习过程为出发点，成员间相互肯定并自愿结成的相对稳定的学习群体。其成员有着共同的兴趣和需求，他们共同学习、互为师生，分享各自的学习资源、自我评价学习成果，通过共同的学习活动形成相互信任、守望相助的人际关系，其成员对这个群体具有很强的认同感和归属感。

2014 年 2 月，杭州市成人教育研究室启动新一轮社区学习共同体系列典型案例研究，笔者作为案例研究的一员，一直试图找到大多数是由在职成年人参加的社区学习共同体，而不是"993861 部队"（老人、妇女和儿童），基于这种考虑，城北大关体育馆有一个神奇的羽毛球队就进入了笔者的视野。这个羽毛球队笔者早就听说过，报纸上也已经报道过多次，其活动的时间是每周一至周五上午和双休日，最重要的是参加人群基本上以在职中青年为主，所以笔者认为这是非常值得研究的一个社区学习共同体。

一、问题的提出

随着经济水平不断提高，人们对生活质量的追求日益提高，伴随着全民健身计划的推行，越来越多的人们参与到体育活动中。由于羽毛球运动是一项能够让人全身得到锻炼的项目，还具有可调节运动量、简便、娱乐、培养意志、陶冶情操等特点，所以日渐成为许多健身者的选择。近两三年来，群众性羽毛球运动开展异常火爆，在城市的广场、社区、公园和学校也随处可见打羽毛球的群体，在杭州城北大关体育馆有一个神奇的羽毛球队，没有赞助商，没有政府背景,仅是纯民间的团体,上过电视,登过报纸,从最初的几个人,在短短的不到一年时间里发展到三百多人,玩转得风风火火,蜚声杭城。我也接触过其他的一些羽毛球队,最初多是火热爆棚,但经历一段时间后,渐渐消声隐踪。大关体育馆这个羽毛球学习共同体有什么神奇的力量让众多的老成员能始终不离不弃,又能不断地吸引新的成员加群。带着极大的疑惑,我决定去先加入他们的羽毛球队,体验一下他们的生活。

二、研究方法

本文主要采用的质的研究方法,质的研究是区别于定量研究与一般意义上的定性研究,受到后实证主义、批判主义及建构主义影响而形成的研究方法,是以研究者本人作为研究工具,在自然情景下采用多种资料收集方法对社会现象进行研究,采用分析、归纳资料的方法形成理论,通过与研究对象互动,对其行为进行意义建构获得解释性理解的一种活动。

1. 抽样方法

本研究采用目的性抽样方法。大关早起羽毛球队,在杭城这种居民自发组织的羽毛球学习群体中,其存在时间、发展状态、活动开展、影响力等方面都是首屈一指的,尤其在成员稳定性和对新成员的“吸附力”方面是出类拔萃的。因此,我在大量的类似群体中,选择了大关早起羽毛球队作为本次案例的研究对象。并且,在进入研究现场后,我都会向参加者说明本研究的真实目的,征求被访谈者的同意,访谈内容将被录音,并承诺所有录音资料均用于科学研究。

2. 资料收集方法

采用自填式问卷获得打球者的基本资料:包括年龄、性别、职业、受教育水平、坚持羽毛球锻炼时间。采用个体深入访谈结合的方法,了解坚持参加大关早起羽毛球群学共体成员的感受。每次访谈的时间控制在 30 分钟左右,访谈地点基本设在被访者所在羽毛球馆的休息处,选取成员休息时进行访谈,尽量避免外来因素干扰,让被访者尽量完全表达自己的真实感受,访谈提纲如下:

(1)您是怎样开始打羽毛球的?(时间、方式、动机、初学过程等)

(2)您是基于什么样的情境或者原因,选择了参加大关早起羽毛球队?您接触过其他的羽毛球队吗?

(3)您参加大关早起羽毛球队多久?坚持参加这里的羽毛球运动的感受有哪些(身体、心理、日常生活等各个方面的影响)?为什么坚持参加这里的活动?

(4)这里的什么东西(可以是无形的、也可以是有形的)最吸引您,或者说让您感觉最好？

（5）讲讲大关早起羽毛球队里的故事，自己的或者别人的。或者讲讲在这里让您记忆最深刻、或者最感动的事情。

3. 资料分析

访谈结束后，将所做录音逐字逐句转录，整理成文字，之后采取 Coalizzi 现象学资料 7 步分析法解析资料：（1）仔细阅读所有记录；（2）析取有重要意义的陈述；（3）对反复出现的观点进行编码；（4）将编码后的观点汇集；（5）写出详细的、无遗漏的描述；（6）辨别相似观点，升华出主题概念；（7）返回参与者处求证。研究者按一定的顺序和主题进行重构，并穿插自身洞见和反思，当以归纳方式总结内容而不再归纳出新的类别时，资料即达到饱和。

4. 质量控制

在访谈阶段，访谈者尽量悬置自己的态度，不使用诱导性语言，使受访者表达真实的想法，为避免外界打扰，访谈地点选择在球馆中僻静的地点，尽量选择在早上受访者结束晨练时作为访谈时间，最后提炼的主题返回被访者处求证，以确保研究的真实性和严谨性。

三、研究过程

1. 用"家"来吸引你

"我们是个大家庭"，是羽毛球队创始者的基本理念和核心发展策略，也是球队里几个骨干成员一致认可和践行的核心价值观。这是一个长在"家"的土壤上的社区学习共同体。早起羽毛球队最为神奇的吸引力就来自此。至今我仍然记得，我作为一个普通的"新人"，第一次走入这个社区学习共同体时的事情：群主亮张像个家长一般告诉我"我们这里是一个大家庭，每一个人都很重要"；作为独生子女的我，人生中突然多出来的人，"二哥"和"二嫂"，他们后来成为我的羽毛球启蒙教练；负责群内思想工作的"政委"告诉我："心情不好，找我们；需要帮助，找我们。把我们当成你的家人。"

要加入大关早起羽毛球俱乐部，按群规，要先在其 QQ 群空间里上传新人照片，在我上传了照片，和群内成员打了招呼的第二天，我来到了位于大关体育馆的六楼羽毛球馆，一进馆，马上被场内热烈的场面震撼，只见宽敞的大厅内人影攒动，虽是隆冬时分，却未感一丝寒意。定下神来，背后有人轻声问："是新人吗？"我转过身去，站在我面前的是一个中等身材的男士，一张圆圆的脸上挂着友善的微笑，不大的眼睛里透出平和。

亮张是"大关早起羽毛球群"的群主,也是该群的发起人,在群内大家大多以网名互称,亮张早些年加入过好几个群,但是那些群都是时间不长就倒闭了。于是他便找几个志同道合的,自己成立一个群,大家以固定的时间,切磋球技,锻炼运动。反思了别的群衰落的原因,他提出了"我们是个大家庭"的发展思路,也就是群内各成员都是大家庭的一分子,家庭成员一个都不能少,建群初期,因为打球的人少,水平参次不齐,亮张每天多和不同水平的群友打几盘,并安排几个热心人照顾初学者练球,让水平好的人帮带相对不会打的人,尤其是对试探性来打的初学女球友,他特别请来了一个退休的体育老师进行基础培训。这样初学者有了落脚之地,便留了下来。现在,不断加群的初学者已经有了自己的小部落,每天打得不亦乐乎。

认识了亮张,他又向我介绍了一个群内称为"政委"的人,他是一个高高胖胖的中年男人,说话风趣诙谐,热情中带着沉稳。

政委自己开了一家公司,属于有钱有闲一族,工作之外的运动对他来说更注重的是减压和愉悦,他是该群创始合伙人之一。"政委"的由来是因为他主要负责群内的外联工作,因为会侃所以群内的思想工作都交由他去指点。相比亮张的具体工作,他属于制订战略方针的人物。

"一个群,要做到长盛不衰,就要像家庭一样,让每个人都有一种归属感,就是说无论你在外面遇到令你高兴还是挫折的事,这里都是你平静的港湾,可以找到人来倾诉,分享你的快乐,分担你的忧愁,大关早起群的 QQ 聊天非常活跃,平均每分钟有多达 99 条信息上传,各种话题都有,而每一个话题会有不同的人参与讨论。因为群友来自不同的岗位,他们中有老师、医生、公务员、公司高层、个体老板、学生、退休干部等,年龄跨度又特别大,每个人的人生经历也不同,所以有时网上讨论会异常热烈。我们这个群被大家戏称为'神群'。也就是你只要在网上发求助信息,立马便会有人帮你支招,或者直接帮助解决,记得有一次有人在网上发布需要购买一种很老的便宜药,跑了好多家药店也没找到,发布消息后不久,有好几位热心群友就帮忙找到了。我们这个群,打球对部分人来说是个方式,交流才是最终目的。"政委话匣子一打开,就收不住了:"除了要有归属感外,我们也力求培养一种群的荣誉感,这就像一个家庭,要有一种欣欣向荣、光彩夺目的傲人之处,使大家对群有一种美好的印象,入群有种自豪感。为此我们特意注册了俱乐部,每年参加浙江省范围内的各种业余比赛,并定期和其他羽球队打交流赛,并将比赛战况即时在群内联动,为了扩大知名度,我们还自办了一届由 33 支队伍参加的业余羽毛球杯赛。我们的战绩也越来好,每次都能拿到奖牌。这样一来,别的群中的羽毛球高手纷纷加入进来,年轻人越来越多,整个群的打球、练球气氛越来越浓。我们又请了国家队的退役选手做群中的教练,给愿意进一步提高水平的群友打造了一个平台,如今我们为了满足大家打比赛的热情,又成立了早起二队。你今天可以看到那两片场地就是一、二队在练球。"顺着政委指的方向望去,果然有 10 多个男女在不停地跑动练习。我暗暗地想,这样的范儿,难道是一支草根球队吗? 我得去体验一番,可我又不太会,正面露尴尬时,一旁的亮张似乎已经察觉,说等会让"二哥、二嫂陪你打"。

2. 用"心"和"情"俘获你

二哥、二嫂都是 60 多岁的人,打球的历史可以追溯到 20 世纪 70 年代,那时就是在杭州城隍山上或者小区空地打打。随着球技的提高,他俩就开始南征北战,参加各种全国性的业余比赛,最远的跑到北京参加"东西南北中全国羽毛球总决赛",先后拿过华东赛区老年组第一名,混双全国第五名。打球是他俩退休后的主要生活,大关早起羽毛球队因为是早上打球,对喜欢晨练的他俩来说非常适合,每天清晨,夫妻俩就骑着电动车从城东赶到城北,无论刮风下雨,从不间断。场上他们和年轻的球员杀得昏天地暗,场下他俩又是年轻人的师表,丰富的人生阅历加之和蔼可亲的谈吐,好多年轻的球员遇到工作、恋爱上的烦心事就跑到二老跟前诉说,静静地聆听二老细致的分析,谆谆的教诲、贴心的语言使来者茅塞顿开。与年轻人在一起,二哥、二嫂又平添了几分朝气,球场上健步如飞,生活中又学会了微信、网购等,有时二老都有点感叹,自已的子女都不一定能天天看到,但在这里每天有那么多的"子女"陪他们。看着二老如此开心,我由衷地祝福他俩长寿健康。我不太会打,二老跟我打总是喂球给我,从场面上看,还是来回很多,就像他们做人一样,处处为人着想。

事实上,像二哥、二嫂这样的人很多,他们总是用他们的一片真心和实实在在的情谊对待身边的每一个成员。不知不觉中,他们的这种"心"和"情"也触动了我,房获了我,我也很自然地、似乎是很习惯地用他们这种方式来对待队里的其他人。这样的故事很多。在大关早起群中,还有好几对伉俪,他们形影相随,一路走来,在相濡以沫的生活中,通过共同打球,开启了另一扇交流的窗口,这里边我听说了丁丁和燕子的故事。

丁丁和燕子都出生于 70 年代,大学毕业后,丁丁留在杭州创业并结识了杭州姑娘燕子,经过十多年的打拼,夫妻俩迈入了有车有房的中产阶层,如今孩子上高中住校,家中颇感冷清,而丁丁由于从事的是外贸工作,夫妻俩连一起吃饭的时间也很少，没有了平时的交流，夫妻之间就显得有点冷，燕子就想到了丁丁的唯一爱好打球，如果可能的话陪丈夫去打球。于是她就满城地去找合适的打球群，结果找到了大关有这样一个时间段的打球群。但当时在大关打球的只有几个老年人，根本打不起来，后来就遇到了亮张这一帮人，一拍即合，就像找到了组织一样，并成为大关早起群的核心成员。温柔、娴雅的杭州姑娘燕子看到丈夫每天充实、有序的生活，心里也踏实了许多，而自己从一个刚开始时的初学队员变成了可以和丈夫一起出征打家庭赛的小虾级球员了，如今在家中，更多的话题放在了羽毛球上，中年后夫妻的情感危机被一个洁白的羽毛球轻轻地挑开了。伉俪的入群，一般不会流星般的一闪而过，因为他们一般是经过深入的考察后才做最终的决定。稳定的群是建立在稳定的队员基础上的，所以大关早起群在人员构成上也有它的独特性。

大关早起 QQ 群的 62 岁二嫂杨佩芬和 64 岁的老伴二哥是群里年纪最大的，两位老人家住孩儿巷，一周有五次会在一大早赶到大关练球，每次两三个小时。

"十几年前随便玩玩，当时连网都没有，退休后开始打得多起来。"杨佩芬说，自从加入 QQ 群，她时常和年轻人们"约战"，技术好了，自己和老伴的体质、精神面貌也好了很多，与同龄老人相比更有朝气，五次参加"东西南北中"羽毛球赛老年组混双比赛，四次夺冠。"去年因为降组，我们和年纪小很多的对手打，输了，只拿到亚军。不过可以通过羽毛球来和年轻人交朋友，是件很开心的事情。"杨佩芬笑着说。

3. 用"变化"的幸福光顾你

我参加他们的活动一段时间，每次去的时候都能见到老朋友，又不断地认识新朋友，虽然亮张一个个帮我介绍，但我真的没记住几个，人太多了，我依稀只记得他们的职业，这是××大学的老师，这是××机关的，这是开××公司的……这是猜不透他们实际年龄的人群，在这里无谓真名，大家以网名绰号互称，没有老总和学弟之分。各行各业的人，在一根网带两边，平等地站在了一起。我想深入了解一下他们，为什么能从城市的各个方向，在每天相同的时间，如约而至，难道仅仅是为了打球？机会终于来了，他们两天后有一个聚餐，我报名参加，费用是 AA 制。我想也许在球场外，我能了解到他们的另一些东西。

事实正是如此。早起羽毛球队于潜移默化中悄悄地改变着很多人，给他们的生活带来了"质"的变化，也让成员们体验到这种变化带来的幸福。球队的一次聚会，让我了解了更多人的故事、更多人的心路历程。

　　这是一次为了祝贺他们出征"省俱乐部邀请赛"荣获第六名的一次小范围庆功聚餐。人员是自己报名,费用 AA 制,这是他们群内常组织的个人交流沟通的一种形式。听说年度他们会搞大聚餐,像所有大企业一样,老板和员工恭贺新禧,只不过费用也是 AA 制,老板是几个群中的热心人。坐在我旁边的是两个自诩为热心人的:路易、凡凡。他俩是邻居,一个住六楼一个住三楼,本来楼梯上碰到,只是礼貌性地点一下头,住了很久也不知对方姓甚名谁,因为现在在一起打球,两家的关系发生了巨大的变化,谁家要有个缺葱少蒜的事,立马就想到了去对方家拿。路易是个体老板,因为身体的原因,稍早就约了一两个人来大关打球。每天只是希望能出点汗,活动一下筋骨,后来加入了早起群,玩了一阵子感觉好,就一下子把他的朋友全拉进了早起群,他是群内的管理员,所有的新人加群,又由他统一核实基本情况,再安排相应群友接待照应。除了核心人员外,路易是群内的骨干分子,群内的初学者,都由他负责陪练,当然他后面还有几个热心人在协助,比如康爸、三公司等。凡凡的加入完全是一次偶然的闲聊引起的。

　　凡凡是一个长着一双迷人眼睛、身材修长的年轻美女,结婚前是宾馆的前台,做太太后当起了全职太太,小孩长大后空闲的时间迷上了麻将,为此夫妻之间少不了拌嘴,老公有一次碰到路易,说起了此事,路易就建议要不让凡凡跟他来晨练打球,于是,一个根本都不会打的女人就被老公连哄带骗地让邻居领进了球场,渐渐地,她的生活圈改变了,健康的运动、崭新的朋友圈,让她深深体会到了"我运动我快乐",老公的赞许,小孩子的自豪,让她成为她圈子中言传身教的典范,麻将圈散了,大关早起群又迎来了几位新成员。

　　在饭桌上我又认识了岑岑,在吃饭时很少听到她说话,偶尔说话也是轻声细语的,娇小的身材衬映着一张白皙的脸,短短的发束透出丝丝的清纯,这样一个貌似邻家乖乖女的姑娘,却干出了最张扬的事,她用相机记录了早起群成长的点点滴滴。作为一个摄影爱好者,从最初的玩玩,到现在成为一个半专业的发烧友,光相机就添了好几台,在她建立的群相册中,大家都可以找到自己的飒爽英姿,能够重温自己运动的身影,对每一个人来说,是一次美好的记忆。

四、研究分析

1.研究对象情况

　　笔者在进行访谈的过程中也发放了调查问卷,本次有效问卷的调查对象共68人,其中男性48人,约占70%;女性20人,约占30%。调查对象以26～45

岁年龄段的中青年人居多,共 60 人,约占调查总人数的 88％;职业以行政、事业、公司职员为主,占 60％左右。

以上研究对象的基本情况反映出以下几种现象:一是参与群众性羽毛球运动的群体主要是一些有稳定收入的阶层,他们大多是公务员、事业单位职员、企业负责人或职员及个体从业者。原因是羽毛球运动既是大众性体育运动项目,又是一项高消费的体育运动项目,长期在环境较好的羽毛球场馆里运动,需要有稳定的经济来源做支撑;二是年龄分布主要集中在 26～45 岁之间,该年龄段人群大多是社会的主要劳动者或创造者,也是目前参加社区学习共同体较少的人群,是非常值得关心的群体。

笔者在大多数成员中了解到,他们参加的目的是"以球会友,和谐人际关系"。调查结果显示:90％的人认为"羽毛球运动受群众喜爱的原因"是该运动负荷容易调节,符合中国人的生理、心理特点,能促进身心健康,丰富业余生活;58％的群友选择"打羽毛球的主要形式"是与同事、朋友一起锻炼;对"羽毛球运动项目的评价"结果是 79％的群友认为羽毛球运动简单、高雅、要求不高、娱乐性和观赏性强。

笔者在研究中发现,影响居民参与体育活动的因素众多,通过对访谈调研,把这些主要因素进行了聚类,可分为以下四类:第一类是对羽毛球的爱好程度和对羽毛球一般知识的了解程度,这一类是反映人们参与羽毛球态度方面的因素;第二类是锻炼者在羽毛球锻炼群体中展现出的魅力、他们家人对他们锻炼的支持、媒体对活动的宣传、锻炼中的活动氛围以及竞赛表演,这一类是社会支持方面的因素;第三类是锻炼者的家庭负担和锻炼的体育消费,这一类是反映锻炼者经济方面的因素;第四类是羽毛球锻炼的内容、对羽毛球锻炼的社会评价、锻炼的作用、场地设施情况、体育及社区有关机构的管理,这一类是反映羽毛球锻炼组织管理方面的因素。通过调研可以看出,锻炼者态度方面的得分最高;其次是反映社会支持和组织管理方面的得分,最后是经济方面的得分。可见,人们对羽毛球的态度是最主要的影响因素。

2. 研究分析

笔者一直疑惑于核心成员们不论刮风下雨、阴晴冷暖都会准时出现的强大精神力量,以及这个群为何能这么繁荣发展,群成员为何能这么踊跃坚持,这个群神奇在哪里就成为本研究中重要的内容。研究以大关早起俱乐部成员内心真实体验为中心,从生理、精神两个层面来对参加群活动成员进行分析,生理层面包括强身健体的效果;精神层面为放松心情、改善心境、重拾自我价值。

(1)生理层面

成员认为"保持和促进身体健康"为身体活动的最大益处,活动使他们放松、解除疲劳。

"如果我不打羽毛球,我感觉不舒服,无法入睡。以前经常感冒,打羽毛球之后连感冒都不得了。"

"打球锻炼很重要,使我保持健康,我运动后感觉浑身血液流得顺畅多了。"

"打羽毛球真的对身体有好处,我原来也有高血脂,肚子很大,这次检查什么都正常了。"

"你看这个羽毛球吧,看看好像很简单,但要打得好,一定要多学多练,羽毛球就从最简单的挥拍开始一点点练,基本功打好了才能打得好,慢慢练,一点点进步,你就会发现身体真的比以前好了许多。"

(2)精神层面

受访者认为活动能放松心情、改善心境、摆脱日常困扰,更快乐;活动中提高对自身价值的认识,增强自信心,提高社会适应能力;活动中提高身体自我效能,促进身体承受能力和身体接受度。

"当我打球的时候,我全身充满了活力,感觉幸福而满足。"

"打球能使我忘记生活中的不愉快,全身精力充沛,感觉自己像回到年轻的时候。"

"我是全职太太,在家里没事做,老打麻将,为了麻将这事情家里人老吵架,说我不务正业,后来每天来打羽毛球,全家一致支持,得到家人的支持,我真的很开心。"

大关早起羽毛球俱乐部学习共同体里有一个或几个相对优秀或参与时间比较长的核心成员为中心人物,再后面是相对来说经验和时间较短的次级中心人物,每当群体里加入了新的成员,中心人物都会亲自或安排下面的次级中心人物为新成员示范,讲解基本的动作,而新成员作为这个群体里的边缘人物,起初往往会采取观望的态度,抱着试一试的心态去学习和融入这个集体,其中一些坚持了下来,成为了该群体中的次级中心人物。而另一些则中途放弃了,没有放弃的在共同的学习锻炼中获得自我发展的动力,在共同体里互相关心照顾,建立了深厚的友谊,并因为爱羽毛球和这份深厚的友谊而找到了心灵的寄托。

"我们这个群里关系都很好的,打球可以促进人与人之间的良好关系。"

"我总是和好朋友一起打球,我们还讨论如何照顾自己。"

"因为练打球认识了一些朋友,有什么高兴或者烦恼的事都愿意和他们说说。"

在访谈过程中笔者还发现,一部分优秀的中老年学员重新找到了自己的角色定位,在团体里教授打羽毛球,带领群体参加各种比赛,这部分人因为打球而重新实现了自我价值。

"我以前是浙大中文系毕业的,我的文章写的可好了,不过我现在更喜欢教别人打羽毛球,许多新手都是我教他们的,虽然我不是打得最好的,但是教他们没问题呢,把他们都教会了!"

五、研究结论

社区学共体的成长与发展,其核心在于学共体成员,早起羽毛球队里"家"一般的氛围和"我们是一个大家庭"成为大家行动的指导思想,成员之间用"真心真情"结成的情谊以及球队带给成员们精神、生活状态的改变,是这个社区学习共同体吸引新成员不断加入、老成员持续参加的重要原因。

在参加大关羽毛球俱乐部的这些天中,我深深地体会到了,成员基于对羽毛球的真心爱好,共同学习,认识自我,实现终身发展。在群内享受互动学习乐趣,收获守望相助的群体归属感,取得内在生活质量和幸福感的提升,从而实现自身的生命价值,这就是这个群的神奇之处。这个神奇的群中成员都在为群的兴盛默默地无私奉献,又在快乐地享受这种奉献所给予每个人的温馨,也就是这样,他们的群能如此迅猛地扩大,并保持旺盛的人气。由此看出,社区居民学习共同体建设是满足学习者的自尊和归属需要的重要途径。

在社区居民学习共同体中,学习者感到自己和其他学习者同属于一个团体,在进行共同的学习活动,遵守共同的规则,具有一致的价值取向和偏好。学习者对共同体的归属感、认同感以及从其他成员身上所得到的尊重感有利于增强学习者对共同体的参与程度,维持他们持续、努力的学习活动。

六、研究的不足

本文结合质的研究的方法,从观察访谈和数据两方面分析了大关早起羽毛球俱乐部这一学共体个案,并且针对结果提出了一些自己的想法。但是,本文仍然存在诸多不足:第一,在理论基础上没有阐述得详尽、系统,文章显得有些单薄;第二,由于对质的研究的方法的运用尚缺乏完整、熟练的经验,所以在调查过程中对相关资料的收集存在遗漏、不全面、不深刻的问题,希望在以后的学习中加以改正。

七、研究后记

我们相信"共同体就是一个温暖而舒适的家",我们希望每一个社区学习共同体都将成为社区居民的学习之家。在笔者采访大关早起羽毛球队的两个多月时间里,从开始的胆怯、陌生到后来的开心、自在,笔者也深深地喜欢上了这个舒适的家,虽然在文章完成后去群活动少了,但笔者每天都会很仔细看群里面的发言,因为群里主要成员都很熟悉了,每个人都是那么活生生呈现在你面前,感觉这就像一个大家庭,让人感觉这个家是这么有趣,有这么多好玩的人在里面,大家在里面一起分享快乐与烦恼,对于笔者来说,虽然羽毛球没有怎么练好,但对这个群里面的依恋感已经建立起来了,笔者也会继续关注着这个群,感谢群里的成员对我采访过程中无私的奉献。笔者想自己的经历也验证了一点:社区学习共同体前景广阔,社区内的居民,基于共同的兴趣、爱好及学习需求自愿结成社区学习共同体,在平等互助的原则下参与共同学习,他们有着共同的兴趣和需求,在宽松的环境和民主的气氛中互为师生,分享彼此的情感,通过共同学习活动形成相互影响、相互信任、守望相助的人际关系,其成员对学共体产生强烈的归属感。当社区学习共同体广泛存在并活跃在所有社区之中,越来越多的人参与其中,社区的被认同度、信任度同步得到很大程度的提升。良好的社区学习共同体,确实能够提高城市居民幸福指数。

点评

这是一篇具有重要现实意义的质的研究报告。在互联网高度发达、人们线上交流方式多元便捷的今天,线上认识,线下活动,自然成为一种崭新的社区学习共同体形成发展形式。作者的问题意识是明确的,即大关早起羽毛球队吸引力何在?与此同时,还有一个羽毛球QQ群也很活跃,这个群又有什么神奇力量让众多的老成员能始终不离不弃,又能不断地吸引新的成员加入?带着这些问题,作者先加入他们的羽毛球群,之后又在体育馆参加羽毛球运动,真切体验他们的生活。在此基础上,进行了系统的观察和个别访谈,经过资料的分析形成了研究结论。

因为作者是用心在做这项研究,尽管质的研究的方法是初次尝试,但因为在学共体中"卧底"两个月,不仅是"观察者"和"研究者",也是球队的成员,在自然情景下观察"现实",作者有了不少有价值的发现:全职太太凡凡小孩长大后空闲的时间迷上了麻将,为此夫妻之间少不了拌嘴,因为参加了早起羽毛球队,渐渐地,她的生活圈改变了,健康的运动、崭新的朋友圈,让她深深地体会到了"我运动我快乐";燕子和丁丁这对中年夫妻的情感危机被一个洁白的羽球轻轻地挑开了,"我们这个群,打球对部分人来说是方式,交流才是最终目的"。

作者在采访大关早起羽毛球队的两个多月时间里,从开始的胆怯、陌生到后来的开心、自在,再到后来深深地喜欢上了这个舒适的家,继而认识到社区学习共同体的前景广阔,并且相信社区学习共同体确实能够提高城市居民幸福指数。

社区学习共同体与其他学习组织的重要区别在于前者的非社会功利性的学习动机,当一个团队以获得竞技比赛成绩为团队目标,功利性目的优先于非功利性目的,那么,我们认为它只是一个学习团队而不是社区学习共同体,研究者需要对此保持警惕。

作为一般的群团组织,常常追求尽可能大的规模,因为规模越大,该组织的影响力也就越大,因为群团组织是以组织的利益最大化为目标。然而,真正的共同体,不是规模越大越好,相反,规模大了,就不是真正意义上的共同体。英国进化心理学家罗宾·邓巴(Robin Dunbar)著名的"邓巴数字",是一组衡量社交关系的数字,在邓巴看来,就像人类无法在水下呼吸、两秒半内跑不完百米、用肉眼看不到微波那样,大多数人最多只能与150人建立起实质关系。造成这两种生活状态区别的根本原因可能仅仅是因为人类神经系统的生物学限制造成的认知能力不足。在小于邓巴数字限制的群体规模内,人类的认知能力能够借助记忆完成对他人的个性化认知,从而建立亲密的关系;在大于邓巴数字限制的群体规模以后,人类的认知能力就无法依靠记忆实现对他人的个性化认知。邓巴坚持的人际关系上限论,对我们研究社区学习共同体的规模具有重要的借鉴作用。

骑行俱乐部:共同体关系怎样促进了学习

文/孙艳雷　评/汪国新

在一本名为《大连接》的书中,作者提出了一个令人惊讶的观点,"互为朋友的两个人,如果其中一个人发胖了,那么,另外一个人也将发胖的风险几乎是原来的三倍"。朋友之间到底发生了什么,会产生如此的影响力? 作者的解释是:"一切都是表象,真正流行的是态度。"

态度的流行是学习的结果,朋友间的连接则是学习发生的前提。社区学习共同体中成员关系与朋友间的连接颇为相似,那么,这种成员关系能否在学习过程中实现朋友连接关系中态度流行的学习效果? 换句话说,在社区学习共同体中,人与人的关系是如何影响学习的效果的? 这是非常值得研究的课题。

一、研究的问题与背景

社区学习共同体与传统学校教育相比,最容易让人产生疑问的关键是没有老师这一知识的传授者,学习何以发生。教育的内在本质常常被理解为教师将自己的知识传授给儿童。只有教师会得多,儿童才能学得好,只有教师的教,才有儿童的学。虽然教育改革的思想不断冲击以教师为中心、教材为中心、知识为中心的传统教育理念,但是,这种冲击却很难在实践中得到真正的成功。因为,很少有实在的证据证明,学生之间的相互学习与帮助能够实现设定的教育目标。

社区学习共同体的基本假设,就是学习者互助能够实现学习,而不完全依赖一个特定的、全能的"教师"为他们设计完整的教学流程,传递系统的知识,进行客观的评价。这个假设并不是否定学习共同体中也有知识传递的过程,而是否定了知识传递过程中知识传授者的身份专属性。

在社区学习共同体中学习到底是如何发生的？谁充当并替代了传统教育活动中教师的角色，又是如何替代的？替代的效果如何？这就是本文所要关注的问题。

对于什么是学习，很难找到统一的定义，这里罗列几个具有代表性的定义：

"作为结果，指由经验或练习引起的个体在能力或倾向方面的变化。作为过程，指个体获得这种变化的过程。"（顾明远，1999：539）

"发生于生命有机体中的任何导向持久性能力改变的过程，而且，这些过程的发生并不是单纯由于生理性成熟或衰老机制的原因。"（克努兹·伊列雷斯，2010：3）

"学习是行为或行为潜能相对持久的改变，它是经验的结果，而且不能归因于疾病、疲劳、药物等引发的暂时性机体状态。"（B. R. 赫根汉，马修·H. 奥尔森，2011：6）

不难从这些学习的定义中看出，学习是一个比较宽泛的术语，因此，对学习的研究也自然形成百花齐放百家争鸣的局面。20 世纪，学习理论研究进展迅速，从早期的行为主义到后来的建构主义，从对简单学习行为研究到复杂的社会学习现象分析，从正规学校教育学习问题探讨到非正规非正式学习理论的提出，学习理论不断发展、丰富。

学习理论研究的新进展，为研究社区学习共同体提供了理论基础，特别是非正式学习和偶发学习理论的提出，将人们的视线从传统学校教育的正规学习转向了融合在日常生活中的广泛存在的各类学习活动。

（一）非正式学习和偶发学习

研究表明，非正式学习广泛地存在着，它满足了大部分学习需要——达到个体在工作中学习需要的 70% 左右。非正式学习与实践的需要密切相关，能使人获得很多能够立即应用到实践当中去的知识和技能，非正式学习在如何胜任工作方面发挥着关键性作用，收到明显的经济效益。（Bischoff,1998）

非正式和偶发学习理论的提出，对推动学习研究具有重要的意义。该理论为研究者打开了一个崭新的领域，一个充满未知而又迫切需要被揭示的领域。

非正式和偶发学习理论由美国成人教育家马席克和瓦特金斯提出。"所谓非正式学习，是相对于正规学校教育而言的，指在工作、生活、社交等非正式学习时间和地点接受新知的学习形式，主要指做中学、玩中学、情景中学等。""偶发学习是一种隐形的或是无意识的学习活动，它是和完成任务的活动，人际交

流的活动、感受组织文化的活动,尝试错误的实验等紧密联系在一起。"(米占敏,2008)

"非正式学习的典型形式,有个体内省、双人协作、实践团体、网络团体、行动学习、网络学习、指导、伙伴、协作等。"(余胜泉、毛芳,2005)

非正式学习的典型形式并没有按照一定的维度进行分类,但可以看出,在非正式学习中,两个及两个以上的人在一起学习的形式是主要形式。这就引出另一个问题,即在非正式学习中,学习者之间的关系作为一个变量是否对学习过程和学习效果产生影响?

(二)基于共同体的学习

从社会学的角度来看,群体可以分为初级群体和次级群体。次级群体是一种正式的组织关系,而初级群体则是非正式的关系。在非正式学习中,人与人聚集在一起构成的是一种初级群体,而这个初级群体则会对学习产生重要影响。

关于社会群体,广义的观点可以追溯到德国早期社会学家 F. 滕尼斯。他在 1887 年出版的《共同体与社会》(*Gemeinschaft and Gesellschaft*)一书中,依照群体形成的基础将社会群体分作两种类型,一种类型叫共同体,一种类型叫社会。前者是指具有共同习俗和价值观念的同质人口所自发形成的、关系密切、富有人情味的社会组合方式,如氏族公社、家庭、宗教团体等;后者是指由契约关系和理性意识形成的社会组合,如各种社会集团直至国家。

美国早期社会学家 C. H. 库利,在 1909 年出版的《社会组织》一书中,从研究人的早期社会化出发,提出初级群体的概念,即初级群体是指成员间有面对面的交往与合作的群体。他解释了这一概念的基本含义:初级群体是指具有亲密的、面对面交往与合作特征的群体。这些群体之所以是初级的,具有几个方面的意义,但主要是指在形成个体的社会性和思想观念等方面所起的初始作用。库利这里所说的初级群体概念主要是指家庭、邻里和儿童游戏群伙,并强调这些群体在人的早期社会化过程中所发挥的重要作用,把它看作是"人性的养育所"。后来的社会学家将这一概念扩大到人际关系亲密的一切群体。

基于共同体的学习也就是基于人际关系亲密群体的学习,在这种群体中学习过程与在正规学校教育中的学习过程是完全不同的。在这个领域作出研究的重要学者是情景学习理论倡导者 J. 莱富和 E. 温格。在他们看来学习就是"合法性的边缘参与",是"栖居世界中具有能动性的整个社会实践的一部分"。(J. 莱富,E. 温格,2004:5)合法性强调的是学习者的身份建构,而边缘性参与则是学习过程中新手的学习起点。他们用实践共同体的概念来表述这种学习组织，但是，实践共同体的研究重点是职场中专业技能的学习，这又与社区学习共同体具有明显的差别。

"社区学习共同体是由城乡居民以实现居民自身的生命价值为基本目的，以享受共同学习过程为出发点的、面向自愿结成的相对稳定的学习群体。"（概念来自杭州市成人教育研究室汪国新）以"生命价值"为基本目的，显然不同于功利性的专业技能学习的实践共同体，"自愿结成"也不同于学校教育中的组织安排。

（三）学校与教学、教师

正规的现代学校教育制度出现的历史并不长，现代学校教育所赖以建立的教育学基础是由夸美纽斯、赫尔巴特等人提出的。

夸美纽斯在《大教学论》中说："把一切事物教给一切人类的全部艺术"，"每个学校只应该有一个教师，至少每班只能有一个教师。每门学科只应该用一种书。全班都应该得到同样的练习。一切学科与语言都应该采用同样的方法去教授"。（夸美纽斯，1984:138）

科学教育学的奠基人赫尔巴特根据"统觉"学说，强调教学应该是一个统一完成的过程，提出形式教学阶段理论。他将教学过程分为清楚、联想、系统和方法四个阶段。其中"清楚"是指清楚、明确地感知新教材；"联想"是指学生通过一定形式的练习与作业，把系统化了的知识运用于实际，检查是否正确理解和掌握了所学的新知识。后来，赫然巴特的学生齐勒尔和赖因又发展为五阶段，即准备、提示、联想、概括和运用，为广大第一线的教师提供了一个更为容易理解、掌握和运用的教学模式。苏联教育学家凯洛夫又将其演变为五步法，即复习、引入、讲解、总结和练习。在20世纪50年代，中国中小学曾广泛采用这一教学模式。

美国著名的教育学家、课程理论家泰勒，1944年出版《课程与教学的基本原理》，提出了关于课程编制的四个问题：第一，学校应该达到哪些教育目标？第二，提供哪些教育经验才能实现这些目标？第三，怎样才能有效组织这些教育经验？第四，我们怎样才能确定这些目标正在得到实现？进一步将学校教育过程推向理性化设计。

在学校教育的体系中，教师扮演重要角色，而教师要承担教学任务就要先吸收足够的知识，从而成为知识权威、知识的传授者，正如苏霍姆林斯基所说："要授予学生小小的知识火花，教师就得吸收整个光海。"

但是,这些传统的观点正在不断经受挑战。20世纪产生的建构主义教育观提出,知识不是通过教师传授得到的,而是学习者在一定的情境即社会文化背景下,借助其他人(包括教师和学习伙伴)的帮助,利用必要的学习资料,通过意义建构的方式而获得。由于学习是在一定的情境即社会文化背景下,借助其他人的帮助即通过人际间的协作活动而实现的意义建构过程,因此建构主义学习理论认为"情境""协作""会话"和"意义建构"是学习环境中的四大要素或四大属性。

在建构主义理论冲击下,学校教育不得不进行反思和变革,重新定位教师的角色,重新思考学校课程的设计,重新理解课堂教学过程。然而,即便是变革,学校教育也很难摆脱历史积淀的影响,更为重要的是,学校作为正规组织是无法突破一些制度性屏障的。

(四)社区学习共同体

教育的发展经历了以非形式、非正规、非制度化教育到制度化教育的发展历程。"传统社会——就是农业社会——可能缺乏学校,但并不缺乏教育(学校是欧洲新近的发明物)。世界上各个地方一直有培养青年人和向他们传授传统社会所拥有的知识的做法。这就是非形式化、非制度化教育。"(陈桂生,2009:103)

社区学习共同体尚未有一个公认的概念,正如学习共同体也缺乏统一一致的意见一样,人们对这个概念的理解还存在较多分歧。

在很多时候,人们不明确社区学习共同体与学习型社团以及学习群体的关系,也会有人认为"社区学习共同体只是学习型组织的一种形式",这样的观点是需要批判的。

有人类以来就一定有学习存在,学习几乎是人类的本能活动之一。就学习的外在形式来说,可以分为个体学习与群体学习两种形式。老人教授儿童如何狩猎,一般都是一位老人和几个儿童在一起完成这次教学活动,而儿童们也就在群体中完成了学习狩猎的活动。

学习活动在现代学校制度特别是班级授课制度确立之后,逐步转变成为一种组织行为。学生成了教学流水线上的原材料,按照年龄、能力进行分班,送上不同的流水线;教师则扮演工厂中的工人的角色,按照事先制定的教育程序,实施大规模的教学生产。

学习共同体是一种最初的学习活动的组织方式,人们因生活生产中必须学习知识、技能、道德而聚集在一起,通过彼此交流分享,共同获取最有价值的知识,彼此帮助,共同进步。

"人们在社会网络上形成一个个社区。彼此间的相互连接关系仅仅是形成社区的一个要素,社区成员还要有共同的观念和行为。这些观念和行为在相互连接的人之间产生并保持下去。"(尼古拉斯·克里斯塔基斯、詹姆斯·富勒,2013:127)

二、研究的条件

本研究选取了一个由一群年轻人自发组织的骑行俱乐部作为研究的案例。该骑行俱乐部并没有起一个合适的名字,也没有固定的成员人数,但是长期以来一直有几个核心人物。所谓核心人物,就是经常性地组织并参加俱乐部的活动,并在活动中起到协调作用的一类关键性人物。

研究者本人为了能够深入观察这个社区学习共同体,因此也加入这个俱乐部,共同参与了俱乐部的活动,并认真体会骑行文化、学习骑行知识与技能,力求能够真正融入群体之中。

三、研究方法与过程

(一)研究思路

1.每个成员都愿意分享自己的经验

在共同体中,互相帮助是人们的基本准则,而自私自利的人在共同体中很难生存,有人称之为基因在起作用。

分享,这是一种人与人之间建立亲密关系不可或缺的条件之一,同时也是人与人之间建立了亲密关系之后经常会重复出现的一种行为。

分享是没有私利因素在起作用的一种利他行为,这种行为能够真正释放人们所获取的各种经验,从而在社区学习共同体中实现共享经验的最大化。

2.同化与顺应在共同体中发生

皮亚杰的认知理论将学习分为"同化"与"顺应"两种类型。同化就是把外部环境中的有关信息吸收进来并结合到已有的认知结构中;顺应则是指外部环境发生变化,而原有认知结构无法同化新环境提供的信息时所引起的认知结构发生重组与改造的过程。

在社区学习共同体中,当成员们的经验相同的时候,分享经验会实现群体顺应,强化群体对某一观点的认知强度;当成员们的经验发生分歧的时候,分享经验会实现群体顺应,改变一部分成员对某一观点的认知。

（二）研究对象的选择

在研究条件中，本文已经介绍过选取一个杭州城乡结合部自发组成的老余杭骑行俱乐部作为研究样本。在这个俱乐部中，成员并不十分稳定，大约有20～30人，其中有10个人是较为稳定的成员，本研究主要选择了这10个人中的7个核心人物作为研究对象。

随风：俱乐部的创始人，也是"老余杭骑行群"的创建者。30多岁，尚未结婚，目前工作和居住在距离老余杭镇三千米左右的东西大道附近。随风是吉林人，典型的东北人的性格，说话豪爽，给人很亲近的感觉。

老魏：他加入俱乐部的时间并不长，但因为几乎每次俱乐部的活动他都能坚持参加，所以很快赢得了大家的信任。老魏是老余杭镇附近中泰街道本地人，40多岁就已经进入肥胖人群行列，而且血压、血脂也偏高，坚持骑行锻炼的主要目的是为了身体的健康。

小徐：老余杭镇本地人，也是俱乐部中年龄较小的成员。他参加俱乐部纯粹是为了兴趣，既没有肥胖的前兆，也没有打算融入余杭人生活的迫切需要，但是他似乎在这个俱乐部中找到一种存在感，能够与一些年长的人在一起玩耍，会让自己非常开心。

手背：算是俱乐部中的边缘人物，他并没有加入随风创建的老余杭骑行群，因此，平时大家在网络中的交流他是不参与的。但是这个边缘人物却有着重要的作用——他的骑行专业性最高。他已经有多年骑行经验，因此，在这个新成立的俱乐部中，他往往就成为大家学习的重要知识提供者。

经纬：余杭本地人，很活跃的成员之一。玩骑行时间不长，但是具有很高的热情，特别喜欢组织大家一起跑长途线路。

老张：也是余杭本地人，身材比较胖，迫切需要运动。不过他骑了一辆很特别的自行车，重量超过了普通自行车的六成，虽然速度不快但锻炼身体的效果很好。

阿妹：在校大学生，余杭本地人，最近因实习回到杭州。玩骑行已经三年多了，具有很好的专业水准。在俱乐部中是很活跃的女性，能够给枯燥的骑行活动带来很多意想不到的乐趣。

（三）资料收集的方法

1.访谈法

笔者主要对样本中的7人进行了访谈，其中有较为正式的访谈，但更多的是非正式访谈。访谈既是获取研究所需要资料的方法，也是拉近研究者与被研究者之间心理距离的重要方式。对随风、老魏、阿妹、经纬的访谈次数较多,而对其他成员则主要是非正式访谈。一般都在活动中途休息聊天的时候获取一些研究所需要的信息。

此外,通过对 QQ 群聊天记录的查看,获取在线聊天内容也可以看作是一种非正式访谈收集到的资料。对很多年轻人来说,闲暇时间并不多,为了能保持一个比较好的群体关系,增进彼此的了解,大家都会选择通过网络在线聊天的方式交流信息。

2.参与观察

笔者主要在自然情境下对这个骑行俱乐部进行参与观察,目的是对他们在社区学习共同体中的学习过程获得一个更为直观的印象。骑行俱乐部在天气合适的情况下基本每天晚上都有活动,但是,由于时间限制,笔者无法连续参加活动并持续观察俱乐部的学习活动。

俱乐部一般活动安排从 18:30 左右开始,在余杭凡人屋(一个十字路口边的小百货商店)集合。大约等到 18:40 的时候,俱乐部成员基本到齐,骑行活动开始。一般从老余杭镇出发,沿 S207 省道至长乐大桥加油站,单程 12 千米左右。休息 10—15 分钟后折返回余杭镇,中途在科技大道路口休息 10—15 分钟等待落后成员。

由于是骑行活动,活动过程中几乎没有交流,只有在凡人屋集合、抵达终点休息、返回途中休息三个时间段内大家可以停下来聊天。这三个时间段是余杭骑行俱乐部学习的主要节点。观察的主要内容就是在这三个时间段内所有成员的有效对话。

四、结果

(一)信任关系的建立

每个人都是"发光体",并不是说在俱乐部中,每个人都要为集体作出贡献,而是每个人都会分享一些自己的故事,这些故事虽然很平淡,但是因为故事就发生在俱乐部成员身上,所以就显得格外生动并具有足够的渲染力。

阿妹在杭州短期实习,因此没有自行车,但又非常想参加俱乐部的活动,于是就问俱乐部其他成员借车。最先响应的是老魏。

> 老魏:车有的,就差了点。
>
> 阿妹:我骑旧的就好了,可以借吗? 短途的,没关系的。
>
> 老魏:可以啊。

阿妹:老魏住哪里?

老魏:在中泰＊＊村。

阿妹:哦哦,上次看过,我查查,下班过去方便的话,我就骑。可是等会回家就不方便了。我把车骑你家里,怎么回家是个问题。

请偷我对门:先骑回家,空了还呗。

老魏:嗯没关系的,要骑早点过来。到时候,我送你回去就是。

阿妹:好的。

阿妹:我五点半下班,我查一下怎么去你家

阿妹:你家附近有哪个公交站啊? 什么中泰政府站、中泰公交站好多个啊。311有经过那里吗?

老魏:你乘311路公交车到中泰公交站,我接你。

阿妹:好的。

老魏:我就在公交站门口上班。

阿妹:我应该6点10分左右到那里的,你几点下班呢?

老魏:我5点前就下班了,你到了打我电话135＊＊＊2212。

阿妹:好的。

这种小事在日常生活中的熟人圈内很容易发生,熟人之间互相借用一些东西再正常不过。然而,在一个陌生人组成的骑行俱乐部中,这类事件就具有很深刻的意义,家庭、工作地址、联系电话等私人信息的公布,自行车的借用,代表了人际关系发生了转变,通过这件事情,建立信任关系的不仅仅是老魏与阿妹,还有所有看到这件事情的成员。人们开始将俱乐部中的其他人当成了熟人,彼此建立了一种信任关系。

更为重要的是,这类事件并不是一次孤立的事件,在一个俱乐部中这类事件的实际影响是会形成一种彼此信任的环境,群体内对这件事情的认可度越高,说明群体内的信任程度也会越强。无数类似的小事是社区学习共同体内部建立信任关系的一块块基石,长年累月地积攒,信任关系得到不断的强化和升级。

(二)简单的知识学习

在一次关于如何选择骑行头盔和口罩的对话中,特别明显地体现了社区学习共同体中学习的特点。

梁笑:对了,你们头盔、口罩都买的什么?

随风:头盔稍微好一点的,几十块的没用。我买装备的钱比当初买自行车的钱多两倍多了,还是觉得装备不够好。

梁笑:有推荐款性价比好的伐(吗)?

随风:印象城的迪卡侬看看。

雷:我买这个怎么和玩具似的,太轻了,真不知道有没有效果。在天猫旗舰店买的,应该是正品吧?

随风:价格在200块左右的就OK了,看起来不错的。嗯,看看大家的评价,差不多就行,主要是能起到一个保护的作用就可以。

经纬:也不一定的,天猫也不一定是正品。

在这次对话中,梁笑作为一个新手想要知道该如何选购骑行头盔。头盔对骑行爱好者来说是必备装备,如果通过正规的学习方式,很可能看到的是这样一套比较系统的说法:

首先,在选购骑行头盔时,一定要检查选中的头盔是否贴有国家质检总局的标签。根据法律规定,在我国国内销售的骑行头盔必须符合质检总局规定的安全标准,方可向顾客销售,否则属于不合法产品。

其次,为了在事故中减少伤害,骑行头盔均配有安全束带,并且束带能使头盔和头部更加贴合。所以,一定不要让安全束带成为头盔的一个陪衬品,在面部两侧来回晃荡而不系好。

最后,在选定了符合国家认证的安全标志的骑行头盔之后,接下来要进行的是确定选定头盔是否佩戴舒适。不同骑行头盔具有不同规格,包括专为女性骑行者设计的头盔。请车友们在选购头盔时注意,不论怎样精准的测量得出的尺寸大小,都不如亲自试戴得到的效果好。为了确保买到舒适的骑行头盔,车友们应该亲自去车店挑选,不要单凭他人推荐或赞赏买了不适合自己的头盔。

在社区学习共同体中,学习变得非常简单,似乎也没有给出什么关键性的知识点,但是,却已经实际解决了梁笑购买头盔的问题。第一个明确的是价格"200块左右"。头盔市场也遵循一分钱一分货的规律,价格显然是判断头盔质量的关键;第二是明确购买地点,"印象城的迪卡侬"。网络购物对于熟悉商品特征的人来说可能会得到更低的价格,但对新人来说还缺乏保障。找到了价格、购买地点,梁笑再买骑行头盔就变得非常容易。至于是否戴着舒适,其实只要到店里一试就可以知道了,这不应该成为学习的重点。

(三)骑车安全观念不断得到强化

在骑行俱乐部中,有一些观念会被不断地强化,比如骑行健身减肥、骑行安全意识等。应该说每一个参加或准备参加骑行活动的人本来就认为骑行是一种良好的运动健身方式,作为成人也都具有一定的安全意识。但是,这些观念的强化却是在俱乐部中实现的。

蛋炒饭是个骑行新手,就买了一辆裸车,其他任何装备都还没有,第一次参加活动的时候他就开始询问哪些装备是必须要买的,以下是当时的对话:

> 雷:经常夜骑,灯是必须的。
>
> 阿妹:这个要看个人了,夜骑是需要的。
>
> 雷:没灯的日子好漆黑,被震好几次。
>
> 老张:骑行必须带手套和头盔,骑行铁规,夜骑再加个灯。
>
> 蛋炒饭:嗯,其实不要也没什么关系,我挺注意安全的。
>
> 老张:夜骑灯必须的。
>
> 阿妹:不要不行的,安全第一。有时候骑车的路况也会影响的,不一定全是公路的,不过夜骑都是公路的,白天就不一定了,偶尔会有点土路、石头路什么的,还有有时候登山下坡,是需要注意安全的。
>
> 阿妹:出去骑车,一定要保证刹车的质量,刹车要灵,这个是最基本的,一般经常骑车的人,刹车一年换一次的。
>
> 雷:换全套?
>
> 阿妹:是的,全套的刹车。

虽然是在谈论骑行应该购买什么装备,但是大家最关注的是安全问题,讨论该不该买什么装备的基本依据都是从安全出发的。安全问题是骑行中非常重要的、关系每个人生命的重要问题。因为有长期骑行经验的老手经历过或者看到过因为安全意识不够导致的各种惨剧,所以很注意安全问题,而新手则觉得骑行危险性不高,所以安全意识还是较为淡薄的。

在社区学习共同体中,新手与老手之间这种不断发生的对话实际上是将骑行安全知识与安全意识不断地向新手传递。

(四)偶发的有效学习

如前文中阿妹所说的"出去骑车,一定要保证刹车的质量,刹车要灵,这个是最基本的",刹车对骑行速度远超日常骑车的骑行爱好者来说非常重要,不仅要从硬件上保证刹车的质量过关,按时更换,也要经过合适的调整才能在骑行中得心应手。

调整手刹应该是每个骑行爱好者必备的基本功,但是对一个新手来说,手刹调整一般在买车的时候由车行的人已经负责调整好了。这些知识一般要经过骑行一段时间之后才需要用到。

随风虽然是俱乐部的老成员了,但他骑行经验并不多。2012年年底才买的车,而后开始慢慢了解骑行的知识。开始的时候他只是想买辆自行车运动运动,并没有把骑行当作很复杂的事情,所以买车的时候就随便买了一辆,而且不是在车行买的,也没有经过调整。

在一次途中休息的时候,随风说他们骑得快(一起骑行的人中手背等人骑行速度非常快,一般12千米路程能比随风等人快5分钟左右)关键是车好、车很轻,自己的车很沉。我比较好事,就过去骑随风的车试了试,确实他的车比我的车要沉一些。当我要把车停下来的时候,突然发现他的手刹角度不对,需要手腕下压手指抬高才能抓住刹把。

我就跟随风说,你这刹把角度不对吧,好像太高了,我们的刹把都要低很多。我觉得正确的刹把的角度应该是坐在车上,自然握把时,食指和中指能不回弯伸出搭在刹把上,在捏松刹车的时候,手腕上下两面比较舒服。随风骑到我的车上试了试,发现确实刹把调低一些会更舒服。

骑行中的很多知识是很难通过系统的理论学习来获取的,即便是买一本骑行专业的书坐下来认真看,也许也不会注意到一些细节问题。但是当大家在一起分享一些经验的时候,彼此的差异之处很容易引起注意,从而迅速学会一个不起眼的知识点。

五、结论与反思

"近朱者赤,近墨者黑",这是千百年来人们普遍认同的观点,当然也有"出淤泥而不染"、人格卓绝不受环境影响的人物,但是,不可否认人一生的发展总是受到环境的影响。

人的成长环境可以分很多种。家庭、学校、社区都对人的成长具有显著的影响作用,但是,这些影响的机制却并不相同。社区学习共同体有着一种特殊的机制,它不像学校那样由一整套完善的制度规范框定人们的行为,它也不像家庭那样由亲近的血缘关系保证彼此之间无条件的信任,它更不像社区生活中人们松散疏离的人际关系那样缺乏对人与人之间关系的基本保证。

社区学习共同体首先是作为一个共同体而存在,并形成了人与人之间的特殊的人际关系。这种人际关系的形成对社区学习共同体的学习而言至关重要。社区学习共同体中,人们的关系不是正式组织中的契约关系,不存在明确而又带有一定强制性的正式关系,而是基于一定信任、在活动中相互依赖的共同体关系。在这种关系中,没有人能够成为知识权威,没有人会顾虑自己提出的问题是否被人嘲笑。

社区学习共同体中的学习与预先经过设计的教育过程显然不同，没有人能够预料到每一天都会学习到什么样的内容，因此，社区学习共同体中的学习具有很强的偶发性。社区共同体中的学习还具有很强的实践融合性，每一次学习过程都是多人参与互动的过程，并且学习过程总是与实践过程相融合，学习的知识是用来解决眼前的实际问题，学习不会扩散到为了将来做准备而预先学习知识的范畴。

本研究以规模较小且成立时间并不长的骑行车队为案例，从研究效度与信度上来说，有很多值得商榷的地方。在不同的社区学习共同体中，人们的关系可能存在一定的差异，学习过程的发生可能也存在不同，因此，本研究得出的一些观点可能还需要进一步去验证。

六、研究后记

在完成本次研究后，笔者深刻相信了社区学习共同体有一种藏在日常生活之中的潜在力量，它不断地发挥着潜移默化的作用，对社会、对家庭、对个人有着不可估量的意义。社区学习共同体的作用机理是既有效又模糊的，其"有效"是本文所努力证明的，而"模糊"则是本文所要力图为大家揭开蒙在社区学习共同体上的一道面纱。

通过真切的参与、多次观察、深入访谈，笔者能够体会到社区学习共同体确实在改变人，实现了人在活动中学习，能够起到与教育相似的作用。这种真实是本文所要呈现的，而真实的呈现却并不容易，或多或少总是受到研究者主观意愿的影响，为了接近提出的理论预设，总是选择性观察那些能够帮助证明自己观点的现象，而忽视那些与预想相左的大量事实。因此，对社区学习共同体进行质的研究方法需要不断地去重复，通过对大量案例的挖掘来不断接近事实的真相，这需要更多的人参加到社区学习共同体的研究中来。

点评

研究骑行俱乐部中的学习是如何发生的，是十分有价值的。因为，骑行俱乐部是真正意义上的社区学习共同体。判断一个群体是不是社区学习共同体，一个很重要的标准是过程与目的是否具有一致性。在骑行俱乐部骑车，在达到健身的目的的同时有快乐的过程、有亲密信任的关系,在骑行俱乐部骑车,与在健身房骑车,有着本质上的区别。骑行俱乐部是本质意志优先选择意志,而健身房里的骑车只是选择意志,苦与乐是分离的,如同十年寒窗的苦与一日中举的乐是分离的一样。

这是一篇有质感的研究报告。故事生动,行文流畅,对学习这个主题进行了比较好的综述,为本研究发展创新找到了基础和出发点,作者为了做好本研究,参与到骑行队中,与其成员结成了信任关系,在自然情境下对这个骑行俱乐部进行参与观察,对社区学习共同体中的学习过程获得了一个更为直观的印象。同时通过对 QQ 群聊天记录的查看,获取了非正式访谈的真实的第一手资料。经过分析讨论,作者回答了本研究的问题:在社区学习共同体中学习到底是如何发生的? 作者认为基于共同体的学习是基于人际关系亲密群体的学习,在这种群体中的学习过程与在正规学校教育中学习过程是完全不同的。社区学习共同体中,人们的关系不是正式组织中的契约关系,不存在明确而又带有一定强制性的正式关系,而是基于信任、在活动中相互依赖的共同体关系。在这种关系中,没有人能够成为知识权威,没有人会顾虑自己提出的问题是否被人嘲笑。这种人际关系的形成对社区学习共同体的学习而言至关重要。骑行俱乐部里的学习是偶发的学习。

作者在研究问题部分提到:"在很多时候,人们不明确社区学习共同体与学习型社团以及学习群体的关系,也会有人认为'社区学习共同体只是学习型组织的一种形式'。这样的观点在本文中是需要批判的。"我很期待作者有更深入的研究对这一观点进行恰如其分的批判。

爱摄生活里共同学习的发生机制

文/李　品　评/项秉健

一、问题的提出

作为民间自发形成的居民学习群体,杭州市社区学习共同体蓬勃发展,遍布杭州城乡各个社区。近几年,笔者所在的杭州市成人教育研究室一直致力于这一群体的研究,试图通过对社区学习共同体的典型案例的质的研究,来清晰了解社区学习共同体的各种特质、形成原因、发展历程等,从而实现对社区学习共同体在实践中的有针对性的培育,为社区学习共同体的整体发展探寻有效途径。

选择爱摄生活作为社区学习共同体的研究案例之一,缘于一次偶遇。2014年 9 月底,笔者到所住小区附近的一个大型体育主题公园游玩时,无意中遇到一群老年人围在一个小池塘边,架起"长枪短炮"在聚精会神地拍照。出于好奇,笔者凑上前观看,原来,老人们在拍摄池塘中的莲花和金鱼。从这些拍摄器材来看,价值不菲,非常专业。不少人拍摄出来的照片构图合理、色彩丰富饱满,有的甚至把水中的鱼游动的身姿拍得婀娜动人。笔者禁不住发出赞美之声,并饶有兴趣地与其中一位老者聊起天来。交谈中,笔者了解到,这是一个叫爱摄生活的摄影学习群。由杭州下城区东新园小区爱好摄影的退休老年人于2013 年 4 月自发组成,目前有 9 位成员。与笔者交谈的这位老者顾大伯恰好是爱摄生活摄影学习群的发起人。他告诉笔者,他们都是摄影业余爱好者,没有专业老师指导和教授,都是自己买相关书籍,聚集在一起,通过自学和交流,来提高摄影技术的。出于笔者的研究敏感性,笔者对这个摄影学习群是如何开展共同学习的产生了极大的兴趣,并且围绕这一核心主题,一系列的疑惑也不断产生:既然是自学,他们为什么要选择共同学习的这种方式? 他们的共同学习是怎样产生的? 又是怎样进行共同学习的? 通过研究这一案例探寻这一系列问题答案的想法也由此产生。

二、研究方法及过程

1. 进入现场的方式

在产生研究这一案例的想法后,笔者向顾大伯表明了身份,说出了自己想将爱摄生活作为研究对象的意图。谁知顾大伯听后,连连摆手,表示不接受,在他看来,他们只是一个自学自乐、自娱自乐的业余"玩家"群体而已,没什么好值得笔者研究的。而且,他也担心,即便被研究,在笔者这个"专业"的研究人员眼里也是不正规的,会被贻笑大方的。他告诉笔者,他们安排学习活动很松散,并不会像小学生上课一样,在固定时间、固定地点定期学习,通常是通过大家商量,确定一个彼此都空闲的时间来学习交流,只不过会保证每周都有一次活动。他说:"像他们这种游击队,没啥好研究的,我们只是玩玩的!"可以理解的是,顾大伯虽然是这个学习群体的发起人,也是这个学习群体中拍摄水平最好的骨干成员,但他毕竟只是个摄影爱好者,而非研究者,因而也无法从教育研究者的角度去审视自己所在的这个学习群体。这也是他反复强调"没什么好研究"的原因。笔者用简洁、通俗的语言向他解释了社区学习共同体这个专业词语,并告诉他,从笔者的研究角度来看,他们这个爱摄生活学习群体就是一个非常典型的社区学习共同体,因为它诞生于社区,由具有共同摄影爱好的社区居民自发组成,并定期开展学习活动,这些都符合一个社区学习共同体所具备的基本条件。而顾大伯眼中的"松散"恰恰是社区学习共同体中学习活动自由、灵活、自主的特征,这也是社区学习共同体区别于其他正规教育学习所具有的独特魅力。笔者告诉顾大伯,类似于爱摄生活这样的由社区居民自发组成的学习共同体在杭州已有 2000 多个,目前,杭州市政府在大力提倡学习型城市建设,倡导居民终身学习,而爱摄生活这样的社区学习共同体恰好为民众的自发学习开辟了一条新途径,因而具有重要的研究意义和研究价值。听完笔者的耐心解释后,顾大伯最后欣然同意了笔者的请求,表示欢迎笔者到爱摄生活这个群体中来进行研究。之后,顾大伯与其他成员商量了下次学习活动的时间与地点,并热情邀请笔者参加。笔者先后多次参加爱摄生活的学习活动,以准成员的身份融入这个学习群体,在聊天、访谈以及活动中了解成员们在爱摄生活中的共同学习是如何发生的。

2.访谈对象的选择

刚接触爱摄生活时,笔者对这一学习群体并不了解,由于最初认识的顾大伯是爱摄生活的发起人,也是骨干成员,对整个爱摄生活的情况非常熟悉,所以笔者决定先从他人手,了解这个学习群体的基本情况以及其他成员的情况。因此,他是笔者确定的的第一位访谈对象。

顾大伯,退休干部,62 岁,自学摄影 3 年。退休之前,他对摄影产生兴趣,开始自学摄影,并购买了一套专业摄影器材,利用周末时间到杭州的各处美景拍照。他是爱摄生活学习群体的发起人,也是当中摄影知识最丰富、摄影水平最高的成员之一。在学习群体中担任着传授摄影技巧、组织摄影活动、采购摄影书籍的主要职能,在爱摄生活中具有一定的威望,起着领头羊的作用。

在顾大伯的推荐下,笔者先后确定了另外几位重点访谈的对象:

王大伯,工厂职工,65 岁,是最先加入爱摄生活的成员。2013 年 3 月,顾大伯在东新园小区摄影时,王大伯驻足观看,兴趣浓厚,主动提出要和顾大伯学习摄影。之后,顾大伯提出建立爱摄生活学习群,王大伯积极响应,并介绍了其他两位成员加入。其中一位是自己的老伴。初学时,摄影知识基本为零,如今已经掌握了不少摄影技术,已能拍出较好的摄影作品。

赵阿姨,王大伯的老伴,61 岁。退休在家多年。从反对王大伯摄影到受王大伯的影响,也爱上了摄影,并于 2013 年 9 月份加入了爱摄生活。由于文化程度不高,基本通过其他成员传授来学习摄影知识,是爱摄生活中为数不多的女性之一。

邓大伯,住在王大伯隔壁单元的邻居。与王大伯是同一个单位的。较王大伯晚退休一年。加入爱摄生活近一年的时间,是一位业余的摄影资深玩家,摄影技术水平最高,在摄影器材、摄影资料上花钱毫不吝啬。每次学习活动一次不落,准时参加。由于拍摄技术好,被王大伯拉入爱摄生活,成为爱摄生活中最内行的一位成员,也成为其他成员的"技术顾问"。

倪阿姨,57 岁,刚刚加入爱摄生活 1 个月,是一位新成员。爱摄生活在附近体育公园开展的一次户外活动过程中,倪阿姨被吸引,表达了要加入其中的愿望。虽然没有任何摄影基础,但爱摄生活的零门槛让倪阿姨的愿望成真。加入爱摄生活的目的是为了学好摄影技术,用相机记录下两岁孙女的各种成长生活的瞬间点滴。

爱摄生活共 9 位成员,6 位男性,3 位女性,成员大多是以熟人介绍的方式加入的,加入之前,彼此间就相互认识。除了上述 5 位是笔者重点访谈的对象外,其他 4 位笔者均在活动参与过程中有所了解与接触,是笔者随机访谈的对象。选择对象时通常较为随意,往往在活动互动时以闲聊的方式获取对方的一些信息、想法等。

3.搜集资料

本研究资料的搜集主要通过 3 种方式来实现:一是观察。笔者在参与爱摄生活的活动中,通过对成员之间互动交流的静静观察,获得各种信息和研究所需的材料。二是访谈。重点访谈与随机访谈相结合,来获取相关资料。当爱摄生活有户外拍摄活动时,跟随他们,了解整个过程。其间,以聊天以及正式访谈的方式,对其中的骨干成员与一般成员进行采访,从而得到成员的学习感受、学习心得等一些有效资料。三是搜集爱摄生活的活动照片、活动记录等。爱摄生活学习群自制的活动台账,当中记载了每次活动的时间、地点、活动内容、参加人员,同时还有成员的学习收获。不仅如此,爱摄生活也在小区公园里举办了两次摄影小展览,这些记录材料都是开展本研究所需的重要资料。它真实地展现和还原了爱摄生活的发展历程以及成员的活动状态,是非常有意义的辅助资料。

三、研究结果

1.一个人学太孤单、寂寞了

在信息发达、学习资源极度丰富的今天,要自学某项技能或某类知识,较之以前变得越来越容易。网络学习视频、庞大的图书资料、便携式的学习工具,都让人们的学习更加独立、便利。然而,爱摄生活这样一个摄影技术学习群却选择了共同学习的方式,这是最令我感到不解的。爱摄生活的发起人顾大伯,在退休之前经常自己看些书、查些资料,一个人待在家里琢磨怎样才能拍出好照片。对于这种学习方式,顾大伯似乎并不喜欢。

"您之前一个人在家里自学摄影,感觉怎样?"

"不好,不好!"顾大伯连连摇头摆手:"一个人学,不好的地方多着呐。"顾大伯掰起了手指头:"第一,一个人对着本书,捧着个相机,不懂的地方也找不到人问,连个说话交流的人都没有,太孤单了。跟老伴说,老伴也不懂,跟儿子说,儿子上完一天班累得话都不想说,只想休息,哪还有心思听你讲什么。"他皱着眉头,似乎在回忆当初一个人学摄影时的情景。

"第二,拍了照片也不知道好坏,也没人给你指出哪里拍得不好。第三,即便拍了几张好点的照片吧,连个欣赏的人都没有,感觉特别没有意思。所以,那个时候学的动力也不是很足,进步很慢。学的热情也慢慢淡下来了。"

"据我所知,杭州有一些老年大学,会举办一些摄影培训班,您为什么不去参加呢?"

"是想过要去的,可是报名的人太多了,没报上。"顾大伯很遗憾地说:"一开始很苦恼的,想找人一起学,又不知道找谁。后来碰到王华军(注:即文中的王大伯),他没有一点基础,想跟我学,最初我并不同意,我说我自己也懂得不多的,哪教得了你呀!他不在乎,说没关系,你知道哪些你就教我哪些,咱们都不懂的就一起学。我想想,这也是个办法,而且好歹也还有个伴,就这样,开始建立起这个摄影爱好群来。后来,老王又拉了个技术好的过来,喏,就是他同事,老邓,"他边说边指指边上正聚精会神拍照的邓大伯,"那感觉就不一样了。学的劲头都比一个人的时候足了不少。"

不仅顾大伯有这种感受,王大伯的老伴赵阿姨也有同样的感受。赵阿姨说:"我文化程度不高,摄影群里大家一起买了摄影学习资料,一人一份,但我回家看,哪里看得懂呀,我都要我老头子教我的,他先看,看懂了再跟我说。要是让我一个人看书学摄影呀,那我肯定是没什么兴趣的。还是有几个人在一起学,你教教我,我教教你,这样好!"

2.边解决问题边学习

对爱摄生活主要成员的访谈主要是在东新园社区的活动室里进行的。这里也是成员们开展学习的主要场所。由于爱摄生活的成员都只是摄影业余爱好者,摄影水平并不是很高,成员完全依靠一起自学、相互交流、多次实践来不断提高摄影技术。这样一群平均年龄超过 55 岁的老年人,是如何自学摄影的,笔者很好奇。

"摄影方面,你们都说自己懂得不多,又没有专业的老师教,你们怎么提高摄影水平呢?"在社区活动室里,笔者问王大伯。

"我们一起自学呀,你看,我们有教材的!"王大伯边说边指着自己身后的一排书柜:"你看,《数码单反摄影从入门到精通》这本书是我们现在在学的,我们买了 4 本,两个人 1 本,平时有时间,就到这里来学。还有这本《数码单反摄影入门》,这是我们以前学的一本,这本书简单、初级,对刚入门的人很好的。"

说完,他从书柜里拿出了这本书,随意翻开其中的一页:"你看,上面都记了不少笔记。"王大伯说:"这些书都是我们自己花钱买的。刚组建爱摄生活的时候,我们几个基础差的,就学这个初级版的书,每个礼拜都花一天的时间,到社区的活动室里一起看一小节,然后按照书上的去操作。他们基础好的,比如老顾、老邓,学那本提高版的,每次看一个方面的内容,看完了,下午就去社区花园或者体育公园实地拍摄。"

笔者翻着这本初级版的摄影书,上面图文并茂,感觉通俗易懂。但翻看高级版的书时,则发现多了不少专业术语,难度明显增大,书的厚度也增加了不少。

"这本书看起来挺难的,你们能看懂吗?"

"看得懂的,慢慢看就懂了。"王大伯一脸得意。"刚开始看不懂,就问老顾和老邓,我们学这个,并不完全按书上这个顺序来学的,按照书上一章一章地学,太枯燥。我们自己摸索了一个很好的方法的。"王大伯滔滔不绝地介绍:"我们在拍照的时候遇到什么问题,就一起到书上去找解决办法。"

"那你们会遇到一些什么问题呢?"

"举个例子,我们一起去小区公园里拍池塘里的金鱼,鱼是游动的,大家拍出来的鱼都模模糊糊的。那么,怎样把游动的鱼拍得清楚、有神韵呢?我们回去就聚在一起翻书看,一起学习这项内容。有不懂的地方相互交流,一起琢磨,学完了,再去拍,效果就好多了。""这种方法之所以管用,就是因为你在解决问题的时候要思考,要探索,问题解决了,一种技巧就学会了。"最后,王大伯用一句话总结他们这种独特的学习方法,就是"边解决问题边学习"。

3.分享是种快乐

在爱摄生活中,成员们最爱做的一件事情就是分享。摄影知识的分享在爱摄生活的学习过程中经常发生。在这一点上,刚刚加入爱摄生活一个月的倪阿姨感触最深。她说:"我加入这个群体的时间不长,摄影方面的知识几乎是'一穷二白',刚开始,连单反相机都不会用,什么是光圈、什么是聚焦,拍什么东西要用哪些镜头,都不知道,都靠其他人手把手教我的。"倪阿姨的言语充满了感激。"我们这个群啊,不像外面那种摄影培训班,(我们)不收费,而且大家都很无私,懂的人不藏着掖着,很乐于教其他不懂的人,尤其是老邓和老顾,特别耐心,只要是他们知道的,他们都是知无不言,言无不尽的。呵呵,我算是这个群体中最大的受益者了。"倪阿姨笑着说。很明显,她非常喜欢爱摄生活的这种分享式的共同学习。

而作为爱摄生活的技术顾问,邓大伯对于把自己所学的摄影知识以及独自琢磨的摄影技术无私分享给其他人,似乎并不放在心上,相反,他很乐于这样做。"我摄影方面懂得的东西比他们多一点,只要他们来问,但凡我知道的,我都会告诉他们的。要是我也不知道的,我就跟他们一起,翻书去学。"

"您喜欢跟他们分享你的摄影经验吗？"

"那当然，实话实说，他们来问我，我很开心的，我能帮助到别人，自己也感觉很有成就的。"

"那您就不怕他们懂得越来越多以后，在摄影技术上超过您吗？"

"这怕什么！本来大家聚在一起学摄影，就是相互切磋、相互学习的嘛，再说，我们这个群内部又不存在竞争，你教我，我教你，大家一起学，一起进步，这样才有味道嘛。即便其他人超过我了，我也可以跟他们学啊！"

在知识的分享上，分享者与被分享者都快乐无比。然而，爱摄生活在学习过程中还有另一个分享，那就是摄影成果的分享。把自己拍得最得意的照片向其他成员分享，是成员们最乐于做的一件事。每次外出拍摄，每一位成员都聚精会神地捕捉最美的瞬间。访谈时，爱摄生活的成员们打开他们的笔记本电脑，里面一个个记录着拍摄时间、拍摄者名字的文件夹里，储存着他们精心拍摄的好几百张照片。"你看这些照片，都是我们这一年拍的。每次户外拍摄活动，要是哪张照片被大家一致认为很好，那拍的人心情比喝了蜜还甜。"赵阿姨打开其中的一个文件夹，向笔者介绍。"你看这张，"她打开一张莲花的照片，"这是我拍的，他们都觉得很好，无论构图、色彩饱和度还是曝光度，都很不错。再看这张，这是老邓拍的，比我的更好。经常这样欣赏欣赏大家的照片，也找找自己的差距，学起来更有乐趣。"

4. 一起学有效率，提高快

爱摄生活开展活动非常频繁，成员每周都会花一天时间聚在一起学习摄影。通常上午在社区活动室学习新的内容，并且就一些不懂的内容进行交流，下午则外出，去小区的公园里或附近的一个较大的体育公园里围绕上午的学习内容开展拍摄活动。这些安排都是成员们自己商量决定的。

"为什么要采用这样的安排？这样安排有什么好处吗？"

"好处多着呐！"赵阿姨说："大家聚在一起学，学习氛围很好，我们年纪大了，看书看得慢，有几个人在一起看，不闷。学起来也开心！"

"是的，要是有什么不懂的地方，大家还可以相互交流交流，这比一个人抱着本书学要学得快。"在一旁的倪阿姨也深有同感。"再说，大家一起学习，对自己也是一种督促，别人都在认真学，你也不好意思偷懒的呀！其他人学得比你好，自己也很想达到他的那种水平，学习动力也会足一些！"访谈中，笔者听到的都是类似的话，如：

"一起学，可以相互交流摄影技术。每次户外拍摄活动结束，我们都要拿出自己认为这次拍得最好的照片,然后大家一起点评。哪张拍得最好,好在哪里,哪张拍得不好,不好在哪里,大家都要发表自己的意见。这也是一个学习交流的过程,可以帮助你总结经验,这样提高很快的!"

"我们都毛喜欢这样啦,每次搞学习活动,我们 9 个人都会来的,没有缺席的。大家学的积极性很高的。在这里很开心,情绪好了,学得也快了嘛!"

"是的呀,最主要的,是你不懂的时候还可以问别人,别人也愿意教你,比一个人看书去摸索学得快多了!"

的确,在笔者的几次活动跟踪过程中,发现爱摄生活每一次学习内容以及活动内容都非常明确,成员聚在一起学习时,一旦有人提出自己的疑问,立刻会有其他成员予以解答。有时候,成员间还会围绕某一问题开展热烈讨论。学习完后,立即进行拍摄实践,将所学的拍摄知识运用于实践中,成员之间交流互动频繁。特别是拍摄结束后,对所拍摄的照片相互点评,更是将成员的学习热情推向高潮。整个过程中,每一位成员拍摄投入,发言积极,学习情绪高涨,充满了欢声笑语。拍摄水平确实一次比一次有所提高。

四、研究结论

1. 分享而非独享

共同学习不仅仅是人与人之间在形式上聚在一起的学习,还包含了一项最重要的内容,即分享。真正意义上的共同学习,是一种分享式的学习,而非独享的学习。分享的存在,使爱摄生活的共同学习得以发生与持续。学习过程中的分享,包括了思想、知识、经验、学习成果的分享,乃至情绪、情感的分享。

分享,是学习群体中成员间产生联系的一种方式,本质上是一种互利行为。一方面,当成员主动将自己掌握的知识和技巧或者信息资讯分享出来时,常常能赢得他人的好感,也能获得他人回报的分享。另一方面,分享行为能增加双方的共同意义空间,让人产生群体归属感和认同感,并在分享过程中感受到利他时产生的极大快乐。当成员进行越多的信息交换,就越能有效地帮助双方形成更多的"共同意义",共同意义空间越大,成员间的关系越亲密。同时,分享行为的发生既让分享者在群体中感受到个人价值的实现,也让被分享者获得在交流、沟通、碰撞思想的过程中获得更多的来自于多方的知识与技巧。爱摄生活的每一位成员都具有分享之心,因而摄影知识与技术在这个学习群体中毫无保留地被传递,共同学习的过程也才在知识、经验的分享中不断向前推进。可以说,分享是社区学习共同体中共同学习的一项重要特质,缺之不可。

2.共同关注点的聚焦效应

共同关注点是以共同的学习需求为基础的。共同关注点是促使爱摄生活成员聚集在一起共同学习的前提，也是成员开展共同学习的持久动力。摄影是爱摄生活成员的共同关注点，它让同一个小区里不同年龄、不同工作、不同身份的居民因为同样的兴趣爱好而使生活发生交集，聚集在一起开展摄影方面的学习，这种关注点本身就是以学习为核心的，也是以精神追求为主的，因此，这决定了每一位成员关注的是知识的获得、人与人之间的交流与互动，以及由此所带来的精神上的愉悦情绪、感受和体验，与他人共同学习的经历与状态。成员共同追求的，不仅仅是摄影技术水平的提高，更重要的是在与他人共同学习时最终所实现的内心的充盈、满足以及自我生命内涵的丰富。在一个学习群体中，当所有成员都共同聚焦某件事物或某项活动时，每一位成员必然会热心于接触、观察这件事物，并积极投入这项活动，深入钻研，探索其中的奥秘。由此可见，在共同学习的过程中，共同关注点的存在始终发挥着凝聚力的作用，让这个群体中所有人的学习活动都自始至终围绕其发生和进行，而爱摄生活这一学习群体也因此得以维持和发展。一旦共同关注点消失，如成员陆续开始对摄影失去兴趣，则这一学习群体会因成员的逐个撤离而彻底解散。

3.问题的驱动与碰撞

问题是思维的起点，是学习的开端。子曰："疑是思之始，学之端。"巴尔扎克也曾说："打开一切科学的钥匙都毫无疑问的是问号，而生活的智慧就在于逢事就要问个为什么。"社会得以不断进步，归于问题意识，即发现问题的能力。通过对客观事物的表象提出疑问并寻求解决的办法，才能深刻了解该事物的本质及其形成过程。摄影是一门实践性非常强的技术。爱摄生活成员的共同学习主要是围绕一个个问题而展开的。成员在拍摄过程中产生许多问题，如逆光下怎样拍能使图像变亮？夜景霓虹灯怎样拍才能清晰？远距离的物体如何拍大并且拍清楚？正是这一个个问题的驱动，促发成员拥有更多的好奇心，并在学习过程中不断思考，产生与他人交流的欲望和行为，并通过交流与沟通，请教其他成员以及千方百计地查阅学习资料等方式来获得解决问题的答案。同时，在问题的驱动下，成员之间围绕问题开展的讨论也会变得频繁，思维发生碰撞的概率也大大增加，而这也正是共同学习的过程中必不可少的内容与环节。成员在积极的思维、探索过程中，不仅仅获得最终的答案，而且进一步丰富了知识，并在无形中加强了与其他成员的互动与交流。

4.他人在场效应的激励

从爱摄生活的这一案例来看,成员聚集在一起共同学习,为何学习效率会比较高呢? 不可否认,成员参与社区学习共同体,剔除了以经济利益、升学之类功利性的目的,纯粹是源于自我学习的需要与兴趣,内在需求的驱动也决定了其学习的主动性、积极性必然要高于外在压力驱使的学习,成员对自我评价更为注重,更关注学习过程中,自己内心是否获得充实,精神是否愉悦,个人素养是否提高。然而,除了成员对自我的评价,有一股力量对个人学习效率的提升也起着至关重要的作用。这股力量即他人在场所产生的激励效应,它是客观存在于社区学习共同体中的。社会心理学家特瑞普单特曾做过一项实验研究:他对骑自行车的人进行了观察,结果发现,如果是一个人骑车的话,时速为24英里,在旁边有人同行的话,时速是31英里,要是和别人进行自行车比赛的时候,时速就会达到32.5英里。心理学家把这种效应叫做社会助长。即:当有他人在场或者和他人一起完成某件工作时个体效率要高于自己单独做的效率。正如一个人跑步觉得很无聊,而有同伴一起跑,则会很有激情,这就说明他人的参与,可以提高我们自身的效率。当他人在场,如果我们认为可以突出和表现自己,则会产生社会助长效应。爱摄生活的共同学习中,每位成员都互为其他成员的"他人",每位成员都将自己在爱摄生活群体中的学习视为表现自己的机会,不仅如此,在学习过程中,成员也会不断受到他人的评价,并逐渐变得关注他人的评价,争取赢得他人对自己的好评,因此,他人在场激发了行为者的被评价意识,成员之间都在彼此潜移默化地相互影响,并有效地激发出每一位成员的表现欲望,因而学习积极性提高,学习效率也较之于个人学习有更大的提升。

五、研究反思

研究者的融入问题。质的研究是研究者进入研究对象的自然场景中,通过各种方式如深度访谈、参与式观察等来收集资料,且对研究结果进行深入诠释的研究。因此,质的研究的研究过程非常重视研究者的参与以及观点的融入。这需要研究者在研究过程中将自己深入被研究者的活动情境中,并在此情境中生活或工作相当长时间来融入研究对象的经验世界中以探寻局内人的所思所想,深入体会他们的感受与看法,并从被研究者的立场来诠释这些经验和现象的意义。所以,进入现场的深度在一定程度上也决定了一项质的研究的深度。在对爱摄生活的研究过程中,笔者对于自身的融入问题存在几个方面的困惑:

一是时间问题。由于爱摄生活仅仅是笔者在社区学习共同体的质的研究中的其中一个案例,加之笔者的工作性质,笔者无法长时间持续不断地蹲点在爱摄生活中开展研究,从而只能通过较为频繁的访谈以及活动参与来了解这个学习群体。

二是年龄差距。爱摄生活的成员均是退休后的中老年人,与笔者有较大的年龄差距,这意味着要真正融入这个中老年群体,通过寻找符合老年人兴趣的话题来获得信任,从而得到最客观、真实的一手研究资料,存在一定的难度。

三是兴趣熟识度问题。爱摄生活是以摄影兴趣爱好为学习内容的,每位成员都为自己配备了专业的单反相机,加之这个群体已成立了近两年,成员通过自学、互学,摄影技术已有很大提高,掌握了不少摄影专业术语以及摄影技巧。笔者虽略懂摄影,但与研究对象比较起来,尚差距不少,这也在一定程度上影响了笔者与研究对象的互动深度,对笔者融入该学习群体形成一定阻碍。

点评

这是一篇颇有研究价值的社区学习共同体质的研究报告。作者明确提出 3 个问题:1. 为什么选择共同学习? 2. 怎么产生共同学习? 3. 怎样进行共同学习? 在经过观察、访谈和搜集爱摄生活活动照片、活动记录等资料的基础上,作者围绕 3 个问题,对原始资料进行整理、提炼和分析,得出令人信服的研究结果,并在研究结论中自下而上地作出合理的意义解释。

本文的最大亮点是,作者所有的收获都源于自然情景,连社教干部的引见都没有,作者认识"爱摄生活",其实就是一场偶遇。但不可否认,作者是一个"有心人"。爱摄生活纯属草根态的社区学习共同体,其成员之间是亲人、邻居、熟人的关系,是由地缘环境决定的关系,他们在一起自觉学习摄影、自我诊断学习需求、自主决定学习内容、自给提供学习资源、自我评价学习收获。自觉—自主—自给—自评,这一学习的原理和机制,既反映了爱摄生活的草根性质,也决定了其研究价值。学有所教是国家教育关切的战略问题。要想实现学有所教,我们应当摒弃一种不切实际的设想,即通过一个单向度的教育安排,可以使人能够在任何地方、任何年龄阶段的学习都能获得教育服务。那么着力养护民间社区学习共同体或将成为一种明智的选择。诚如作者在研究反思中所写,进入

191

现场的深度在一定程度上也决定了一项质的研究的深度,由于受到调研时间限制等原因,融入深度存在诸多局限。尽管作者已经努力回答了前文提出的 3 个问题,但对于爱摄生活这一典型社区学习共同体意义建构的理解及阐释,其发掘空间或比我们想象的更大。

就本文的结构而言,关于社区学习共同体的共同学习之研究背景的缺失,可能会导致研究对象的个性在意义建构上的损失。社区学习共同体的定语中的"社区"二字,道明了此共同学习非彼共同学习。即我们既要抽象出"分享、聚焦效应、问题驱动、他人在场效应"(都可能发生)等共同学习的一般理论,更重要的是建构社区学习共同体共同学习的意义。在企业界、体育界、艺术界,有不少惊人的实例显示,当团队真正在学习的时候,不仅团队整体获得出色成果,个别成员的学习进步速度也比其他学习方式为快。不同之处在于,如果以企业或体育团队、艺术团队的竞争胜负为目的,则人是知识技能的载体和工具;反之,如果以人的发展和幸福为目的,知识技能则是人的学习的载体和工具。社区学习共同体和一般学习型组织、实践社团等的区别恐怕正在于此。

顺带一提,文中爱摄生活发起人顾大伯曾婉拒作者:"像他们这种游击队,没啥好研究的,我们只是玩玩的!"一语道破天机。这才是本真的学习。本真的学习是基于人的本质意志的学习,人是天生的学习者,对生活充满好奇心,学习并不是为了让我们变得深奥,而恰恰是恢复天真,是满足好奇心的"玩玩","玩玩"就是目的。遗憾的是,现在只有老人和小孩自发的学习才最接近学习的本真,因为我们这些成年人已深陷功利主义的泥淖。人的选择意志的逻辑:学习是遭罪,名利才是目的。

成员眼中的经典亲子诵读读书会

文/余锦霞　评/项秉健

经典亲子诵读读书会是一个很偶然的机会进入研究者的视野的。2014年2月,杭州市成人教育研究室在全市范围内启动新一轮社区学习共同体系列典型案例研究,为了使所选择的案例能够尽量覆盖各种年龄段的群体,研究者在几个城区搜寻主要由中青年人群组成的社区学习共同体,但一直没有找到合适的研究对象。2014年6月,江干区社区学院的汤老师偶然从江干区区委宣传部得知在江干区彭埠、新江花园等社区有个经典亲子诵读读书会,活动很活跃,影响也很大,并将这个信息告诉了我。在对经典亲子诵读读书会进行了初步了解之后,我非常感兴趣,并拜托汤老师帮忙联系和安排。于是汤老师通过社区的文教干部,帮我联系上了读书会的负责人。在征得读书会负责人的同意之后,我和汤老师于6月中旬开始了对读书会的个案研究。本次研究依然主要聚焦于社区学习共同体内部的评价问题,但是与桑榆书院的案例研究有所不同的是,我想要更加深入地关注成员对自身所在的社区学习共同体的评价与体验,主要想要了解:第一,成员们对所处的社区学习共同体具体是如何评价的? 例如,成员们的评价,如果是好的方面的评价,那么好在哪里,具体怎么个好法?第二,成员们是如何理解和看待这种评价的? 成员们在评价时感受如何? 这些评价对成员们意味着什么?

由于本次研究重在描绘成员们自身的内心感受和主观评判,所以了解和理解自然情境下的当事人(即社区学习共同体的成员们)的观点和感受非常重要,因此,我采用了质的研究方法,以归纳手段为主,在自然环境下,主要使用实地体验、开放型访谈、参与型和非参与型观察等方法对成员们的外在表现和内心感受进行深入细致的跟踪研究。

一、问题的提出

获得社区居民自觉自愿、积极主动、风雨无阻地忠实参与的社区学习共同体,以其强大的凝聚力和吸引力逐渐开始引起各方关注,包括新闻媒体,社区管理人员,文化、宣传及教育部门等,相关报道也见诸报端。各方对社区学习共同体积极的评价也比较多。然而,身在社区学习共同体内部的成员们,他们自己对社区学习共同体是如何评价的? 他们最真实的感受是什么?(实际上,从研究者的角度,我认为成员们的观点和体验对社区学习共同体的研究具有重要意义)他们的观点和体验与作为"局外人"的社会各方的评价一致吗? 会不会出现成员们"不识庐山真面目,只缘身在此山中",或者"局外人"的"不识庐山真面目,只缘不在此山中",又或者成员们和"局外人"对社区学习共同体的看法和观点完全不一致呢? 带着这样的追问和思考,我和汤老师深入经典亲子诵读读书会,参与读书会的活动,并和读书会的成员们进行深入交谈,试图探寻答案。

二、研究方法

(一)抽样

根据研究问题和实际情况,我采用的是目的性抽样,即根据研究的目的选择有可能为研究的问题提供最大信息量的样本。正如前文所提到的,在个案的筛选之前,我预设了一个筛选条件,就是社区学习共同体的成员的年龄,我希望最好是中青年人为主的共同体。我查询了杭州市成人教育研究室编辑的杭州市学习地图,在对所登记的信息里,筛选出了一批主要由中青年人组成的社区学习共同体。同时,我请几个区的社区学院的相关管理人员帮助我找寻这样的社区学习共同体,作为我案例研究的对象。事实上,在对所筛选出的这些社区学习共同体进行初步分析之后发现,这些共同体基本上以休闲、娱乐、艺术为主,因此,在二次筛选的过程中,我又增加了一个条件,就是选择的社区学习共同体主要开展其他方面的学习活动。后来反馈上来的信息表明,进入社区学院视野的符合这两个条件的社区学习共同体并不多见。正焦急之时,偶然机会"出现"的经典亲子诵读读书会便立刻引起了我的研究兴趣,而且特别让我兴奋的是,这个经典亲子诵读读书会不仅从学习内容、成员组成,而且从发展时间、发展规模甚至是影响力等各个方面都满足我的研究需要。因此,我立刻选定了经典亲子诵读读书会作为我的研究对象。以下是经典亲子诵读读书会的基本情况:

　　经典亲子诵读读书会,2012 年 4 月正式成立,主要成员是 35 岁左右的母亲和父亲(母亲占绝大多数),活动以父母带领宝宝(宝宝年龄在 0 至 13 岁之间)诵读《大学》《中庸》《论语》《老子》《黄帝内经》等中国传统文化经典为主,短短两年多的时间,在杭州已经发展了 8 个读经点。创始人杜老师,毕业于一所不错的师范院校,后任教于杭州二中(在杭州算是很知名的中学)。杜老师堪称一位很有魄力的妈妈,有了小宝宝之后,毅然辞掉教师工作,全职照顾和教育小孩;拒绝让自己的小孩子按照一般孩子的生活轨迹,接受幼儿园、小学、初中的学校教育,而是让孩子"在家上学",自己为他设置课程,亲自教育,孩子如今已经十四五岁了;几年前,在图书馆偶然听到倡导儿童读经(即诵读经典,下文同)的台中教育大学的王财贵教授的演讲,便从自己的孩子开始实践读经教育;两年前,将在她的影响下也参与读经教育的宝宝妈妈们聚集起来,创设了经典亲子诵读读书会。活动时间是每周二和周四。寒暑假则有相对集中和连续的学习活动。

　　除了父母带领宝宝一起读经的学习活动之外,经典亲子诵读读书会还定期不定期为父母亲们举办交流会,交流读经感受、对经典的认识、带动孩子读经的策略技巧、分享取得的成绩和孩子们的成长等;为志愿者们(每个点的志愿者都是成员们自己申报并通过实习检验的,每个读经点的志愿者大约有 15 名左右,每次活动安排 6 名志愿者担任助学、摄影、博文、领读、前期准备等各项工作,大家轮流"值班")举办交流会,内容主要涉及公益理念、志愿者如何在活动中提升自己、志愿者的公益心和常规礼仪、公益诵读点实务操作指导、读书会志愿者心得分享、诵读经典理念学习及答疑等方面。

　　(二)搜集材料

　　收集材料的方法采用的是开放式访谈、参与型观察和非正式交谈。

　　2014 年 6 月 17 日,我和江干区社区学院的汤老师比约定时间提前了一个小时到达彭埠镇彭埠社区服务中心二楼大会议室,这里是彭埠读经点的固定活动地点。我们希望在活动正式开始前,能够和彭埠读经点的核心成员先交流一下。但是我们发现,核心成员及几名身穿印有"经典诵读读书会志愿者"字样的红色 T 恤的志愿者们根本没有时间和我们交谈。每个人都有自己的工作,有的在准备发放经典读本和学习资料,有的在摆放桌子,有的在忙着挂印有经典亲子诵读读书会字样的横幅,有的在挂孔子的画像,有的在引导陆陆续续而来的读书会成员就座,有的在回答成员们各种各样的问题,有的在接受想要报名加入的家长的咨询,有的在帮忙看护追逐嬉戏的孩子、帮着安慰受委屈的孩子。总之,一副热火朝天的场景。而且,我注意到,核心成员和志愿者们还时不时回应一下自己孩子发出的"爸爸""妈妈"的呼喊,而这些"小小志愿者"们,虽然没有红色 T 恤,但是看起来仍然是爸爸妈妈们的得力助手,一直在旁边帮忙干一些力所能及的工作。这样的场景给我留下了很深的印象。核心成员之一的张老师首先发现了我们,向我们迎了过来,我们向她做了一下简单的自我介绍,并简单介绍了一下我们的研究计划、目的等,张老师面带歉意地表示,请我们等到活动中途休息时或者结束之后再到隔壁的小会议室做深入交流,因为现在大家都在忙着,没有时间接待我们。我们提出是否可以随机地和已经来的家长进行简单交流,并希望能够参与经典亲子诵读读书会的活动过程。张老师爽快地同意了我们的要求,并且将经典亲子诵读读书会的另一个核心成员许老师介绍给了我们。就这样,我们开始了对经典亲子诵读读书会的跟踪观察与对成员的访谈。

在这之后的每周二和周四,我们都作为其中一员,参与了经典亲子诵读读书会的读经活动,并且在活动开始前、中途休息时间以及活动结束后随机走近成员,并和他们随意聊天,收集到了丰富的第一手材料。对经典亲子诵读读书会的几名核心成员和志愿者,分别进行了 3 次相对比较正式的访谈,每次每人大约为 25 分钟。非正式的访谈时,时间时长时短,根据具体情境而定。

访谈的结构是开放式的,我一般从询问被访者的基本个人信息,例如年龄、姓氏、职业等开始,了解他们是因何原因、何时、何种情境下进入经典亲子诵读读书会的,询问他们对传统文化经典以及对于这个经典亲子诵读读书会的看法、观点、感受、体验等,深入追问他们是如何理解和看待这种评价的,这些评价对成员们对他们自身的意义等。

三、研究结果

访谈时,经典亲子诵读读书会的成员们都谈到了自己对经典的认识、参加经典亲子诵读读书会的初衷,以及参加活动以来自己对经典亲子诵读读书会的评价与看法。在被问及"你对经典亲子诵读读书会的评价是怎样的?你个人感觉得经典亲子诵读读书会如何"时,几乎所有成员都会用到"真的很好""我个人很喜欢""我很认同"等相同或相近的词语进行评价;在被继续追问"好在哪里""为什么喜欢、喜欢什么""为什么认同、认同什么"时,成员们会避开直接使用"评价"这个词,转而用"我的看法""我的感受""我觉得"来引出自己的评价,具体描述时,各个成员较为频繁使用的词语就各不相同了,这也反映出成员们的评价角度不尽相同。成员们具体评价时使用到的高频词语像一片片"碎片"一样,我将它们拼凑起来,也许能在一定程度上展示经典亲子诵读读书会的一个局部真实。

1."温暖"

这个词被核心成员许老师和接受访谈的其中两个志愿者多次提及,在其中一次与许老师 30 分钟的谈话中,这个词就出现了十几次。

"我最大的感受就是温暖,真的觉得很温暖。我跟着杜老师一起在新江花园做公益做志愿者,之后因为彭埠回迁,所以搬来彭埠社区,就想在这里也办个读经点。我找到在社区工作的同学,请她帮忙跟社区讲一下。同学毛(很)热心的,社区得知之后也非常支持,还赞助了我们 2000 元钱买书,并且说以后办起来还会酌情继续给我们支持,最重要的是,还给我们挤出来这么好的一个地方,宽敞明亮,给我们作为固定活动场地。当时因为有很多人都不理解、不认同我们做这个事情,还有些村民,因为大家都认识,还冷嘲热讽地说我是发神经,很多很难听的话都有的。其实任何事情起步的时候都比较艰难,所以那个时候同学的友情和社区的热心,真是'患难见真情'啊,也给了我很大的动力,要把这个事情做好。"

"我们这里就是一个温暖的大家庭。其实确实也是,这里很多人都是亲戚,还有是亲戚的亲戚,估计总有个三分之一吧。还有很多是小时候的同学啊、玩伴啊之类的。我们一开始的时候,只有大概 10 个家长带着宝宝参加我们的读经。一开始人少,没有志愿者,大家就把自己的家里人拉来当志愿者,呵呵,比如,许老师,她的姐姐和姐夫都是我们的志愿者。还有小张,她当了我们的志愿者之后,看到缺人手,就把她老公拉来一起当志愿者。大家都是无偿的,没有任何私心的,都是简单地想要帮助别人,为别人服务大家都觉得很开心。当志愿者有时候挺辛苦的,需要花更多的时间和精力,但是大家在一起,一起做公益,不是一家人,也胜似一家人,觉得很温暖的。"

"我们读书会里资源很多的,大家都很愿意为别人做一些事情、提供自己拥有的资源。我们的口号是,让我们一起用爱和付出让世界更加温暖和美丽! 这个社会太需要人去做温暖的事情。在这里为别人做事情、为别人付出爱心是所有人都认可的,大家也都是这样做的。"

"我们需要搞活动,需要请老师,需要买一些小奖品,需要印一些资料,因此,需要一些经费。但是我们读经是不收费的,是纯公益的。因此,需要钱的时候,我们就自己出钱。比如,一开始我们为了招生,还印了宣传册,那个宣传册就是许老师自己设计、自己掏钱印的。后来有些来读经的家长知道读经点的花费都是我们自己掏腰包的，就自发地给我们捐钱。还有一个小朋友把自己600元压岁钱都全部捐给我们了，真的很让人感动的。现在我们都不需要自己掏钱了，有很多人给我们捐赠，有公司老板，有我们读经点的家长，还有社会上认可我们的人。还有个家长给我们招募了全职的志愿者，在QQ群里答疑、做日常维护和管理，日常花费都是他付的。"

"这里的小朋友们真的是非常贴心的，让你感觉心里暖洋洋的。总是老师、老师的叫着，时不时还问你有没有需要帮忙的。有一次读经活动的时候，还有个小朋友拉着一人跑到我跟前，告诉我那个人是她的幼儿园里的老师。那个老师告诉我，这个小朋友在幼儿园里，跟她说自己在读经，还背了一段给老师听。而后三番两次非拉着她来这里看我们读经不可，刚好这次有时间，她就跟着小朋友来了。我当时听了，真的心里很暖的。到现在我都印象很深刻。"

"我们开始时大概10个人，第二次活动时就来了20多个人，再后来就有30几个人，现在实际注册的有68对亲子。想要报名的人还在增加。得到了越来越多的人的认可。从一开始别人冷嘲热讽，到现在越来越多的家长都理解我们，认可我们，夸赞我们，人都喜欢听表扬的嘛（笑声）！大家理解了国学经典的重要性，理解了我们做公益的公心，我们的付出就是值得的，就觉得有了回报。也享受这样的感觉。"

在我看来，许老师和志愿者们描述的"温暖"背后，实际上，是他们用自己的爱心、付出和行动，赢得了他人的支持与回馈。而这种支持与回馈反过来又激励着这些志愿者们付出更多的爱心和行动。在这种良性循环里，志愿者们眼里的经典亲子诵读读书会就是一个温暖的大家庭。有一次在和志愿者们交谈的过程中，发生的一个小插曲，也真正让我感受到了"温暖"其实不仅仅来自于他们的描述，更来自于真实的行为表现。我和汤老师正在会议室里和志愿者刘先生交谈，突然，一个四五岁的小男孩突然哇哇地哭着冲了进来，哭得很伤心，我正错愕不知道怎么回事情，却见小男孩直接朝刘先生怀里跑了过去，而刘先生一弯身子，非常自然而然地将小男孩搂在怀里抱了起来，轻拍他的背，轻声安慰"果果没有调皮，果果只是不适应而已，对吗？果果不怕，一会儿就好了"，没有询问为什么哭泣，只是简单地说了这么几句话，非常神奇的是，小男孩居然就停止了之前似乎是受尽委屈的哇哇的哭声。一切都是那么自然，而且从小男孩哭着跑进来，到被刘先生抱起来，到停止哭声，这个过程在短短的、我感觉甚至都不到半分钟的时间里全部完成了，作为旁观者的我和汤老师，似乎都还没有反应过来。我不由得赞叹"刘先生，你太能干了，太会哄孩子了。你儿子为什么哭啊?"(我知道几乎所有的志愿者同时也是成员,都是带着孩子读经的家长)。"哦,不,果果不是我儿子,我儿子6岁了。"这句话的结果是,我和汤老师同时惊讶地瞪大了眼睛。"不是你儿子?"汤老师难以置信地说:"可是你们这么亲密地相互拥抱,这么自然,而且这个小孩子这么听你的劝,一下子就不哭了。真不是你儿子吗?""真不是的。(笑声)果果性格比较要强,需要大家关心,挫折感受不了(意思是抗挫折能力比较弱),抱一抱就好了。""他家长不在吗?"我在想,孩子受伤的第一反应应该是找父母亲才对啊。"应该在的。"刘老师告诉我。孩子的语言与行为是不会撒谎的,也许正是那个温暖的怀抱让他有了安慰和安全感,所以不再哭泣。而作为一个普通"叔叔",需要付出怎样的努力,才能赢得孩子如此的信赖?我一直被刚才刘先生和果果相互拥抱的场景温暖着,我在想,这不是父子、亲如父子的拥抱才是真正的"温暖"吧。

2."分享"

"分享"是成员们使用频率很高的词语之一。

"我觉得这里最大的特点就是注重分享,乐于分享。我们有一个群,大家在群里都会相互分享,有的分享孩子成长的感悟,有的还贴出图片,有的分享自己读经的感受和体会,有的分享怎样带领孩子读经效果最好,有的分享一些经典国学的资料什么的。或者有人在读经或者生活中碰到了什么问题啊,什么困惑啊,在群里说一下,大家也都会纷纷晒出自己的想法,提些建议,给一些帮助。感觉很好的。"

"这里大家都喜欢说,某某某,你来分享一下什么的。我很喜欢这种感觉,就是感觉人与人之间一种共同的东西在里面,大家都不是孤立的、毫不相干的陌生人。活动时我们读经读完,最后有个15分钟的分享时间。大家围成一圈,有什么高兴事分享一下,有什么生活经验分享一下,比如育儿经什么的,小孩发烧了拉肚子了怎么处理等,有不好的事情、不开心的事情也说出来大家听听,也不一定能给出什么很好的帮助,但是说出来实际上也是一种排解。高兴的事情一分享,大家都高兴,真的蛮好的。"

"我有什么好东西的话,是很喜欢和大家一起分享的。我下载了20首最经典的钢琴曲,给小孩子听,每天给他听一听,我觉得这种熏陶对小孩子的成长是有利的。我在读书会跟大家分享了之后,大家都很感兴趣,都想这样做。可是后来我发现,他们太懒了(笑),有想法没有去做,都没有去下载。他们懒得做,我就帮他们做呗,我想。我就自己买了20个优盘,下载好,然后给他们一人一个,让他们自己买了小播放器就可以随时播放了。大家很高兴,我也很开心。

其实教育就是这么简单的事情,所谓大善至简嘛!我后来还买了 50 副仿制的名画,我自己在家里挂了一些,然后分给他们每人一些,让他们挂在家里,给小孩子熏陶熏陶。大家都很开心。"

也许,分享其实就是一件非常简单的事情,就是生活中的一些琐事,只是重要的是,每个人在享受自己的拥有的时候,心里头还想着别人,想着能让别人共同拥有。当分享成为所有人的共同行动的时候,经典亲子诵读读书会就有了"圆心"。

3. "成长"

孩子的成长永远都是父亲、母亲最津津乐道的话题。同样是家长、而且一开始大都抱着培养孩子的初衷来读经的成员们,更是这样。孩子一天天的成长和变化,让成员们对经典亲子诵读读书会赞不绝口。

"我们读书会里,曾经跟随父母来读经的最小的孩子是 12 个月大,我们都叫他'读经宝宝',后来一开始学说话的时候,不是像其他宝宝一样从一个字一个字开始会说的,而是一开口会说话就是一句话一句话说的。"

"说实话,我一开始是很质疑的,只是看到我妹妹她们都来参加经典亲子诵读读书会,所以我也带着孩子来了。一开始我觉得这个东西有用吗?孩子这么小(五六岁),他能读懂吗?甚至怀疑这么办免费读经班的人是不是有什么别的想法(指借免费之名暗地里追求利益方面的东西)?但是后来发现,我的孩子变化真的很大,以前是幼儿园里最皮最淘气的孩子,永远都不可能坐得下来认真干一件事。现在不一样了,尽管仍然很淘气,但是他有能够集中注意力做一件事情的时候了。我自己都觉得不可思议,看到他在家里读经的样子,那么认真,以前真的不敢想象。现在是他自己要静就静,要动就动,能静能动,真的是所谓的动若脱兔、静若处子了。我们幼儿园家长群里的家长都看到我孩子的变化,所以有几个家长也跟着我来读经了。"

"这里其实只要求读,并不要求背诵的,而且从不解释意思的。但是小孩子记性好,读着读着就会背了,家长和孩子一起读着读着,很多家长也会背了。不过,会背的孩子比会背的家长多。好像孩子记忆这些文化经典比成年人强很多,他们记起来很轻松的。学习劲头也很足,坐公交车、走路或者晚饭后散步时,他都会自己要读的。不仅如此,有一次我突然发现,孩子认识很多字,读经时候读到过的字,在别的地方他也认识了。当然,最大的变化,就是孩子似乎懂事很多、很懂得文明礼貌。比如,现在但凡我蹲下了干点什么事,我小孩子立马就会去搬张小凳子来给我坐。对待客人或者亲戚、长辈什么的,很是知书达理的样子。还很环保,什么垃圾都不肯乱扔的,还要分类扔垃圾的。在路上吃个橘子。连橘子肉外皮上的那个白色的经络他都要放到我手里,叫我收起来扔进垃圾桶里的。"

"我觉得经典亲子诵读读书会真的很好,最大的好处就是读经以后,我小孩子不再一天到晚玩手机、玩电脑、玩游戏了。以前真是不要出去玩的,跟现在的宅男、宅女一样,就喜欢玩这些电子设备,绝对的'数码迷'啊。现在不一样了,他自己很自觉的,上午要读10遍,下午要读10遍。读着读着就都会背了。每天还督促我,叫我跟他一起背,要我为他争得荣誉。孩子读得好,有奖励卡的;家长读得好,也有奖励卡。但只有两个人都读得好,才能评优秀的。所以我小孩子叫我帮忙的,帮他争荣誉的。真的很有意思的。《大学》他读了10遍就会背了,而且里面的字即使单独拉出来,他也会认的,当然还不会写,我小孩子才6岁。我真的觉得很了不起。我很感谢这个读书会的。我自己是小学老师,所以现在我在自己班里,也在引导学生读这些经典。我要把自己的能量辐射给他们。"

"参加了经典亲子诵读读书会以后,我家宝宝最大的变化是懂得合作、懂得分享了。以前,他的玩具啊、零食啊,别的小朋友是碰都碰不得的。现在大方很多,有时候还主动分玩具、分东西给别的小朋友,真的太让我意外了。这大概是我在这里最大的收获吧。"

成员们评价经典亲子诵读读书会时,说到对自己孩子成长的影响,大致可以分为几个方面:提升记忆力、提高识字量、培养阅读习惯、提高表达与理解能力、知书达礼、增强自信、集中注意力、改变了一些不好的习惯等。尤其是看到这么小的孩子这么认真,读读就都能背,成员们都表示非常惊讶。在我看来,成员们对自己孩子的欣赏和认可,恰恰是引导孩子们健康成长的重要因素。

4. "提升"

经典亲子诵读读书会的成员多次提到,读书会让他们自己有了"提升""进步""提高""变化""收获"等,用这些相似意思的词语来具体评价读书会、描绘读书会的种种"好处"。

"读书会真的太好了,完全超出我来之前的想象。因为读书会,我发现自己有很大的提升,我有了很多没有想过的甚至不敢想象的朋友。各行各业的,有医生、有研究中医养生的、有国学大师,还有百度名人,就是很出名的人。真的从来都没有想过能真的认识这样的人。而且名人真的不是我原先所想的那样高高在上的,越出名的人,越是平易近人,很好打交道的。我和他们很多人都成了好朋友。总之,我原先的交际圈子完全打破了。"

"跟别人交谈的时候,别人听说我是读经的,做国学的,他们一下子都对我很是崇敬一样的,很尊敬的感觉,我也觉得自己突然很有水平、很有面子的。我现在说话的时候,都会不经意就用点四书五经里面的东西的。很多我都背得下来。我时不时丢出一两句,人家都听得一愣一愣的,觉得我水平特好。"

"我原本带着孩子来读经,是因为我的小孩特别皮,幼儿园老师说,班里最皮的就是我儿子,我本想让他通过读经有所改变。现在他确实变了很多,但实际上变化最大的还是我自己。我以前脾气比较暴躁,父母亲说几句我不太要听的话,我喉咙就会响起来,老婆唠叨几句,或者两人有些话不对头,我就会发脾气的。搞得家庭关系也很紧张的。我带着孩子读《大学》《中庸》《论语》《老子》,感觉自己的三观都改变了,在为人处事上也变化了很多。现在遇到问题,我都会首先想,会不会是自己的原因,会换一个角度想一想,脾气好一点了。在单位里,对公司里下面的伙伴(指员工,他用伙伴这个词本身也说明他将员工放在完全平等的位置)沟通也好很多了,我对他们现在包容多起来,指责少起来。原来对社会上比较负面的消息会去传播,会觉得社会上这个不好,那个不好,现在我更愿意传播正能量的东西,愿意多给他人一个微笑,更愿意把正面的东西给社会。"

"我自己是性格比较文静的,我儿子也像我,太文气、太听话。我希望儿子可以有些变化,所以带他来参加这种集体读经的活动,以前我在家里也带他读经,只是没有毅力坚持下去,比较懒散的。现在儿子有了明显的变化。其实我自己进步更大。我以前也不敢上台的,人多的时候,不敢到台上去(亲子读经活动里,有一个环节是家长和孩子自己主动到台上去领读或者去背诵)。我不敢上台,儿子也不上台,为了给儿子做榜样,我就逼着自己上台,第一次很紧张,后来就好多了。上台前的一个晚上,我背着儿子偷偷恶补(指背书)哦,怕表现不好(笑声)。上台前,我儿子也鼓励我的,鼓励我上台去领读。现在我觉得自己自信多了,不知道是不是因为经常上台去的关系(笑)。我现在已经是读经班的优秀读经妈妈啦。我还打算申请做志愿者,做更多的事情。"

正如有一个成员非常严肃地跟我说起这样一句话:"家长的态度决定孩子的一生。如果我们自己做不到,没有资格让他一定要做到。家长教育是根,它是所有孩子的根源,这是地下部分,是看不到的,却是最重要的。"经典亲子诵读读书会里,跟孩子一起学习、一起成长、互相鼓励、互相比赛的氛围,让很多成员不知不觉中发现其实最后改变最大、提升最大的是自己。

四、研究结论

成员们对经典亲子诵读读书会这一社区学习共同体本身的评价,原本是成员们对一个"事物"的评价,对学共体本身做出价值判断。然而,在成员们的评价里,似乎更多的是对"人"的评价,成员们有意无意地以对自己、对孩子的评价替代对学共体的评价。评价方法多元,注重观察与感受,注重差异评价(没有人与人之间横向比较)。评价结论主观、个性,并不追求客观、公正、公平的评价标准以及所谓的"科学性"评价结论。

1. 生命化与人本性

在成员们的评价表述里,我每时每刻都可以发现"人"的存在,真实的、有生命的、有感情的、有个性化体验的人,而并不是将人隐藏在评价背后。经典亲子诵读读书会这一社区学习共同体中,人们将对"物"的评价转化为对"人"的评价,而不是反着来,体现着鲜明的生命化特点。

在评价经典亲子诵读读书会"喜欢""好""满意"的词语背后,成员们无论在解释"为什么喜欢""为什么觉得好""为什么满意",还是描述"喜欢什么""满意什么",鲜活的词语里,我们看到的都是一个个活生生的、有自己独特个性风格、不断成长发展的"人",人的需要、人的变化、人的感受、人的故事。所有的评价都是围绕有血有肉的人展开,体现的是真正的人本性。

2. 多元化与主观性

对于经典亲子诵读读书会这一社区学习共同体,相同的评价要素,成员们使用的评价方法呈现出多元化的特点:

首先,表现性评价,即通过对日常行为的观察从而对评价对象进行评定。经典亲子诵读读书会里,成员们主要通过对孩子的日常行为和表现的观察,例如学习劲头、学习习惯、生活习惯,以及接人待物、道德品质等,评定孩子的变化与成长,进而对经典亲子诵读读书会做出自己的评价。这种方法下的评价,成员们使用的全部是描述性语言,没有与他人的比较,只有孩子自身的比较。

其次,效果性评价,即通过学习效果对评价对象做出评定。经典亲子诵读读书会里,孩子们的学习效果,包括能读多少、能背多少、能认识多少字等等,始终是成员们评价经典亲子诵读读书会的重要标准。值得一提的是,没有任何人在评价的过程中依据孩子的学习效果对孩子进行人为"区分等第"。

再次,体验性评价,即通过自身体验对评价对象做出评定。成员们通过自己参加经典亲子诵读读书会之后的体验、感受到的自身的变化等,进而对经典亲子诵读读书会做出评价。

在社区学习共同体里,从方法上来看,评价的主观性明显强于客观性。这里并不强调评价的外显的客观、公正、公平、平等,尤其不强调与他人作比较,而是呈现出主观、灵活、多元、个性化的特点。尤其是表现性评价和体验性评价,最后的评定结论其实完全归结于评价者(成员们)的主观认识和内心感受,而且特别注重个人内部差异评价,即注重对个人前后变化进行纵向评价。

五、研究反思

1.关于符号与仪式

走近经典亲子诵读读书会,有两个特点让我印象深刻:

一是经典亲子诵读读书会的成员之间基本属于熟人关系,而且很多是亲属关系,其次是同村(拆村建居前来自同一村庄,是儿时的伙伴或者同学),再有是成员们的孩子在同一学校同一班级。成员们基本都是通过熟人介绍而参加经典亲子诵读读书会的。换句话说,这些成员基本有着相同或者相似的文化、地域、语言背景,这种"近亲"似的小背景,某些"符号"或者说是"文化标记"是一致的。

二是经典亲子诵读读书会有很多他们自己的"仪式"。有"拱手礼"(活动正式开始前,所有成员起立,在助学的带领下,整理衣冠、行"拱手礼",齐声朗诵"为天地立心、为生民立命、为往圣继绝学、为万世开太平",礼毕,全体落座,活动才正式开始)。有能量朗读(诵读经典之前,成员们会跟着领读老师一句一句齐声朗诵"我的生命因梦想而伟大,我想成为什么样的人,就能成为什么样的人""我不是完美的,我们一起来完善""我要为中华崛起而读书"等类似充满积极的自我暗示性的话语)等等。

在经典亲子诵读读书会里,这样共同的文化符号和仪式语言,对社区学习共同体来说又意味着什么呢? 是不是形成社区学习共同体核心精神的必要元素呢?

2.关于初衷与动力

似乎对于35岁左右的青年人来说,他们参加社区学习共同体的初衷和坚持参加社区学习共同体的动力,有更多的"功利性"和"实用性"。这从他们对经典亲子诵读读书会的评价当中可见一些端倪。仔细分析成员们的观点和具体陈述,他们认为经典亲子诵读读书会好、对经典亲子诵读读书会感到满意的原因,大都比较强调对自己的提升、对孩子的成长有益处、有帮助。而很少考虑休闲娱乐、健康身心、舒缓压力方面的,甚至很少考虑孩子们是否喜欢、是否愿意、是否适合读经等。给我们的启示是,一方面,怎样的社区学习共同体能够吸引这个年龄段的人参加;另一方面,对亲子类的社区学习共同体,我们似乎考虑的东西应该更多。

点评

　　这是一篇可读性很强的质的研究报告。作者擅长寓繁于简,用寥寥数笔凸显研究对象的语言行为特征,善于捕捉细节,用白描手法刻画人物关系的典型活动场景。在研究结果中,作者用"温暖""分享""成长""提升"这些读书会成员使用的高频词语作为小标题,形象地归纳了读书会成员的内心感受;通过描述刘先生拥抱哭奔而来的果果这个细节,传神地烘托出读书会活动场景的温暖气氛。可谓不乏可圈可点之处。当然我们不仅仅是为了听故事,作者也不仅仅是讲一个有意思的故事,从关于选题的思考到搜集资料方法的运用,从研究结论中的理性解析到研究反思中的意义追问,我们都可以欣喜地发现作者在质的研究方面所具备的素养和所达到的水准。

　　为了孩子是中青年父母的生活主题之一,于是他们自觉地来到亲子经典诵读读书会,并热情参与为父母们举办的交流活动。美国著名生涯规划大师舒伯将生涯发展阶段与角色彼此间交互影响的状况,描绘出一个多种角色生涯发展的综合图形。根据舒伯的看法,一个人一生中扮演的许许多多角色就像彩虹同时具有许多色带。人在一生当中必须扮演儿童、学生、休闲者、公民、工作者、夫妻、家长、父母和退休者等九种主要角色。人的社会任务和职业生活不断变化,角色也随之变化。角色的转换、进入、胜任,均离不开学习。相关研究已经找出并确定了许多人生角色的职责,如为人妻、为人夫的职责,为人母、为人父职责等。围绕着每一种角色的职责,都有许多你必须学会完成的任务,你必须在有限的时间内做好准备履行职责。这些都是终身教育至今还没有得到解决的重要问题。基于大工业社会背景的传统学校教育制度,并未对人一生的学习需求做出有计划的安排。于是社区学习共同体在某个空间,填补了这样一个空白。亲子经典诵读读书会的实践探索及其时代意义,正反映在通过社区学习共同体满足人的终身学习需求上。草根式的社区学习共同体给我们提供的启示是,成人学习不仅仅是从应当学什么的问题开始的,面对同样为人母、为人父的职责的成人,为了学习,是从想要与什么样的人物和事情接触开始的。这样一种成人学习的方式,使教育与生活联系起来,从而将生活本身提高到大胆试验的水准。事实上,参加亲子经典诵读读书会的父母亲们,已经在学习中改变了生活。作者在研究结论中敏锐地发现,在成员对亲子经典诵读读书会进行评价的鲜活的词语里,"我们看到的都是一个个活生生的、有自己独特个性风格、不断成长发展的'人'"而且"没有与他人的比较,只有孩子自身的比较"。"没有任何人在评价的过程中依据孩子的学习效果对孩子进行人为'区分等第'。"这恰好反映了学习者的本质意志和社区学习共同体的个性。真正意义的共同体是一种有别于一般社会组织的群体生活类型,滕尼斯深刻地分析了共同体时代和社会时代的区别,他说:"共同体的任何关系在结构上或者按其本质的核心是一种更高的更普遍的自我……与此相反,任何社会的关系都表现着一个被置于它之前的、人为的(非自然人的)个人的开端和可能性……因此按照普遍的看法,共同体是结合的本质意志的主体,社会是结合的选择意志的主体。"孔子曰:"古之学者为己,今之学者为人。"可以这样理解,古时候的人学习是为了提高自身修养,是为了实现本真的自我;现在的人学习是为了获取个人在社会上的名利,是为了向别人炫耀,总之不是为了真实的自己。至于作者在研究反思中所困惑的读书会成员参加学习动机的"功利性"问题,其实他们只有"学为人"的功利,并没有"区分等第"的社会功利,两种"功利"泾渭分明。

幸福快乐的少数民族歌舞队

文/汪　盈　评/汪国新

　　杭州市成人教育研究室主任汪国新提出的"社区学习共同体"是指由城乡社区居民以实现自身生命价值为根本目的,以享受共同学习过程为出发点而自愿结成的相对稳定的学习群体。2014年2月,杭州市成人教育研究室在全市范围内启动新一轮社区学习共同体系列典型案例研究,下城区延安新村少数民族歌舞队成为备选案例其中之一。3月,在下城区社区学院李老师的协调下,在下城区延安新村社区工作者余老师的大力帮助下,我到下城区延安新村的少数民族歌舞队进行了为期约2个月的实地观察与访谈。本次研究主要聚焦于社区学习共同体中成员参加学习活动的自愿原则,研究问题为:参加社区学习共同体的成员是自觉自主参加的吗? 如果是自觉自主的,那么是如何呈现的呢?

一、问题的提出

　　提起学习,立马会让人联想到"学海无涯苦作舟",联想到初三和高三的拼搏岁月,因此,在很多人的经验里,也许"学习"一词是与"痛苦""不快乐"等词语相连的。为什么? 因为那时候我们的学习大多数是因为肩负家长的期望、学校和老师的期望,因为各方面的人告诉我们必须要苦学知识和本领,以后才能找到好工作、才能更好地生存。并没有人问过我们愿意不愿意学习,更没有人给我们选择说"不"的机会。甚至部分人抱着"考上大学以后再也不用学习了"来勉励自己坚持学习的。这样的学习如何能快乐呢?

　　当然,学习无疑是需要付出的,需要努力和坚持的,至少是需要牺牲一些时间的。因此,在没有人要求你学习的时候,你会主动想要学习吗? 在需要付出和牺牲时候,你会坚持学习吗? 这些问题对于现今学校里的学生而言,依旧没有太大的意义。但是对于已经离开学校体系的成年人而言，却是可以回答的。

于是，我们很自然地想到了社区学习共同体，这里的成员参与学习是被迫的还是自愿的？学习是自觉的还是受困于外在力量的？学习是主动的还是被动的？学习的权力是谁来掌握的？成员有选择的机会吗？他们的学习状态到底是怎样的？他们的学习体验依旧是与"痛苦"相连吗？

二、研究方法

（一）研究对象的选择

笔者选取的社区学习共同体样本为杭州下城区延安新村少数民族歌舞队，延安新村社区是一个少数民族的相对聚居地，1996 年社区居民自发成立了杭州第一个社区少数民族俱乐部，2005 年在社区少数民族俱乐部的基础上，社区居民自发成立了少数民族歌舞队。少数民族歌舞队在队长包丽珍和退休教师鲁亦军的带领下，从刚开始时的 7 个人发展到如今的 30 多人。少数民族歌舞队坚持每周四的下午 2:00 进行歌唱排练，主要是由鲁老师进行教授，有时会邀请周燕枫老师来对成员进行培训，对成员们的发声、气息转换等方面进行指导，尤其是对民族唱法进行深入学习。有时，也教授少数民族声乐方面的知识。成员们大部分是少数民族居民，充分发挥了少数民族能乐善舞的传统。社区举办的各项活动中，都能见到少数民族歌舞队成员们的身影。例如新春文艺汇演、元宵晚会、满族颁金节、纳凉晚会等等，深受广大居民的喜爱与好评。

选取该少数民族歌舞队的原因主要基于以下两点：第一，我通过与下城区社区学院主要负责这块工作的李老师联系，向她了解社区学习共同体的整体发展概况。下城区地处杭州中心城区，共 72 个社区，每个社区都有少则十几个、多则几十个社区学习共同体；主要有文化艺术、体育健身、休闲娱乐、手工制作四大类社区学习共同体；活动频次主要是一周一次，休闲娱乐中的歌舞类的社区学习共同体活动频次较多，此少数民族歌舞队有少数民族特色，题材有亮点可以挖掘；第二，他们的组织者积极性很高，主动提出想宣传少数民族歌舞队，真诚希望我们去采访。

（二）资料收集

主要采用深度访谈、参与式观察、非正式访谈来搜集资料。

深度访谈法是一种研究者借助于与受访者的面谈以及观察受访者语态和肢体上的表达，直接了解受访者的经验，以了解其生活体验的一种研究方法。其目的是通过开放性的、容易理解的、描述性的问题，试图引出对于研究对象的行为、目标、期望、动机和经验的理解、感受和主要特征,这是质的研究中应用最为广泛的资料收集方式之一。

表1为少数民族歌舞队中受访者的一些基本信息:

表1 少数民族歌舞队中受访者的基本信息

编号	性别	年龄	职业	教育背景	退休状况	备注
包丽珍	女	69	机关	大专	退休	队长
鲁亦军	女	79	教师	大专	退休	副队长
C	女	52	事业	大专	退休	
D	女	58	工人	初中	退休	
E	女	61	仓管	高中	退休	
F	女	67	工人	初中	退休	
G	女	51	机关	高中	退休	
H	女	85	工人	初中	退休	
I	女	66	工人	高中	退休	
J	女	65	工人	初中	退休	
K	女	74	工人	初中	退休	
L	女	75	工人	高中	退休	

访谈放在歌舞队活动场地所在地少数民族馆,每周四我都会在她们的活动场地,在她们的活动开始前、中途休息时间以及活动结束后随机走近成员,与她们进行交流。访谈前我会向受访者说明研究目的、方法和内容,获得理解同意,并承诺用编码替代姓名(正副队长除外),绝对保护隐私。每次访谈时间控制在30—40分钟,提出的问题为开放式,例如:"从哪里得知这支队伍的? 参加这支队伍的初衷是什么?""参加这支队伍感觉收获了什么?""大家在一起最开心的事情是什么?""最喜欢这个群体里的哪个人? 原因是什么?""参加社区学习共同体印象最深的一件事情是什么?""觉得参加这个学习群体与其他群体的区别在哪里?""你们是自愿来参加的吗?""参加这个学共体成员互相之间关系感觉如何?""在学共体活动中你们能真实地表现你们自己吗?"等等,做现场录音和笔录,访谈中不断确认对方的答案,以确保结果的准确性。

(三)资料分析

访谈结束后,将所做录音逐字逐句转录,整理成文字,之后采取 Colaizzi 现象学资料7步分析法分析材料:(1)仔细阅读所有记录;(2)析取有重要意义的陈述;(3)对反复出现的观点进行编码;(4)将编码后的观点汇集;(5)写出详细、无遗漏的描述;(6)辨别相似观点,升华出主题概念;(7)返回参与者处求证。研究者按一定的顺序和主题进行重构,并穿插自身洞见和反思,当以归纳方式总结内容而不再归纳出新的类别时,资料即达到饱和。研究个案进行到第12例时,资料呈现饱和状态。

三、研究结果

在我对下城区少数民族歌舞队进行的两个多月的跟踪观察与访谈中,每一个成员从话语、神情甚至是举手投足之间传递给我的信息是:他们参加学习是自觉自愿的;开展学习是自由自主的;学习体验是快乐幸福的。

（一）自觉自愿地参与

自觉,指自己有所认识而主动去做,更多地是出于自己内心的认识与感觉。自愿,指自己愿意而没有被强迫地去做某件事情,更多的是一种基于利弊权衡基础上做出的理性选择。在少数民族歌舞队这个社区学习共同体中,虽然我有时候无法明确地分辨出成员参与这个学共体更多地是出自于自己的感觉和认识,还是出于一种理性选择后的结果,但是非常明确的是,成员的参与都是自觉自愿的:一是没有任何外在的力量压迫成员的选择,二是基本不受金钱、权力等因素的影响,不涉及这类利弊权衡。

少数民族歌舞队组织者有两名,一位是包阿姨,一位是鲁阿姨。鲁阿姨每次活动都参加,我与她的交流也相对比较多,她是一位面容慈祥的奶奶,光看外表看不出有将近80岁的高龄,感觉只有70岁,说话的时候温婉很有张力。在刚开始我和鲁阿姨谈到这个社区学习共同体成立之初的事情时,她告诉我:"这支队伍最早是我组织的,我是退休以后没事情,后来就到老年大学去唱歌,学了歌以后呢,老年大学学歌,回来要练的,练了以后才能跟得上,我就在楼道里练,楼道里面五六个人,在楼道里唱了个一年左右,就在楼道里唱唱的,就在家里聚聚,后来街道里的妇女主任知道了,就说你们的队伍到社区里去好了,那后来我们的队伍就到社区里去了,社区里唱唱也就是星期四、星期五,愿意来唱的都可以来报名的,最多的时候有30来个人,现在拆迁户少了点,都自愿来的,反正我们没有老师,就自愿互相学学,取长补短,现在我们这个唱歌队里大部分人都在老年大学里学习,他们有些学了好多年了,就学唱歌,这么一搞,也就十来年了。有的人年纪轻,我们也去做过工作,希望他们能够来参加。现在我们社区就在拆迁,有些人搬到外面去了,很远的,这样就人数减少了些,再加上有些人年纪大了以后身体也不太好,家里的事情、自己的事情影响的比较多一些,不过大多数人还是很坚持的。"

确实,参加少数民族歌舞队的学习,成员们都是自觉自愿的,没有被动的接受。这里没有人一定能"要我来",都是"我想来,我就来","我愿意来,我还来"。如果成员不愿意,那么没有人能够强迫他们来。

(二)自由自主的学习

鲁亦军:"我们有些同志坚持的,我印象很深的,有些成员非常努力,活动积极参加,家里事情都安排好坚持来,我们除了放假以外,少的时候四五个人也坚持。我们这边好多已经搬掉了,基本上都外迁,回迁的少,不过就算是这样,还是有许多从大老远赶过来参加,真的很感动。大家在一起就像一家人一样。"

受访者 H:"相互之间我们自己请假,都打电话,很有纪律性。在这里,我们找到了自己的快乐。"

受访者 I:"不管天气如何,就算雪下过了,这么大的年纪,说好来就来的。这里有团体的力量,大家相互鼓励,相互坚持,在这个地方。"

受访者 J:"我最大的感觉就是大家在一起平等团结,找到了组织,像我们退休以后都没人管的,有这个组织真好!"

受访者 K:"我们这个群体很平等,没有什么利害冲突,所有的社会枷锁都扔掉了,大家在一起,生活丰富了许多,确实很开心!"

受访者 L:"我们这些人啊,组成了一个新的团体,我觉得挺有意思的,和大家相处啊,生活也丰富了许多,确实有好处!"

受访者 G:"都是一个缘,是缘分,没有缘分,怎么能聚到一起?大家在一起感觉很自由、很放松"。

受访者 J:"因为歌舞认识了一些朋友,有什么高兴或者烦恼的事都愿意和他们说说。""我总是和好朋友一起锻炼,我们还讨论如何照顾自己。这里学什么、聊什么,没有人会强迫我们,我们自己说了算,我们自己做自己的老大。"

受访 K:"因为歌舞队认识了一些朋友,等到你在活动时可以体会得到,特别舒服、安逸,特别自由、放松,而且什么烦恼的事情都没有了。"

这里,有成员自己给自己定"纪律",有"扔掉社会枷锁"的放纵,有"自己做自己的老大"的学习,有"特别自由、放松"的心境,这里的学习有着独特的魅力。

少数民族歌舞队的学习完全是自由自主的。她们不需要也不允许任何外来的干涉、控制与支配:学什么、怎么学、学多久,成员们自己说了算;而且每个成员都有权力根据自己的实际情况发表见解、提出需求。这种完全的不受束缚、自由自主背后,成员们似乎不约而同地愿意自觉约束自己的行为,这就是完全自由却并没有导致这个共同体解散,而是成为维系这个共同体发展的重要因素。

(三)幸福快乐的体验

少数民族歌舞队,颠覆了我之前对于学习的全部认识。学习可以是非常幸福、非常快乐的事情。

说起感受,成员鲁阿姨脸上立即洋溢着甜甜的笑容,让我觉得她的脸上就写着"幸福"两个字:"我们这支队伍啊,还是很有朝气的,我们大家最开心的事情是在一起唱一起跳,大家开心就是我最大的快乐,如果有遇到问题你也知道的,就是女人多,有的时候容易有些地方产生矛盾,这种矛盾,比如表演的时候有的呢要排前面,不愿意排后面,不过这都是小矛盾,这种冲突大家最后都会调解好的。"

包阿姨因为刚刚升级当外婆,要在家里帮女儿照顾小宝宝,我去参加活动几次一直没有遇到过她。所以,要就直接要了手机号码,对她的采访是电话进行的。在我问到她眼里的这支队伍成员之间如何时,电话那头传来的声音轻松快乐:"我们队伍是有朝气的队伍,虽然大多数60多岁,这样50多岁就算幼儿园(笑声);平均年龄60多岁,但我们心态很年轻,自我感觉很有朝气,我们队伍很遵守纪律,时间到了,大家事情就会安排好,都会到的;社区里的活动还是蛮多的,经常有演出,团拜会啊,社区活动啊,经常有活动的,大家踊跃去表演,真的很开心的。"

让我意外的是,更多的成员告诉我,这里的学习纯粹就是一种心灵上的快乐,以下是部分成员的观点:

受访者H:"大家高兴就聚在一起,高兴唱唱歌儿;我人从三墩过来的,本来住在这里拆迁拆掉了,真当蛮有毅力的,就是一个喜欢,不喜欢我肯定不来的,小学里就是合唱队的,梦想秀也上过的。"

受访者I:"来参加活动没有什么遗憾,来的就是一个快乐。"

受访者J:"参加印象最深就是在台上歌儿唱得好,人家拍手拍得响,这个印象最深刻。说你们唱得真当好,这个最开心!"

受访者K:"不好我们自己也感觉得出来。我们歌唱出去,别人说歌唱得好,这就是一种快乐,说唱得不好,我们再努力!"

受访者 L:"演出什么的没有经费,演出发点纪念品,一块肥皂、毛巾,吃顿饭。唱支歌给我们一刀餐厅纸,尽管这样还是蛮开心的,高兴!"

受访者 C:"来的话就是开心,不来的话歌儿都不会唱了,学了许多歌曲,非常开心。"

快乐,一定是感到高兴或满意。幸福,是指一个人的需求得到满足而产生喜悦快乐与稳定的心理状态。少数民族歌舞队,将浅层次的快乐转化为成员深远的满足感和持久的幸福感,这就是这个学习共同体最大的魅力。

四、研究结论

"社区共同学习是现代人幸福感、归属感重要的源泉,基于社区学习共同体的学习,是成人学习的最佳方式之一。"在少数民族歌舞队这个社区学习共同体中,通过质的研究方法,体现了下城区少数民族歌舞队中的成员参加具备自愿原则。成员之间的地位平等,成员在活动中能够完全真实地表现自己,这些都使社区学习共同体成员产生幸福感受,成员通过不断地学习,也不断地完善着自己的身心,使参与其中的成员真切地感受到了幸福。

五、建议

(一)重视学习共同体意识自我培养

首先,我们大家要有意识地利用空余时间,发掘自己的爱好,成为社区学习共同体中的一员,这样不但能改善自己的生活态度,并且可以更加豁达地对待人生;其次在教育孩子时,要有意识地培养小孩独特的兴趣、爱好,以便能更有效地促进其以后进行学习共同体活动的行为,来提升未来其对生活的满意度。

(二)社区重视培育社区学习共同体

在访谈中,研究者也发现,不少受访者认为他们正是因为在自己所在的社区没有感受到归属感,才会加入现在的学习共同体,去寻找因为退休而从单位失去的归属感。因此本研究认为,社区和政府在提升老年人幸福感的过程中,可以也能够扮演比现在更为重要的角色。社区可以充分运用自身资源的优势,在本社区内开办各种各样的兴趣班、学习班,同时运用走街串巷的方式深入各个家庭,让社区居民参加社区举办的各种活动和各种兴趣班。

另外,在深度访谈中,也有不少受访者表示他们其实很在乎"官方"对他们活动的评价和认可,"年纪小的需要鼓励,年纪大的更需要鼓励","多关心关心我们，领导们多从上面来到下面，把这事情当一件事情做"，政府在与这些民间群体的关系中，应该扮演好一个"支持者"的角色。这个支持者，不是要用大量的资金去支持这些群体的发展，而是用一种肯定、鼓励的态度去看待这些群体所举办的活动和所取得的成绩，并在适当的时候，通过官方文书等形式的奖励来证明这些学习共同体的作用。

点评

　　通过对少数民族歌舞队的质的研究，作者颠覆了之前对于"学习"的基本认识。学习原来可以是非常幸福、非常快乐的事情。并且使作者感到意外的是，很多的成员在这里的学习纯粹就是一种心灵上的快乐。作者有这样的认识是非常自然和正常的现象，如果我们的读者也深入某个社区学习共同体中去体验一回，也会有同样的感受，这就是社区学习共同体的魅力所在。这里的学习，完全摒弃了社会功利性目的，以个体生命成长为目的，享受学习过程，共同建立亲密互助的人际关系，回到了学习的真正本义之中。看到社区学习共同体里的人的幸福与快乐，为什么我们都会有如此强烈的触动呢？因为，在社会化程度越来越高的社会里，我们的学习差不多都是"有用"的学习，以获得知识和技能为直接目的。当知识沦为工具，人也自然沦为工具。基于选择意志的学习，大大超过了基于本质意志的学习，学习常常与"痛苦"相伴。早在1908年，27岁的鲁迅就在他的《文化偏至论》里说："十九世纪后叶，而其弊果益昭，诸凡事物，无不质化，灵明日以亏蚀，旨趣流于平庸，人惟客观之物质世界是趋，而主观之内面精神，乃舍置不之一省。重其外，放其内，取其质，遗其神。"整个世界是重"物"轻"人"，重"外"轻"内"，重物质不重精神，"唯物质世界是趋"，对于精神，却舍之不顾，地球向物质倾斜了，人间恶质化了。100年过去了，21世纪的今天，鲁迅批判的弊端，不仅没有得到克服，而且愈演愈烈，人类从来没有这样物质化过，也没有这样庸俗化过。鲁迅想出的出路是"掊物质而张灵明"，即振作精神，重构灵魂。什么样的人更重视精神和灵魂呢？妇女和退出职场的人。少数民族歌舞队的核心成员多为女性，年龄最小的51岁，最大的79岁，她们是一些找到振作精神、重构灵魂路径的人，她们无疑是幸福的人。

　　作者通过访谈有许多有价值的发现，如："因为歌舞认识了一些朋友，有什么高兴或者烦恼的事都愿意和他们说说。""因为歌舞队认识了一些朋友，等到你在活动时可以体会得到，特别舒服、安逸，特别自由、放松，而且什么烦恼的事情都没有了。""我们这个群体很平等，没有什么利害冲突，所有的社会枷锁都扔掉了，大家在一起，生活丰富了许多，确实很开心！"等等。但是叙述中的质感不足。故事讲述之后得出的结论才更有说服力，仅有受访者的结论性语言还不够生动，如果有受访者在具体情境中做了什么、有什么样的故事，即有细节的故事就更好了。

金石篆刻工坊的别样成功

文/方华平　评/汪国新

社区教育的生命力在哪里？从 2008 年起,杭州市成人教育研究室开始关注社区学习共同体。经过多年的研究发现,大力培育社区学习共同体,以共同兴趣为导向的群体学习,即在社区学习共同体中学习,很受居民的欢迎,它尊重个人兴趣和学习需求,能对居民提出的人生困惑与难题给予积极回应,形成了社区居民健康生活的新风尚;它活跃了社区的文化休闲生活,使每一个成员找到了终身学习的新方式、文化娱乐的新伙伴、幸福生活的新天地;它提升了居民整体素质,既满足了居民终身学习的精神文化需求又繁荣了社区文化,尤其是在有效提升社区居民的归属感和幸福感上发挥了极大的作用,成了学习型社区建设的一道亮丽的风景。

2013 年,为了采写与收集学习型街道案例的有关资料,在江干区社区学院领导的大力支持下,我作为研究人员,到江干区采荷街道进行了几次调研,在调研过程中,采荷街道洁莲社区的金石篆刻工坊表现突出,给我留下了深刻的印象。2014 年 2 月,我们单位全面开展了社区学习共同体个案的质的研究,金石篆刻工坊作为优秀社区学习共同体的代表又一次激起了我的研究兴趣,4 月我再次走进金石篆刻工坊,参与活动,走访相关人员,感受成员们浓厚的学习交流氛围,金石篆刻工坊就像成员们自己"温暖的小家",为居民享受生活、享受人生提供了很好的平台,提升了居民素质,满足居民终身学习的精神需求,尤其是在提升社区居民的"幸福感"上发挥了越来越突出的作用。以下是该个案的研究报告。

一、问题的提出

终身学习不再是教育者大包大揽的设计与控制的过程,而是学习者自主、自觉、自发组织与实施的过程,从学习者的角度考量终身学习的载体,学习的载体必然要被重新建构。社区学习共同体就成了新时期社区教育发展的重要载体,也是建设学习型社会的有效抓手,更有利于促进和谐社会的建设。

笔者通过调研江干区洁莲社区金石篆刻工坊的产生、发展情况,深入活动现场,追踪访谈成员,主要聚焦于成员们在这个社区学习共同体里的成功:成员们在这里是否体会到了成功? 如果有成功,那么都是怎样的成功? 成员们对这里的成功又是如何看待的?

二、研究方法

1. 抽样

笔者采用的是目的性抽样,即根据研究的目的选择有可能为研究的问题提供最大信息量的样本。杭州市江干区采荷街道有书画、摄影、剪纸、舞龙、风筝、篆刻、手工艺、葫芦丝、茶艺表演等在内的生活技能互助、市民素质提升、文化休闲娱乐、民间文化传承和青少年校外教育 5 大类 21 种社区学习共同体共 100多个,遍布采荷街道的 15 个社区,街道各类社区学习共同体相对稳定的固定成员达 2000 人以上,社区学习共同体所辐射和覆盖的不稳定人群更是无法统计,参与人群涉及中老年、青少年、妇女、外来务工人员等层面,较好地满足了广大居民对文化艺术、休闲娱乐、养身保健等多方面的需求。洁莲社区金石篆刻工坊是街道的精品社区学习共同体,江干区社区学院的领导和楼老师多年来从事社区学习共同体的培育和扶持工作,对本区的社区学习共同体发展情况非常熟悉。

2014 年 4 月我两次来到江干区采荷街道文体活动中心,向楼老师了解了街道 15 个社区的社区学习共同体的活动基本情况,参观走访了几个典型的社区学习共同体,最终从社区学习共同体发展时间、发展规模、活动开展、社区学习共同体成员 4 个维度,选择了金石篆刻工坊:发展时间较长,正式运行也有 6 年了,从产生、发展、成熟至今,理论上能够给我们呈现较为清晰的社区学习共同体发展历程,有利于回答我们关于"这类社区学习共同体是如何形成和发展起来的"问题;规模,有登记成员 50 人,固定活动成员 20 人,金石篆刻工坊是全国首家西泠印社书画篆刻学院(校)社区教育点,并设有金石廊、金石苑、金石坊 3个功能区块,分别从美石展示、作品欣赏、篆刻实践 3 个角度让社区居民能在较短时间内就对篆刻艺术有比较全面、直观的了解,让居民在这里享受独特高雅的中国印学文化所带来的无穷乐趣。金石篆刻工坊 2010 年被评为江干区"一社一品"培育工作示范点,2011 年被评为区优秀市民学习型团体、区群众文化二星级示范群体称号、入选杭州生活品质示范点 50 强等。金石篆刻工坊使得社区的"书画篆刻"特色活动日趋成熟,它将浓浓的中国篆刻艺术作为社区的主打基色,在弘扬中国国粹的同时,也增加了社区文化底蕴,体现了社区古朴浓郁的人文气息。"与金石为友,筑精神家园",已成为社区居民的学习写照;学习活动固定在每周五下午 2 点钟,地点采荷街道洁莲社区综合楼二楼;成员来自杭州市各个社区。

以下是这个社区学习共同体的基本情况介绍:

金石篆刻工坊由洁莲社区董利民书记牵头创建,已经历了 6 个年头。固定成员 50 名,固定活动成员 20 人,成员分别来自杭州市各个社区,其中有省级工艺美术大师,本身艺术造诣很高,有些还是省市老年大学的优秀成员,他们既是成员,也是老师,相互交流,共同进步。金石篆刻工坊每周五开展一次金石篆刻沙龙教育交流活动,每月一次邀请金石篆刻名家开展"西泠名家"讲座,每年举办两次金石书画作品展暨大型文化交流活动。每年寒暑假,成员们都免费为学生开办篆刻培训班,已有几百位中小学生参加培训,他们对这门传统艺术充满热情,尤其对印章的起源、分类与用途、工具与材料、制作流程等方面兴趣浓厚。结合他们的年龄特点,成员们特别设置了艺术欣赏方面的课程,极大地提高了青少年的审美赏析能力。

2.搜集材料

收集材料的方法采用的是开放式访谈、非正式交谈和现场观察。2014 年 4 月中旬,当我的第一个个案研究接近尾声的时候,我又接到第二个案例研究的任务。这次,由于有了第一个案例的追踪访问,面对第二个质的研究的个案,明显感觉得心应手。我先把原来追踪访问过的优秀社区学习共同体个案进行了一遍梳理,选取了原来经过深入访谈,对群体活动内容比较熟知,同时又具有社区学习共同体典型特质的江干区洁莲社区的金石篆刻工坊作为研究对象。我急切地联系了江干区采荷街道的楼老师(江干区社区学院派驻采荷街道从事社区教育的老师),他对我的选择表示极大地支持。4 月 18 日星期五,由楼老师事先电话沟通协调,我的访问终于成行。我和楼老师先在采荷社区文体中心碰头,我向他介绍了我此行的目的(做一个社区学习共同体质的研究的个案),希望能有一个洁莲社区的文教干部配合这次的访谈。楼老师欣然接受了我的要求,热情地亲自(其实楼老师工作非常忙,下午还要处理一个幼儿园的突发事件)带我到金石篆刻工坊活动的洁莲社区综合楼。在那里我见到了洁莲社区的书记也是金石篆刻工坊的创始人董书记,一见面董书记就拿出他亲手为我刻制的一枚印章,一个劲地询问有没有刻错我的名字(他是通过电话询问楼老师的),看着这枚印章(字迹清晰,篆刻有力而不乏秀气)隐约感到我的到来在董书记心中的分量,我向他介绍了我的研究计划和研究目的,提出了我进一步研究的要求,希望能够以一个普通成员的身份较长时间地参与金石篆刻工坊的活动,并且希望能够访谈其中的优秀成员、活跃分子。果然,董书记对我这项质的研究非常感兴趣,对我提出的要求表示积极支持与配合,从董书记的访谈中,我有了对金石篆刻工坊的整体印象和粗浅的了解。董书记还把我介绍给了金石篆刻工坊的另一个核心人物(我后来的研究发现,他在金石篆刻工坊的角色有点类似于"班主任"或者大学里的"辅导员")杭老师,他是家住静怡社区的老同志,还是杭州电视台的老娘舅节目的金牌调解员。通过董书记引荐,我之后1个多月的时间里得以自由随意地参与金石篆刻工坊的活动,并且自由地和成员们聊天、交谈,收集到了丰富的原始资料。

之后每周五我都会在金石篆刻工坊的活动开始前、中途休息时间以及活动结束后随机走近成员,并和他们随意地聊天。和金石篆刻工坊的董书记、杭老师、陈师傅等三位核心成员分别进行了几次相对比较正式的访谈。对杭老师、陈师傅各进行一次非正式的访谈,时间时长时短,根据具体情境而定。较为正式的访谈大约为30分钟。

访谈的结构是开放式的,我一般从询问被访者是因何原因、何时、何种情境下进入金石篆刻工坊开始,询问他们对金石篆刻工坊的看法、感受或者收获等,然后开始将话题引到个人的成功上,询问他们的观点和看法,他们对于金石篆刻工坊的看法和观点,深入追问他们内心的感受以及关于成功的相关问题对他们的意义。

3. 研究方法

本次个案采用的是质的研究方法:在自然环境下,使用实地体验、开放型访谈、参与型和非参与型观察、文献分析、个案调查等方法对社会现象进行深入细致和长期的研究。这种研究通常以归纳法为主要手段,在当时当地收集第一手资料,从当事人的视角理解他们行为的意义和他们对事物的看法,然后在这一基础上建立假设和理论,并通过各种渠道对研究结果进行相关验证。这种研究方法的特点是:重视研究者以及研究者和被研究者之间的关系对研究的影响;研究中可以看到研究者的身影以及他们对自己行为的反省,读者可以清晰判断出研究的可靠性;重视被研究者的声音,强调微观层面深入细致的描述和分析,关注被研究者的心理状态和意义建构方式。

报告使用第一人称是为了再现研究现场，让读者了解在什么样的情境下研究者搜集到了现有的材料，从而对研究结论的可靠性做出自己的判断。第一人称的叙事角度还使研究者有机会介绍自己对研究对象及采用的研究方法的反省，使读者更充分地了解研究过程。

4.成文

质的研究常用的五种成文形式：现实主义的故事，尽可能真实地再现当事人看问题的观点，从被访者的角度将研究情况进行描述和分析，尽可能使用他们的语言来描述研究结果；忏悔的故事，介绍研究者使用的方法和在研究过程中所做的反省和思考，再现访谈情境和对话片段；印象的故事，详细描写事件发生时的情境和当事人的反应和表情动态；规范的故事，证实或证伪研究者自己抽象出来的理论；批判的故事，从社会文化的大环境对研究情况进行更深入的探讨。本文综合选用了前面4种成文的方式。

三、研究结果

根据访谈和观察，其实每个人在这个社区学习共同体里都体会到了成功。不同的是，每个成员对成功的观念、体会、感受都是不一样的。这里的成员在谈到成功、成就等的时候，主要有三类：第一类，感受自我技艺提高的内成功；第二类，感觉精神矍铄的内成功；第三类，完成"事业"的内成功。

1.技艺的提高："每次的交流都会触发我的创作灵感"

在社区学习共同体里学习，提升了技艺，每次交流与讨论都能激发成员的创作灵感，让成员感到了一种创作的喜悦。

金石篆刻工坊的活动场地基本上固定在洁莲社区综合楼的二楼会议室，活动形式主要是成员之间交流和大师点评相结合。每次活动的时候，成员们把自己已完成的书法、绘画、篆刻的作品拿出来放在一张大的长方形桌子上，让大家围观，自由点评，作者自己作出记录，可以是个别交流也可以进行集体交流，其中也可以向对方提出整改的意见与建议。大师面对面阶段，平时基本上都是由董书记来主持这个环节，有时也会邀请西泠印社的大家来跟成员交流点评。

认识陈师傅是因为他的作品。记得那天我正在对几个成员进行访谈，突然成员们兴致极高地围成一个圈。我也很好奇地凑过去，看见处于大家围观的中心的陈师傅，他手里拿着两个篆刻作品，旁边是两个极其清晰的印迹，一个是椭圆，一个是正方形。"哇，真当刻得好。""学习时间不到六个月，不得了，能干。"

"他是有书法基础的。"在大家七嘴八舌的评价中,我也急切地拿过两枚印章,仔细端详了起来:两枚小印章,虽然小,但断面上刻字清晰可辨,用刀很深,在我这个外行看来几近精品。

"你到这里学了多长时间了?"我问。

陈师傅回答道:"四个多月吧。"

"听说你书法写得很好?"

"一般,不过我很喜欢,从小就开始练了。以前我工作忙,没时间关顾自己的爱好,退休以后我就一直专心练习书法。参加过几次社区组织的活动,拿过几个市级奖项。"

"你到金石篆刻工坊时间短,但是大家对你的评价高。"

"还好了,以前都是在家里写写毛笔字,少有交流的机会,到金石篆刻工坊学习篆刻后,我们定期拿作品来交流,特别是我刚刚开始学习的篆刻得到大家的认可,我第一次感到自己的成功。我很喜欢到这里来学习交流。"陈师傅洋溢着满脸的笑容,看得出他心里的喜悦。"我是住在大关小区的,到这里来要倒两班车,每次在路上花费一个半小时,真正交流又是不过半个钟头,但是我觉得很值得,每次交流好回到家里,我劲头特别大,每交流一次就会触发一次我的创作灵感。"

访谈中我了解到,成员中像陈师傅这样执着地爱着书法与篆刻的还大有人在,他们喜欢书法、绘画、篆刻,都把金石篆刻工坊当成自己"激发创作的港湾"。

2. 价值感的体现:"金石篆刻工坊是我真正的'事业'"

董书记在书画篆刻方面的造诣非常深,毕业于杭州师范大学美术学院书画系本科,现为金石篆刻工艺美术师(中级职称),杭州市第十二届人大代表。中国肖像印研究会会员,中国工艺美术协会会员,浙江省钱江书画院理事、篆刻专业委员会主任,浙江省逸仙书画院篆刻艺术委员会副主任,杭州钱塘书画研究社理事,杭州市民协书画篆刻专业委员会副主任,杭州市民间文艺家协会会员,杭州市工艺美术协会会员。是洁莲社区(一个基层社区)的党委书记,在采荷当地是个小有名气的人物。这不仅仅由于他是一名市人大代表、所在社区又是胡锦涛同志视察过的示范社区,更重要的是他还有一个雅号:"草根艺术大师"。

我的访谈就是从金石篆刻工坊的创始人董书记开始的。访谈那天是周五,在去访谈之前我电话做了预约,由董书记自己定了相对比较空的时段接受个别访谈。下午两点我按时前往位于采荷公园附近的洁莲社区综合楼,一到门口董书记迎了出来,热情地和我握手。简单寒暄了几句,董书记递给我一张金石篆刻工坊的宣传册，上面介绍了金石篆刻工坊的知名地位，一社一品，西泠印社书画篆刻成员（校）社区教学点，打造居民家门口的文化乐园。活动经历，2009 年 6 月李长春常委亲自视察社区文化建设，现场看社区居民治印，还有西泠印社名家支持，教育培训、国际交流以及公益活动等等。最后一页上清晰地介绍了金石篆刻工坊的教学内容。董书记兴致勃勃地带我参观了起来，我对他的访谈也就这样自然而然地开始了。

"只要大家喜欢学，喜欢到这个家里来走走看看，我就心里满足了。我们金石篆刻工坊坐落在二楼。"说话间董书记引我向二楼走去，我抬眼一看，通往二楼的每一节台阶正面都有黄铜烧制的"金石篆刻工坊"几个字作为装饰，侧面是行书的名人名言，白底黑字格外引人注目。沿着楼梯徐徐向上，墙上呈现的是各种字体的书法作品和中国水墨山水画，不同风格的书画、篆刻、绘画作品交相辉映，使人宛如置身在一场大型的书画作品展之中。

"你们这个工坊布置的真的很有气势啊。"我赞美道。

"我们这里是全国首家西泠印社书画篆刻学院社区教育点，也是洁莲社区文化的'一社一品'的品牌象征。"

"我们金石篆刻工坊，有固定成员 50 名。经常组织活动、巡展、比赛、讲座、沙龙，到江干区社区学院开设篆刻班，到社区周边学校社会实践课堂传授篆刻技艺等。它不仅是传统文化的学习实践者，更是传统文化的倡导传播者，社区金石篆刻工坊社区学习共同体成为杭州市品质生活体验点、学习港。杭州市委书记黄坤明参观社区学习文化成果展后欣然题词：打造老百姓家门口的文化乐园。这可以说是我真正的'事业'。"

"作为社区书记、市级人大代表，要操心的事情是很多的，为什么您还在百忙中抽出时间创设这个工坊，这么热衷于干这个'事业'呢？"

"有时社区的事情一多，心里觉得烦了，来这里走走马上就又有精神了。"不抱怨，有追求，沉醉于自己的兴趣与爱好，着迷于社区居民的喜好，这应该就是一个社区书记最大的"事业"了吧。

"方老师你知道吗？我为李长春委员现场治过印呢！"董书记骄傲地告诉我。看着他不自觉流露出的满足与骄傲的神情，我想起了社区楼老师不久前给我的一个电话，他告诉我："洁莲社区的董书记 2013 年又获得了全国'百姓学习之星'荣誉称号，这个称号杭州市只有两个，整个浙江也只有五人。"一个社区书记，一个金石篆刻工艺的美术大师，一个有着给中央常委现场治印经历的社区书记，我想他的成功与幸福就是"尽力让艺术扎根民间，社区居民尽情感受艺术，享受生活"吧。

"我其实是真的很忙，工坊的事有时也烦的，但我看到在这里学习的老同志劲头都很大，有的都七八十岁了，但从 2008 年一直跟我坚持下来，真的不容易，想想他们的学习热情，我这点忙又算什么呢？"言语中，我感觉到他对金石篆刻工坊很有感情，其中更有对一些老同志不服老的学习精神的由衷敬佩。这种"事业"的成功感，不是荣誉、权势，更不是奖赏，而是有相似的喜好、执着的兴趣的一群喜欢到学习共同体里来学习、切磋。物以类聚，具有汇集志同道合者一起学习、生活的引力，就算赢得了一份"事业"的成功。

3. 心态的改变："我觉得比年轻人还有活力"

杭老师今年 77 岁，头发花白，精神矍铄，说话声音洪亮。在见到他之前，社区董书记就自豪地介绍说："我们这里的杭老师是电视台老娘舅节目的金牌调解员，在杭州市都小有名气哦。"

杭老师一见到我就让我猜他的年纪，我上下打量了一下，蛮有把握地说："60 岁最多了。"

"哈哈哈，你猜错了，鄙人今年 77 岁了。"他颇为得意地回答道。

"啊，那您看起来真的是太年轻了，一点也没看出来。"完全出乎我的意料。

访问他的那天，杭老师正在金石篆刻工坊里向成员们展示"8 分钟用手指画马"，他让大家给他看牢时间，8 分钟过去了，一匹栩栩如生的奔马跃然纸上。

"哈哈哈，画好了，大家给个评价。要上电视的，大家提提不足之处，我来改改。"事后，我了解到，杭老师一家三口琴棋书画都很厉害，他们正在准备代表社区参加由电视台发起的一个家庭展示活动，电视台要求现场计时 8 分钟表演，要求很高，要有点专业水准的人才敢于参与。

"77 岁的老人了，我觉得一点也不老，有时我还觉得比年轻人还有活力。你知道的哈，人的生命是有长度的，那我就努力增加它的宽度。"

"老年人也可以充满活力，我业余时间多很满的，很多事情要去做，也算得上很忙的。只要有热情，生活总是很有滋味的，人就感觉轻松，很充实。"在杭老师的身上，我看见了一种特别的精神，一种崇高的人生态度，对生活充满了追求，敢于奋进，毫无抱怨，杭老师的人生无愧是一种成功的人生。

是什么让这个老人焕发青春？是什么让这个老人活力四射？是什么让这个老人憧憬着成功的回味？我变得非常好奇。杭老师出生书香门第，名门之后，先叔祖杭辛斋是早期南社社员，同盟会会员（1905 年加入），早期 18 位国民党参议员，孙中山亲自指定浙江参加"一大"的 3 个代表之一。杭老师退休前是原海宁市第五至第八届政协委员。他是金石篆刻工坊中的老成员、老班长,也是大家公认的"热心人",负责工坊日常事务性的工作,例如每周登记成员们的活动情况,整理交流作品,维持正常的学习秩序,重大活动期间还负责召集成员,收集作品,帮助布展等等公益性工作。其实他并不是洁莲社区的居民,他家住静怡社区,因为喜欢书法篆刻,6 年前了解到洁莲社区开设了金石篆刻工坊便加入了进来,一学就坚持了 6 个年头。杭老师经常代替董书记到其他社区或者是中小学辅导篆刻书法的社团活动,"能够代表金石篆刻工坊出去发扬传统的书法与篆刻技艺,我很开心。"这是杭老师对自己参与传播传统文化的淳朴总结。

访谈中,我了解到金石篆刻工坊里的成员个个看起来都比实际年龄年轻,他们一致告诉我:篆刻书画修身养性,让人平静,每次完成一副作品好比是一次心灵的徜徉、人生的感悟,是技能与心灵共同成长的过程。在我看来,是在社区学习共同体的学习让成员们有极好的心态,感觉到他们精神矍铄,充满活力,生活总是有滋有味,既轻松又很充实,是因为他们自我内心简单、平静与满足。

四、研究结论

"成功",在《现代汉语词典》里解释为"成功是获得预期的结果",在这个解释中着重于个人目标的达成,没有考虑到成功的社会性以及在获得预期结果的过程中对他人和社会的影响。在《辞海》里解释为"取得成就,获得功绩,为社会做出了较大贡献",这个解释侧重个人的努力成果对社会、他人的影响。成功是一个动态的过程,是一种艰辛付出的社会实践,是过程和结果的统一,它的核心内涵其实就是什么是成功以及自我获取成功的手段。

一般意义的成功是一种功利性的成功,关乎一个人的名利、一个人的荣耀,更在乎别人对自己的看法与评价,这种成功是被动、外在的成功,完全是一种别人给予的外在标准的评价,这种成功的评价标准掌握在世俗人的手里。通俗地讲,别人认为你是成功的,不成功也成功,别人不认可你,即便你自己觉得成功那也无济于事。我在社区学习共同体研究中所看到的成员们的成功完全是一种内成功,是一种内在成功的主观观念,是一个人对自我成功的看法和态度,是一个人追求的内在体验和认识,这种成功体现的是主体对外界或自身现状的一种满足和成就感。它涉及人的内心体验,它影响到人们的幸福观。是一种来自内心的内评价与内成功。这种成功是一种内在的成功,是成员技艺水平天天进步,日日提高,感觉到自己进步的内成功;是 77 岁的身体无限活力,精神矍铄,年轻态的内成功;是"事业"上汇聚同流体会到的心满意足式的内成功。

1. 内成功:内心感受的充实与潜质天赋的发展

不同的人对成功有不同的看法,李开复认为成功就是做最好的自己,李嘉诚认为成功要靠不断地学习,俞敏洪认为价值观不正确就不能成功,萧伯纳认为成功是由失望铸就。在金石篆刻工坊里学习的成员们对成功有了自己的定义。陈师傅刚刚开始涉猎篆刻,参加活动 4 个月的时间里,每天进步一点点,他的成功就在他自己每天都可以感受的点滴进步的过程中;同时,"每交流一次就会触发一次我的创作灵感",这种成功感也缘于学习进程中每一次与同伴的交流和互动。每次的学习、与同伴的交流,带来了美妙的学习过程,陈师傅,就是在享受这样的学习过程中,获得属于自己的成功。

在篆刻坊,由始至终都没有设定特定的标杆来衡量成员的学习结果。没有人会因为没有达到某种特定的学习结果而被视作是这个队伍里的"失败者"。每个成员都是在与昨日的自己相比来判断自己是否进步,而篆刻坊里丰富的交流与互动,给成员们提供了很多思考与进步的机会,在这样的学习环境和氛围中,成员们享受着这种轻松愉悦的学习、感受着自己点滴的进步。这种内在成功体验,使得篆刻坊呈现出独特的魅力。

篆刻坊里的成功,还体现在这种成功是成员从自我出发、以自我需求为主、以内在感受为主的,有时候甚至是超越现实性而存在的。这种成功,体现出鲜明的主观性。因此,77 岁的董书记,总是以自己的"年轻态"而"得意不已";杭老师,总是为篆刻坊积极奔波,却毫无怨言,时时彰显着内心的平静与满足。在篆刻坊里,现实的成就,无论名与利,这样的外成功似乎让人感受不到。而那样的内成功,真正让人感受到学习的魅力。这样的学习,实际就是一个人的内心修炼。点亮心灯,感受到生命的活力才能算是真正的内成功。

社区学习共同体的成员由于兴趣与喜好的吸引,经常学习、切磋,共同体与各成员之间的互动,敦促每个成员去努力学习、完善自我。在这里,失败也是安全的,不会牺牲个人的自尊和学习的动机,"我们在共同学习,共同面对挑战"的意识和感受,使共同体成员形成一种强烈的群体归属感,每个成员都能意识到自己对于共同体的价值,明晰自己在共同体中的角色,获得一份简单的心满意足与内心的平静。

2. "文化"交流促进"文化"传承

篆刻有 2000 多年的文化历史,在杭州有很深的群众基础。洁莲社区以"体验篆刻、尊重非遗、传承文化"为主题,组建了"洁莲金石篆刻工坊",通过开展篆刻教育、品鉴和展示活动，引导社区居民群众了解篆刻、学习篆刻、爱上篆刻，感受金石篆刻"方寸之间、气象万千、创意无限"的文化魅力，不断提升老百姓对传统文化的鉴赏力和学习力，当好篆刻这门国粹艺术的"薪火传人"，使高雅艺术走近百姓身边。在将一流篆刻大师"请进来"的同时，以"草根大师"为龙头，注重挖掘和培育社区自己的"本土艺术家"，充分发挥草根大师的"文化带头人"作用，工坊实现了"树好一个、影响一片、带动一批"的辐射作用。

文化既是推动社会发展的重要手段，又是社会文明进步的重要目标；既是凝聚人心的精神纽带，又是民生幸福的关键内容。篆刻文化就是中华民族的瑰宝，凸显着中华民族自强不息的精神追求和历久弥新的精神财富，是建设民族共有精神家园的重要支撑。50位工坊核心篆刻爱好者当中，既有机关干部、企业员工，也有退休工人、中小学生；既有"社区原住民"，也有"新杭州人"；既有初学者，也有省市级工艺美术大师、老年大学优秀成员。大家既当老师，又当成员，交流展示，其乐融融。工坊还坚持每星期举办一次"奇石妙想"展示活动，每个月邀请一名篆刻大师开展讲座，每半年举办一次大型金石书画展和一次"方寸讲坛"，每个暑假开办一次青少年免费培训活动；还经常性地组织开展"名家篆刻进学校、进部队、进企业"和"百姓免费治印"主题活动，营造了共建篆刻文化的良好氛围。

五、研究后记

对金石篆刻工坊的调研接近尾声，我在访谈过程中感受到这个优秀共同体带给我的震撼与感动，这个优秀社区学习共同体带来的辐射效应正悄悄延伸着。

1.打造"创意创造"社区工作品牌

学篆刻，不仅能提升人的艺术鉴赏水平，更能激发人的创造力和对艺术美的追求。社区在进一步做好篆刻文化普及、惠民、提升工作的基础上，鼓励和支持社区草根艺术家特别是退休职工和困难群众，将篆刻艺术成品或半成品搬上淘宝网店，增加收入，补贴家用，力争实现"一社一品上淘宝，草根艺术出网商"，让小篆刻撬动新产业，打响"草根创意·社区制造"新品牌。

2.提升社区融合力

文化是城市的"黏合剂"和"润滑剂"。在"学篆刻、做传人"浓厚氛围的影响下，社区里研究石头的人多了，打牌麻将的人少了；交流心得的人多了，争执吵架的人少了；互相关心的人多了，邻里冷漠的人少了。总之，采荷街道洁莲社区创建"金石篆刻工坊"是劳动的创新和人民智慧的结晶。特色社区学习共同体为市民享受生活、享受人生提供了很好的平台;社区学习共同体建设在满足人民群众精神文化需求、繁荣社区文化、以点的形式凝聚居民自愿参与方面,尤其是在促进居民的社区"幸福感"上发挥了越来越突出的作用。

点评

　　这是一篇很有启发意义的质的研究报告。社区学习共同体需要研究的问题很多,本文作者没有面面俱到,而是把问题聚焦在成员的成功体验上,即成员在学共体中是否体会到了成功;如果有成功体验,那么是怎样的成功体验。

　　这篇报告的启发意义在于,是否有成功体验是一个任何人都不可回避的问题,而社区学习共同体里的成员的成功感,它是来自于学习者的内在感受,是学习者本人本身潜质天赋特长得到的发展,是良好生命状态的建立。而这些并不是一般意义上的成功,或者说,在世俗的观念里,用世俗的评价标准,这里并没有成功。近几十年来,图书市场有名目繁多的《成功学》,这些《成功学》的精髓是教人如何变得聪明世故圆滑,成功的评判标准是权位的高低与财富的多寡。这样的成功学,可以造就众多的权势者与暴发户,但不能塑造美好的灵魂,培养不出不为物役的卓越人格。在世俗的成功学里,成功的标准是别人制定的,评判成功与否的主体是社会,在那里,没有思想巨人和灵魂高尚者的地位,也不会有伟大智者陶渊明、曹雪芹、鲁迅的地位。因为,在世俗社会里都是社会功利性的成功。然而,真正的成功是创造了物质或精神财富业绩之后,又用这些业绩服务社会、改造环境;真正的成功是个人从社会中所得到的远远大于个人所付出的;真正的成功是懂得人生意义,能实现自我、超越自我的人;真正的成功是心灵的成长力度超过事业的成功速度。所谓的"成功学"使人的眼睛被物质所遮蔽,根本看不到任何精神价值。然而,一个只重物质不重灵魂的社会,只会产生许多只有肉体而没有灵魂的人,今日社会弥足珍贵的是"赤子"之童心,单纯、纯粹、纯真、纯朴。在社区学习共同体里,正是聚集了这样一些人,他们单纯——"每次在路上花费一个半小时,真正交流又是不过半个钟头,但是我觉得很值得,每次交流好回到家里,我劲头特别大,每交流一次就会触发一次我的创作灵感"。他们纯真——"77岁的老人了,我觉得一点也不老,有时我还觉得比年轻人还有活力。你知道的哈,人的生命是有长度的,那我就努力增加它的宽度"。

我们期待并相信,社区学习共同体能书写完全不同的"成功学"。

上海市长征镇不老松读书会的"乱石铺路"之道

文/谢伊青　评/汪国新

每周二上午 9 点到 11 点,二三十名不老松读书会成员聚集在上海市普陀区长征镇社区学校的多媒体教室开展读书交流活动。前一个小时由一位成员进行主题发言,后一个小时是读书会成员围绕主题各抒己见的自由交流讨论环节。在活动结束前,会长做一个总结发言,把整个活动推向高潮。

一、问题的提出

乐学长征,青松不老。长征镇不老松读书会成立于 2003 年,是由一批具有中、高级职称或大、中专以上文化程度的退休人员所组成的社区学习团队。他们坚持以丰富知识、陶冶情操、快乐交友、充实生活为团队活动的目标,以共同读书学习、讨论交流为活动形式,持续不断地举办了近 500 次读书活动。

经过 10 多年的发展,团队成员之间已形成默契,大家共同学习、相互帮助,营造了一个自由、平等、宽容、和谐的环境和氛围,让他们走上了老有所学、老有所乐、老有所为的道路。如今星期二上午的读书会,已经成为大家退休生活中优先安排的内容。无论是骄阳酷暑,还是数九寒冬,成员都是按时参加活动,不忍心错过一次。有些成员因为家庭原因或自己身体不佳,中途有耽误,但问题解决后,又回来继续参加读书会活动。有的成员因为搬家,远离活动场所,他们几次换乘公交,仍然坚持参与活动。

读书会成立 12 年以来,很多成员能风雨无阻地参与活动。那么,在不老松读书会的发展过程中,吸引成员坚持留下来的主要影响因素是什么呢? 是什么力量支撑着他们风雨无阻地参与每一次活动?

2014 年 7 月初,杭州市教育局成人教育研究室汪国新主任联系我,邀请我参与社区学习团队(共同体)案例研究。这一年多里,我的主要工作是宣传上海终身教育工作,也走访过一些社区学习团队,对这方面有所了解,愿意在这方面做一些尝试。本次研究是希望通过对活跃在社区中的社区学习共同体的研究,探索团队持续发展的影响因素,为下一步培育社区学习共同体做好基础性研究。

二、研究方法

1. 研究对象的选择

在推进学习型社会建设过程中,上海培育、扶持了数以万计的社区学习团队。仅老年学习团队,在上海老年教育"十二五"发展规划中的培育目标就是10000支。在数目庞大的群体中,我是如何选择研究对象的呢?

2015年年初,普陀区社区学院开展的"沪杭社区学习团队(学共体)探讨会"现场,有两个上海市级优秀学习团队代表参与经验分享,一个是徐汇华泾镇的摄影团队,一个是普陀长征镇的不老松读书会。在交流发言中,身材高大、温文尔雅的不老松读书会会长朱令人的演讲,引起了我的特别注意。

一方面是他提出读书会有"乱石铺路"的特色,激发了我的好奇心。朱老师说,铺路的砖石不是有棱有角、方方正正的,而是形状、大小、色泽、质地各异,看似随意地、横七竖八地拼在一起,却铺就了平坦的大路。我想探索,这些各式各样的"小石子"是如何铺成"平坦大路"的?"石子"与"石子"之间的"黏合剂"或"纽带"是什么?

另一方面,团队展示出高度自主性,成员完全自愿参与,没有太多硬性的要求、严苛的规范,追求自我教育、自我完善,是一个简单纯粹、非功利的社区学习团队。

在一个市级研讨会上,两个团队作为街道的学习团队代表被推举出来参与交流,可见有一定的代表性。特别是不老松读书会更注重自主管理、自我教育,与社区学习共同体的一些理念不谋而合,于是我决定将它作为一个典型案例来深入研究。

2. 研究关系

研究关系涉及两个方面的问题:一是研究者个人因素对研究的影响;二是研究者与被研究者之间的关系对研究的影响(陈向明,2002)。在定性研究中,研究者作为收集和分析资料的主要角色,需要明确个人身份及个人相关的价值观、假设和偏见。此外,质的研究不是在一个客观的真空环境中进行,研究者与研究对象之间必然存在一定的关系,包括相互角色及双方在研究过程中的互动方式,这些关系对研究过程和研究结果都有着重要意义。

作为上海《终身教育与学习》专刊的记者,我与上海各区县终身教育从业者和学习者接触较多,经常接触街道的社区学习团队,与他们深度交流,并形成了一定的概念化认识。这些一线采访经验,便于我与受访者更好地交流,他们觉得我非常关注他们的发展,对他们十分了解,交流中有更多共同语言。因为之前跟会长解释说明过自己的身份,得到他的大力支持。采访其他读书会成员之前,会长已与他们打好招呼,也消除了他们的戒备,交流时比较顺畅。

3. 资料的收集与整理

本文以访谈法为主要的收集资料方法。访谈是通过会话及社会互动获得第一手资料的方法,可以了解访谈对象对一些事件的看法、态度与感受,了解他们过去经历的一些事件并理解他们对这些事件意义的解释。本研究主要对受访者采取半结构式的个案访谈,即根据预先制定的访谈大纲对他们提出问题,同时也鼓励受访者提出自己的问题,并根据谈话时的实际情境对访谈的程序与内容进行灵活调整,如提出一些跟进问题。访谈中,全程录音,并同时做会谈纪要,会谈结束后当天先初步整理资料,写好研究日志。

在"沪杭社区学习团队(学共体)探讨会"后,我通过普陀区社区学院的一位老师,联系上了会长朱令人。在前期的电话和邮件沟通中,我向朱老师介绍了我们的研究目的、研究意义,也说明了想进一步了解他们的原因。

在获得会长的肯定和支持下,我开始正式拜访他,与他进行了两次深度的访谈,每次一个半小时。与朱老师的访谈,一方面从宏观方面认识读书会的成立、发展过程,了解整个团队的大致情况;另一方面是了解他个人加入团队的过程,让他从一般成员的角度看读书会。此外,还从他这里,收集了读书会自2008年以来的活动总结报告。

通过朱老师的推荐,我又与团队里的两位骨干成员分别进行了深度访谈。经过与骨干成员的交流,了解到读书会中有一些成员长年参与活动却极少发言。在征求了朱老师的意见后,他觉得有必要对这类人群进行了解,看是什么原因吸引他们坚持留在这里活动。最后在朱老师的推荐下,我又拜访了两位普通成员。考虑到两位成员在团队里不太活跃,不喜欢发言表达自己,所以采用小组形式,同时约谈他们两位成员,以减轻他们的心理负担。

三、研究结果

1.成员自愿参与

不老松读书会聚集了一群热爱读书和交流的成员,团队对加入者不设门槛,文化层次参差不齐,行业背景也十分多元,有律师、医生、教师、工程师、工人等。据朱令人介绍,成立之初的读书会成员多是来自长征社区学校图书馆的志愿者协会,他们自发成立一个读书会,相约每两周在一起开展一次读书交流活动。后来,在大家的口耳相传下,吸引了越来越多的读书人加入团队,交流活动也变得更频繁,从起初的每两周一次,到一周主题交流、一周自由讨论,到每周都有主题交流。

孙友新退休后,加入了小区业委会,经这里面一位退休教师介绍,了解到长征镇有一个来去自由、组织松散的学习团队。"我觉得老年人学习很重要,退休后也不要中断学习。在家里,什么东西都不学,不了解国家政策,不了解外界动态,不去与人交流,生活会很无趣。"于是,他便抱着看一看的心态参与了读书会活动。

孙友新第一次来读书会时,先进行一个简单的自我介绍,然后把自己的单位和姓名登记一下,这就算其中一员了。"读书会是自己管理自己,没有什么规章制度,没有严格的请假和销假制度。你今天不来,认真的人给会长打个招呼,如果你什么都不讲,也没有人会怪罪你,这里进出完全自由。"

1999年,陈梓春退休了。刚退休时,他除了在家看书、做家务,没有什么事情,感觉心里空荡荡的,就先在外面找了几份事情做。2004年左右,他停止了打工生活,经常到社区图书馆里看书读报。喜欢传统文化的他,经常边看边做读书笔记,前会长看到他热爱读书,就邀请他到读书会来参与活动,他欣然同意。"我可以融入这个大家庭中去,比一个人在家单纯看书要好得多,既可以认识一些新朋友,又可以增加好多知识。老会长的知识很多,业余考了导游证,没有文化知识考不出来的,这是真材实料,我很佩服他。"陈梓春说,这是知识性、趣味性结合的读书会,是开心的读书会,在这里可以增加社会知识、提高文化修养、提高生活质量,让人收获良多。

蒋新芳和周湘华是读书会里少有的女同志,都是从外地退休后的返沪知青,两人加入读书会有11年了,虽然发言不多,但出席率非常高。"会长打电话给我,说有个读书会活动,如有兴趣周二可以来听。后来我就来了,会长很热情,他让我做自我介绍,大家鼓掌欢迎。"蒋新芳还清楚记得第一次来参会的情形,活动室虽然不大,也没有电脑,但大家的发言很精彩,深深地吸引了她。

周湘华是一位活跃开朗的退休教师,退休第一年就参与了社区合唱队。她热爱文学,喜欢阅读与写作,在合唱队里有成员推荐她到读书会来,来后发现这里的人文化水平很高、发言积极,就留下来坚持参与读书会活动。"来这 11 年了,每周星期二都是雷打不动的。除非旅游或者家里有特殊事情,不然每次都是风雨无阻,我都会来的。"

不管是为了增长知识、开阔视野,还是结交朋友、保持与外界联系,还是想通过这个平台重新融入新社区,这些读书会成员都是自愿参与活动,来去自由,不受特别约束。自愿选择读书会活动,自愿留下来,保证了他们的参与积极性。

2. 自主筹备学习内容

读书会的学习内容很有吸引力,话题涵盖了时政、经济、科学、教育、文化、历史、民生等方面。"既有对久远历史的阐说,又有对当前现实的分析;既有中国和世界文明的传承、扬弃,又有关于世界和国家大事的了解和剖析。"朱令人总结道。

这些丰富多彩的主题充满知识性、趣味性和实用性,超出了一般老年读书会聚焦健康养生、时政主题的限制,能让成员开拓眼界、增长知识。比如,他们2014 年的活动主题有扬州怪杰郑板桥、依法治国——谈谈废除劳动教养制度、"两会"看点、马航失联问题、空气质量问题、南美之旅、徽州文化、中国古建筑、足球世界杯、甲午之殇 120 周年、第一次世界大战 100 周年、秦始皇陵和兵马俑、园林景观和世界遗产、京剧的流派等等。

读书会能否成功举办,也看它的主讲内容是否有吸引力。有几个受访者坦言,他们参与一次后选择留下来的很大原因是,发现这里主讲的内容很精彩,能够学习到很多知识。而精彩的内容离不开主讲者精心的准备,他们是发自内心地喜欢读书,热爱分享知识、思想,所以愿意花费大量的时间和精力在前期去准备。

"讲的人要认真准备,人家要吸取你的知识,你就要对大家负责。老年人是过一年就少一年,所以要讲得好一点,不要稀里糊涂的,不要大家听了半天,不知道你讲什么,这是不负责任的表现。"陈梓春认为,读书会的学习内容直接与出席率挂钩,而他们共同学习和讨论的主题都是大家关注的、想要听的、可以讲的主题,是他们共同商量确定的内容。

据朱令人介绍,他在每年年底开始通过问卷,了解每个成员想要学习什么主题、想要主讲什么话题,根据大家的调查反馈初步拟定第二年的活动主题、主讲人,然后再根据实际情况提前一两周确定最终的主题和中心发言人。也就是说,每年读书会的活动主题,都是全体成员共同协商确定的,根据民意确定年度计划,然后结合实际灵活安排。

陈梓春十分热爱传统文化,他自2005年来大约讲了30多个主题,历史名人苏东坡、李清照、刘伯温、启功、陈寅恪、钱锺书等,文化主题有梅花文化、竹文化、重阳节与菊花文化、中秋文化、酒文化、道教文化等,其他还有关于养生保健、人工天河红旗渠等。

对于每个主题他都是提前准备,查阅很多资料,认真做读书笔记,并整理成文稿,最后才给大家讲。"我准备讲杰出的军事家、谋略家刘伯温时,至少准备了半年,总是觉得写不好,反复修改,直到写好为止。"陈梓春说,"三分天下诸葛亮,一统天下刘伯温,他是位了不起的军事家,明朝的开国功臣,我很欣赏他。"

陈梓春自认为是个"马大嫂",家务事繁多,在家只能见缝插针地读书和整理笔记。"与退休前相比,现在比以前时间多,可以看自己喜欢的书,写自己喜欢的东西,这是我的幸福。"他说自己除了做家务、参加读书会和其他主题宣讲外,几乎把全部时间都用在了看书、写东西上。

如今,他已经开始筹备孙膑、辛弃疾、秘密党员杨度等主题。"这些人物的相关资料,我开始搜集着,有新的东西了,我再补充进去,不断修改。这些选题我都先预备着,它们不是时政新闻,明年、后年讲都没有关系,什么时候要用就方便了。"

3.选举产生团队负责人

这是一个自由松散的读书会,却是一个民主自治的团队,团队负责人由读书会成员选举产生。2007年,前会长离开社区学校,不便于再参与读书会活动。在这个过渡阶段,由两位成员负责轮流主持活动,大家发现其中一位不太适合主持工作,另一位又离开上海回了老家。这时有老成员推荐朱令人担任读书会负责人,他提出了一个要求:社区学习团队要通过选举产生负责人,如果大家认可他,对他无反对意见,他就可以担任这个职务。

在成员大会上,大家一致同意由朱令人担任读书会负责人,但这只是一个开始,要真正得到大家的认可、接纳,可不是那么容易的事情。"开始两年,老朱讲话吃力,有些人听不懂,对他很不满,甚至当面指责他、攻击他。老朱表现得非常有领导气度,包容了这些异议,呕心沥血地做好服务工作。不管谁讲主题,他都回去查找资料,做成幻灯片,做好每次的总结发言。现在特别是搬到新的活动室后,设备更好,他讲话越来越清晰,也没有人再指责他,大家心里都服

234

他。"陈梓春说,朱老师现在是编辑、制片、导演,非常全能,大家都很认可他。

在访谈另外 4 位受访者时,他们无不对朱令人佩服有加。孙友新说:"团队的发展要有热心人,我们的两任会长都很优秀,做事认真负责。特别是朱老师的水平蛮高,文采很好,又认真得不得了。他不是一天到晚提出要求,要大家如何如何,而是潜移默化地用自己的行为影响大家。"

"朱老师很有才,什么主题他都能讲,做事非常认真,讲的内容十分精彩,不会让你觉得枯燥无味。"我在一次读书会活动现场休息期间,与蒋新芳和周湘华交流时,两位明确提出,要先去听完朱老师的主题总结部分,她们对负责人给予高度认可,不想错过他的每次发言。可见,会长的主题发言、内容安排、活动组织,得到了成员的积极响应。

任何地方都有一个领头人,团队负责人的自身素质直接影响团队持续发展能力。如果团队领袖是成员自己民主选举产生的人,他更容易得到民众的拥戴和支持。

4. 自发形成骨干队伍

在不老松读书会,除了会长朱令人是确定的身份外,其他都是一般的成员,没有明确的职责分工。他们没有设立理事会,没有后勤、财务、活动等部门分工,不存在什么组织架构。

读书会没有团队分工,没有明确的规章制度,那么他们是如何来维持这个团队的正常运转呢?受访者都认为,读书会在发展过程中自然而然形成了一批骨干成员,他们是团队的中坚力量,对会长的工作起到了主要的支撑作用。

"团队总归有一些骨干,骨干要配合会长。如果没有骨干,任其发展,也不是一个好事情。"陈梓春说,他们是"心有灵犀一点通",会长有事耽误,打电话给他,他就接手主持好下次活动。2013 年,朱令人身体不舒服,希望陈梓春帮着带一带,他一带就带了两个月。会长有时外出开会,也会让他帮忙带一带,他都积极配合。"会长走了,把重要事情交给你,你就负责。"

骨干是在实践活动中逐渐形成的,虽然没有正式任命、指派,但在日常活动中,他们已被团队成员默认为骨干。当问到受访者,哪些人是团队骨干时,他们都可以说出五六个人的名字,基本上是一致的。

那么,在成员心中,什么样的人可以算是一个骨干呢? 陈梓春认为,他们主要有如下两个特征:一是有领导气质,有正义感,分辨能力强。当读书会里氛围不好、有争吵时,他们就会站出来制止,而且是对事不对人,性格随和,没有架子,能平息纷争。二是经常作为中心发言人进行主题分享,在自由讨论中积极发挥作用,发言的内容有高度和深度,比一般人要高一筹。

在团队发展初期,学习氛围并不算好,有人喜欢在这里讲一些负面的东西,或者在下面制造一些干扰。"有一次,上面有人在发言,下面有人在讲小话,我就很严肃地站出来提醒,让大家不要再讲了,这里是学习的殿堂,是长知识的地方,如果不想听,那来这里干什么!"陈梓春说,他站出来讲过两次,算是帮忙维护活动秩序。

孙友新也认为,读书会的生命力、凝聚力离不开团队中的几个主心骨,他们发言积极,讲话有讲究,不随心所欲,所讲内容有深度,不传播小道消息,不抱怨,不发牢骚。他们的积极引导,亲自示范,对读书会的发展方向有重要影响。

骨干队伍的形成没有刻意任命,而是在活动中逐渐自发形成。"读书会是很有默契的,大家自然而然地发言,自然形成骨干队伍。"当陈梓春被问及默契度是如何培养起的,他说:"三年、五年培养不出来,八年、十年就配合起来了,时间久了,自然就有了。"

5. 自我规范,自我教育

早期进入读书会的成员,他们觉得读书会里还是有些乱哄哄的,是很多人抱怨社会的一个场所。2006年3月,朱令人加入读书会,听别人讲几次后,他也开始筹备主题,进行中心发言。他有几十年搞科研的经验和习惯,做事认真,喜欢不断地观察、学习、思索,每次都会广泛地搜集资料,然后以自己的方式整理下来,进行深度呈现,一个主题可能就要讲三次。

对于这位资深研究者的分享,不是所有成员都买账。"有的人认为内容很深,提高了主题内涵,听得很认真,觉得很好;有的人觉得内容太多、时间占用太多,不明白为什么要讲那么多、那么深,觉得听不懂,不喜欢这种方式。"朱令人说,他的分享有两种截然不同的反馈。

团队成立之初,多数是从图书馆志愿者转变而成,虽然热爱读书,但成员之间的文化层次、工作背景差异大,精神需求不一样。得不到理解的朱令人开始减少主题分享,在自由讨论的一周,他甚至索性不去,因为大家多是一起闲聊、发牢骚,一些不文明的行为、医患关系等话题被反复讲,又不能解决实质性问题。

读书会是读书人的读书会,大家都有自己的思想、观念,交流时难免会有矛盾、冲突的,特别是对一些敏感的社会政治问题,老年成员表现出了极高的热情。孙友新刚加入读书会时,他觉得团队并不是自己想象中的那样,一些人的发言内容并不适合他的"胃口"。在融入这个团队过程中,他还与读书会成员吵过架。"有的人思想片面又固执,人很强势,喜欢把自己的想法强加你。我在自由发言时,就有人老是打断我,让我不要再讲,我有一次就不买账,生气地表示抗议。"

孙友新现在回忆起来,觉得那时读书会的学习气氛不太积极,牢骚、埋怨更多,而且传播的有些信息是不正确的,只是小道消息,大家道听途说。"我知道他们不是故意的、有目的的胡乱传播,但这些信息不可靠,我比较反感。"孙友新说,他比较注重传统的、官方证实的信息,小道消息自己知道就行了,不要在团体交流时传播,尽量少谈政治问题。

读书会都是由退休的老年成员组成,但他们来自各行各业,知识文化层次不同,单位也不一样,大家聚合在一起,就是一个"万花筒",什么成分都有。大家聚集在一起,对一些成员来说像找到一个发泄口,可以自由表达不满,随便发发牢骚。但读书会是社区学校开展读书交流活动,不是在茶馆、咖啡馆、公园的凉亭、路边的角落,一些成员就站出来提议,认为读书会应该要弘扬社会主旋律,倡导社会正能量,要改变不良的学习风气。

在一个阶段里,大家感觉读书会的凝聚力不强,内部充满矛盾,讨论问题时,彼此针锋相对。"后来我们提倡和而不同,大家都可以有自己的想法,但不要去试图改变谁。在读书会里,要多讲文化,少讲政治。"特别是在2008年,朱令人担任会长后,对读书会进行了一个方向定位:一是"读书快乐",强调读书会是通过读书获得快乐,而不是唱歌、跳舞、钓鱼等其他活动,明确团队是因为读书而聚集在一起;其次,读书内容要"重在文化",因为文化是民族的命脉,文化认同最能区分民族差异。

在慢慢发展的过程中,大家开始相互尊重,学着倾听不同意见,不用居高临下的口气与人争论。如今,读书会虽然没有形成成文的规章制度来约束成员的言行,但是大家在磨合中形成了一个积极健康向上的学习氛围。"我们没有约束规则,大家心里有数,长期发展,形成一个学习氛围,当有人在台上讲话,下面有几个同志叽叽咕咕时提醒下他们,偏离主题太远了,要引导一下,总体氛围宽松。"孙友新说。

在不老松读书会里也不存在考核问题,他们都是自我规范、自我教育、自我管理。"我们自己觉得开心就好,全体成员都很认真地参与,讲的人认真,听的人认真,发言也认真,大家不会无故早退,学习氛围很好。今天来了,下次还来,一直坚持参与团队学习。特殊情况下,中间有事耽误了,事情解决好后又回来了。有些人来了一直不发言,但会自己报题目,认真听别人讲。"孙友新说,读书会有"人格化的魅力",这些都是团队吸引力的表现。

长征镇社区学校给读书会提供了学习环境,准备好场地、饮用水、桌椅、多媒体等基础设施,在其他方面给与了读书会充足的空间。"我们是自己管自己,我们有自己管自己的能力,社区学校基本上不管,他们介入不一定好,我们自己喜欢什么就自己执行,我们能够自我管理、自我组织。"

四、研究结论

从不老松读书会这个案例里,我们可以看到社区学习团队能保持持续的吸引力,它的典型特征是具有高度自主性。

第一,自愿平等参与。团队成员基于共同的兴趣爱好而自愿加入或组建一个学习团队,团队没有门槛限制,成员自由出入,平等相处。在读书会里,即使这些成员在生理方面,如性别、年龄、年龄、身体健康程度等明显不同,在社会方面的权力、财富、地位等方面差异很大,但是他们在不老松读书会里,只以兴趣相聚,成员之间不存在高低尊卑之分,而是平等交流的同伴。

第二,学习内容自主决定。读书会自己主动筹备学习主题和内容。读书会的交流主题广泛,时政、经济、科学、教育、文化、历史、民生等无所不包,内容充满知识性、趣味性和实用性,满足了成员的多元学习需求。而这个关键是,读书会在年初共同拟定新年的学习主题,人人都有参与出题、主讲的机会。对于那些只喜欢听、不喜欢讲的成员,读书会给与充分的尊重,不给他们任何压力,营造了一个轻松的学习氛围。

第三,团队负责人民主选举产生。社区学习团队的活动能否有效开展,一定程度上取决于团队负责人的能力和素养。团队成员喜欢选举那些有组织管理能力、有责任心、有真才实学、愿意服务他人的成员担任领头人。他能否真正胜任,还需要在长期活动实践中用自己的行动赢得成员发自内心的认可和接纳。

第四,骨干队伍自发形成。读书会没有团队分工,没有明确的规章制度,却能有序地开展团队活动,其中的一大因素是读书会在发展过程中自然而然形成了一批骨干成员。他们虽然没有得到正式的任命、指派,但得到大家的认可,是团队的中坚力量,能凝聚人心,对会长的工作起到了主要的支撑作用。成员聚集在一起,除了想通过共同学习来提高素养、增长见识;更重要的是,在团队里能够得到一种被尊重、被接纳、被关心的感觉,从而获得一种安全感、归属感和存在感。团队在骨干的带动下,相互帮助、相互关心、相互支持,提高了团队的凝聚力,充满"人格化的魅力"。

第五,自我规范,自我教育。团队在每一个发展阶段,都可能遇到一些难题和挑战,该如何应对呢? 当不老松读书会在发展中遇到问题时,社区学校主要给他们处理设施、设备问题,对于团队负责人如何选拔、学习内容如何确定、成员冲突如何缓解、学习氛围如何营造等问题,政府和学校大胆放手,给与了读书会足够的空间,相信他们有能力自我管理、自我组织。

五、研究反思

团队学习是社区教育非常重要的学习方式,它具有自主、互助、宽松等特点。一个学习团队组成一个学习圈,成千上万个学习团队就组成了千姿百态、各具特色的学习圈,从而为学习型社会建设增添了一道靓丽的风景线。但很多学习团队具有较强的草根性,缺乏社会关注,面临一些发展瓶颈。政府如何引导社区学习团队实现自主管理、自我发展的同时给予充分的关注和必要的扶持是一个值得进一步探索的问题。

对于受访者,我有两个身份,一个是媒体记者,一个是课题研究员。面对记者,他们一般会认为我是去报道他们的事迹、宣传他们的做法,所以配合度比较高,愿意分享他们的团队故事。这是有利的一面。与此同时,可能会给研究的可信度造成负面影响,所以我时刻提醒自己,不要有宣传报道的承诺,不要让他们有对外宣传的可能性的期望值,此时的角色是课题的研究人员,还原实事的真相,解释"实现"背后的意义。

点评

作者谢伊青是上海教育报刊总社《终身教育与学习》专刊的记者,因为我是这本杂志上"名家专栏"的作者,与她有工作上的联系,从交往中发现,谢伊青是积极上进的年轻人的代表,对新生事物保持高度的敏感,工作富有激情,人文情怀深厚,写作功底好,虽然没有丰富的质的研究的经历,但对上海的学习团队情况了解,更重要的是,她对社区学习团队的意义有深刻的认识。所以我建议她参与到我们单位的质的研究队伍中来。她的工作十分繁忙,每年需要撰写数万字文章,采编多期刊物,但是她还是承担了案例研究的任务,抓紧点滴时间补充质的研究的理论知识,多次实地访谈不老松读书会的核心成员,利用暑假时间完成了质的研究报告的写作。

上海老年教育"十二五"发展规划中有培育10000支老年学习团队的目标,据我了解,现已超额完成了这一培育目标任务。上海的老年学习团队,实质上也就是社区学习共同体,从本研究对象——不老松读书会就可以看得清楚。作者在结论中总结归纳到的五个特征,即自愿平等参与、学习内容自主决定、团队负责人民主选举产生、骨干队伍自发形成、自我规范自我教育,与杭州的社区学习共同体的主要特征相同,虽然还有一些其他特征没有在这里揭示出来,但作者的分析研究是有一定深度的,为社区学习共同体的质的研究,提供了不可多得的不同研究视角下的来自上海地区的鲜活生动的材料。

现实生活中的社区学习共同体是不完美的存在。本研究报告让我们看到了多彩的立体的社区学习共同体,学共体的自身状态和周边的小环境都会随时发生变化,在变化发展过程中,会经历很多曲折的过程。学共体是学共体成员面对来自内外的各种干扰,经过磨合的过程才一步一步走向成熟的。

从质的研究报告的文本上看,这篇文章与其他几篇文章都有一个共同的缺陷,就是缺少文献综述,没有交待研究的背景,即本研究之前,前人对同一主题所作研究的现状如何,为本研究留下什么样的创新发展的空间。虽然关于社区学习共同体的特征属性的研究成果不多,但作者可以根据本问题领域进行更加宽泛的文献检索,如学习型组织、实践社团等等研究现状,以此为基础开始本主题的研究。由于缺少足够的文献评述,作者很难为自己的研究的重要性和创新性提供足够的理据,也难以与学术界已有的成果进行建设性的对话,这是我们质的研究小组成员在今后的研究中需要特别重视的环节。

巧手女人家让女人感受到生命的美妙

文/余锦霞　　评/汪国新

一、问题的提出

学习是一个含义极广泛的概念,它历来是哲学家、心理学家、教育学家所共同关心的重要问题。对于学习本质及其形成机制,包括学习的性质、过程、动机、方法和策略等,国内外的学者、专家在一个多世纪的研究中取得了大量的成果。我们在对社区学习共同体开展研究以来,一直对其内部的"学习"给予重点关注,试图探索共同体内部的学习及其形成机制等。

巧手女人家在 2014 年 9 月杭州市成人教育研究室组织开展的第四届杭州市示范社区学习共同体评选活动中脱颖而出。在我第一次接触这个社区学习共同体时,就发现它的特点非常明显:一是学习内容非常丰富,涉及面点、烘焙、私房菜、剪纸、编织、串珠、布艺等等,围绕日常生活所需,添加成员们的创意。二是学习能手很多,烘焙能手、编织能手、串珠能手、剪纸能手等,参加多种比赛都获奖,并且多次被新闻媒体采访报道。三是学习是各擅所长、互为师生。学习活动中,成员在自己擅长的领域是其他成员的老师,在自己不擅长的领域则是其他成员的学生。正是这些特点,让研究者立刻选中了这个社区学习共同体开展个案研究,并自然而然地将研究重点聚焦于巧手女人家的"学习"上:社区学习共同体内部的"学习"到底是如何开展的? 成员们又是如何理解和看待这种"学习"的? 这里的"学习"给成员们带来了怎样的体验?

二、研究方法

根据我的研究目的,本次案例研究采用质的研究方法。

（一）抽样

根据研究问题和实际情况，我采用的是目的性抽样。如前文所述，我在杭州市示范社区学习共同体评选活动中接触到巧手女人家，并认为它能够为我研究的问题提供最大的信息量，所以选择了这个共同体开展个案研究。

巧手女人家是 2011 年 12 月正式成立的，共有成员 20 余名，主要来自杭州市拱墅区化纤社区，包括化纤新村、化纤公寓、和睦公寓三个独立小区。成员全部都是化纤厂（大型国有企业）的在职或退休员工。一开始，几个喜欢手工编织的妇女自发组建成立编织社，随着成员的不断增加，以及各种有其他特长的成员的加入，编织社的活动内容和范围不断拓展，基本涵盖了妇女日常家庭生活所需要的各种手工技艺，因此，编织社更名为巧手女人家。化纤社区腾出了社区活动室，每周四（近期改为每周三）给巧手女人家使用。因此，每周的这一天成为巧手女人家的固定活动日。另外，为了尊重成员们的隐私，本案例所涉及的姓名皆为化名。

（二）搜集材料

收集材料的方法主要采用的是参与型观察、开放式访谈和非正式交谈。

首先，在自然环境下，使用参与型观察和实地体验，对这个社区学习共同体进行深入细致和相对较长时间的跟踪研究，理清其内部的"学习"到底是如何开展的。研究者从 2014 年 10 月份开始至今，对巧手女人家开展了近三个月的跟踪观察，每周作为一名普通成员参与她们的学习活动，进行全程观察。

其次，采用开放型访谈、非正式交谈，力图理解被研究者自己（社区学习共同体中的成员）的视角，以描述与解释为主，理解在当时具体情境之下她们的看法、观点和体验，重视我与研究对象之间的互动及可能发生的相互影响。

在活动开展的过程中和活动间隙，我始终在不干扰活动的正常开展的前提下，与身边的成员适时交流，及时询问她们的看法、观点和体验。同时，利用固定活动日的下午的时间，开展对成员们的开放型访谈，努力营造宽松、愉快的氛围，并在这种氛围中与成员们进行交流，力求能在自然状态下让成员们畅所欲言。开放式访谈对象的选择有两种：一种是似乎愿意与我交流的成员，一种是因某种原因引起我兴趣的成员。在 12 月 9 日的下午，我选择了共同体中 4 个骨干成员进行了为时 3 个小时的正式访谈，一开始是四个成员轮流进入社区为我提供的办公室接受我的访谈，每个成员大约 30—35 分钟，之后我对 4 个成员进行了集体访谈。正式访谈主要是作为非正式交流的补充。

最后，以归纳手段为主，在对我所观察到的学习开展，以及成员们的观点、看法、感受、体验的深入分析上，得到我的研究结论。

三、研究方法与结果

学习是一种既古老而又永恒的现象。不同的历史条件、不同的研究角度，形成各种不同的学习观。《中国大百科全书（简明）》认为，学习是获取知识和掌握技能的过程。既包括通过正规的教育和训练获得知识技能，也包括在日常生活和实践活动中积累知识经验。行为主义理论的心理学家认为这一定义过于宽泛，不能确切地界定学习一词的含义，而且，这样的理解可以用来说明人类的学习行为，却不适于解释所有动物特别是某些低等动物的简单学习行为。因此，他们给学习下的定义是"因受到强化的练习而出现的潜在反应能力的较为持久的改变"。这个定义包括4个对于了解学习过程至关重要的要点：第一，"较为持久的改变"。这就排除了因疲劳、餍足或习惯化而造成的动机和反应能力下降等临时性的行为变化，这类变化都不属于学习。第二，"潜在反应能力"。这说明通过学习不仅发生外部行为的明显改变，也出现难以直接观察到的内在的变化。比如因接触某些对象和情境而使学习效能明显提高的潜伏学习和无意识学习就都属于学习的范围。第三，"受到强化"。这是行为主义心理学家最重视的关键部分，因为没有强化（没有无条件刺激伴随或对做出的反应不给予奖赏）就不会有"潜在反应能力的较为持久的改变"，而且会使已经获得的反应能力出现消退。第四，"练习"。只有要学习的行为必须实际出现并经过反复才会发生学习。当然，通过观察和模仿而实现的学习也可以只有内在的变化而没有明显的外部行为表现。此外，强调学习要经过练习还可以把某些物种的先天倾向（如鸭类的印刻现象）和由机体成熟而引起的变化（如鸟的飞翔）排除于学习之外。不同的学习观，产生了不同的学习理论。例如心理学领域著名的"刺激—反应"学习理论、认知学习理论、人本主义学习理论、建构主义学习理论等等。

无论怎样的学习观和学习理论，都无可辩驳的是，学习是一个过程。而且对人来说，学习是一个很复杂的过程，是通过某种方式而获得知识、技术、态度或价值的过程，而且会导致行为、能力和心理倾向的比较持久的变化。那么，巧手女人家里，"学习"是怎么样的呢？学习是如何发生又是如何进行的呢？

首先，本次案例将以巧手女人家的其中一次学习活动为例，进行一个片段的全景展示，让读者可以清楚地看到巧手女人家的学习开展的整个过程；然后，本次案例将从学习内容、学习方式、学习体验三个方面进行"断面"分析，让读者从另一个维度感受巧手女人家的学习。

(一)学习全景:"学习就这样进行"

周四下午1点多钟,成员们陆陆续续地来到了化纤新村的社区活动室。2点钟左右的时候,成员们基本都到了。有的成员拿着面粉,有的拿着碗和筷子,有的拿着鞋子和针线,有的拿着肉和菜,有的拿着擀面杖,有的拿着盆,有的拿着电饭煲(谁准备什么材料或者工具在上次活动中已经基本商量好了,而一些上次活动没有想到的但是本次活动用的上的工具和材料,有成员已经想到并且自己带来了),等等,大家都乐呵呵的,到了之后,就开始做各种准备工作。一边清理桌子、擦洗砧板、洗菜、切肉、和面,一边聊着家常。(本次活动这样开始了,并没有谁站出来说:"我们现在开始吧。"但是成员们似乎很默契的,大家似乎都知道,本次学习活动——包饺子就正式开始了)

进入第一道工序,和面。陈女士抛出一个问题:"大家喜欢软一点还是硬一点的饺子皮?"成员们开始回应,有的说喜欢软一点,有的说喜欢硬一点,有的说不能太软,也不能太硬,有的说无所谓,软一点和硬一点都可以接受。我注意到大多数人都发表了自己的意见。之后有的人开始解释软一点的好处,有的开始说硬一点的好处,最后说着说着,似乎大家都觉得不软不硬比较合适。但是这个如何把握? 这让大家犯了难。最后,有人提议,让正在和面的陈女士和杨女士看着办,差不多就行。这个意见立刻得到大家的支持。于是,这个软硬的问题就解决了。陈女士、杨女士、沈女士等几个人,开始交流水和面粉的比例,以及什么样的比例适合做什么样的面点。不懂的成员们开始请教,懂的成员们开始讲解。有的成员懂其中的一部分,有的成员懂另一个环节,于是,相互教授,相互指点。一段时间之后,陈女士说:"面和的差不多了,大家可以用手来感受一下。""我来看看","我也来",于是,成员们开始走上前去,纷纷用手轻拍面团,有的还弄一点放在嘴巴里尝尝,于是大家又开始就自己的手感等发表看法,交流意见。与此同时进行的是,豆腐、肉和青菜的搭配比例、调料的使用等。而这些,都是在成员们你一言、我一语的过程中商定的。

饺子下锅煮了,丁女士、王女士、沈女士还有我等等,几个人在等待饺子煮熟的过程中,开始做上次未完成的保暖拖鞋了。其他成员也各自找一个位置休息。新的话题似乎又开始了,一位成员说:"今年过年真晚啊,明年过完元宵,好像很快就是三八节了。"成员们的讨论就开始了:"对啊,我们三八节做点什么啊?""要不我们做创意面点吧,我还没有学会,上次我自己家里做,做不好。""我也想。""对了,上次我有个同事跟我说,她特别想学习做面点,说我们下次做面点时,她也想跟我来参加。""行啊,我也同意,我们三八节就做面点吧,自己犒劳自己一下。""三八节当天不知道社区里要不要搞什么活动,他们搞活动的话,我们没有场地。""不要紧,到时我们看情况,可以放在节前一天或者节后一天,都没有关系啊。""嗯,可以可以,我看可以。"在这种和和乐乐的交谈中,明年三八节的活动似乎就定下来了。同样的,我注意到,基本所有成员都有发言。

紧接着,苏女士的一句话,就开启了另一个话题:"我以前认识一个人,他很会做灯笼,获过很多奖的。"话还没有说完,被另一位成员兴奋地打断了:"那要不下次我们请他来给我们指导指导,教教我们。""我看好啊,但是你(指苏女士)还有他的联系方式吗?""我有的。""不过,我觉得还是请小金(成员之一,也是社区文教干部)去请比较合适,她可以代表社区,这样比较好说一点。"小金回应:"可以可以,没有问题。""可是,做灯笼,我家里没有地方挂啊。""那我们可以学做小点的灯笼啊。""对,对,可以挂在阳台上的那种。""我要是学会了,肯定有很多朋友会向我要的,我有的忙的,要送点给他们。""刚巧快过年了,我看学做灯笼挺好。""是的,是的。""那对了,做灯笼的材料呢,怎么办?""要不你(指苏女士)先联系一下,问问他要准备什么材料?""我想,可能不用我们准备材料的,他应该会带材料来给我们做的。我上次听他们说有人教做灯笼,他自己会带材料来的。""费用怎么样,买材料要钱的,那怎么算啊?""我觉得可以叫小金先问一下他,请他带材料比较好,我们自己买材料,也不知道怎么买的,然后我们算费用给他,问下他要多少钱不就可以了?""对的,对的,我也觉得这样比较好。""好的,好的。""我举双手赞成。"然后很多成员开始畅想学会了做灯笼之后的事情了,下一次活动的内容就这样定下来了。

第一锅饺子煮好了,热气腾腾中,大家一边品尝,一边讨论总结得失。由于一锅饺子数量有限,成员们都互相谦让着,这时张女士无意中说起:"今天的饺子很好吃,我就喜欢吃豆腐馅的。我喜欢吃豆腐,我烧的麻婆豆腐,我老公是很认可的,我老公说我只有这道菜做得最好。我气死了,我问他,我其他的菜烧得不好吃是吧?""我烧的红烧鱼,我小孩子特别喜欢。""我会做海鲜。""我荤菜烧得可以,蔬菜烧得一般,因为家里人都爱吃荤。""我喜欢看生活大参考节目,我按照里面的方法学会了几个菜,有机会给你们展示展示。""对啊,要不我们什么时候烧菜玩吧。"立刻得到大家的响应。"好啊,好啊。""我也同意。""我觉得烧菜好,大家互相拿手的拿出来晒晒。""这个有意思。""可是,我擅长炖的,要炖好久的。""那时间太久,来不及的。""我觉得这样比较好,大家一个人准备一个拿手菜,然后在家里准备好材料,拿到这里来烧。""而且都是家常小炒比较好,炖和煲时间太长,不好弄。""好,我看可以。""我不太会烧菜,我向你们好好学习一下。"……

饺子吃饱了,家常聊了聊,下次活动和下下次活动也在这样的互动、对话、交流、协商中确立。已经四点多了。"我要回家烧饭了,我先走了。""嗯,时间差不多了,我也要回去了。"成员们陆陆续续地走了,活动结束了。

这次学习活动从一定程度上为我们完整呈现出巧手女人家的学习到底是如何进行的。

1. 协商进行

最鲜明的特点就是协商:学习从始至终都是在充分的对话和交换意见中协商进行,例如水与面粉的配比、口味口感的确认、饺子馅的调配、以后的学习活动内容的确定、学习活动的各项准备工作的分工等等,都是在共同协商中通过比较充分的对话交流实现的。学习的进程和步骤,也始终是在成员充分发表意见的基础上,成员共同协商推进的。

2. 偶然发生

此次学习活动中,学习的偶然性也是非常明显的:例如,成员偶然提到的一位会做灯笼的朋友,也很巧合地引起了很多成员的兴趣,于是,对灯笼制作的学习就进入了学习议程。还有,一位成员在谈论饺子馅中的豆腐时,偶然说起家人对自己所烧的麻婆豆腐的认可,就引发了成员将家常菜的学习和交流安排进学习计划。

这种偶然性,一定是需要特定情境的,尤其是偶然性的话题,成为下次必然性的主题,这说明:成员之间的交流是非常充分的;意见和观点的碰撞是有成效的;能够激发彼此的"学习灵感",并且产生新的学习兴趣和学习需要,以及新的学习动力,成员不仅越学越多,而且越学越想学。这样的学习,是在每个成员自己的诉求充分满足的前提下,是在快乐、温情的氛围中进行着自己想要的学习,并且自然延伸出持续学习的动力和需求,这样的学习无疑是非常"美妙"、充满无限生命力的。

3. 共同促进

这里的学习是共同促进的学习,相互帮助,相互尊重,资源共享,共同进步。这里各个成员各擅所长,彼此都是其他成员相互学习的资源,而在巧手女人家里特有的氛围中,大家都很愿意拿出自己的"资源"和长处,和所有人一起分享,相互学习、相互指导,每个成员都在不遗余力地帮助本领域其他不如自己的成员,共同学习也就发生了。例如,我们可以想见,在女人家之后的家常菜的活动中,这种资源的共享,相互的指导和帮助,应该会表现得非常充分。没有谁为每次学习定下一个学习目标,然而,所有成员的学习行为和相互帮助,都指向着共同进步,相互促进。

同时,我们注意到,在学习中,成员之间的各种默契、对相互意见和观点的尊重以及成员彼此之间的相互谦让和包容,使得巧手女人家的学习始终在一种充满温情、和睦愉快的氛围中不断推进。这种特定的氛围的形成,与协商推进学习的机制和彼此共同促进的学习行为,应该都有密切的关系。

(二)学习内容:"我们品种很多,几乎一个成员就是一个内容"

首先,巧手女人家的前身是编织社,是居民叶女士和几个喜欢编织的邻居自发成立的,主要是交流手工编织的技艺。不同于其他的社区学习共同体,这是一个建立在"熟人社会"基础上的共同体,因为巧手女人家的所有成员都来自同一个老牌国营化纤厂,在未加入共同体之前基本都认识,但是特别有意思的是,当这些成员聚在一起活动之后,成员们发现原来熟悉的同事居然还有别的技能和特长。于是,成员们的其他特长便成为编织社的新的学习内容。其次,随着编织社的发展,新的成员加入,不仅为编织社注入了新鲜血液,更是进一步拓宽了编织社的学习内容。再次,有的成员偶然从某种途径了解到某种技艺而又对这种技艺感兴趣的时候,就自己自费到外面去学习,学成回到编织社,就教给其他成员。以上三种方式,就是编织社学习内容的主要来源。可见,几乎每个成员都为编织社带来了新的资源。也正是这样,编织社已经"名不副实"了,便更名为巧手女人家。

1. 老成员的新特长

老成员的新特长成为学习内容的来源:"李女士以前下了班就在自己家里从来不出来走动的,虽然在一个厂里上班,认识都认识的,厂里以前举行织毛衣比赛,她得了第二名的,很厉害。后来她来参加女人家以后,大家才知道原来她不仅毛衣织得好,而且鞋子做得也很好的,后来我们大家发现她鞋子做得很好之后,做鞋子就成了我们的'功课'了。"

2. 新成员的加入

新成员的加入带来新的学习内容:"我们这里品种很多很多的,一开始是编织,后来擅长面点、烘焙的陈女士加入了,我们就开始学习她的面点制作,包括月饼、粽子、蛋糕、馒头、水饺,更加上了创意,融进营养学知识,开发出加入了各种蔬菜水果汁的、五彩缤纷、各种造型的面点;擅长串珠的张女士的加入,使串珠成为新的学习内容;随着擅长剪纸的沈女士的加入,剪纸又融进了编织社的活动里等等。基本上每个人都有我们的学习的内容。我们这里,就是有人会什么,我们就学什么。"

3.成员的新兴趣和新需求

成员的新兴趣和新需求为巧手女人家增添了新的学习内容:"有一次和睦街道搞活动,他们在弄微型风筝,我看了之后很感兴趣,就专门跑去向米市巷的刘老师请教,拜他为师,我学了之后,我们这里搞活动,我就把学来的东西来这里和大家一起交流交流。"

(三)学习方式:"我们互相教"

巧手女人家就像一个大海绵,将各个成员的特长全部吸纳进去,成员自身的长处就是巧手女人家的学习资源,因此,巧手女人家的学习方式就有了鲜明的特点。

1.老师即学生

巧手女人家里,老师也是学生,学生也是老师,只在不同领域或同一领域的不同方面才能知道谁是老师,谁是学生。老师和学生的角色不是固定的,并且还有可能时时发生变化。在访谈中,我发现成员们对这种亦师亦生的身份是很认可的。这在我对擅长面点的陈女士、擅长编织的丁女士等的访谈中充分体现出来。

"你是来巧手女人家之后开始做面点的还是以前就做?"

"我以前自己在家里一直在做的,我自己对烘焙比较感兴趣,喜欢做中式面点。"(陈女士)

"你是什么时候参加巧手女人家的,又是通过什么途径知道巧手女人家的?"

"我参加这里有两年多了。我每次在家里做东西,做完就喜欢在微信里面晒一晒,小金看到了我的微信,就介绍我来这里,我来看了一下,环境很好,我很喜欢。"(陈女士)

"环境很好?"我追问了一句,因为在我眼里,这里的环境不算很好,一个普通的长方形教室,教室里面有两排柜子和一些杂物。正中间一张长方形大桌子就是大家的活动中心了。

"是的,大家互相学习,学到不懂的地方就会请教(这大概就是陈女士感觉环境很好的原因了)。一个人在家里不能请教,我不懂编织的,还有很多我都不懂,这里学的东西很多,谁会做,谁就是老师,能者为师。我以前是做好一样东西,就自己欣赏,喜欢做各种小动物造型的面点。现在来这了,我和大家在一起交流交流,我教大家做面点,教下来,大家学会了之后就可以自己回去做了。我也向她们学习很多我不懂的、不会做的东西。我向小丁学编织、做鞋子,现在家里人的鞋子都是我做的。"(陈女士)

"我不会面点,我是没有把握(做好某件事情)就不去做的人,但是我向她们(指陈女士还有其他会做面点的人)学习了面点之后,我回家也做了高庄馒头,我多问、多听、多试试,这样几次之后,我觉得自己做的也还可以了,呵呵。我还喜欢做菜,还会做香袋,就是那种传统的香袋,但是做成动物造型的就要向她们学习了,我还会包粽子,以前就楼上楼下的邻居说我包得还可以,现在她们(指女人家的成员)也说我包得不错,我就自信起来了,我以前不敢参加活动、不敢参加比赛,现在我胆子大起来了。"(丁女士)

陈女士和丁女士两人就是互为师生,两人既是彼此的老师,也是彼此的学生。巧手女人家的成员基本都是具备这样的双重身份的。

2.情境性的师生关系

情境性的师生关系表现在:师生关系的多向交互性;当下发生、瞬时结束的师生关系。

学习活动中,巧手女人家的师生关系也不是单一的、直线型的,而是非常丰富、多边形、多方向的,甚至是充满各种交织关系的。以编织起家的巧手女人家,这种师生关系在编织活动中表现得最为明显。

例如,一次围巾编织活动中,我发现,李女士特别擅长起针,因此,起针的技法、针数方面,大家向她请教的比较多,于是我也跟着向李女士请教如何起针,李女士自然扮演起了老师的角色,并且将她对大家的问题进行了总结,告诉大家起针的规律以及如何看到样品计算针数。而绞花(围巾的花样)方面的针法,似乎丁女士比较擅长,因为大多数人都会向她寻求帮助,我也向她请教如何根据花型变换针法。也许是因为比较多的人没有掌握复杂针法的变换技巧,朱女士、李女士还有蔡女士,相互交流之后,将规律总结了一下,告诉了大家。而像我这样入门级的成员,则得到了蔡女士的一对一的指点,因为我还无法理解她们所说的规律。同样入门级别的张女士,则得到了李女士的一对一的指点。

巧手女人家里,多对多、一对多、多对一、一对一的师生关系不仅随时出现,随机产生,也会在特定的情境中随时结束。可以说是在学习情境中,当下发生、当下结束的。在巧手女人家的活动里,也许这种多元、多边、多变、情景式的师生关系中,决定了其特有的学习过程和学习行为。

3.倾听、交流、互助的学习

访谈中,我要求成员们具体描述一下这里的学习方式是怎样的,学习是怎样开展下去的,大家是怎样学习的等相关话题,成员们给出的回答中,表述最多的大致是倾听、对话、交流、互助这几个词语。

成员丁女士:"我没事的时候喜欢做点手工,我挺爱好这个,我把旧的东西拆掉,织成新的,穿出来给大家看到,她们就邀请我来参加女人家了。在这里不仅学其他的手工,而且大家相互交流、互相沟通,聚到一起,我们不仅手上不落下,嘴巴也不落下,大家互吐心声,心里有什么事情,互相倾诉一下,话话家长里短。这样,不仅学到了很多东西,而且心情也好起来。"学习和互相倾听、诉说交流相结合的方式,学习的过程,也是心情调节的过程。

"各自发挥自己的长处、互相交流、无私奉献,我们就是这个样子搞活动的。"成员高女士解释说:"我在这里,我也发挥自己的特长,编织手工,她们做得好的,会跟我们交流;我做得比较好的地方,也可以拿出来跟大家交流交流,无私奉献,可以做得更完美。"

"我们女人家的学习,方式是很好的。每次活动一般会由一位或几位妇女,比较擅长的负责教,这样,一来,教的人没有负担,每个人一年轮到3—4次主要负责,有足够的时间准备,可以把自己做手工的心得充分地和大家分享,二来,大家一起交流,互相提意见,这样也很容易推陈出新。比如,我本来只给大家上了一堂普通馒头课,教会大家怎么发面,怎么揉面,交流过程中,就有人想到把蔬菜汁调进面糊里,做出各种有趣的小动物馒头,后来她就给大家专门研究、交流这样的营养馒头。"(吕女士)

"我每次在外边学习回来(沈女士自费在外边拜师学习剪纸、微型风筝等手工技艺),都要把学得的东西跟巧手女人家的朋友们分享,有时候是上课时发生的某件有趣的事情,有时候是学到的某个小诀窍,大家一起交流交流、说说笑笑很开心。"(沈女士)

"这里大家互相帮助,真的让我很感动。今年做月饼的时候,小陈教我们大家做月饼,我去的时候,已经开始了三分之一了,我以前也没有做过月饼,所以很紧张,挤到她们边上,因为我来迟了,已经是揉面最要紧的时候了,她们跟我解释说赶不上从头开始做给我看了,只能做完这次再跟我补课。小陈还有其他几位大姐,后来很认真很细致地跟我讲解,告诉我要怎么做。现在社会上,很少有我们这样互相帮助、无私奉献的。这样做好了之后心情不一样的,东西吃起来也两样的。我很感动的。所以基本每次活动我都来参加的。"(蔡女士)

"每个人的专长都只不过是一两样,要想做到样样精通是不可能的,但是通过我们这样互相帮助、互相学习、取长补短,大家就有机会接触到更多的手工技巧,学到自己之前不会的东西。"成员朱女士笑着说:"我们现在虽然说不上样样精通,但是个个可都是全才的,呵呵,稍微夸张一点。"

学习是在成员们相互倾听、相互帮助、对话交流中进行的,学习的过程,就是大家资源共享、情感沟通、心情调节的过程。

(四)学习体验:"快乐的家"

近三个月对巧手女人家的跟踪研究,我以一个普通成员的身份参加他们的学习,三个月里,我学习了编织、学习了做冬季保暖拖鞋和做饺子,目前,我的学习成绩是会织围巾(入门级,会织简单的花样)、掌握了做保暖拖鞋的基本程序和要领(自己成功制作出一双男式保暖拖鞋),会包饺子。"浸润"在女人家的学习活动里,我发现,这里的每一个人都是老师,每一个人都是学生,角色自然转换中,交流"家"的手工技艺,营造了"家"一样的社区学习共同体。

当我在访谈中问到成员们在这里学习的感受、感想或者体会时,成员们总是面带笑容地告诉我:"开心""快乐""幸福""像家一样"。成员梁女士说,这里就是"我们快乐的家"。

1."从一个家到另一个家"

各种手工都能拿得下,活动时,要不就是在热心教别人,要不就是自己很认真地埋头做手工,这位成员丁女士让人不得不注意到,穿着自己织的漂亮毛衣,淡淡的妆扮,冷傲中又似乎透着几分温和。我一开始参加巧手女人家的活动时,就试图走近她,虽然对我有问必答,但是话不多,总有着几分疏离感。后来参加活动多了,我经常去请教她,渐渐熟悉起来,慢慢地我和她开始无话不谈。我对她的访谈也在这种状态下开始了。

"参加巧手女人家的活动这么长时间,觉得这里给你带来的最大的感受是什么?"

"可能对于我来说,这里就好像是一个家。化纤厂是我的一个大家,这里就是社区里的一个小家。我是从一个家到另一个家。"

"为什么会有家的感觉呢?"

"我和别人不一样,从来不跟人正面交流,化纤厂的同事他们都说我很傲气,不理人,我走路从来都是直视前方的那种,不看人的。我在厂里,从来都是做好自己的事情,其他的事情我不来管的。说实话,其实我是一个很封闭的人,我的朋友很少,但是一旦成为我的朋友,就是一辈子的朋友。这就是我一开始,她们邀请我参加巧手女人家时，我也是有顾虑的。"

"顾虑?"

"是的，除了去化纤厂工作，我害怕走出家门，害怕与人交流。我是能不交流就不交流。"

"呵呵，为什么会这样呢?"

"这跟我的家庭教育有关系。我小时候，我和我弟弟总是被人欺负，所以从小妈妈就告诉我，惹不起，还躲不起啊。这种躲的思想可以说是根深蒂固。我父母也是那种埋头干事，工作努力，但是生活中尽量低调的人。我们祖上是姜子牙后裔啊，我们的祖坟很大的，里面很多古董。这也是因为我们祖坟六七十年代曾经被破坏过才知道里面有好多宝贝的。后来台湾的后代来重新造过墓，连战也来题词过。"丁女士说到这里的时候，语气开始明显有些沉重："我上面两个哥哥，因为我父母工作比较忙，养在我奶奶家里的，就都夭折了，大哥哥6岁，小的哥哥2岁，先后没有了，相隔时间也不是很长的。这样的打击真的没有办法承受，所以我爸爸就直接疯掉了，精神彻底崩溃。我奶奶眼睛都哭瞎了，我奶奶以前也是大户人家的小姐。我爸爸就这样疯了6年多，我妈妈一边上班，一边照顾我爸爸，真的很苦很苦。后来我妈妈怀了我，在得知我妈妈怀孕的消息后，我爸爸的疯病似乎一下子就痊愈了。我妈妈因为家庭的重担、父亲的精神病，也是强撑的身体，很难怀孕的，可以说是挂盐水怀了我，我生出来的时候只有3斤7两，很难养，体弱多病的。我爸爸很宠我，可以说我是我爸爸的最后那根救命稻草啊。我父亲很厉害的，记账算账闭着眼睛算盘随便打，还擅长骨科，从司炉工干起，一直干到国营大厂的劳资科科长，工作很努力的，上过《浙江日报》，评过劳模的。因为我们家可以说是中医世家，以前家族中的人很多是朝廷御医或者是专门给朝廷官员看病的医生，胡庆余堂跟我们家族也是有来往的，现在我们家里还有胡庆余堂的老方子。也因为这样，朝廷奖赏给我们祖上很多良田房产。我爷爷带着我爸爸6个兄弟往南方来了，就把那些田产都转赠给我堂爷爷一家，也因为这样，赶巧，我堂爷爷一家'文化大革命'就被斗了地主了，很惨。我爸爸特别擅长骨科，看骨折什么的，都是从我太爷爷那里学的。我父母身体不好，加上打击很大，所以希望我学医；我妈妈是妇女主任，也上过《浙江日报》、评过劳模的，她希望我能继承她。不过，世事难料，我17岁到了化纤厂，一直干到现在。小时候，兄弟姐妹少，我个子又瘦小，因为父母的努力，家里生活条件挺不错，我们姐弟在外面老被其他小伙伴欺负，新衣服都不敢穿在外面的，外面一定套一件破旧的衣服。妈妈就要我们多躲，所以基本上是看见人就拐弯，就躲。以后就成了习惯了。我想，家族的这些经历和历史，带给我妈的本能反应也应该是躲，真的要能躲掉该多好。所以我妈教给我的也是躲，希望能躲掉不幸的、不好的事情。"

"那后来是什么让你打消顾虑，改变这种躲的思想呢？"

"俗话说，百家姓，百条心。巧手女人家里，可以说人与人之间这样的交往真的不容易。无论学什么，人家都是诚心诚意、毫无保留地教你；有什么不懂的，大家都会给你帮助；心里有什么疙疙瘩瘩，可以有人倾诉，大家也会来开导开导你。就像是我在社区里的家。"顿了顿，丁女士接着说："我在这里学到了很多东西，要是我妈妈不那么早过世的话，她一定很难想象我居然什么都会做，她以前是从来不让我做这些事情的，说太辛苦。"

"每个人对家的观点都不一样，在你看来，怎样才是家，怎样才是有家的感觉？"我希望通过追问，准确了解丁女士对于家的理解。

"自从我选择参加巧手女人家，并开始慢慢融入进去之后，我就有了家的感觉。怎么说呢，就是感觉这里很开心、很温暖，我觉得，家，就是避风港啊，有什么不开心的事情，到这里聚一聚，心情立马就不一样了。相互之间，大家都很谦让的。还有，就是我对巧手女人家有一种很强的依赖感，或者说，就是很依恋，单位是我的一个家，而这里就是我的另一个家。来这里，我就觉得我是从一个家到另一个家。我以前下班就把自己封闭在家里，不出家门的，现在我走出来了，我有一种深刻的感觉，走出来感觉人都不一样了，整个的状态都不一样的。我很庆幸，走到这个女人家里，真的很好。"

也许对于丁女士而言，巧手女人家就是她生活的另一扇门。

2."体会劳动的快乐"

对于现代社会而言，很多先进技术已经取代了手工制作，并且，相比较到市场上直接购买成品，例如鞋子、毛衣等等，手工制作花费的经济成本并不低，还需要付出更多的体力、精力，可以说是费事、伤神，还不一定能省钱。然而，成员们依然热衷于不断提高自己的手工技艺、热衷于制作出成品供家人使用或者赠送给亲戚好友，赠送给社区里的孤寡病残，热衷于学到更多的手工技艺，正如沈女士所说的："越学越想学，我还学摄影、拼布、裁剪，还有书法。"这样的学习，带给林女士的学习体验更多的是"体会劳动的快乐"。

"我们巧手女人家自成立以来，除了一些自娱自乐的交流学习活动，还经常开展一些竞技活动，比如，包清明团子比赛、包粽子比赛、做月饼比赛等等。我们还在社区的帮助下，在小金（社区文教干部）的支持下，让社区居民、还有中小

学生都参与到我们的活动中来,学习这些传统手工技艺,像我们一样,在自己的亲手劳动中感受快乐。"(林女士)

"自己动手劳动的成果,自己看着,就觉得特别开心,自己包的粽子,自己吃起来味道就是不一样的。这就是女人家里的乐趣啊","任何东西,自己亲手做的,总是不一样的,里面有我们的感情在里面"。(方女士)

"自己学会了,自己做出来了,就很开心,很有成就感的。欣赏自己的作品,受到别人的认可和表扬,呵呵,没有比这更让我开心的事情了。"(于女士)

"我来这里学会了很多东西,看到自己天天在进步,这里高手如云,天天和高手过招,切磋技艺,在劳动中成长,和女人家一起进步,我反正幸福指数很高的。"(邱女士)

"我指导大家一起学做面点,看到大家一个个都会做了,自己觉得很开心,欣赏别人做好的东西,就像欣赏艺术品一样,很开心。"(陈女士)

在巧手女人家里学习手工制作的劳动中,成员们体会到的快乐,有劳动本身带来的乐趣,有欣赏自己和他人劳动成果的快乐,有在劳动中不断进步的成就感和幸福感,等等,也许正是这样的快乐,将成员们紧紧地凝聚起来,形成女人家里特有的学习氛围和一种无形的磁场。

3."感受生命的美妙"

"在成长中感受生命的美妙",巧手女人家里年龄超大的"学习积极分子",已经70多岁高龄的姚女士,是不会错过任何一次学习活动的。在女人家里,姚女士是一位多面手,通过学习,她现在擅长面点、剪纸、微型风筝、串珠、绣球、各种花样的毛衣编织等多种手工技能,尽管如此,她并不满足于女人家里的学习,她同时还是文化馆、老年大学、书法培训班的学员,到处拜师学艺,每周的学习时间排得满满的。翻开她的书法笔记本,稚嫩的笔触、工整的楷书、详尽的课堂记录,怎么也无法让人与这样一位高龄老人联系起来。唯一能体现"字如其人"的地方,就是一笔一划中透露出的认真劲。"我是一个牛脾气,她们(指巧手女人家里的成员们)也都知道我,做事很认真。我每天的功课很多,完不成我是不睡觉的,所以常常做功课到深夜。跟我一起学习'非遗'的当时有好几个人,但是坚持下来的没有几个。我是其中年纪最大的,好几次家里人、社区里的领导、文化馆的工作人员,都叮嘱我适当娱乐就好,不要太累,要注意身体,家里人也都好几次劝我退出,我都没有放弃。"当我问到:"是什么原因让你坚持下来,并且那么认真地学习这么多的东西?"姚女士告诉我:"首先,我想这个跟我们巧手女人家里的朋友们的支持是分不开的。我年纪大,手脚不够灵活,脑子也缺乏创意,但是大家对我的帮助让很是感动,所以我要认真地学,并且要学好才对得起这里的朋友们。这里的氛围很好,如果谁不在的话,大家都会相互关心,很有存在感的。这样相互牵挂,很珍贵。每年暑假的时候,我们巧手女人家都会帮助社区里,给社区里的孩子们做点事情。我们教小孩子做面点、做串珠、做剪纸等等各式各样的手工,看着孩子们跟着我们巧手女人家的大家庭一起成长。暑假班的时候,我们教孩子们把作品做好了,孩子们就会七嘴八舌地说,这个要送给爷爷,这个要送给奶奶,这个送给妈妈,孩子们真的很有孝心,让我很感动。我也是在成长中感受生命的美妙,孩子成长了,我觉得我也在成长,学习也上了一个台阶,更有意义了,生命也更加完美了。"

古稀之龄的姚女士,初升朝阳的孩子们,女人家里的朋友们,在学习中碰撞、成长、完美,生命的美妙之于姚女士,应该有更深刻的体会吧。

四、研究结论

透过成员们关于学习内容、学习方式、学习体验的表述,结合我的学习活动和对女人家的观察,巧手女人家的内部的"学习"是成员们在相互支持的情感关系中,通过资源共享、协商推进,开展的交互式学习。这个社区学习共同体的"学习"在支持性情感、交互性学习、共享性资源中进行着。

1. 交互性学习

社区学习共同体主要是通过成员们相互之间的交流、对话、沟通、协作等交互性活动,开展学习:议定学习主题和内容,确立指导者;交流各自的想法、建议、见解,建构知识;碰撞产生集体的新知识(例如成员们创新馒头的做法和造型);实现表扬与批评,强化动机和学习动力;共同解决问题,实现学习目标等等。成员们彼此之间,存在复杂的互动关系,每个人既是知识的"生产者",也是知识的"消费者"。

巧手女人家里,成员们经常围绕当前学习的主题进行讨论交流,各自形成自己的判断,表达自己对问题的理解以及解决问题的不同思路,相互分享各自的想法,相互解疑、争辩和评价,相互合作解决各种问题。这种交流合作可以丰富成员们的理解,同时也会引发她们对各种理解的批判性评价以及对自己原有想法的进一步反思。这样,每个成员都与其他成员分享自己的见解,同时又接受其他人的影响,丰富、扩充自己的知识。

2. 共享性资源

这个社区学习共同体的学习资源,就是每个成员本身。学习就是在共享性的活动中形成和发展起来的。这里,每个成员都是资源来源的"主角",对其他成员和社区学习共同体本身承担责任。每个成员将自己的经历、情感、技术、体验、观点、建议等等,作为资源提供给共同体成员共享,而这种共享的过程,建立在成员们资源交换和整合的基础上。这种资源交换可能是一对一、一对多、多对一、多对多的,而且也可能是交叉型的,例如成员 A 提供自己的资源给成员 B 共享,而成员 A 有可能换回来的是成员 B 的资源,也有可能无法从成员 B 获得回报,却换回成员 C 的资源,也有可能换回来的是成员 D 的资源,也有可能换回来的是其他所有成员的资源。在这种复杂的、多边的、多角度的资源的交换和整合上,形成了社区学习共同体的资源机制,并且在一定程度上,正是这种共享性资源机制,使得"无私奉献"成为常态,导致成员们在学习活动中出现更多的"利他"倾向和行为。

3. 支持性情感

社区学习共同体的学习,是在成员们彼此的接纳与支持、尊重与信任、理解与帮助下而形成的守望相助的情感关系中进行的。这种情感关系,在成员们之间的交往中不断强化,逐渐变成社区学习共同体里一种习惯性的氛围,成为成员们公认的行为规范并内化为成员们的一种自觉行动,她们会自觉地选择相互帮助、相互支持、相互理解,自觉地做出相应的行为。这种扎根在人际沟通和心理相容上的情感关系,成为一种支持性情感机制,有力地促进了成员们的学习行为和学习效果,并且深深地影响着成员们对社区学习共同体的认同和投入程度。

巧手女人家里,丁女士从根深蒂固的"躲",到融入女人家;陈女士因为感到女人家"环境"很好而积极要求参加活动,并主动教给大家自己擅长的面点制作,这之中,都可以看到女人家里成员之间长期以来形成的守望相助的情感在发挥作用。成员们的学习体验,对于巧手女人家的"家"的感觉,在成员们相互倾诉心里的疙疙瘩瘩中感受到的心情的释放与愉悦,在帮助和欣赏其他成员的学习和作品时感受到的开心和幸福,就是对这种情感机制的最好注解。

五、研究思考:社区与社区学习共同体之间的良性互动的思考

在巧手女人家成长的几个关键环节,都可以发现社区和社区文教干部小金的身影。而事实上,小金也是一位手工爱好者,织毛衣的水平在女人家里也能排上中等,还会制作元宵花灯。工作不冲突的时候,小金就会参加巧手女人家的活动,可谓是巧手女人家里的一位编外成员。当然,一旦社区里有事情,她就

立刻去忙了。小金是一位有心人,巧手女人家成立之初,她积极为巧手女人家开展宣传,帮助她们招募成员,介绍有兴趣和有特长的成员来参加活动;积极为巧手女人家的活动场地协调联络社区,最终争取到了每周半天的社区活动室的使用权;结合社区的一些常规工作,如服务社区居民、帮扶弱势群体、联系中小学生校外活动等工作,为巧手女人家提供一些平台,让她们更多地为社区其他居民服务;并且利用自己的资源,带巧手女人家的成员们去和市场上开手工坊的经营商户交流,乘机"偷学"一些技艺;也自费到外面上培训班,学习手工编织技艺,然后回来和巧手女人家的成员一起分享等等。可以说,小金是社区和巧手女人家之间的一根连接纽带,小金为巧手女人家所做的工作,在成员们眼里,就是社区在关心她们、帮助她们,使得她们增强了对社区的归属感。通过小金,巧手女人家和社区之间形成了一个很好的良性互动、信息和资源的便捷对接,社区工作得以顺利开展,巧手女人家也获得更多的发展机会和空间。

巧手女人家和化纤社区之间这种良性互动,也带给我们更深的思考:在社区学习共同体的培育和发展上,社区应该做什么,不应该做什么;应该怎样做,才能更好地实现这一良性互动,更好地发挥社区学习共同体的作用,更好地培育社区居民对于社区的归属感呢? 社区的常规工作和社区学习共同体的培育之间是否可以通过某种方式和途径相结合,既促进社区工作的顺利进行,又为社区学习共同体的发展提供更多的支持和发展空间?

点评

这是一篇值得推荐的能充分体现质的研究的鲜活性、过程性、可读性和建设性的研究报告,结构完整,逻辑严密,语言质朴,故事生动,作者善于捕捉细节,用白描手法刻画典型活动场景里的人物关系和故事后提炼出来的研究结果,自然流出,没有生硬之感。研究结论具有一定理论建构。

质的研究需要选择典型的案例。巧手女人家这个案例非常典型,其典型意义在于三个方面。一是学习动机就是为了当下生活的美好。巧手女人家的成员们,为了自己的生活美好,注重当下,爱在当下,幸福在当下,不在意所学是否能变成一种事业。她们都是为了满足当下的本质意志的快乐,过程的美好与结果的美好是完全一致的,体现了城市中老年女性生活的应然状态,生活化的创造,用自己双手把生活过好,让平凡的市井生活富有情趣和光彩。二是学习方式的交互性和情景性。这里真正是互为师生的,同一个小区生活的人彼此认识,但不知道各人有专长。当她们走进巧手女人家,她们就互为师生关系;需求产生的学习,学习就在自然场景中自然而然地发生了。学生与教师在同一个时间内完成,教就是分享,学就是满足当下的需求。三是成员有内在的积极的变化。丁女士发生了生命状态的变化,不是仅仅学了知识,而是内在的变化,而且是积极的变化。姚女士在学习和成长中感受着生命的美妙。成员们在女人家里越学越多、越学越想学,使得女人家的学习充满生命力。巧手女人家里的学习内容是不断变化着的,但收获美好心情是不变的。

资料分析部分易流于肤浅,关注点停留在表象的描述和梳理上,停留在访谈提纲提出的几个问题上,成文时常以叙事的方式呈现一些资料本身的外显的东西,而不能有深度地提示其中隐藏的深层意义。在截取资料时,要做到完全让资料自己说话,不能把有效的信息遗漏、忽视。但与此同时,针对资料的分析更能体现"学者之眼"。由于本文作者身心融入案例研究之中,自然有更多的资料进入研究者的视野。也由于作者以完全开放的姿态从不同层面来解读资料,让读者看到作者自下而上提炼观点和建构理论的过程。结合访谈资料来进行论述是一种好的写作方法,使得论文有血有肉,体现了过程性和可读性。

质的研究的优势,在于通过一个案例的深入分析,看到一些有益的道理。结论部分是对研究结果部分所作的进一步的综合分析。通过案例分析看到的结论,通常需要放在一定的理论背景下考察,使其进入理论表达的轨道。而不是"某某人成功或失败了"之类的事实层面的陈述。本文作者始终围绕着巧手女人家里的学习是如何发生的这个问题观察分析讨论,得出了巧手女人家的内部的"学习"是成员们在相互支持的情感关系中,通过资源共享、协商推进,开展的交互式学习,即交互性、共享性和支持性的学习。这样的研究结论无疑是正确的,也进入了理论表达的轨道,但是,从"知其白,守其黑"的要求看,我们还只是看到"地面以上"的可见部分,而"地面以下"的根源又是什么呢?巧手女人家里的成员能感受到生命的美妙,必然有更为深刻的内涵,我们可以进一步深挖。

打铁关桑榆书院里的生命状态变化

文/余锦霞　评/汪国新

　　2013 年 12 月杭州市成人教育研究室组织开展了第三届杭州市示范社区学习共同体评选活动,打铁关桑榆书院是下城区择优推荐上来参与评选的四个社区学习共同体之一,其在活动开展、亮点特色、归属感等方面都表现优秀。也正是在此次评选过程中,打铁关桑榆书院进入了研究者的视野。2014 年 2 月,杭州市成人教育研究室在全市范围内启动新一轮社区学习共同体系列典型案例研究,打铁关桑榆书院成为其中之一。3 月,在下城区社区学院李老师的协调和打铁关社区张老师、何老师的大力帮助下,我到打铁关社区对桑榆书院进行了为期约 2 个月的实地观察与访谈。本次研究主要聚焦于社区学习共同体内部的评价问题,我想要了解:第一,这个社区学习共同体内部有没有评价? 第二,如果有,那么是什么样的评价,又是如何进行的? 第三,如果有,成员们是如何理解和看待这种评价的? 成员们在评价时感受如何? 这些评价对成员们意味着什么? 根据我的研究目的,本次案例研究采用质的研究方法。

一、问题的提出

　　众所周知,评价是一个非常复杂的过程,Bloom 将评价作为人类思考和认知过程的等级结构模型中最基本的因素。而事实上,本次个案之所以关注社区学习共同体内部的评价问题,有两个方面的原因:首先,在研究社区学习共同体的过程中,我们总是不自觉地进行着各种各样的评价,包括对社区学习共同体本身、对社区学习共同体所涉及的人与物等等,那么这自然而然地引起我们的思考,在社区学习共同体内部有没有评价呢? 他们的评价和我们进行的这些评价有什么异同吗? 其次,我们通常习惯性地认为,评价对于一个群体或者个体的发展有着一个方向标,有时甚至是驱动器的功能,那么在社区学习共同体里,评价对个体或共同体本身发生作用吗?这些思考引导我们将研究聚焦到社区学习共同体内部的评价问题上。

二、研究方法

(一)抽样

根据研究问题和实际情况,我采用的是目的性抽样。2013 年下半年,按照我所在单位的统一安排,下城区成为我的研究基地之一。为了筛选我要深入研究的社区学习共同体,我通过三种途径逐步确立我的研究对象:其一,我通过与下城区社区学院主要负责这块工作的李老师联系,向她了解社区学习共同体的整体发展概况。下城区地处杭州中心城区,共 72 个社区,每个社区都有少则十几个,多则几十个社区学习共同体;社区学习共同体的成员数量从 6 个到 90 个不等,但大部分成员数量在 20—30 个;主要有文化艺术、体育健身、休闲娱乐、手工制作四大类社区学习共同体;活动频次主要是一周一次,休闲娱乐中的舞蹈类社区学习共同体活动频次较多,一般一周 5 到 7 次。在这四大类的社区学习共同体中,我选择了文化艺术类并加以重点关注,主要是因为我个人对文化艺术类也比较感兴趣,并且,休闲娱乐类的社区学习共同体我已经做过一个典型案例研究。其二,利用杭州市成人教育研究室编辑的杭州市学习地图,我查阅了下城区 260 个发展较为成熟的社区学习共同体的原始资料、档案材料和情况介绍,筛选出柳营书画队、浙大御跸书画队、东园社区书法队、笔墨缘书画社、桑榆书院五个社区学习共同体。其三,利用杭州市示范学习共同体评选之机,我深入下城区几个街道,实地了解下城区推荐参评的几个社区学习共同体的实际情况。在筛选出的五个社区学习共同体中,桑榆书院是其中最有影响力的共同体,负责人是大草书法传承人,书院也是在全国范围内唯一一个以大草书法为特色的社区学习共同体。最终我选择了桑榆书院作为本次研究的对象。以下是桑榆书院的基本情况。

桑榆书院成立于 2006 年,大草书法传承人董老师从政府机关退休之后,在社区的帮助和支持下,借助社区提供的打铁关历史文化陈列馆的场地,成立了以草书研习为主、兼有绘画等的书画学习会,后来改名为桑榆书院。成员从原先的 20 来人,发展至今有 59 人,其中女性 11 人,成员平均年龄 70 多岁。成员主要来自于浙江省老年电大、杭州市老年电大的学员,浙江大学等高校的教授,以及文晖街道几个社区的书法爱好者和学习者。每周二是书院的固定活动日。

（二）搜集材料

收集材料的方法采用的是开放式访谈、参与型观察和非正式交谈。

2014年3月初的一个早上，通过下城区社区学院的李老师的协调，我和打铁关社区负责社教工作的张老师在打铁关历史文化陈列馆门口碰头了，我向她介绍了我的研究计划和研究目的，也提出了我的要求，就是希望能够以一个普通成员的身份可以在较长的一段时间内参与桑榆书院的活动，并且希望能够访谈其中的部分成员。张老师对我的研究本身并不是非常感兴趣，但是她还是欣然同意了我的要求，并且把我介绍给了桑榆书院的核心人物之一朱老师（我后来的研究发现，他在桑榆书院的角色有点类似于"班主任"或者大学里的"辅导员"），以及打铁关历史文化陈列馆的管理员。通过张老师引荐，我之后2个多月的时间里得以自由随意地参与桑榆书院的活动，并且自由地和成员们聊天、交谈，收集到了丰富的原始资料。

而我对桑榆书院的观察和访谈正是从引荐我进入这个社区学习共同体的张老师开始的。张老师年龄与我相仿，与她的交流应该说是非常顺利，并且我们之间很有共同话题。前面我说到过，她虽然对我的研究本身不感兴趣（我分析是因为她对社区学习共同体这个词有着进入障碍，因为当我试图向她解释清楚这个词的概念时，我看到了她眼神里闪过的迷茫），但是她却非常愿意让我了解这个社区学习共同体，在她的言语中，我能够感觉到，她对桑榆书院还是很有感情的，其中有对这些老人们学习精神的敬佩、有对其中四个核心成员无私付出的尊敬、有对桑榆书院未来发展的担忧（因为大草书法传承人已年近9旬，最近两年一直身体抱恙），张老师几次提到桑榆书院一路艰辛走来的不易，并且希望我能多给他们帮助和宣传。从张老师这里，我有了对桑榆书院的整体印象和粗线条的了解。

之后每周二我都会在桑榆书院的活动开始前、中途休息时间以及活动结束后随机走近成员，并和他们随意聊天。和桑榆书院的孙、金、朱、杨四位核心成员分别进行了四次相对比较正式的访谈。隔周周二或周四下午，趁桑榆书院的负责人董老师在这个活动场地里写字和休息时，我对他进行了共3次访谈。非正式的访谈时，时间时长时短，根据具体情境而定。较为正式的访谈大约为30分钟。

访谈的结构是开放式的，我一般从询问被访者是因何原因、何时、何种情境下进入桑榆书院开始，询问他们对桑榆书院的看法、感受、收获等，然后开始将话题引到评价上，询问他们对评价的观点和看法，他们对于桑榆书院内部是否有评价等相关问题的看法和观点，深入追问他们内心的感受以及评价相关问题对他们的意义。

三、研究结果

根据《辞海》的解释，评价是指：①议论价格，还价；②衡量评定人或事物的价值。也指评定的价值。美国当代著名的心理学家、教育家 Benjamin Bloom 在他 1956 年发表的文章《教育目标分类：认知领域》中，将思维从最简单到最复杂排序，分为识记、领会、应用、分析、综合、评价六种级别。其中，评价就是运用标准评判或选择其他方法。具体而言，评价就是对一定的想法（ideas）、方法（methods）和材料（material）等做出价值判断的过程。它是一个运用标准（criteria）对事物的准确性、实效性、经济性以及满意度等方面进行评估的过程。《辞海》的解释是比较通俗的、比较贴近我们生活概念中对评价的理解。结合 Bloom 对评价的解释以及根据本次个案研究的具体情况，本文所指的"评价"，是指评估人（个案的被访谈人）根据自己特定的标准，衡量评定社区学习共同体本身及其内部的人、事、物等的价值。

在我对桑榆书院 2 个多月的跟踪观察与访谈中，我发现社区学习共同体的成员们所进行的各种评价如果按照主题加以归类的话，主要包括以下几个方面：

（一）对于书法本身的评价："书法很要紧的。（很重要的意思。）"

当谈论到有关书法的话题，或者是桑榆书院以书法为主要学习内容的时候，成员们总是会跟我强调一下"书法实在是太重要了""书法很要紧的""年轻人应该要学书法"等。对于书法的评价，虽然最后的结论高度相近，但是我可以感受到其实每个人的评价标准甚至是角度都是不一致的，而且深入追问，成员们的"重要"其实有着不同的意义。这种对于书法本身的评价以及评价背后的意义，实际对于社区学习共同体本身有着重要的意义（这一点将在结论部分加以讨论）。

1."我们生活中的一切几乎都是西方文明的成果，只有书法独属于东方文化。"

84 岁的金老师满头银发，身材高大，他是从部队当兵退伍后转业到企业工作的，受其父亲的影响，从小喜欢书法和绘画。退休后，就把书法的学习当成了自己的职业，一开始学行书，觉得行书太规矩太约束，后来就追随董老师学习大草十余年，并且成为学习者中的佼佼者之一，被推举成为桑榆书院的主讲者之一,成员们称他为金老师。金老师对书法可以说是有着很深的感悟和感情的,因为在我询问了他的基本情况之后,仅仅只说了一句"坚持这么长时间学习书法,看来您对书法还是很喜欢的",这句话立刻引起了他的共鸣,随即开始了他的慷慨激昂的陈述:"是的,当然。我们现在生活中的一切几乎都是西方文明的成果,比如吃穿住行等等,用到的东西都是现代文明的产物,并且,几乎都来自西方文明。我们东方文明西方什么都可以学会、都可以拿去,而且做得比我们好,但是只有书法,独属于东方文化(金老师并不区分文明和文化)。这是西方人拿不走也学不会的(这里的'学不会的',这个词是重音,听起来铿锵有力)。"还没有等我插话,金老师又继续说道:"书法是一种美的追求。书法里奥妙太多了,美的东西很多,不是随便传下来的,是有很高的价值的,有很多很深的道理(的)。(应加上'书法'两个字)不能丢掉,丢掉太可惜的,真的太可惜了。董老师发起的桑榆书院是全国唯一一个大草班,我们也希望能把大草传下去,让更多的人来学大草,并且学好大草。"从慷慨激昂到忧心忡忡的变化,让我感受到他身上有一种沉甸甸的责任感。

2."书法是我的精神寄托。"

70多岁的陈阿姨,是第一次我参加桑榆书院活动时坐在我身边的成员,看上去面容清癯、皮肤偏白,脸上总是挂着微笑,和蔼可亲。我对她的访谈是在活动的间隙里:

"你好,你来这个书画苑多长时间了?"

"六七年了。"

"书画苑里好像女士蛮少的。"

"是的,不超过10个,(其余)都是男的。"

"书画苑里的人你都认识不?"

"新人不太认识,其他都认识的。我们这里有很多人水平很好的,浙大的教授啊,都有。我比较差一点,我没有读过书,身体也不好。书法是我的精神寄托。"

"为什么觉得书法是您的精神寄托呢?"

"我小时候是童工出身,13岁就当纺织女工……(说到这里,陈阿姨停顿了一下,我能够感觉到陈阿姨并不愿意提及那段时间的事情)后来到省质量技术监督局做纺织研究员,退休后,我就想,我要学就学最难的书法,在老年电大读书时就学了大草书法,后来就来这里学了。"

陈阿姨的回答似乎与"精神寄托"有点偏题,于是我继续问:"看起来您现在精神很好,过得也很开心,为什么把书法当成精神寄托呢?"

"我身体很不好的,身上很多器官都切除了,身上长了很多瘤子,动手术开了 8 次刀(此时我明白,这有可能是为什么我感觉陈阿姨肤色比较白的原因了,但是她给人的感觉绝对不是病怏怏的)。现在还有很多瘤子在身上,怕影响下一代,所以我住到敬老院里的(陈阿姨轻描淡写的这句话,口气格外平淡,我记录时加上了着重号,提醒自己这句话需要留意)。但是只要一写字,我就什么都忘记了。我学书法,是从学写一、二、三、四开始的。"

"您真的很了不起啊!"看到她桌子上的"作业",我是发自内心地佩服。

"还好还好。"对于我由衷的称赞,陈阿姨很开心,也有点不好意思:"我基础比较差,和其他人相比,我不算成绩(是指书法的水平)好的。我们董老师这么大年纪,不为名不为钱,带病上课的。有的老师还带着心脏起搏器来上课的,上课也没有钱的。还有朱老师,每次的学习资料都是他整理打印的,他自己每天都在服药的,但是没有一次耽误书院的活动。他们真的使我感动,所以我很认真的。一次活动我都不肯漏掉的。就是觉得时间很宝贵,背古诗、背作品、写字,心情特好,就是时间不够用。我一有空就写字的。"

"您住在敬老院里,离这里远吗?"我选择了一种比较委婉的问法。

"还好,公交车半个小时。"

"您家里人会常去看你吗?"

"会的。就是他们都很忙、忙的,忙的话就、就不来。他们过年不、不忙的话,有时候会、会来的。(口齿一直伶俐的陈阿姨出现了结巴,也正因为如此,我停止了对这个话题的追问)"似乎很矛盾的一句话,让我感觉陈阿姨有家人陪伴的时间应该并不是很多。也正是这个时候,我理解了陈阿姨"书法是我的精神寄托"的含义:一方面,书法让她忘记了肉体上的病痛;另一方面,书法是她精神上的慰藉。

3. "书法是我的生命源泉。"

生活很不顺,但学习共同体,能改变生命状态,不是一般理解的写写画画,锦上添花。

71 岁的吴阿姨是这个桑榆书画苑里最活泼开朗、"很会讲"(另一成员对她的评价)的一个成员,走到哪里,哪里就有她高声的谈话、爽朗的笑声。我正是被她的笑声吸引。当时她邀请了几个成员对她的作品进行评论,请他们指出缺点和不足。我朝她走了过去,还没等我开口,她便热情地请我也看看她的作品,我赶紧说:"我不懂书法,但我觉得你的字写得真的很好、很漂亮。"

"当然了,不然董老师怎么会把我的作品选进他即将要出版的书里呢!(热情的笑容、丝毫不谦虚的语气)。我告诉你,草书是非常神奇、奥妙无限的。"

"你好像真的很喜欢书法哦,书法对您而言,意味着什么?"

"书法是我的追求,是我的清净的家园。大千世界、花花世界、灯红酒绿,有很多不现实的东西,我无力辩驳(抑扬顿挫,像朗诵诗歌一般的语气语调哦),但我自己的一席之地是干净的、放心的。书法于我而言,就是我的生命源泉(依旧是爽朗的笑声)。"用词很文雅、富有文学色彩,吴阿姨的文学素养应该是很好。"生命源泉",听起来似乎口号般的词,在我看来,似乎过于夸张,加上她的笑声,让我无法捕捉到她真实的想法。似乎是感觉到了我的困惑,"你不相信吗?"她探寻似的看了我一眼:"那是因为你不了解我(语气突然变得很庄重很严肃)。"虽然由于书院的活动正式开始,我和她的谈话不得不终止,但是她话里留着话,于是我开始特别关注她,希望能找个比较好的机会和她深入交流。终于有一次,我看见她很开心地走到后场(管理台的后面),那里相对清静独立,我于是跟了进去,热情地和她攀谈起来。

"很多人都告诉我您的字写得很好啊,能讲讲您的故事吗?"

"是吗?(笑声)我学书法学了很多年了。你想听我的故事吗?(笑声)新华社的秘书长说,我的经历就是一本书。我小的时候上过两三年学,文化水平不高(这和我之前的判断不一样,我印象中吴阿姨是个用词很文雅的、很有文学素养的人)。"

"但是真看不出来。我感觉您文化水平很高的。"

"我是在难为情中不断进步。我有像蚂蚁一样敢啃硬骨头、像蚯蚓一样锲而不舍的学习精神,所以我进步很快的。而且,我告诉你,我的父亲和先生都是黄埔军校毕业的。"

"黄埔军校?!"推算一下吴阿姨的年龄,我立刻想到在特定的历史时期,这样的家庭背景意味着什么。

"是的。"

"那您父亲为什么不让您多读点书呢?"

"没得读。我出生的时候,抗日战争还没有结束,你要是读过历史,应该知道。我后来还经历了解放战争,我先生是国民党少将军官,比我大 23 岁,我们当时是政治婚姻。我童年时候在上海,目睹了很多城市里的'运动'。我在农村待过很长时间,目睹农村斗地主等等,所以说我的经历可以写成一本书。"

"您先生是少将军官,级别很高的啊。"

"是的。(停顿了一会)他在监狱里蹲了34年！(一种非常复杂的神情,有悲伤、有怜惜)我老公是一个很有才华的人。虽然我们是政治婚姻,但是总的来说还是很幸福的,因为我们心有灵犀,无论说什么话题,都能说到一起去,而且非常默契,有时候不需要说话,大家都知道彼此要说什么(面部变得柔和的表情,我想那真的是很一段很愉快的回忆)。只可惜6年前他去世了。他去世后,我又连续打了两场遗产官司,可以说是心力交瘁、几近崩溃。儿子、女儿甚至连亲家母都来争夺遗产,真的很累的,很疲惫的。我只有在书法的干净世界里休息休息。而且,书画院的人都很热心的,他们都帮我忙的,像老大哥一样的关心我,帮我一起挺过来。可以说,在我最艰难的时候,是书法陪伴我,给我生活的勇气和信心。"

停顿了大约2分钟的时间,我没有插话,因为我不知道说什么好,而且我能感受到这两场官司对吴阿姨的打击应该是比较大的。吴阿姨继续说道:"我没有童年,没有青春(我注意到吴阿姨的声音明显颤抖)。那时候不敢出门,即使出门,走路不敢抬头,腰板不敢挺直,说话不敢高声。如果要去邻村或者什么地方,都必须先要去申请,开了证明(像路条一样的)之后才能去。从来对人打不还手、骂不还口。现在共产党的政策这么好,国家给了我们这么好的条件,所以我大声说话、大声笑,想笑就笑。我要把失去的都捡回来(充满激情的),越捡越觉得不够,学书法就是这样,是没有止境的,这就是为什么说要活到老、学到老。我可以告诉你,他们(指其他成员)没有我的经历,说不出我的感受。他们的感受也不可能有我这么深！"

吴阿姨的坎坷经历以及两场遗产官司,也许这就是为什么她把书法提升到"生命"的高度吧。

(二)对于学习的评价

1.对学习方法的评价:"在这里,大家一起探讨探讨,联系实际,这样比较好。"

在访谈中,我并没有刻意询问成员们对于桑榆书院的学习的评价,而是我在整理和成员们的谈话记录时,发现成员们大都谈到了关于这里的学习(其中有些是从聊书法然后自然而然地聊到书法的学习),以下是一些成员的观点,而且对于这里的学习方式,成员们的用词虽然不同,但是大家对这里的学习方式还是高度认可的,以下是部分成员的观点:

"老年大学里教课很死板,我们这里不一样,大家探讨探讨,联系实际,这样好。"

"我们这里,一是上课前互相交流,二是大家自己先写,然后书法老师(指董老师和 4 个水平高的核心成员)根据你的情况,进行一对一有针对性地点拨,存在什么问题,应该如何解决,给你针对性的建议。这样提高起来就很快、很有帮助。"

"我把作业挂在这里,让大家一起帮忙看看,大家都发表一下意见,觉得什么地方好,什么地方不好,怎么改更好,结构、排列、运笔,还有用墨,粗细浓淡等都有讲究。大家提的建议有些确实很有启发,对我很有帮助的。我们大家都这样的,这种形式蛮好。"

"我们这里每次活动都有作业,回家自己练习的。然后下次拿来的时候,书法老师还会给我们批改作业的。"

"活动的时候,老师还会从上面(指挂在晾衣绳上的成员们的作业)选出一部分挂到前面来,先让作者自己讲一下想法、思路什么的,然后大家一起点评、发表意见。不管谁,都可以发表自己的看法,最后,书法老师点评,哪里好,哪里不好,分析一下怎么做会更好。当然书法老师点评的角度可能更宽一点,不仅仅针对这个人,还会延伸到一些大家比较容易犯的共性的错误上,就像讲例子一样讲。交流探讨为主的,比较适合我们老年人的。而且,还有一个好处,就是大家互相还有个对比,互相借鉴,可以取长补短。"

"我每次来,都喜欢跟几个水平比较好的一起交流交流探讨探讨,(跟)高手过招,(才)有进步、有提高,就像下围棋一样。这种方式对书法水平提高蛮有好处,我个人觉得。"

"我们大家有时候还会让把以前写的字和现在写的东西放在一起,拿过来,看看自己进步了没有,互相比较一下,看谁进步得快、进步得多,很有意思的。"

"进步特别快的人,大家就会推荐他上去给大家讲讲他的学习经验,很多经验都很值得借鉴的。真的蛮好的。可以说是各擅所长,能者为师。"

从成员们的这些评论里可以看出,桑榆书院开展对书法作业的自评、互评、共评、选评等,对成员们的书法学习很有帮助。成员们对这样的学习方法还是很肯定的。

2. 对学习精神的评价:"我们的学习精神不会差的!"

桑榆书院的成员们学习精神和学习劲头留给我很深的印象,陈列馆管理员的描述就是一个印证:"桑榆书院的人来得真早啊!"这是陈列馆管理员和我聊起书院时说的第一句话。桑榆书院是每周二在打铁关历史文化陈列馆开展活动的,虽然活动时间是从上午 8 点半开始,但是 7 点钟不到,就会有很多成员等在陈列馆门口,即便是风雪天也依然如此。陈列馆管理员也不得不每周二提早来上班,尽量早一点赶来给这些多数都是花白头发的成员们开门。成员们来到陈列馆的第一件事情,就是拿出上次活动布置的"作业"(比如临帖或者某篇古诗古词的草书练习等,成员们自己称之为"作业"),用夹子夹在陈列馆里临时拉起来的晾衣绳上,我注意到,几乎每个成员都会把自己的"作业"带来,最后成员们的作品像晾衣服一样围着陈列馆内晾一圈,很壮观。成员们的第二件事情,就是"求评论"。挂好"作业"后,你就会听到到处是:"老孙,你过来帮我看看""老朱,你来给我看看""杨老师,你来看下我的"等等这样的声音。其中有些书法水平比较高的成员则特别"俏"(成员们用的词,表示倍受欢迎的意思),很多成员都争着邀请他们来点评自己的作业。特别有意思的是,书法水平之高得到大家公认的成员的作业前面会有很多人,这时你会看到 ipad、iphone5 等等齐上阵,各种当下比较先进的"武器"全在这些花白头发的老人手里(这种画面确实让我印象深刻),他们是要把水平高的人的作品拍成照片拿回家作为学习的参照。

那么成员们是如何看待和评价他们自己的学习精神的呢?

"我们这帮人一个比一个勤奋。像那个老蒋,很用功的,每天都坚持写很长时间的字,雷打不动。那个老杨,他自己讲的,大雪天哦,写字都写到晚上 12 点的。所以他进步非常快的。我很佩服他的毅力的。我自己基础差,要加倍努力才行。别人每天都在进步,自己不进步,就等于是退步了啊!所以我真的很忙的(笑),我孙子说,'爷爷学习比我还认真'(笑容里露出骄傲和满足的神情)。"

"我们老年人,不像你们年轻人,记性好,反应快,我们什么都老化了,没有办法,只有花更多的时间下去,多记笔记,多重复练习,每一个字都要练很多很多遍的,只能用笨办法的。但我们的学习精神不会差的。学书法就是这样,没有坚持的精神不行的,(因为)书法是要靠积累的。"

"大家学习都很认真的,不肯漏掉一节课的,下大雨刮大风都来的,都不迟到的,实在是家里有事情或者生病才会请假,一般请假的人也很少的。光是这里学还是不够的,家里还要多练。我们这些一大把年纪的人,学习的精神头不比高中生差吧!(笑)要说这种精神有多么高尚、多了不得吧,其实也没有(但他的神情告诉我其实还是有点'了不得'的),只不过是大家都喜欢书法,也很愿意为书法付出。"

"那种人品不好(成员自己解释:人品不好就是学习不用功)的人我不要看的,那种人在我们这里也待不下去的。"

实际上,成员们对自己这么大年龄还有这样好的学习精神还是很骄傲的;对别人的学习精神有赞扬、有敬佩,还有想效仿。很多成员们都提到,没有学习精神是学不好书法的(例如杨老师就说到"懒人是学不好书法的"),所以他们认为这种学习精神是理所应当的、每个学习书法的人都应该有的。值得一提的是,从他们对学习精神的描述和评价中,可以看出,这里的学习氛围是非常浓厚的,而且在这里,你追我赶这种竞争式的学习和互帮互助共同进步这种合作式学习是完美融合在一起的。

3. 对学习成绩的评价:"我们没有评价,不评成绩;我们只有评论,很自由、很随意的"

"我们这里很随意的,大家讲讲看法而已,讲错了也不要紧,别人讲得对的我就吸收,别人讲的我觉得不对,我就不管他。"

"这里成绩好不好又不要紧的,不评比,不考试(笑),学得好的也会帮助差一点的,大家一起探讨探讨。"

"我们这里没有什么评价,不排名,我们也不需要评价。"

"我希望他们多给我提缺点。书法班同学(这桑榆书院的成员)给我提的好些缺点,有的我改掉了,有的改不掉,很难改。"

我观察到,在桑榆书院里,关于成员们的书法学习成绩,大家似乎随时都在进行着某种"评论",而且他们眼里的"评论"有着鲜明的特点:第一,这里是交流探讨彼此的优缺点,而非等级评定;第二,谁都可以评,没有身份限定,任何人都可以发表自己的看法;第三,谁都愿意被评,希望其他人可以给自己提缺点、讲不足,尤其喜欢被书法老师选出来让大家共同点评;第四,没有标准,只有主观感受,即每个评论者从自己的角度、感受、经验出发发表看法;第五,虽然也有水平好和水平不好的区分,但是这种区分不会给成员带来心理负担,这种区分也没有任何筛选、评比或者优胜劣汰的竞争性目的。

同时,在和成员们的交流中我发现,大多数成员把评价理解为评比或者评分。

(三)对同伴关系的评价:"现在社会上,你在其他地方是找不到我们这样的关系的!"

"我们这里的人都很好的,大家互相帮助、互相关心的。谁家有个什么事情,需要帮助的,大家都肯的。"(互相帮助)

"我以前在别的地方学(书法),后来不去了,因为那里的人我不要看的,他们好像生怕好的东西被你学去了,有点藏着掖着的,怕你比他强。这里就不一

269

样了,我刚来的时候,有什么不懂的,问他们,他们都很热心的。老师上课也是没有工资、没有报酬的……大家彼此之间都很信任、很无私的。现在社会上,你在其他地方是找不到我们这样的关系的。"(真诚无私)

"这里很自由的,大家的关系也很好,这么多年下来,大家都是老朋友一样的,有什么事情互相关心关心。平常讲话(指相互评论书法作业),讲得对不对的,都要讲,讲不好不对的地方,大家也不往心里去的。反正,到了这里,你不用有什么顾虑啊,担心啊,大家都很好说的。"(安全感)

"在这里是真的叫老有所乐,他们水平好的,我们就推荐他们上面去讲讲,大家平时开开玩笑,很轻松、很开心,心态也变得蛮好。心态好很重要的,对身体健康也要紧。"(轻松自在)

实际上,成员们是从各自的体验出发,描述桑榆书院的同伴关系的某一个方面。在这些描述中,没有特别使用很有"评价"色彩的词语,但是,他们对同伴关系的认知和感受也能在一定程度上说明问题。

四、研究结论

在桑榆书院这个社区学习共同体中的确存在评价。并且在这里,评价不是被动的,而是主动的;不是他人的,而是自我的;不是外来的,而是内在的;不是单一的,而是多元的;不是受限制的,而是自由开放的;不是枯燥的,而是充满乐趣的;不是痛苦的,而是美好的。

(一)内蕴性:学习之中而非学习之外的评价

评价的内蕴性是指评价内在于学习活动本身,而并非独立与学习活动之外,学习与评价是合二为一的。从桑榆书院的整体情况而言:对于学习成绩的评价实际上就是学习的一部分,贯穿于整个学习活动之中;评价的产生是学习本身的需要,并不是因为需要对学习效果进行鉴定;评价的进行始终伴随整个学习活动;评价不是学习之外的筛选、选拔或者竞争,也不是社区学习共同体之外的人对社区学习共同体内部的人的一种"外来"或者说是"外部"的衡量评估,只是成员们学习过程中彼此的一种"内部"的学习交流(在很多成员们的眼里,他们这里没有评价,只有交流探讨,互相谈谈看法,提提优缺点);没有任何外部指令、外力干预的情况下,社区学习共同体内部自然形成的评价,对成员们没有任何心理压力和负担,相反成员们感受到的是由此带来的畅所欲言和轻松愉悦。

这种内蕴性的评价,使得成员们自己成为评价的主体,评价成为成员们学习过程中的自我矫正和改进,是成员们学习的内在需要,也因此,在桑榆书院,你会发现评价似乎无处不在,并且成为成员们自觉的学习行为。另一方面,成员们为了使自己的观点和见解获得他人的评析以确立自己的认识或者判断学习中的活动是否正确,对话交流成为桑榆书院活动方式中的一种常态。

（二）共通性:核心价值判断趋同

书法,是桑榆书院的主题内容,而成员们对书法本身所做的价值判断非常相似,并且彼此认同,这一点也成为这个社区学习共同体赖以产生和存在的基础,是连结所有成员的一根看不见的纽带。首先,对于书法本身的共同的价值观,使得成员们内部的沟通与交流更加顺畅,更容易达成共识,有利于内部和谐的成员关系的形成;共同的价值判断,引导成员们积极、主动、更为有效地进行学习。

正是这种相同的价值判断,使成员们产生了相同的行为（走入桑榆书院,一直参与书院的学习活动）,形成了桑榆书院内部独有的文化。

（三）自主性:完全的自我选择

在桑榆书院,成员们自主选择评价的对象和评价的方式。评价的对象包括书法、学习、关系、发生在社区学习共同体里的所有事情,成员们自主选择自己感兴趣的东西进行评价,并且彼此交流看法和感受,没有压力。成员们关注的并非只是学习本身,更重要的是成员们在知识、经验、能力、思想、情感、精神、健康等生活中几乎所有方面的发展变化。评价的方式也多种多样,有自评、他评,有量的评价,也有质的评价,等等。评价的对象和评价的方式上,成员们享有充分的自主选择权,体现的是一种完完全全的自我选择。

（四）个性化:因人而生、因人而异、因人而变

在社区学习共同体里,不可能也没必要事先设置一个明确具体或者相对统一的评价标准,评价的标准在评价过程中因人而生,换句话说,评价标准不是预设的而是个性化生成的;除了书法本身所具有的相对的衡量标准之外,成员们自己个性化的学习体验、经验、观点、见解就是评价的标准,因此,这种标准因人而异,并且经常是受成员个性偏好的影响;评价标准随着成员们的学习进程、情绪感受而发生改变,在动态发展中因人而变。而且我感觉非常有意思和更为重要的是,这种个性化的评价标准,社区学习共同体里所有成员都认可和尊重。

五、研究反思

（一）关于评价的反思

在和成员们的互动交流中，我感受最深的是，只要谈话中涉及"评价"两个字，成员们大都将这个词理解为"评等级""评分""排成绩"或者更为直接的就是"考试"，而实际上，动词的"评价"一般意义上是指衡量评定人或事物的价值，绝不仅仅是对学习成绩的评分或者评判。这个词的概念的"狭隘化"确实也值得深思。另一方面，考虑到这种实际情况，我采取了调整措施，在后来的谈话中，避开使用"评价"这个词，或者直接请成员们对某事物或者现象发表看法和观点；或者改为举例子，向成员们举一个具体的评价活动或者评价行为作为例子，询问成员们的看法和观点。

（二）关于社区学习共同体满意度的反思

在本次案例跟踪研究过程中，成员们的各种各样的评价，包括各种各样的评价对象以及各种各样的观点看法，折射出他们的关注点和他们各自看问题的视角，分析这些关注点和视角，可以帮助我们思考怎样的社区学习共同体满意度最高，进而为下一步探索应该培育怎样的社区学习共同体打下研究基础。桑榆书院的案例告诉我们，成员们（至少）关注到的有：社区学习共同体的学习主题、内容、方式等；身在其中能有所收获、能学习、能进步；社区学习共同体中充分的自由、自主，尤其是评价，畅所欲言、毫无压力的内部环境。

点评

这是一篇有深度、有力度，有理论价值的质的研究报告。

能还原学习生活的自然情景，并给学习行为背后的意义予以深刻解读的研究才是真正的质的研究。有研究者的深情投入，有研究者与研究对象之间的真情互动，能够打动并启发读者的研究才是最好的质的研究。本文的作者做到了以上两个方面。

1.有刻画入微的故事。这里的故事很平淡，但能深深地打动读者。把人物写活了，对细节的描写，对问题保持高度的敏感，不漏掉每一个重要的关键细节。当我们读到下面一段时，我们会为之动容甚至落泪：

我身体很不好的，身上很多器官都切除了，身上长了很多瘤子,动手术开了 8 次刀(此时我明白,这有可能是为什么我感觉陈阿姨肤色比较白的原因了,但是她给人的感觉绝对不是病快快的)。现在还有很多瘤子在身上,怕影响下一代,所以我住到敬老院里的(陈阿姨轻描淡写的这句话,口气格外平淡,我记录时加上了着重号,提醒自己这句话需要留意)。但是只要一写字,我就什么都忘记了。"

……

"您家里人会常去看你吗?"

"会的。就是他们都很忙、忙的,忙的话就、就不来。他们过年不、不忙的话,有时候会、会来的(口齿一直伶俐的陈阿姨出现了结巴,也正因为如此,我停止了对这个话题的追问)。"似乎很矛盾的一句话,让我感觉陈阿姨有家人陪伴的时间应该并不是很多。也正是这个时候,我理解了陈阿姨"书法是我的精神寄托"的含义:一方面,书法让她忘记了肉体上的病痛;另一方面,书法是她精神上的慰藉。

2. 有生成理论的新的发现。"评价"在生活中司空见惯,习以为常,但评价对人的负面作用并不被人所理解或引起重视。实际上,通常所说的评价,基本上是一种外部评价,评价主体是别人或组织,评价的功能多为选择性或比较性,评价的结果有高低优劣好坏之分,自然是"有人欢喜有人愁"。可是,在社区学习共同体里,"我希望他们多给我提缺点。书法班同学(这桑榆书院的成员)给我提的好些缺点,有的我改掉了,有的改不掉,很难改"。不仅愿意别人提缺点,并且这里就没有失败者,每个人都因为自己的进步而心满意足。

3. 有可以再深化理论认识的空间。作者已经认识到桑榆书院评价的个性化、自主性、内蕴性和核心价值判断共通性等四大特性,这些都是非常重要的发现。但这里的理性认识的深度和高度还嫌不足,似乎离事物的"质"还"差一口气"。比如,共同的价值观的核心是什么呢?与人潜能的发挥、生命成长之间有怎样的联系?也就是说,这里的学习及学习评价与其他形式的学习及其评价的本质区别在哪里?厘清了本质区别,就是对这一社区学共体的意义的最深刻的诠释,也就是本研究的理论价值所在。其实,作者已经注意到:71 岁的吴阿姨的"书法是我的生命源泉",70多岁的陈阿姨的"书法是我的精神寄托"。如果我们把中老年人参与书画类学共体的学习,仅仅理解为一般意义的写写画画,锦上添花,那是对社区学习共同体的误解和曲解,实际上,对于许多人,特别是生活中遇到困境的人,社区学习共同体能改变的不是知识结构与技能层次,而是生命状态。

第三部分

研究结论：
社区学习共同体的四大支柱

　　18 篇质的研究报告，自成一体，都有其研究的问题和结论。本章则是基于 18 篇质的研究报告研究结论的总结和提炼，是本书的核心部分。回答了社区学习共同体区别于其他学习型组织的本质特点是本质意志、共同学习、守望相助和生命成长。四大支柱彼此独立又相互关联、互为条件，共同构成社区学习共同体整体架构，共同展现社区学习共同体的本质内涵。

社区学习共同体与其他学习组织有本质的区别。那么,社区学习共同体的本质到底是什么? 围绕这一核心问题,我们提出了一系列的问题:社区学习共同体里发生了什么独特的事件? 又是怎样发生的? 成员们在共同体里获得了什么? 又是怎么样获得的? 社区学习共同体里到底是什么东西能支持某些独特的事情(能让社区学习共同体区别于其他的学习方式、学习组织的事情,其他的学习组织或者学习方式中没有的)发生? 为什么许多人选择参加社区学习共同体的学习活动? 为什么持续参加共同体的学习活动?

　　在 18 个社区学习共同体案例研究的基础上,归纳共性,提炼特性,我们发现构成社区学习共同体的四大支柱为:本质意志(学习动机维度),共同学习(学习方式维度),守望相助(成员关系维度),生命成长(学习效果维度)。

支柱一:本质意志(学习动机)

　　滕尼斯将人的意志分为两种类型:一种是本质意志,一种是选择意志。这两种意志都被设想为人活动的原因,或者是人对活动的选择与支配,即根据这两种意志选择的存在和性质可以推断出它们的主体在特定情境下有可能或者必然会做出什么样的行为选择。"本质意志是人的身体的心理学上的等价物,是生命的统一的原则。人的本质意志是有机体的意志,是人的植物性生命、动物性生命和心灵的生命聚在一起的统一体。选择意志是思维的产物,先于它所涉及的活动,而且仍然留在这种活动之外。"①深思熟虑是选择意志的一种形态,

---

　　① 滕尼斯:《共同体与社会》,北京大学出版社 2010 年版,第 117 页。

为了一个乐趣而放弃另一个乐趣,或者接受一种痛苦以避免另一种痛苦。把目的和手段严格分开,其中一个是另一个的否定,即目的是好的或乐趣的手段是一种弊端或痛苦。在社区学习共同体中,影响成员最初选择参与社区学习共同体的行为和活动是基于本质意志。

1. 天生的中意和乐意的习惯

天生的对某些事物和某些活动的乐趣,即中意,是人的本性决定的。人的各个感觉器官及其功能与中意直接相关。天生的中意,是感性的,即无意识的判断。与深思熟虑正好相反。社区学习共同体的成员的学习动机,是建立在情感性为主的感性选择上,而非建立在利益权衡基础上的理性选择。在人的两种类型的意志中,本质意志,主要基于情感动机,是人们在传统的和自然的感情纽带基础上的一致性和相互融洽(自然意志)。而"选择意志是思维本身的产物,因此,只有在同它的发端者——思维的主体——关系上,才赋予它以固有的真实"。选择意志主要基于理性权衡,指的是人们那种尽量排除感情因素的纯理智思维、个人的目的性打算及人与人之间利益关系的考虑(理性意志)。可见,感性与情感相关,理性与社会功利性相关。社会功利性,指寻求直接的实际现实利益满足的特性,有着明确的实际利益指向或现实目的。商业性是一种社会功利性的表现。

人作为社会性的动物,在现实生活中,行为选择更多地考虑功利性动机与目的。而建立在这样的功利性得失与利弊权衡基础上的选择就是理性选择,基于理性权衡的选择就属于选择意志。在现实中,感性与理性的选择、情感与功利的考量不能完全剥离。但在考察社区学习共同体成员的选择与参与动机时,感性需求更多地挤占理性权衡,表现出明显的侧重和优先。在本书所涉及的18个案例中,大多数成员选择参与社区学习共同体的动机和原因,其一基于兴趣与爱好。兴趣与爱好体现的是一种与生物有机体的生物特性相联系的一种自然反应,是对特定的活动、事物所表现出来的天然的、本能的喜爱或者偏好。如在彩霞花友会里,参加的成员都是喜爱植物之人。访谈中,在问及为什么选择参加花友会时,研究者听到最多的回答是:"我很喜欢养花种草!"成员们选择参与社区学习共同体的愿望与渴求,也主要是与其感性相关的非社会功利性需求。例如太极拳俱乐部里74岁高龄的童寿生在访谈时说到:"看电视上城市里那些退休的人去公园里练太极,一个个精神很好,很开心的。我们农村里,想学都没地方学。得知我家附近也有人要组织大家学习太极拳,我就非常高兴,一定要报名参加。"老来俏时装队里的祝女士是2009年退休来到杭州的,后经小姐妹介绍来参加这个时装队，她坦言："我是实现了以前的心愿了。"成员主要的、首选的衡量标准和依据，是以个人情感与好恶为基础的感性需求，而非其他以社会功利性为基础的理性需要。这里，看不到基于利弊衡量、利益测算基础上进行的选择意志。成员的参与更多的是基于感性需要的本质意志，以此来决定自己参与共同体学习活动的行为。这就很好地解释了为什么没有任何物质的、经济的、利益的驱动，成员们依然选择参加社区学习共同体。最初的动机是否功利，将感性与理性选择很好地区别开来，也将社区学习共同体与其他学习组织区别开来。

人是习惯的动物。习惯是人的主动的意志，是由于经验而产生的意志或乐趣。人们认识到的和能够做到的东西就容易做，因此也喜欢做，而且人们乐意去做；相反，某些东西愈是陌生，做起来就愈是痛苦或艰难，人们就不乐意去做。希腊文"philein"可以表达成：人们喜欢这样做＝人们习惯于这样做。由于经验而产生的意志或者乐趣，与在实际活动中形成的习惯，成为成员们在某种特定情境下的一种似乎是不可或缺的选择。"一个人学太孤单、寂寞了"是爱摄生活几乎一半的成员选择结成共同体，共同学习的主要原因。英语角里年近40的快速公交车司机朱先生参加英语角是缘于"学英语可以说是我生活的乐趣"。

当然，在社区学习共同体中，基于选择意志而参与社区学习共同体的成员确实存在，但是为数不多，并不足以影响和改变社区学习共同体的本质。例如，比较特殊的姐妹编织社，来参加的成员主要基于两种需求，一种是为谋生计、贴补家用的需求，一种是对编织的热爱与渴望学习的需求。第一种需求就属于追求功利性的理性选择。这是由于编织社成员大多数属于四五十岁的下岗女工，因而确实有部分成员参与原因是基于第一种需求，但是随着共同体的发展，这种需求发生了转变："以前嘛到这里来，还想着多干点活，多赚点钱补贴补贴家里，现在生活条件好了，也不缺这点钱了，来这里纯粹是种兴趣爱好，学做这些东西可以打发时间，有时候生活上有什么问题还可以问问她们，帮我出出主意，有一种家的感觉的。"不仅成员随着生活条件好转而改变了初衷，并且，后续参与的成员更多的则是基于第二种需求的满足而选择加入。

2. 内目标和内目的

以内在的精神满足、心灵成长为主要追求，而不是以外在的、功利性愿望为学习目的。是让每个人都能实现由个性、兴趣、特长和内心感受组成的"内目标"，而不必去苦苦追求由薪资、福利、待遇和社会地位组成的"外目标"。唯有"内目标"才真正体现生命的价值，牵引着幸福的内涵。"内目标"足以使普通人获得怡然自乐的生活,获得生活意义。外在的、社会功利性目标是同质化的,而内目标对于每一个人是各不相同的,正如每个人所感知的幸福是不一样的,让柴米油盐酱醋茶和琴棋书画诗酒花各得其所,即为幸福。

精神上的满足、尊严上的认可、内心成长上的收益,与物质上、经济利益上、商业性上的收益加以区别。前者是非功利性的、由内而生的,后者是功利性的、由外而在的。作为宽居·悦读读书会创始人和核心成员的李艳丽,对宽居·悦读读书会这个名字的解释是:宽居,在家庭、工作之外,直面自我心灵的第三空间;宽以容,居以静。这一解释直接表述出共同体成员内心的行为动机,呈现出社区学习共同体直面内心世界、精神世界的初衷。

我们的衡量标准是"主要"和"直接"。也就是说,主要和直接的动机和追求是内在的和非功利性的,则归属于本质意志的范畴;相反,如果功利性目的较为直接、明确和突出,并且行为主体趋于这种功利性追求而开展行动或者采取手段,这种类型的意志归属于选择意志的范畴。

同样,我们主要考量大多数的情境、大多数的成员"不为名利而来,付出也不求回报",但并不否认个别现象的存在。

在研究者长期跟踪的这些社区学习共同体中,大部分成员参加学共体的动机和原因,其功利性指向并不强,没有明确的、物质化、功利化的追求;不是外在的社会功利性,而是自身的需求;是来自精神满足、内心的提升,进而选择加入和展开行动。

在指向内在精神世界或指向外部功利世界之下,行为主体采取的行为策略是不一样的。

内目的指向下的学习:学习过程之于成员而言是一种享受,追求学习过程本身的享受是成员学习的目的。这样的指向下,学习体验是快乐而幸福的,学习行为是自觉而主动的,成员在幸福中"持之以恒"、"乐此不疲";学习成果和收益包括但不限于客观的、可用科学标准衡量的知识、技能等,更多地体现在自我的内心成长,并且知识、技能等仅仅只是成员学习过程中涉及的工具或者载体;成员采取的行为策略更倾向于在学习过程中互帮互助,不会去计较个人的利益得失;学习对成员的内心世界产生了影响,可能带给成员多方面的生活状态的改变。百姓乐坊的王老师自愿牺牲休息日参与活动并教大家唱歌,她并不觉得辛苦:"而且我自己也很喜欢音乐。和他们一起学唱歌,我自己还经常能过一下当老师的瘾,觉得很好啊。我喜欢当老师的。"

外目的指向下的学习:学习过程之于成员是获取学习成果、实现功利性收益的手段，或者说是成员需要付出的成本和代价；学习过程中的体验更有可能是"痛苦"而"被迫"的；成员更重视学习的内容是否能让其"学以致用"；学习成果比较明显地定位于客观的、外在的、可以借用科学标准加以衡量的知识、技能等等；并且，这种成果成为学习本身追求的目的，而学习的人本身则沦为实现这种可与外在功利挂钩的目的的工具或者载体。这样的指向下，成员更倾向于核算学习成果与学习成本之间的利率比，计量性价比，追求以最短的学习过程获取最大的学习收益；而且此时的性价比是否符合成员的预期，会成为成员选择是否继续参与学习的动因。

基于本质意志的学习，对外在的物质利益、社会功利性等并不影响，或者并不产生直接的影响。社区学习共同体，本身并不能创造或者产生直接的经济效益或者物质利益，因此，成员在最初选择参与时，都有较为明确的认知，一如太极拳俱乐部的成员所说的："不拿证书，不得金钱！"这也决定了成员的选择对其自身外在的功利性存在很难产生直接的影响和改变，因而在最初，成员都更多的是基于本质意志下的考量而选择参与。社区学习共同体中，成员基于本质意志的学习，对成员主体外在的物质、经济、现实利益等并不产生直接的影响，或者说这种选择并不能直接达到和实现社会功利性的目的。

当然，成员基于本质意志的选择，在参与共同体之后，我们并不排除有可能存在的、非直接的"副效应"。这种副效应，例如人们在共同体里学会了某种本领、获取某种资源之后，利用这种本领或资源在共同体境域之外去实现某些功利性目的。这种副效应，并不是必然发生，更不是社区学习共同体直接导致或者明确追求的目标。这种副效应，在共同体境域之外发生，成员将其学到的本领用来干什么或者实现什么，这是另外的事情，并不在共同体研究范畴。

3. 过程即目的

视学习过程为目的还是手段，可以有效鉴别基于本质意志的学习和基于选择意志的学习。前者视学习过程为享受，过程愈长愈幸福；而后者视学习过程为代价，假设获取同样的学习结果，过程愈短则性价比愈高。这是两种截然相反的价值取向。杭州某社区的百姓乐坊成员们，是这样享受学习过程的。她们来唱歌班像是过节，当访者问道："为什么要特意打扮一下啊？"马上有成员回应："打扮漂亮一点，心情好一点。我们每次活动都要打扮一下，因为这是我们的'节日'啊！"她们来学习，就是来过节，当然过程才是最重要的。用她们的话说，"学习本身就是很快乐的"。通常在培训机构或学校里的学习，目的和手段是分开的，只要能达到未来的目标，可以牺牲当下的快乐和幸福。为了能够取得好的分数,能够考上大学,可以牺牲休息和体育锻炼时间,也可以不管大学所学的专业是不是自己的兴趣特长所在。

本质意志与选择意志之分,将社区学习共同体与其他学习团体区别开来,例如企业的实践社团。企业的实践社团自从成立那天起,就有明确的定位,实践社团发展的目的就是为了促进企业的生存和发展;实践社团的参与者不可能是企业里谁想参加都可以参加的,一定是企业经过某种程序加以筛选,选择其中企业认为最有参与"价值"的人员来参加,被选中的成员也都有明确的认知,自己的价值体现在能为企业的发展创造多少价值或者经济效益上,被选中之后成员决定是否参与的动机,其选择意志是优先的,是与自己的职业发展相关联的;一旦企业不存在,或者企业认为不再需要某个社团,或者认为这个社团没有产生应有的价值,那么这个社团就会解散。

需要注意的是:本质意志和选择意志在现实中,并非完全独立存在或者说能够纯粹分开。本质意志和选择意志都是抽象出来的范畴,带有形式色彩;两者经常交织在一起,但在现实中经常会有所侧重。正如滕尼斯所认为的:"人的意志在很多方面都处于相互关系之中,任何这种关系都是一种相互的作用。"

支柱二:共同学习(学习方式)

学习方式由美国学者哈伯特·塞伦(Herbert Thelen)于 1954 年首次提出。个人在学习时接受或加工信息的方式,在不同年龄和智力水平的人身上有很大的差别。美国著名成人教育理论家诺尔斯(Malcolm S. Knowles)通过对成人学习特性的研究发现,成人学习有着主动积极的自我概念,能为自己的学习负责;有丰富的生活经验,在某些方面具有优势;通常以"问题"为中心,学习目的明确,有依据社会角色的发展任务而进行学习的需要。"成人的经验是成人学习过程中一项宝贵的资源,成人的选择在很大程度上都是以自己的经验为依据的,如果允许成人按照适合自己的速度进行学习,其学习效果会和青少年相同。但他们又有一种害怕学习失败,害怕考试的心态,内心常常流露出一种焦虑感。成人学习的特性决定了学习方式的变革应不断向主动、发现、合作、开放方向发展,学习中介可以从有形的物质向无形的组织形态变化。"

适合成人学习特性的学习,需要构筑适合成人学习的气氛,包括适宜的物质环境和良好的心理氛围等等。社区学习共同体以其自由、多元、开放、平等、互助，以及它的不靠外部纪律规范而靠自我协调运行，营造了一个能够很好地激发成员学习自主性、能动性的学习氛围，建构了成员之间以及成员和共同体环境之间共生共荣、相互协调、彼此促进的学习生态。在这个社区学习共同体里，各种不同水平的学习者在其中进行学习，在信息交流、资源共享、人际交往、自主协商中，有意识或无意识地实现各主体的知识或者意义建构，实现真正意义上的共同进步。一种由自觉自主、动态平衡、共生共享、彼此成就共同构成的共生的学习生态，形成了社区学习共同体的独特境域。

基于"社区学习共同体"学习是成人学习的最佳方式之一，是真正意义上的共同学习。

1.自觉自主：多个生态因子共同构成自由开放的共生境域

社区学习共同体里的学习生态是一个共生的学习生态系统。在这个学习生态系统中，包括多个生态因子：不同年龄、文化、职业、学历、阶层（有的甚至是国籍、种族）的异质成员，不同成员在共同体中扮演的不同角色，以及成员之间的关系、学习内容、地理环境、学习资源、设施设备等等。所有生态因子在"自觉自主"的基本"规则"下，共同构成了一个自由开放、有机循环的共生境域。

第一，这是一个完全自在的存在。并没有发现明显的外来干涉，看不到外来强权的影子。社区学习共同体，并不需要向特定的单位和个人负责，他们只为自己负责。例如巧手女人家里，每次学习活动内容的确立，学习活动的各项准备工作的分工，等等，自始至终都是在充分的对话和交换意见中由成员共同决定，并没有任何外界或者外加的"干扰"和"介入"。

第二，社区学习共同体多生态因子都是在自觉自主地运行。从共同体的学习内容，成员的加入及成员的学习意愿、学习行为、成员关系协调、学习环境的开放程度、学习资源的来源及配置、学习氛围等来看，自觉意识和自主决策在共同体里得到了充分的体现。在大多数社区学习共同体内部，甚至没有特定的强制纪律和处罚手段。例如，英语角没有任何规矩或者纪律约束，甚至没有较为"正式"的名字，成员爱来就来，"没有任何手续，不需要向任何人报到"，爱走就走，甚至是随来随走的。

第三，社区学习共同体里，"个人的就是大家的"，共同体的发展目标就是促进每一个生态因子的优化和发展。这恰恰是共生境域能够形成的基本前提之一。没有每一个生态因子的优化和发展，就不可能形成自由开放、有机循环、持续发展、彼此依存、共同获益的共生境域。对于社区学习共同体的成员来说，尽管基础、能力、目标方面有所差异，但是由于有相同的价值取向，这些差异促进了"相互依存"的关系的建立。

2.动态平衡:多边互动中实现信息交流与能量流动,即"互为师生"

社区学习共同体主要是通过成员们相互之间的交流、对话、沟通、协作等交互性活动开展学习:通过这种交互性活动,议定学习主题和内容,确立指导者;通过这种交互性活动,交流各自的想法、建议、见解;通过这种交互性活动,建构知识,碰撞产生集体的新知识;通过这种交互性活动,实现表扬与批评,强化动机和学习动力;通过这种交互性活动,共同解决问题,实现学习目标等等。成员们就是在这种复杂多向的多边互动中,实现信息交流和能量流动,进而促进共同体内部动态平衡与系统发展。

第一,复杂的互动中,成员彼此之间存在复杂的互动关系,每个人既是知识的"生产者",也是知识的"消费者"。而且生产与消费是多边的、多方向的。这样的多边互动,信息交流与能量流动的成本极低、效率极高。就如巧手女人家里,不仅是能者为师,互为师生,老师即学生,而且,这种师生关系不是单一、直线型的,而是非常丰富、多边形、多方向的,甚至是充满各种交织关系的。以编织起家的巧手女人家,这种师生关系在编织活动中表现得最为明显。巧手女人家里,多对多、一对多、多对一、一对一的师生关系不仅随时出现,随机产生,也会在特定的情境中随时结束,可以说是在学习情境中,当下发生、当下结束的。在巧手女人家的活动里,也许这种多元、多边、多变,情景式的师生关系,决定了其特有的学习过程和学习行为。

第二,多生态因子之间相互对话、融合、和谐、共生发展,社区学习共同体内部的学习生态就得到一种平衡,这种平衡会促进每一个生态因子的优化和发展。同时,在这种复杂多向的互动关系中,每一个生态因子的发展,都会带来其他生态因子及共同体本身的优化。由此,各生态因子之间就更容易也更自然地形成一种相互依存、和谐、统一的命运关系。"我们这里一切自由",成员们"始终在一种开放、自由、轻松的氛围中开展学习,学习内容丰富多元,多元流动的成员,跨国家、跨地区、跨单位、跨学科,不同学历、不同职业的成员,带来了多元的交谈话题,学习方式以对话和交流为主"。

3.共生共享:多边互动基础上的资源共享

共生共享,是共生生态的核心之一;共生共享的程度,决定了学习生态系统的发展高度。在社区学习共同体里,多边互动基础上的资源共享,具有共生生态的基本特质。

第一,多变互动交流中形成共生共享的资源机制。每个成员将自己的经历、情感、技术、体验、观点、建议等等，作为资源提供给共同体成员共享，而这种共享的过程，建立在成员们资源交换和整合的基础上。这种资源交换可能是一对一、一对多、多对一、多对多的，而且也可能是交叉型的，例如成员 A 提供自己的资源给成员 B 共享，而成员 A 有可能换回来的是成员 B 的资源，也有可能无法从成员 B 获得回报，却换回成员 C 的资源，也有可能换回来的是成员 D 的资源，也有可能换回来的是其他所有成员的资源。在这种复杂的、多边的、多角度的资源的交换和整合上，形成了社区学习共同体的资源机制。

第二，共生共享的资源机制导致"利他性"倾向和行为。正是这种在多变互动交流中建立的共享性资源机制，使得"无私奉献"成为常态，导致成员们在学习活动中更多的"利他"倾向和行为。彩霞花友会里，"平时成员之间也会相互分享各自的种植经验。会种月季的，交流月季种植经验，会种三角梅的，交流三角梅的种植经验，每个人都将自己最擅长的种植技巧向其他成员分享"。经典亲子读书会里，"我们读书会里资源很多的，大家都很愿意为别人做一些事情、提供自己拥有的资源。我们的口号是，让我们一起用爱和付出让世界更加温暖和美丽！这个社会太需要人去做温暖的事情。在这里为别人做事情、为别人付出爱心是所有人都认可的，大家也都是这样做的"。

第三，共生共享的资源机制使得共生生态有了现实的土壤。共生生态中，各因子的共生程度在很大程度上决定了整体生态系统可以达到的发展高度。在社区学习共同体的学习生态中，生态系统各因子之间的共生程度决定了学习可以达到的发展高度。共生共享的资源机制与"无私奉献"的行为常态，刚好能够最大限度地提高共生程度。因此，社区学习共同体里，这种在多边互动基础上建立的共生共享的资源机制，和成员"无私奉献"的行为常态，使得共生生态的形成有了现实的土壤。

4.彼此成就：别人的成功也是自己的成功

共生的学习生态，其核心之一就是相互受益、互惠互利。在社区学习共同体的独特境域中，不仅每个参与者的个性和需求都得到足够的尊重，不同参与者不同的个性与需求能够实现"异质共存"，在和谐共存中，每个参与者都可以自由张扬自己的个性。

然而，更为重要的是，在社区学习共同体中有一种独特的"标识"或者说是"价值观"：参与者能积极为促进他人的发展、群体的发展而付出努力、做出贡献，并且将他人的成功同样视作自己的成功。这种"观念"深入人心，社区学习共同体的成员之间彼此促进，共同发展，共同进步，形成了相互扶持、共生共存的学习生态。例如,太极拳俱乐部,因为农村找不到太极拳老师,胡校长自己跟着电脑自学二十四式太极拳,学好了自己手把手教给俱乐部其他成员;王一平动员自己爱好太极拳的夫人来给俱乐部其他成员上课,把自己会的东西教给大家。

在社区学习共同体中,参与学习的成员、学习内容、学习行为、学习环境相互作用,共同构成了一个和谐开放、有机共生的学习生态。

支柱三:守望相助(成员关系)

实际上,社区学习共同体最大的魅力就来自于成员之间那种和谐亲密、远离对立与不信任、相互扶持、彼此相依的守望相助的关系,以及这种关系所散发出来的人性的力量。社区学习共同体的特有环境和氛围中,似乎成员们表现出人性最初的善良和追求完美的能力。走进每一个社区学习共同体里,研究者都会不同程度地注意到成员之间的关系,甚至是无法不注意到成员之间的关系,并且研究者总是自觉不自觉地被成员之间的相互关系所感动,被成员之间那种浓浓的温暖、舒适、温馨的感觉所吸引。

1.高聚合情感:"共同的情感"和"共享的思维"彰显共同体生活的真实

人际关系的情感紧密程度,是辨识社区学习共同体的重要元素。霍桑实验提醒我们:人是社会高级动物,在发生交流的过程中,人与人之间必然发生相互之间的联系,会形成各种各样有形无形的群体,这其中会有它的特殊感情、规范和倾向,并且会左右群体里每一位成员的行为。研究任何社会现象,一定不可以忽略人与人之间的关系。

滕尼斯在《共同体与社会》一书中指出,"共同体"之上形成的"社区"这种理想的社会类型,是一种聚合程度高的、亲密的、互赖的人类共同生活的方式,以此区别于"社会"这种陌生人组合而成的聚合程度低的机械的人类联结形式。拥有高聚合的、亲密的情感联结,是社区学习共同体的题中应有之义和本质属性。

情感是人内在状态的直接反应,并不需要过多的认知过程即可以让人深刻体验到它的真实存在。社区学习共同体中,成员彼此之间"不是亲人,胜似亲人"。这种亲密情感,是将所有成员牢牢凝聚在一起的无形纽带。舞动人生舞蹈社里"不是亲人胜似亲人"的关系;根植于熟人社会的太极拳俱乐部里"亲密无间的伙伴"关系；编织社的女工们"同甘共苦过的，患难之交"的关系；根植于陌生人社会的英语角里成员间在长期的互动中，自然缔结的热情、温暖、相互支持的关系；大关早起羽毛球俱乐部"我们是个大家庭"的关系；闻涛越剧社成员之间真诚、互帮互助的关系；经典亲子诵读读书会"在这里为别人做事情、为别人付出爱心是所有人都认可的，大家也都是这样做的"；花友会里成员"照应是应该的"等等。这样的关系，如同强力黏合剂，让成员们汇聚在家一般的学习共同体中，真正"不是亲人胜似亲人"。

这种高聚合情感联结，将社区学习共同体区别于"身体不在场"的虚拟社群，因为虚拟社区的人际情感是一种以陌生人为主的聚合程度较低的联结形式，呈现出较低的密度和较弱的凝聚性；区别于一般的学术研讨、会议交流，因为这里以意见、看法、观点、知识、信息交流为主，并不必然涉及情感交流，并不以情感作为联结每个参与者的纽带，非达到一定频率的临时性活动，甚至还来不及产生情感。社区学习共同体里高聚合情感联结有其独特之处：

第一，是发自内心的真挚情感，在长期的交流互动中形成。这种发自内心的真挚情感，有助于促进人与人之间的相互理解、信任、友爱和关心。

第二，成员为他人付出的情感不能也不需要偿还。回报不是成员付出情感的条件、动机或者目的，成员在付出情感的时候也是不计回报的。

第三，没有人去"称量"成员付出的情感，没有人衡量谁付出多谁付出少的问题。

第四，这里的情感是积极的、建设性的、充满正能量的，是健康而纯粹的。

第五，这种情感，表现出强大的凝聚力，将人心紧紧聚合在一起。

成员身处复杂的社会环境中，也深感社区学习共同体里的人际情感弥足珍贵。正如很多共同体成员所说的那样："现在的社会里，别的地方是没有我们这样的情感的！"社区学习共同体的凝聚力，集中体现在成员之间的高聚合情感上。这样的高聚合情感下，社区学习共同体就是成员们共同的、温馨的"家"，成员间彼此信任、彼此关注、相互认可、互相依赖，在姐妹、伙伴、亲人等关系中，大家有一种"共同的情感"或"共享的思维"。有困难一起克服，有问题共同解决，这种互助与合作，构筑起情感黏合剂，也使成员感受到浓浓的"家"的氛围，因此，社区学习共同体总是处于浓郁的亲情和温馨的气氛之中。高聚合情感，带给成员的是与众不同的情感体验；高聚合情感，直接决定社区学习共同体的吸引力和持续发展动力；高聚合情感的发展程度，代表着社区学习共同体的成熟度。也因此，在社区学习共同体的初始阶段，创造积极的人际情感体验成为很多发起人借以吸引成员持续参与的重要策略。

2.普遍的直接肯定：一切人帮助支持一切人的态度和行为成为可能

马克思的社会形态理论中：人与人的物质关系是形成他们一切关系的基础。在当前市场经济社会现状下，社会处于物的依赖性社会这种社会形态下，人与人之间表现出一种复杂的矛盾关系。一方面，物质利益支配人的全部社会生活，人与人之间的关系表现出"普遍的否定"。竞争中残酷的个人利益至上，每个人追求自己私人利益的时候，就达到私人利益的总体及普遍利益。"然而这种抽象的说法反而可以得出结论：每个人都妨碍别人利益的实现，这种一切人反对一切人的战争所造成的结果，不是普遍的肯定，而是普遍的否定。"①

而在社区学习共同体中，一切人帮助支持一切人的态度和行为却是常态，呈现的是"普遍的直接肯定"。

第一，成员之间的关系在社区学习共同体有限的规模和范围里，突破了"物的依赖性"，抛却"物"的价值中介，而是直接建立在精神和心灵层面上的。物的依赖性下，人只能依靠自己拥有的经济物品或劳动去交换别人的经济物品、劳动与价值，每个人的眼中只有这些能带来货币价值与利益的经济物品或劳动，而没有完整的人的存在；物的依赖下，物、货币等经济利益成为普遍的衡量标准，结果的利益最大化是基本的价值理念，而并不注重过程。而精神与心灵层面的依赖下，成员个人不再依赖自身的"物"的价值，成员自己的知识、技能、经验、习惯、情感、体验等，都是社区学习共同体中"独一无二"地受到所有人尊重与认可的存在，每个成员都是以一个完整的、有血有肉的人而成为共同体不可或缺的一部分；精神与心灵的依赖下，成员个性化的感受、精神的成长、心灵的丰满成为衡量标准，这样的标准没有统一的量的规定，容许个性化、多元化、差异性的存在，每个人的幸福快乐成为最基本的价值理念，因此成员们追求过程的享受而不注重结果的对比，因而，成员可以做到欣赏别人的成功并因此而感到快乐。巧手女人家里，女人们努力学习传统手工技艺，"在自己的亲手劳动中感受快乐"，方女士说："自己动手劳动的成果，自己看着，就觉得特别开心，自己包的粽子，自己吃起来味道就是不一样。这就是女人家的乐趣啊。"面点师陈女士说："我指导大家一起学做面点，看到大家一个个都会做了，自己觉得很开心，欣赏别人做好的东西，就像欣赏艺术品一样，很开心。"在彩霞花友会的成员们身上，研究者看到的是在种花的劳动中对自己的内心的感受、体验的关注，无

---

① 马克思、恩格斯：《马克思恩格斯全集》，第46卷上册，人民出版社1979年版，第102—103页。

论是哪种比赛,比赛结果都不是他们所在意的,而比赛过程中的乐趣和心情以及成员间的互动与交流才是他们最看重的,怡情养性才是彩霞花友会的成员们最终追求的。

第二,这里是一个允许和鼓励每个成员"自由而全面发展"的小空间,具备马克思的第三种社会形态的基本属性,在这种形态下,人与人之间没有物质利益的牵绊和计量,成员不会被"一己私利"所支配,不会被残酷的竞争和个人利益至上所左右,普遍表现出为他人不计回报的无私奉献。正如姐妹编织社里,"成员之间的关系并非像企业中员工之间的竞争关系和利益关系,她们合作、互助,彼此真诚地关心、关爱对方,真心对待其他成员,即使有利益冲突的时候,也会主动放弃,成全他人"。在爱摄生活中,成员们最爱做的一件事情就是分享。

第三,每个成员对他人的定位与判断,不是"妨碍自己利益的实现"的对立面,而是与自己共赢共享、相互扶持的志同道合、亲密无间的"伙伴"和"家人"。人与人之间表现的不是"隔绝"、"对抗"、"冷漠",以及由此带来的不安全、怀疑、孤独、忧虑感,而是彼此信任、相互依赖以及由此带来的安全与共同归属感,表现出"普遍的肯定"形态。正如巧手女人家里丁女士所说的:"俗话说,百家姓,百条心。巧手女人家里,可以说人与人之间这样的交往真的不容易。无论学什么,人家都是诚心诚意、毫无保留地教你;有什么不懂的,大家都会给你帮助;心里有什么疙疙瘩瘩,可以有人倾诉,大家也会来开导开导你。就像是我在社区里的家。"

3. 安全型依恋:人际依恋织造出社区学习共同体的"安全基地"

20 世纪 60 年代 Bowlby 创建的依恋理论,是理解人际互动过程中人与人之间关系的一个重要的理论框架。在发展心理学中,母婴依恋特指婴儿与其母亲之间所存在的特殊和强烈的情感关系,用来解释婴儿对母亲等照顾者的依恋行为和由分离产生的焦虑;并且,依恋理论认为婴儿可以把依恋对象作为一个进行探索活动的"安全基地"。Ainsworth 创建了对依恋安全性和个体差异性进行测量的"陌生情境法"(Strange Situation Procedure, SSP)以及分类系统,将依恋分为三种类型,即 B 型(Secure,安全型),A 型(Avoidant,回避型)和 C 型(Resistant,反抗型),后两种类型为不安全依恋类型。

社区学习共同体里成员之间结成的姐妹、朋友、伙伴、亲人等等关系,集中体现的是学习共同体内成员彼此之间相互信任,心灵相依。

在自由平等、没有竞争的环境里,"每个成员积极顺利地发挥个人的智慧,相互影响,感受到尊重与承认,积极参与共同话题的讨论、协商与决策,宽松祥和地议事"(舞动人生舞蹈社),"如果有不同意见,或者不同意的话,大家就好好地说,平心静气地谈,大家都互相理解、互相支持,所以也不会有大的冲突"(时装队)。

差异共存,彼此认可,正如百姓乐坊里,成员都意识到并认可自己和他人都是非完美的个体,有缺点也有优点,每个成员都有安全感,在活动中没有任何害怕犯错或者害怕被人嘲笑等心理。打铁关桑榆书院里文盲和教授共同学习大草书法,共同切磋技艺,一起参与讨论与点评。

共赢共享,共同归属,如爱摄生活里,"我们这个群啊,不像外面那种摄影培训班,(我们)不收费,而且大家都很无私,懂的人不藏着掖着,很乐于教其他不懂的人,尤其是老邓和老顾,特别耐心,只要是他们知道的,他们都是知无不言,言无不尽的"。

这样的人际关系,使得成员与成员之间结成了稳定的信任与情感支持体系,形成了社区共同体里特有的"依恋关系"。成员在共同体内的人际交往中表现出健康的情绪状态、积极的应对方式、良好的心理复原力、对自我和他人积极的认知、利他行为以及健康的心理状态,成员相信他人的可获得性、敏感性和反应性,从而形成成员之间高水平的信任。这种依恋关系在成员之间的交往中持续强化而变成社区学习共同体里一种习惯性的氛围,成为成员公认的行为规范并内化为成员的一种自觉行动,他们会自觉地选择相互帮助、相互支持、相互理解,自觉地做出相应的行为。

成员之间的依恋关系,共同构成了社区学习共同体充满安全感的空间,使得共同体成为成员自由释放自我、进行学习活动、追求自我实现的"安全基地"。成员们在共同体自由的氛围中完全放松自己,畅所欲言,不需要隐藏,充分表达自己的真实观点,并充分尊重他人的真实想法,共同体之于成员就是一个进行探索活动和学习行为的安全港湾。鲍曼曾说,"共同体是一个'温馨'的地方,一个温暖而又舒适的场所……","在共同体中,我们能够互相依靠对方"。能够彼此相互依靠,社区学习共同体为身处其中的成员带来的不仅仅是情感上的满足感和温暖感,而且是心理上的安全感,形成安全型依恋,并产生"安全依恋效应"。这些共同形成彼此间的守望相助的关系,继而有力地促进了成员的学习行为和学习效果,并且深深地影响着成员对社区学习共同体的认同和投入程度。

支柱四:生命成长(学习效果)

社区学习共同体吸引众多城乡居民参与其中。那么,成员在社区学习共同体中到底学到了什么、收获了什么? 或者说社区学习共同体带给成员最深刻的感触与体验、最大的收益与成就是什么? 社区学习共同体里的学习与经历到底给成员带来了怎样的影响? 对于成员而言,共同体意味着什么? 对这些问题的探究,我们直面社区学习共同体里成员的学习收效及对学习成果的评价问题,也让我们发现了社区学习共同体里独具魅力的学习收效及其评价方式。

在社区学习共同体里,成员收获到的不仅仅是"学习者通过学习活动所了解的知识、掌握的能力及表现出的态度或者行为"[①],更多的是与潜能发挥、完满自我、幸福人生、生命成长相关。这里的对学习收效的评价,不再是一个高高在上的权威,独立于学习者之外,依据某种统一的"标准",对照某些既定的学习计划和目标,对学习者的学习状态、学习过程、学习成果进行的效果或价值判断。这里的学习评价,也不再具有筛选、择优等功能,不具有刺激竞争的作用,而仅仅只是学习者自己的学习体验、成长感受。

所谓生命成长,是学习者个体的植物性生命、动物性生命和精神性生命朝着应然状态发生积极变化的过程。社区学习共同体正是能实现学习者生命成长的田园。

1. 没有失败者:回归学习的本真

从成员在共同体中体会和收获到的生活状态的改变、内心世界的修炼、生命价值的提升中,我们可以看出,成员对社区学习共同体的评价的特点:一是内蕴性的;二是主观性的;三是个性化的。这三个特点结合,我们称之为主观性学习成功。

主观性学习成功注重内在评价。这种内在的评价是在没有任何外部指令、外力干预的情况下,社区学习共同体内部自然形成的评价,没有优胜劣汰的竞争机制,没有剔除失败者的功能杠杆;成员们没有任何心理压力和负担,相反成员们感受到的是由此带来的畅所欲言和轻松愉悦。其次,共同体没有也不需要来自共同体外部的评价,尤其不以这种评价影响或者干扰成员的发展。并且,这种内在评价指向每个成员的内在感受、体验,内部精神与心灵世界。

主观性学习成功注重主观体验。这里的评价实际可以被看作是成员对其在社区学习共同体中的整个学习经历的主观反应、理解、感受、体验和评价。这里,不需要某种科学的、特定的手段加以测量和证明的某种成就或者学习成功,

---

① 程葆青:《学习成果理论在美国旅游教育质量认证中的实践及其启示》,《学习与探索》2012 年第 4 期。

只是充满了个体差异的、来自每个成员的主观感受；标准是非常多元的，个体在任何方面的心理感受、理解体验都可以成为评价自己成功的标准；并且这里是非竞争性的，每个人的成功不能也不需要进行对比。与之相比较的客观性的学习成功，是指那些可以被证明的成就，例如在英语角中，成员们通过学习获得的英语听、说、读、写能力的提升；百姓乐坊中成员识谱、唱谱的技能等。

主观性学习成功注重个性与多元。评价主体是每个成员自己。评价内容上，成员们关注的并非只是学习本身，更重要的是成员们在知识、经验、能力、思想、情感、精神、健康等生活中几乎所有方面的发展变化，是非常多元的。评价的对象和评价的方式上，成员们享有充分的自主选择权，体现的是一种完完全全的个性化选择。评价标准上，不可能也没必要事先设置一个明确具体或者相对统一的评价标准，评价的标准在评价过程中因人而生，是个性化生成的；除了学习内容本身所具有的相对的衡量标准之外，成员们自己个性化的学习体验、经验、观点、见解就是评价的标准。这种个性化的主观性学习成功，社区学习共同体里所有成员都认可和尊重。社区学习共同体里推崇主观性学习成功，在这种成功之下，没有竞争，没有淘汰，没有失败者。

没有失败者的主观性学习成功，是富有生命性、体现鲜明的生命化特点的评价：这里，我们随时随刻都可以发现"人"的存在，真实的、有生命的、有感情的、有个性化体验的人，而并不是将人隐藏在评价背后。正如经典亲子诵读读书会这一社区学习共同体，人们将对"物"的评价转化为对"人"的评价，而不是反之，体现着鲜明的生命化特点。这里，所有人的感受都会得到尊重与认可，允许、鼓励，并积极促进每个成员个性充分绽放，一切评价围绕一个个活生生的、有自己独特个性风格、不断成长发展的"人"而展开，关注人的需要、人的变化、人的感受、人的故事；这里的评价，是为真正实现"以人为本"、以个人的幸福生活、完满自我为本的学习而进行。

2. "此在"的绽放：在学习过程中实现生命状态的改变

太极拳俱乐部里的老王参加学习共同体之后，"身体好了，更重要的是精神好了"；因共同体而美丽的老来俏时装队的祝女士，"参加时装队，样子变化很大的，变漂亮了，变得有气质了，尤其是上台时感觉很好的，很自信，感觉自己很年轻，自我感觉很好"；因共同体而自信的百姓乐坊里成员"一个个从一开始不敢唱、很害羞、不会唱，到现在的随便什么场合，张口就来，还自己会改编歌词的"；因共同体而幸福的大关早起羽毛球队的凡凡，从迷上了麻将并因此经常发生家庭争吵到最后成为圈子中家庭幸福生活的典范；因共同体而实现内心世界的修炼的金石篆刻工坊的成员们，精神矍铄，充满活力，在共同体中感受到自我内心简单的平静与满足。

只有人才能体现存在本身，并且在对存在的不断追问中获得自身的本质，海德格尔就此提出"此在"的哲学命题。"此在"关注作为在者的存在本身。人作为特殊的"在者"，"此在"关注作为存在的人本身及人的存在方式。

首先，此在是时间性的存在。

在海德格尔看来，一方面，此在是时间性的存在，唯有此在有"显现—生成"。这一"生成""不是其固有本质的自我展现，而是指向未来的、向可能性开放的生成"①。换句话说，"此在"在时间上的规定性是指向"能在"的，即可能性的存在，这也正是此在存在的本性，所以此在自己塑造自己。社区学习共同体，明确并突出指向成员"完满自我"的实现，和内在的、精神世界的成长。因此，在社区学习共同体里，"此在"绽放的是成员的生命成长之美。参加社区学习共同体之后，成员们能够切实体会到并用自己的语言描述出共同体带给他们生活状态的改变、内心世界的修炼、生命价值的提升，而这恰恰是成员在社区学习共同体里最大的收益。

确实，社区学习共同体区别于其他组织的一个重要特点，就是每个成员个体的生命成长是社区学习共同体的终极追求，组织或者群体本身的发展只是这个终极追求过程中的附属物和副产品。因此，社区学习共同体自身的发展是让位于每个个体自我的生命成长的，让位于每个成员"此在"的绽放的。

其次，此在是空间性的存在，重视在世或在场性的探讨，注重在生存或者存在当中的人的在场和实际生存状态。社区学习共同体尤其关注每个成员"此在"的生存状态及内在体验。因此，社区学习共同体最核心的发展策略是尽力给每个成员创造积极的情感体验，通过学习活动改善他们的存在方式，让成员们快乐学习、享受学习、幸福学习。并且，社区学习共同体努力营造的环境氛围是开放、自由、平等、轻松、和谐，就是为了让每个成员在充满安全感、完全放松的环境或者说是此在的"空间"里中，充分释放自我、绽放个性，创造实现每个成员"完满自我"的理想空间。

再次，此在也是过程性的存在。"此在"只能处在包括此在发生的过程（在海德格尔看来，过程是时间也是空间）世界之中，才有在世界之中的生存域。在社区学习共同体的生活中，过程重于结果。因此，才会有打铁关桑榆书院教授

① 李孟国：《此在的在场与海德格尔的"存在"概念》，《重庆师范大学学报（哲学社会科学版）》2005年第5期。

与文盲共同探讨交流大草书法,并且乐在其中;也才会有彩霞花友会的黄大姐描述自己参加共同体最大的感受:"其实,养花看起来是一种劳动,需要你给花浇水、施肥、拔草,但它其实是一个内在的怡情养性的过程";也因此,爱摄生活的成员彼此之间教授技能都毫无保留,从不担心别人会超过自己,反而觉得"这样才有味道"。

社区学习共同体是能够引起成员产生积极的生命状态转变的学习群体,成员在共同享受共同体生活的过程中,实现完满自我,提升生命质量。

接近生命本真的学习,是改变人的生命状态的学习。它不排斥并包容改变思维和行为,但它揭示了原始学习的真谛,即属于人的本质意志学习的真谛。据杭州市开展的关于社区学习共同体成员受益调查的结果,按百分比排序前三个受益的原因分别是"交到了新朋友"、"心情更愉快"、"身体更健康";末尾两个受益原因是"学到新知识"和"学到新技能"。[1] 这样的调查结果表明,对于社区学习共同体成员来说,学习受益最重要的是改变生命状态,而并非习得知识与技能。即使是学习知识与技能,也是为了增加生命的充盈感,而不是为了物质利益的回报。

3. 共同的"印记":三重生命成长的独特历程

生命是生物的组成部分,是生物具有的生存发展性质和能力。亚里士多德的哲学,以及儿童精神哲学方面的研究中都指出,人拥有植物性生命(或称生理层面的生命)、动物性生命和人所特有的精神生命(或称理性生命)。这三重生命是分层有序地整合在人的生命之中的。人的生命成长体现在这三重生命朝着应然状态发生积极变化的过程中。植物性生命成长,或称生理层面的生命成长,主要表现为肉身,包括各种器官和神经系统的发育与生长;动物性生命成长,主要表现为动物性特点的成长内容,即本能与无意识的释放;精神性生命成长,以植物性生命和动物性生命的成长为基础,主要是靠人的意识层面的文化创造所启动的。[2]

首先,成员以三重生命的整体参与和投入共同体,收获整体式的生命"印记"。区别于传统学校教育,以及很多学习组织,共同体中的成员,从来不是孤立的、某一层面的参与,受到共同体关注、或者作为评价指标的也从来不是某一方面的成长与收获。成员的植物性生命如身体的、生理的,动物性生命如行为

---

① 杭州市成人教育研究室:《杭州市社区学习共同体调研报告》(内部资料),2014年。
② 刘晓东:《儿童精神哲学》,南京师范大学出版社1999年版。

的、认知的、物质的,精神性生命如心理的、精神的、信仰的等等,这些生命成长的历程,融于社区学习共同体的共同活动之中,而从来不是可以或者需要单独抽象出来、隔离出来、筛选出来的"特殊活动"。这是成员们共同的"印记",也是成员们共同的"财富"。例如,老来俏时装队的成员,因共同体而收获健康、收获美丽,因共同体而收获舞蹈与时装表演的技能与才干,也因共同体而收获自信、愉悦、情感、成就,体验生命的完满幸福。当这一切成为所有成员共同的"特征"时,就成为这个社区学习共同体的"标签","印"在了融于和内蕴于共同体历程中的成员生命成长的历程里。

其次,共同的信念、价值、归属,激发了生命本身的创造力,促进了成员的生命成长。从 18 个社区学习共同体案例里,不难发现,有很多共同的"印记",例如,彼此信任、无私奉献、相互扶持,尽可能顾及每个成员的需求,促进他人的成长,抛弃"物质"与"利益",在共同学习、彼此交流中共建一个纯粹、美丽的充满归属感、安全感的共同体空间,等等。共同的信念,共同的价值观、共同的归属感,使得社区学习共同体焕发出生命性,进而激发了成员的生命潜能,促进了成员的生命成长。例如,很多平时并不起眼的"平凡人",在社区学习共同体中涌现出来超凡的才艺,而这样的现象却并不少见:一群普普通通的农民结成的富阳农民拔河队屡获各级运动会拔河比赛奖项;临安市清凉峰镇的普通工人,甚至创造了一项省级专利;打铁关桑榆书画院的"文盲"可以从认识并学写一、二、三开始而成为圈子里小有名气的"书法家";经典亲子诵读读书会的普通村民,会和百度名人的文化界大腕结成朋友,等等。一群普通人,在这些共同"印记"里,不断地创造自身、创造新的东西,实现着自己的生命价值。

生命是复杂的、动态的、整体的,是个性的、多元的、自我的。学习与教育活动,从来应该着眼于人的"生命性"本身,着眼于三重生命的整体与协调成长,忽略成员的生命性的学习和教育是失败的。因此,在社区学习共同体中,成员从来不是或者不仅仅是学习者,而是一个充满生命性的鲜活个体。三重生命的成长,需要阳光、空气、土壤和水,需要自由释放和绽放自我,需要安全和归属,需要精神的不断完满,而社区学习共同体,是富有生命性的学习空间,真正让成员感受到学习的快乐和情感的愉悦,真正为成员的生命成长提供所需的条件和支撑,真正让成员体验和享受到生命成长之美。这正是社区学习共同体的独特魅力所在。

（文/汪国新　余锦霞）

295

参考文献

[1] Anonymous. *The Nevada Living Learning Community*[J]. *Concrete International*, 2014, pp. 43-45.

[2] Barbara Calabro. *Factors that contribute to a constructive learning community*[D]. Walden University, 2004.

[3] Barbara Calabro. *Factors that contribute to a constructive learning community*[D]. Walden University, 2004.

[4] Del Loewenthal, Robert Snell. *The learning community, the trainee and the leader* [J]. *European Journal of Psychotherapy & Counselling*, 2006, Vol. 8 (1) .

[5] Judith Kearney, Ortrun Zuber-Skerritt. *From learning organization to learning community: Sustainability through lifelong learning*[J]. *The Learning Organization*, 2012, Vol. 19 (5): 400-413.

[6] Kelly. *Brimbank libraries: building a learning community*[J]. *The Australian Library Journal*, 2014, Vol. 63 (2): 154-164.

[7] LuisO. Reyes. *Professional Development in a Bilingual Adult Learning Community: The Case of P. S. 24*[J]. *Bilingual Research Journal*, 2002, Vol. 26 (1): 181-192.

[8] Nancy J. Gilbert, Marcy P. Driscoll. *Collaborative knowledge building: A case study*[J]. *Educational Technology Research and Development* . 2002 (1) .

[9] Retallick, J, Cocklin, B. *Learning community in education: issues, strategies and contexts*, 1966.

[10] Sarah Nixon, Sally Brown. *A community of practice in action: SEDA as a learning community for educational developers in higher education* [J]. *Innovations in Education and Teaching International*, 2013, Vol. 50 (4): 357-365.

[11] Viktor Freiman, Nicole Lirette-Pitre. *Building a virtual learning community of problem solvers: example of CASMI community* [J]. *ZDM*, 2009, Vol. 41 (1): 245-256.

[12] Weishuo Tao, Jing Cheng, Wenqing Dong, Jing Wang. *East Asia Lifelong Learning Community 2020: Objective, Organization and Operation* [J]. *Transition Studies Review*, 2009, Vol. 16 (2): 252-268.

[13] William Charland. *On building a learning community of adults* [J]. *Alternative Higher Education*, 1980, Vol. 4 (3): 232-243.

[14] Bischoff, R, *Informal learning in the workplace announcement*, 1998.

[15] Rupert Brown. 群体过程[M]. 北京:中国轻工业出版社,2007.

[16] 埃蒂纳·温格.实践社团:学习型组织知识管理指南[M].北京:机械工业出版社,2003.

[17] 安德森.想象的共同体:民族主义的起源与散布[M].吴叡人,译.上海:上海人民出版社,2011.

[18] 保罗·弗莱雷.被压迫者教育学[M].顾建新,赵友华,等译.上海:华东师范大学出版社,2001.

[19] 彼得·圣吉.第五项修炼:学习型组织的理论与实务[M].郭进隆,译.上海:上海三联书店,1998.

[20] 曹昱.建立社区学习共同体[N].江淮时报,2014-02-28.

[21] 陈向明.质的研究方法与社会科学研究[M].北京:教育科学出版社,2000.

[22] 戴维·H.乔纳森.学习环境的理论基础[M].郑太年,任友群,译.上海:华东师范大学出版社,2002.

[23] 黛安娜·布赖登,威廉·科尔曼.反思共同体:多学科视角与全球语境[M].严海波,等译.北京:社会科学文献出版社,2011.

[24] 德鲁克基金会.未来的社区[M].魏青江,等译.北京:中国人民大学出版社,2006.

[25] 丁元竹.走向社会共同体——丁元竹谈社会建设[M].北京:中国友谊出版公司,2010.

[26] 斐迪南·滕尼斯.共同体与社会[M].林荣远,译.北京:商务印书馆,1999.

[27] 冯建军.生命与教育[M].北京:教育科学出版社,2004.

[28] 冯增俊.教育人类学[M].南京:江苏教育出版社,2001.

[29] 傅年丰.创建"社区学习共同体"[N].人民政协报,2014-03-26.

[30] 高志敏,等.终身教育、终身学习与学习化社会[M].上海:华东师范大学出版社,2005.

[31] 胡必亮.关系共同体[M].北京:人民出版社,2005.

[32] 胡群英.社会共同体的公共性建构[M].北京:知识产权出版社,2013.

[33] 克努兹·伊列雷斯.我们如何学习:全视角学习理论[M].北京:教育科学出版社,2010.

[34] 夸美纽斯.大教学论[M].北京:人民教育出版社,1984.

[35] 刘可钦.从原点出发——讲述一个教师团队的故事[M].北京:北京师范大学出版社,2009.

[36] 罗伯特·路易斯·弗勒德.反思第五项修炼[M].赵恒,译.北京:中信出版社,2004.

[37] 罗兰·米勒,丹尼尔·珀尔曼.亲密关系[M].北京:人民邮电出版社,2011.

[38] 马立,顾志跃,朱仲敏.信息技术环境下创建区域性教师学习共同体的理论与实践研究[M].北京:高等教育出版社,2012.

[39] 梅文静.社区治理视角下居民学习共同体建设内涵及路径探究[J].亚太教育,2015(5).

[40] 米占敏.非正式和偶发学习理论对成人教育教学改革的启示[J].广东广播电视大学学报,2008(2).

[41] 尼古拉斯·克里斯塔基斯,詹姆斯·富勒.大连接:社会网络是如何形成的以及对人类现实行为的影响[M].北京:中国人民大学出版社,2013.

[42] 齐格蒙特·鲍曼.共同体[M].欧阳景根,译.南京:江苏人民出版社,2003.

[43] 让-克里斯蒂安·珀蒂菲斯.十九世纪乌托邦共同体的生活[M].梁志斐,周铁山,译.上海:上海人民出版社,2007.

[44] 孙佩琴.社区团队学习的支持性环境培育——基于教育生态学的视角[J].职教论坛,2014(12).

[45] 汪国新,孙艳雷.成员即资源:社区学习共同体内生发展规律探析[J].职教论坛,2013(24).

[46] 汪国新,余锦霞.社区学习共同体发展策略研究——以杭州为例[J].当代继续教育,2015(4).

[47] 汪国新,余锦霞.注重建立社区学习共同体基础性养护体系[N].东方城乡报.2016-03-04.

[48] 汪国新.基于社区学习共同体的学习——一种新的成人学习方式[J].中国成人教育,2010(12).

[49] 汪国新.社区学习共同体的培育策略[J].职教论坛,2012(3).

[50] 埃蒂纳·温格,等.实践社团:学习型组织知识管理指南[M].边婧,译.北京:机械工业出版社,2003.

[51] 夏学銮.中国社区建设的理论架构探讨[J].北京大学学报(哲学社会科学版)哲学,2002(1).

[52] 项秉建,汪国新.本质意志和共同学习:社区学习共同体的两大基石[J].教育学术月刊,2015(10).

[53] 徐明祥.社区学习共同体在中国的广阔前景[J].中国成人教育,2014(14).

[54] 杨丽娜,颜志军,孟昭宽.基于个性化推荐思想的虚拟社区学习共同体动态构建[J].现代教育技术,2012(1).

[55] 于显洋.组织社会学[M].北京:中国人民大学出版社,2009.

[56] 余胜泉,毛芳.非正式学习——e-Leaming 研究与实践的新领域[J].电化教育研究,2005(10).

[57] 约翰·D.布兰思福特,等.人是如何学习的[M].程可拉,孙亚玲,等译.上海:华东师范大学出版社,2002.

[58] 张康之,张乾友.共同体的进化[M].北京:中国社会科学出版社,2012.

[59] 赵健.学习共同体——关于学习的社会文化分析[M].上海:华东师范大学出版社,2006.

[60] 郑葳.学习共同体——文化生态学习环境的理想架构[M].北京:教育科学出版社,2007.

[61] 武晓伟,等.质的研究:实践与评论(第一卷)[M].重庆:重庆大学出版社,2013.

[62] 汪国新.学习共同体中的生命成长[N].中国教育报,2015-12-31.

[63] 朱振岳.两千社区学习共同体遍布杭州[N].中国教育报,2013-09-03.

[64] 佐藤学.学习的快乐——走向对话[M].钟启泉,译.北京:教育科学出版社,2004.

索　引

B

本质意志　6,29,33,46,56,64,65,
69,82,83,87,115,129,148,153,
180,192,206,214,257,275,277—
282,294

C

成人学习　4,6,8,10,115,141,206,
213,282,283

成员　4—10,13—33,36,38,40—
48,50,51,54,58—60,63,64,66,
68—71,73—77,79,80,82—87,
90—107,109—115,117—120,
122—142,144—153,155—165,
167,169,172—175,178,180—
196,199—214,216—227,229—
242,244—251,253—264,266—
273,277—295

D

多边互动　47,48,65,66,284,285

F

分享　6,9,22,24,25,27,30,32,42,
48,49,52,56—70,77,78,83,92,
99,112,125,127,129,141,155,
158,165,171,172,174,178,186—
188,192,195,199—201,205,230,
233,235,236,239,246,250,255,
257,258,285,289

G

共同学习　6,9,10,20,26,45,48,
49,52,66,67,70,72,74,83,84,
86,87,89,103,124,126,127,129,
130,139—141,155,164,165,170,
181,182,184,186,188—192,207,
213,225,229,233,238,246,275,
277,279,282,283,290,295

过程　1,3,5—10,14,17,20—23,
25,26,31—33,36,37,39,43,45—
48,51,53,57—59,61—66,68,69,
72—74,77,78,80—88,90,92,94,
95,100,101,103—106,109,110,
113—122,124—129,131—134,

140，144—146，149，153，155—
157，161，164，165，167—172，174，
179，180，182—184，186—190，
194，196，198，203，206，207，213，
214，216，217，220，224—226，
229—231，235—238，240—244，
249—251，256—259，262，270—
272，280—282，284—286，288，
289，291—294

H

核心成员　7，9，17—19，31，32，38，
54，73，101，103，106，111，112，
114，117，118，122，131，145，160，
162，163，195—197，214，219，239，
261，267，280

J

家　4，5，7，9，13，15，16，18—23，
25—29，32—34，38—50，55—57，
59—61，63，64，69，71，73—82，84，
91—95，97—99，103—115，118—
124，128，131—142，147—152，
157—166，168—170，173—179，
182—188，190，191，195—202，
205，207，209—213，215—224，
226，227，229，232—239，241—
258，262，264—270，273，278—
280，282—290，292，295

N

内在评价　291

Q

情感　8，26，29，32，37，40，46，47，
51，53，56，63，64，68，84，85，99，
102，105，109—115，119，124—
126，129，142，151，160，165，166，
188，222，251，255，256，258，271，
278，279，285—290，292，293，295

S

社区教育　3—5，7，13—15，89，103，
130，216—218，222，239

社区学习共同体　4—10，13—15，
17，24，28—30，32，33，35—38，46，
47，50，51，53，54，64，68—72，82—
87，89—92，94，97—105，110—
117，123—132，139—144，146，
154，155，157，162，164—168，
170—172，174—182，188，190—
194，202—210，213，214，216—
218，220，222，224—228，230，
240—242，247，251，255—257，
259—262，270—275，277—295

生命成长　6，10，33，70，140，142，
143，214，273，275，277，290，291，
293—295

守望相助　6，7，10，42，47，65，69，
84，134，139，140，155，164，165，
256，275，277，286，290

T

特征　5—7，9，14，33，36，49，50，64，
67，69，70，130，169，176，182，205，
209，235，238，240，295

体验　7，9，13，14，27，29—31，47，

致　　谢

　　这本书是我主持承担的国家社会科学基金项目"社区学习共同体生命价值与成长机理研究"（课题编号 BKA140033）的成果之一，是"社区学习共同体研究丛书"中的一本，是课题组成员集体智慧的结晶。尽管这一项目是 2014 年年底才下达的，但我们研究社区学习共同体已历时十载。十年来，虽然潜心思考、矢志探索，几如幽魂附体不能自已，虽有些许进步，但研究的理论成果并未达到理想状态。当我 2013 年在课题组发起"质的研究运动"后，三年的研究进程令我欣喜，三年后的今天仍常暗自庆幸当时决策的正确。三年中，我们的研究团队，重温质的研究方法，精选研究对象，走进百姓生活，建立彼此联系，提出研究问题，仔细观察现场，进行深度人物访谈，完成研究报告，反复修改报告。"质的研究六人小组"的周例会，为提高研究质量和加快研究进程发挥着重要作用。在研究团队成员共同学习、协作并进的同时，我们还不失时机地邀请了江西省教育科学研究所所长吴重涵教授来杭传授质的研究方法，重涵兄的质的研究的经验与理论的分享，为我的研究团队扫除了研究过程中的许多障碍。尽管研究者未必把握了质的研究方法的精髓，但是，因为我们已十年关注社区学习共同体，并从思想和情感上认同了社区学习共同体和质的研究方法，所以，在我看来，研究报告中还是有许多新的有价值的发现，为逼近社区学习共同体的"真相"作出了有益探索。作为此项目的带头人，我为我的同事余锦霞、孙艳雷、李品、方华平和汪盈（还有上海教育报刊总社的谢伊青）而感到骄傲，他们在研究过程中成长得很快，成为我的得力助手和科研骨干。余锦霞对质的研究的热情和悟性很高，是"六人小组"的召集人，她除了完成多篇研究报告外，还与我一起完成了本书的第一部分和第三部分，与我一起担任本书的主编。在特别感谢各位同事的努力付出的同时，我非常希望他们能运用质的研究方法继续社区学习共同体的研究并取得更多的成果。因为，在我看来，质的研究方法，对于社区学习共同体的研究至关重要。由人组成的社区学习共同体本身就是一个生命体，对于生命体的研究，其核心价值是研究者对现象背后的意义的诠释。质的研究正好契合了这一需要。

质的研究是在自然情境下，研究者与被研究者直接接触，通过面对面的交往，实地考察被研究者的日常生活状态和过程，了解被研究者所处的环境以及环境对他们产生的影响，其目的是从被研究者的角度来了解他们的行为及其意义的解释。实证主义主张从经验入手，采用程序化、操作化和定量分析的手段，使研究达到精细化和准确化的水平。实证主义所推崇的基本原则是科学结论的客观性和普遍性，强调知识必须建立在观察和实验的经验事实上，通过经验观察的数据和实验研究的手段来揭示一般结论，并且要求这种结论在同一条件下具有可证性。如果实证研究对于提示事物的"真"有其重要意义的话，那么，对于研究"人"的社会科学，在发现与彰显人的"善"和"美"上，采取实证研究方法并不足取。因为，"人是一种未经确定的动物"（尼采语）。人的心智的成长，赋予了人以成长的无限的可能性。生命历程是具有时间性的东西，而生命却不是由这些等值的时间段构成的，生命中充满着奇遇，对每个生命而言，这些充满奇遇的体验是完全不同的。

感谢上海教育报刊总社项秉健编审。项秉健先生之于我亦师亦友，我俩志同道合、互勉互励、惺惺相惜、心性相契。多年来，他对社区学习共同体研究保持极大的热忱。在质的研究报告撰写过程中，项老师三次莅临杭州与研究团队的成员交流。在研究报告完成后，对报告提出修改意见。在研究报告成稿后，又对部分报告进行了精彩的点评。项老师对 18 个案例都熟稔于心，多次热情肯定我们对社区学习共同体所作的质的研究的理论价值。

国家教育部职成司刘建同副司长和浙江省教育厅鲍学军副厅长，关注、关心社区学习共同体研究已近十年，正是因为他们真诚的帮助和热情的鼓励，才让我有战胜困难的勇气。刘建同副司长多次在他的办公室听取我的汇报，高度评价社区学习共同体研究的意义，鼓励我们的团队勇于实践，大胆创新。他百忙中抽出时间出席由我主持的国家社科基金课题的开题会，并表示教育部等七部委出台的《关于推进学习型城市建设的意见》吸收了杭州的社区学习共同体研究成果，这是对我们研究团队的极大的鼓舞。特别是 2016 年 8 月，在刘建同副司长主导下起草通过的教育部等九部门《关于进一步推进社区教育发展的意见》中把学习共同体培育与学习型组织建设并列提出，这是一项重大的创举，必将在中国成人教育与社区教育发展史上留下深刻的印迹，对我国和谐社会建设和学习型城市建设产生重大深远影响。鲍学军副厅长 2007 年秋天就提示我可以从微观上研究成人学习方式，解决多年来社区教育中存在的参与率不高、群众满意度不大的突出问题，正是在鲍厅长最及时、最精准的指导下才引发了我从 2007 年下半年起对于社区学习共体的发现与研究。2013 年 7 月，鲍厅长出席由新华社、《人民日报》、《中国青年报》等八家中央媒体组成的记者恳谈会并向记者郑重推介社区学习共同体研究的现实背景和时代意义，向记者们称赞我

"七年潜心探索,难能可贵,精神可嘉"。同年他还批准设立"浙江省成职教协会社区共同学习研究中心"。在《中国青年报》头版头条报道杭州社区学习共同体发展现状后,鲍厅长作出了"杭州的做法值得总结推广,继续创造性地开展研究,探索适合成人学习特点的社区教育新范式"的批示。早在 2011 年,鲍厅长就提醒我可以把研究成果发表在教育类以外的报刊杂志上,他认为社区学习共同体的研究既有促进人的全面发展的意义,又有重要的促进社会和谐发展的价值,2014 年他还勉励我深入研究,稳步发展,力争使社区学习共同体研究形成一门独立的学科。

教育部职成司成人教育处原处长,现中国矿业大学党委副书记、纪委书记张志坤同志,在处长任上对社区学习共同体的研究高度重视,在 2009 年由杭州市成人教育研究室承办的全国社区教育青年论坛上,他对我的主旨发言《社区学习共同体的培育实践探索》给予充分肯定,鼓励我要大胆探索,解放思想,"要搞就搞出有中国特色的原创的东西来"。离开教育部到大学担任领导职务后,他仍然关心我的成长进步,关注国家社科基金课题研究的进展,对我主编的《中国社区教育 30 年——名家访谈》给予了高度评价。他身上体现出来的独立精神、自由思想、凝聚各方力量的能力对我产生了重要影响。

2015 年春天,中国成人教育协会常务副会长刘志鹏约我在北京见面相谈,在听取我两个小时的汇报后,刘志鹏会长说:"社区学习共同体研究具有革命性意义,相信课题组能做出精品来。"

中国成人教育协会谢国东常务副会长多年来关注和支持社区学习共同体研究,在国家社科基金课题"社区学习共同体的生命价值与成长机理研究"开题会上,他高度评价本研究的意义,提出了许多中肯的建议,还要求与会的其他专家开题会议之后一如继往地关心、帮助课题组开展研究,为产生成人教育的精品力作献计出力。在书稿即将付梓之际,谢国东会长还欣然为本书作序。

籍此机会特向以上提及的和更多没能提及的领导、专家、同行、接受研究者访谈的各社区学习共同体的成员、为本套丛书出版不辞辛苦的浙江大学出版社责任编辑胡畔女士等一并表示衷心的感谢!

汪国新

2016 年 8 月 8 日

图书在版编目 (CIP) 数据

社区学习共同体的四大支柱 / 汪国新, 余锦霞主编.
—杭州: 浙江大学出版社, 2016.10(2018.6 重印)
ISBN 978-7-308-15975-3

Ⅰ.①社⋯ Ⅱ.①汪⋯ ②余⋯ Ⅲ.①社区－社会教
育－研究 Ⅳ.①G77

中国版本图书馆 CIP 数据核字 (2016) 第 137094 号

社区学习共同体的四大支柱

汪国新 余锦霞 主 编

责任编辑	胡 畔(llpp_lp@163.com)
责任校对	杨利军 田程雨
封面设计	春天书装
出版发行	浙江大学出版社
	(杭州市天目山路 148 号 邮政编码 310007)
	(网址:http://www.zjupress.com)
排 版	杭州中大图文设计有限公司
印 刷	杭州日报报业集团盛元印务有限公司
开 本	710mm×1000mm 1/16
印 张	19.5
字 数	345 千
版 印 次	2016 年 10 月第 1 版 2018 年 6 月第 3 次印刷
书 号	ISBN 978-7-308-15975-3
定 价	46.00 元

图书在版编目（CIP）数据

社区学习共同体的四大支柱 / 汪国新,余锦霞主编.
—杭州:浙江大学出版社,2016.10(2018.6 重印)
ISBN 978-7-308-15975-3

Ⅰ.①社… Ⅱ.①汪… ②余… Ⅲ.①社区－社会教
育－研究 Ⅳ.①G77

中国版本图书馆 CIP 数据核字（2016）第 137094 号

社区学习共同体的四大支柱

汪国新　余锦霞　主　编

责任编辑	胡　畔(llpp_lp@163.com)	
责任校对	杨利军　田程雨	
封面设计	春天书装	
出版发行	浙江大学出版社	
	（杭州市天目山路 148 号　邮政编码 310007）	
	（网址:http://www.zjupress.com）	
排　　版	杭州中大图文设计有限公司	
印　　刷	杭州日报报业集团盛元印务有限公司	
开　　本	710mm×1000mm　1/16	
印　　张	19.5	
字　　数	345 千	
版 印 次	2016 年 10 月第 1 版　2018 年 6 月第 3 次印刷	
书　　号	ISBN 978-7-308-15975-3	
定　　价	46.00 元	

"七年潜心探索,难能可贵,精神可嘉"。同年他还批准设立"浙江省成职教协会社区共同学习研究中心"。在《中国青年报》头版头条报道杭州社区学习共同体发展现状后,鲍厅长作出了"杭州的做法值得总结推广,继续创造性地开展研究,探索适合成人学习特点的社区教育新范式"的批示。早在 2011 年,鲍厅长就提醒我可以把研究成果发表在教育类以外的报刊杂志上,他认为社区学习共同体的研究既有促进人的全面发展的意义,又有重要的促进社会和谐发展的价值,2014 年他还勉励我深入研究,稳步发展,力争使社区学习共同体研究形成一门独立的学科。

教育部职成司成人教育处原处长,现中国矿业大学党委副书记、纪委书记张志坤同志,在处长任上对社区学习共同体的研究高度重视,在 2009 年由杭州市成人教育研究室承办的全国社区教育青年论坛上,他对我的主旨发言《社区学习共同体的培育实践探索》给予充分肯定,鼓励我要大胆探索,解放思想,"要搞就搞出有中国特色的原创的东西来"。离开教育部到大学担任领导职务后,他仍然关心我的成长进步,关注国家社科基金课题研究的进展,对我主编的《中国社区教育 30 年——名家访谈》给予了高度评价。他身上体现出来的独立精神、自由思想、凝聚各方力量的能力对我产生了重要影响。

2015 年春天,中国成人教育协会常务副会长刘志鹏约我在北京见面相谈,在听取我两个小时的汇报后,刘志鹏会长说:"社区学习共同体研究具有革命性意义,相信课题组能做出精品来。"

中国成人教育协会谢国东常务副会长多年来关注和支持社区学习共同体研究,在国家社科基金课题"社区学习共同体的生命价值与成长机理研究"开题会上,他高度评价本研究的意义,提出了许多中肯的建议,还要求与会的其他专家开题会议之后一如继往地关心、帮助课题组开展研究,为产生成人教育的精品力作献计出力。在书稿即将付梓之际,谢国东会长还欣然为本书作序。

籍此机会特向以上提及的和更多没能提及的领导、专家、同行、接受研究者访谈的各社区学习共同体的成员、为本套丛书出版不辞辛苦的浙江大学出版社责任编辑胡畔女士等一并表示衷心的感谢!

汪国新

2016 年 8 月 8 日